刑法公开课

第 1 卷

刑法公开课

周光权 著

OPEN COURSE OF CRIMINAL LAW

图书在版编目(CIP)数据

刑法公开课.第1卷/周光权著.—北京：北京大学出版社，2019.1
ISBN 978-7-301-30077-0

Ⅰ.①刑… Ⅱ.①周… Ⅲ.①刑法—研究—中国 Ⅳ.①D924.04

中国版本图书馆 CIP 数据核字(2018)第 261761 号

书　　　名	刑法公开课（第 1 卷） XINGFA GONGKAIKE（DI YI JUAN）
著作责任者	周光权　著
责 任 编 辑	杨玉洁　王芳凯
标 准 书 号	ISBN 978-7-301-30077-0
出 版 发 行	北京大学出版社
地　　　址	北京市海淀区成府路 205 号　100871
网　　　址	http://www.pup.cn　http://www.yandayuanzhao.com
电 子 邮 箱	编辑部 yandayuanzhao@pup.cn　总编室 zpup@pup.cn
新 浪 微 博	@北京大学出版社　@北大出版社燕大元照法律图书
电　　　话	邮购部 010-62752015　发行部 010-62750672　编辑部 010-62117788
印 刷 者	三河市北燕印装有限公司
经 销 者	新华书店
	965 毫米×1300 毫米　16 开本　23.75 印张　355 千字 2019 年 1 月第 1 版　2023 年 12 月第 6 次印刷
定　　　价	59.00 元

未经许可，不得以任何方式复制或抄袭本书之部分或全部内容。
版权所有，侵权必究
举报电话：010-62752024　电子邮箱：fd@pup.cn
图书如有印装质量问题，请与出版部联系，电话：010-62756370

总　　序

自 1999 年 8 月进入清华大学法学院工作以来,在本单位、实践部门及其他高校前前后后讲授的刑法学课程数以千节计,其中有很多思考陆续整理、扩充成现在的文字呈献给大家。由于本书的主体内容来自教学活动(尤其是刑法学硕士生、博士生课程)或与教学紧密关联的科研活动,在正式出版时,遂将之命名为《刑法公开课》。

我一直认为,学术研究以及教学活动都不能停留在抽象的、一般性的讨论中,必须言之有物,因此,本公开课紧紧结合案例讨论刑法学说,以增强研究的实践价值。

对于案例分析的重要性,我国刑事法学界过去一直重视不够,人们习惯性地认为大量案件都是简单案件,可以轻而易举地加以处理;各个案件都是相互独立的,讨论个案对于理论体系的建构意义有限。由此出现了理论和实务各说各话、各行其是、"实践反对理论"的局面,二者的良性互动、共同发展很难真正实现。

在刑法学发展到一定阶段,其理论体系蔚为大观的今天,到了必须深入思考案例研讨方法,注重建立刑法学说和案件处理之间的紧密关联性的时候。其一,实务中其实有很多难题,只不过在很多时候被大而化之地简单处理了。在德日刑法学中成为讨论对象的那些"难办案件"在我国司法实务中也大量存在,研讨这些复杂案件,对于准确定罪量刑、切实保障人权具有重要意义。其二,对于绝大多数刑事案件的处理,仅仅凭感觉也可能得出一个大致不差的结论,但是,"法律人的技艺,就是论证"[1]。通过何种方法论,按照何种逻辑,通过何种论证得出这一结论,也至关重要。其三,回过头去看,司法上过往之所以会形成某些错案,与处理案件过程

---

[1] 〔德〕英格博格·普珀:《法学思维小学堂:法律人的6堂思维训练课》,蔡圣伟译,北京大学出版社 2011 年版,第 1 页。

中对刑法学说和方法论的运用不当有关,随着法治的逐步发展,对刑事案件简单处理的做法难以为继,刑法学说以及方法论的运用决定案件质量,"法律学者应更积极地从事判决研究之工作,对于有商榷余地之判决,固应详予讨论,提出自己的意见,用供实务参考"①。反过来,结合案件处理过程分析实务上的刑法运用状况,也可以检验刑法解释学以及思考方法的正确与否。其四,实务案件处理的背后存在一定的司法逻辑,对疑难案件进行探究可以管窥实务人员的刑法基本立场,反映出刑法学说对于实务的影响力,同时针对理论和实务有分歧的情形,学者可以就刑法相关理论可能存在的不足反躬自问,从而适时对理论进行修正。

《刑法公开课》正是立足于此,试图在推动刑法学说和司法实务的互动方面做一些努力。《刑法公开课》运用现代刑法学思维与方法,对我国司法机关实际处理的大量案件进行反思和评价,熔前沿刑法理论与司法实务于一炉,深入分析将刑法理论运用到司法实务的可行性及其路径,竭力缩小理论和实务之间的差距。本公开课各讲的难易程度,大致与我在清华大学法学院为刑法学研究生讲课的水准相当,绝大多数的内容可以说是我在清华大学讲课的"原版再现"。

从宏观方面讲,《刑法公开课》有以下特点:

首先,始终关注通过前沿刑法理论处理司法难题这一问题。刑法学以解决各种司法难题为己任,必须面向实践建构合理的理论体系。刑法学必须进行体系性思考。如果不进行体系性处理,就如同在打扫房间卫生时缺乏计划性,结果是有的地方被打扫了很多遍,但有的地方始终很脏乱。我国每年处理上百万件案件,其中涉及大量疑难复杂案件。对这些案件如何准确处理,往往涉及犯罪论体系、未遂犯论、共同犯罪等问题,而这些问题在理论上有很大的争议。对这些问题的思考,《刑法公开课》并未回避最近十多年来刑事法学界的主要争论,且对相关问题采用了主讲人认为相对有力的学说或相对合理的结论。例如,在讨论犯罪论体系时,一开始就提到如果将三阶层犯罪论运用到我国司法实务中,其相对于犯罪构成四要件说有哪些优越性;同时,主讲人结合大量司法案例进一步揭示出在实务上分析案件时,应当采取何种可能的进路,才符合阶层理论的

---

① 王泽鉴:《民法学说与判例研究》(重排合订本),北京大学出版社2015年版,第235页。

要求。通过类似研究,就能够把过去人们视为畏途的"阶层犯罪论的中国化"问题大大向前推进,加速理论和实务的沟通进程。此外,很多实务上的"难办"案件集中在未遂犯、不能犯、共同犯罪领域,《刑法公开课》也计划进行深入浅出的分析,其中大量涉及前沿刑法理论。个别坚持"社科法学"的学者认为,"刑法教义学只能有效解决大量常规案件,对于像许霆案这样的难办案件或者其他疑难案件,脱离了政治性判断和政策考量或者脱离了整个中国政治制度运行模式的刑法教义学分析就基本失效,分析结论也显得武断"①。但是,这个说法完全不能成立。理由在于:类似于许霆案的案件,按照现在的教义学完全可以解释得很清楚(ATM 机内的财产权归属、改变占有的窃取行为的确定都没有疑问,至于量刑合理化的问题,按照《刑法》第 63 条第 2 款"特殊减轻"的规定完全可以妥善解决);"社科法学"所批评的刑法教义学"靶子"并不存在,现代刑法教义学注重体系思考和问题思考的结合,将目的性思考、政策性判断、价值选择融入刑法解释和刑法理论体系中②,重视裁判结论与"国民规范意识"的接近,注重刑法学说的实践面向。③ "法教义学的任务,就是通过对一个个疑难案件的研究,创造出足以应对此类案件的理论观点,为司法者提供一般性规则。简言之,不断地变疑难案件为常规案件,这本来就是法教义学的'初心'。"④《刑法公开课》所引用的现代刑法教义学涉及价值判断、重视实践运用可能性,这样的理论顾及方法论的合理性,充分考虑了司法逻辑,有助于解决某些司法难题,尽可能实现刑法学说和案件处理的"无缝衔接",强调对具体问题的解决必须在刑法学体系性理论中找到位置,平衡好对问题的思考和对体系的思考之间的关系,以最终实现保障人权目标。

其次,始终坚守罪刑法定原则。对何种行为构成犯罪,实务上不能将判断结论建立在某种相对模糊的行为人"很坏"的感觉之上,而必须在罪刑法定原则的指导下,按照分则各罪客观构成要件的要求,通过合理的解

---

① 苏力:《法条主义、民意与难办案件》,载《中外法学》2009 年第 1 期。
② 参见〔德〕克劳斯·罗克辛:《刑事政策与刑法体系》(第 2 版),蔡桂生译,中国人民大学出版社 2011 年版,第 15 页以下。
③ 参见〔日〕前田雅英:《刑法总论讲义》(第 6 版),曾文科译,北京大学出版社 2017 年版,第 4 页。
④ 车浩:《刑法教义的本土形塑》,法律出版社 2017 年版,第 33 页。

释方法得出定性结论,并进行充分说理。《刑法公开课》对具体犯罪的探讨,始终将如何坚持罪刑法定原则作为不可动摇的"铁则"来把握。

再次,注重刑法方法论的运用。在处理案件时,司法人员的有力论证总是与对刑法原理的掌握,对法律解释方法的合理运用,以及对刑事政策的准确把握紧密相关,要对行为准确定性,不能绕开的问题就是方法论。唯有方法论正确,才能确保相关司法裁判经得起历史的考验。就刑法方法论的运用而言,客观性思考、体系性思考、实质性思考等都非常重要。刑法上的客观判断,不仅仅是如何看待行为、结果以及因果关系的问题,也与法益概念、刑法价值判断等问题有关,甚至涉及如何协调刑法基本立场、刑法方法论和司法逻辑三者关系的问题,我国刑法学应当坚持和发展刑法客观主义,确立客观要素在犯罪论体系中的核心地位,确保客观判断优先,对行为进行分层次的、价值上的判断。刑法学上的思考,还必须是体系的思考,确定犯罪成立与否的理论必须与未遂犯论、共犯论一体地加以考虑。实务上分析案件时,也要顾及这种体系性和问题的关联性,如果坚持犯罪四个要件同时具备才成立犯罪,就会发现在共犯问题的处理上会有矛盾之处,因此,实务上也必须充分认识犯罪构成四要件说的缺陷。

最后,展示个人的刑法基本立场。主讲人主张打造具有建设性、尽可能接近和理解司法实务的"行为导向刑法观"(行为无价值二元论),并积极与"结果本位刑法观"(结果无价值论)对话,强调发挥刑法的积极一般预防功能。如何使"行为导向刑法观"指导司法实务,是主讲人需要进一步思考的问题。不过,也有必要指出,对大量案件的处理结果,主讲人的观点和"结果本位刑法观"之间并无差别,因为"行为导向刑法观"原本就重视法益侵害,只是在理论逻辑上强调造成法益侵害的过程(即行为违反规范进而造成法益侵害,从而在法益侵害之外还重视行为样态以及行为实施时的主观违法要素)。因此,"行为导向刑法观"和"结果本位刑法观"之间原本就不是对立关系,而是交叉、竞合关系,在很多时候二者是高度重合的,只不过在分析问题的出发点、进路上有细微差异。并且,这种差异在很多时候是无关紧要或可以忽略的。即便您主张或喜欢"结果本位刑法观",阅读《刑法公开课》也不太会有"违和感",反而有可能促使您反思建构"结果本位刑法观"这种绝对化理论的可疑之处。

在写作进路上,《刑法公开课》各讲均开门见山地列出研讨案例,然后结合刑法学说与思考方法进行深度研习,尽可能展示解释和说理过程。

《刑法公开课》的目标是：协调刑法理论的体系性、一贯性与对具体案件处理的妥当性之间的关系，通过对若干具体问题的思考来点滴推进我国刑法学的纵深发展。

主讲人目前的计划是，在最近十年内，如果时间和精力允许的话，争取将《刑法公开课》出版到四部以上。但愿这一写作计划能够实现。

最后，需要交代的是，《刑法公开课》中所采用的案例大多是经法院判决的真实案件（只有极少数是教学案例），并对案件事实进行了提炼，为了使讨论更为深入，对个别案件的事实进行了一些改造（但会对此做相应交代）；凡是能够查到裁判文书编号的案件，主讲人都尽可能注明；极个别案件可能会在不同章节中被多次提到，但侧重点有所不同，基本不会出现内容重复的现象；对司法机关在各个案件中的认定及处理结论，《刑法公开课》总体上尽可能给予"同情式的理解"，并对裁判结论的合理性作进一步阐述，但也从刑法学说的角度出发对少数案件进行了一定程度的质疑。这些分析完全是一家之言，如有不当，主讲人愿意诚恳地接受各方批评！

《刑法公开课》源起于我和蒋浩先生2015年秋在德国维尔茨堡开会间隙的一次长谈，他以一个出版家的敏锐眼光一再催促我要写作一些与实务关联度极强的作品，这正契合我当时的想法；后续的写作亦得益于他的诸多启发和催促，因此，我要对蒋浩先生表示最诚挚的敬意和谢意。

愿《刑法公开课》带给您阅读和思考上的愉悦。教学相长，您的倾听和肯定是这个课能够继续讲下去的理由和动力！

目　录

第一讲　客观判断优先的刑法方法论 …………………… 001
　一、客观判断优先的基本要求 ………………………… 002
　二、客观优先的理论支撑 ……………………………… 010
　三、客观构成要件的审查与客观优先 ………………… 013

第二讲　阶层犯罪论的实务运用 …………………………… 019
　一、实务上为什么需要阶层犯罪论 …………………… 021
　二、实务上需要哪一种阶层犯罪论 …………………… 028
　三、实务上如何运用阶层犯罪论 ……………………… 035

第三讲　客观归责论在涉财产犯罪案件中的运用 ………… 049
　一、客观归责论的实质是进行规范判断 ……………… 052
　二、客观归责论的下位判断规则 ……………………… 056
　三、客观归责论在涉财产犯罪案件中的运用 ………… 060

第四讲　持续侵害与正当防卫的关系 ……………………… 068
　一、问题的提出 ………………………………………… 070
　二、持续侵害与特殊防卫权 …………………………… 071
　三、持续侵害与防卫行为明显超过必要限度 ………… 077
　四、结语 ………………………………………………… 087

第五讲　正当防卫的司法异化与纠偏思路 ………………… 088
　一、正当防卫司法认定上的主要误区 ………………… 091
　二、纠偏思路Ⅰ：正当防卫的理念与司法准则 ……… 101
　三、纠偏思路Ⅱ：判断防卫必要性的方法论 ………… 111

第六讲　过失犯的判断逻辑——以"超速驾驶案"为例 ………… 120
一、过失犯有不同于故意犯的构成要件 …………………… 123
二、传统过失犯论的"客观化"改造 …………………… 126
三、结果避免可能性与"超速驾驶案"的处理 …………………… 131
四、结语 …………………… 142

第七讲　偶然防卫与未遂犯 …………………… 144
一、对偶然防卫的定性分歧 …………………… 146
二、将偶然防卫定性绝对化的思路及其不足 …………………… 149
三、偶然防卫应当成立犯罪未遂 …………………… 153
四、结论 …………………… 158

第八讲　犯罪中止的自动性 …………………… 160
一、中止自动性的多数说及其不足 …………………… 161
二、刑罚的预防目的与中止自动性的规范判断 …………………… 166
三、中止自动性规范主观说的展开 …………………… 172
四、结语 …………………… 182

第九讲　支配犯与义务犯的区分——"快播"案定罪理由之探究 …………………… 184
一、缓存行为与作为犯 …………………… 185
二、提供播放器行为与不作为犯 …………………… 192
三、对法院判决理由的评价 …………………… 198
四、结论 …………………… 205

第十讲　毒品犯罪的死刑适用限制 …………………… 207
一、死刑适用的限制：一般性讨论 …………………… 211
二、限制毒品犯罪死刑的政策思路 …………………… 212
三、对毒品犯罪不宜判处死刑的情形 …………………… 214

第十一讲　援引法定刑的适用——马乐"老鼠仓"案 …………………… 222
一、本案的争论焦点 …………………… 223
二、本案的抗诉主张符合法理 …………………… 225

三、对最高人民法院再审判决的评析 …………………… 228

第十二讲　金融管控与非法经营罪的界限 …………………… 233
　　一、罪刑法定原则对非法经营罪认定的具体约束 …………… 235
　　二、实质判断与非法买卖外汇的限制解释 …………………… 241
　　三、体系解释与使用 POS 机为借记卡持有人套现的定罪 …… 244

第十三讲　非法转让、倒卖土地使用权罪 …………………… 253
　　一、本罪的构成特征 …………………………………………… 254
　　二、本罪认定的特殊问题Ⅰ：股权转让与土地使用权转让、
　　　　倒卖 …………………………………………………………… 258
　　三、本罪认定的特殊问题Ⅱ：合作建房与非法转让、倒卖土地
　　　　使用权 ………………………………………………………… 262
　　四、土地使用权转让行为得到有关部门认可的，不宜定罪 …… 268

第十四讲　死者的占有与犯罪认定 …………………………… 274
　　一、侵占罪说 …………………………………………………… 276
　　二、盗窃罪说 …………………………………………………… 279
　　三、主讲人的见解：死者"生前占有的有限延续说" …………… 281

第十五讲　财产占有意思与犯罪界限 ………………………… 289
　　一、占有意思的特殊意义 ……………………………………… 290
　　二、占有意思特别重要的情形 ………………………………… 295
　　三、放弃占有的表示与占有意思 ……………………………… 300

第十六讲　托盘融资业务与合同诈骗罪的界限 ……………… 307
　　一、问题的提出 ………………………………………………… 309
　　二、托盘融资业务的形式与实质 ……………………………… 311
　　三、托盘融资业务与合同诈骗罪的关系 ……………………… 313
　　四、刑法谦抑性与合同诈骗罪的认定 ………………………… 322

第十七讲　职务侵占罪的实务难题 …………………………… 324
　　一、职务侵占罪的主体 ………………………………………… 326

二、侵占行为:利用职务便利的含义 ………………………… 329
三、侵占对象 ……………………………………………………… 333

第十八讲 制作、销售网络外挂软件的定性——从全国首例制售"黄牛"抢购软件案谈起 ……………………… 337
一、对全国首例制售"黄牛"抢购软件案判决的评析 ………… 339
二、提供侵入、非法控制计算机信息系统程序、工具罪与其他犯罪的关系 …………………………………………………… 345
三、延伸思考:规制外挂软件,法律还能够做什么? ………… 350

参考文献 ……………………………………………………………… 353
一、著作 …………………………………………………………… 353
二、论文 …………………………………………………………… 359

关键字索引 …………………………………………………………… 365

第一讲　客观判断优先的刑法方法论

【案例1-1　"恐怖分子手册"案】

被告人冯某自行搜集涉及炸药制造的信息，经整理形成一个电子文档，命名为《恐怖分子手册》。2009年11月26日及2010年4月19日，被告人冯某先后两次在其家中，使用"但它"的用户名，在百度文库网站上发布《恐怖分子手册》电子文档，内容包括各种炸药、燃烧剂、汽油弹、炸弹、燃烧弹等配方及制作方法。两个文档在网络上共被浏览2 065次，下载116次。被告人冯某于2010年4月20日被抓获归案。

侦查机关出具的工作记录证明，承办人将冯某在网上传播的内容文档送至该市公安局刑侦总队刑科所爆炸检验室。后该部门负责人答复：文档中所涉及的各种炸药知识、制法等均具有一定的科学性、可行性，但其内容不涉密，通过正常渠道如专业图书、网络等均可进行查询。

【案例1-2　骗取贷款案】

为了开发房地产，甲公司以购买设备的名义贷款2 000万元。但是，在得到贷款后，甲公司将该款用于与之有关联的乙公司开发商品房，改变了贷款用途。事后查明，甲公司提供的贷款资料多处做假，且到期无力归还欠款。但甲公司在其拥有使用权、价值3 000万元的土地上设立担保，能否对甲公司以骗取贷款罪追究刑事责任？

【案例1-3　"两头骗"案】

2015年1月17日，被告人张某、蒲某（在逃）利用蒲某身份证、假驾驶证，从临夏市某汽车租赁公司租赁一辆小轿车。次日,两被告隐瞒租赁事实,将该车以5万元的价格抵押给高某。抵押到期后,二被告逃匿。如何认定张某、蒲某的行为性质?

各位好!

这是第一节课,我想给大家讲讲刑法思考方法的问题。

法律人的看家本领是论证。只有驾驭好这项技艺,才能对案件处理有准确判断,才能做到以理服人。要充分论证,就需要遵循一定的方法论。通过何种路径进行论证并得出结论,就显得非常重要。随着法治的进步,对刑事裁判不予说理或大而化之的粗放式处理很难继续下去,如何运用好刑法方法论就显得十分重要。可以说,刑法方法论是一个重要的标尺,用这个尺子可以检验所有的刑事案件。这里对刑法判断上客观优先方法在司法实践中的运用谈谈我的想法。

一、客观判断优先的基本要求

(一)从"庄宗良被判放火罪"谈起

各位一起看一个真实的案件。被告人庄宗良被指控连续三次放火,每次放火间隔时间半年左右,每次都没有造成人员死伤,但是被害人张某有财物被烧毁,楼上陈某家阳台上的塑钢门窗被损坏。被告人前两次放火都没有被发现,最后一次才被抓住(但没有被当场抓获)。有关的证据情况:①被告人对其罪行供认不讳,这是一个很重要的证据,他不仅自己承认了三次放火,还供述第三次放火以后将偷配的被害人家的钥匙扔到公园桥下的水中;②公安机关的同步录音录像,证明被告人没有受到刑讯逼供;③被告人指认现场;④公安机关出具的钥匙照片两张,证明侦查人员根据嫌疑人的供述,在公园桥下水中打捞出防盗门钥匙,但钥匙的实物在后来的诉讼过程中没有出现,侦查机关提请批捕时只提交了照片;⑤只有第三次放火有勘验检查笔录,因为前面两次没有勘验过现场;⑥公安消防部门出具的技术鉴定报告,证明被害人家里发生火灾,不是电线短路,而是有人放火,只能证明是有人放火;⑦被害人证实家中三次失火,前两次家里几乎全部烧毁,其怀疑是庄宗良在他的家里放火;⑧第三次放火中被烧毁的被害人家中的财物,以及被害人张某提供的家中物品损坏清单三份,证明三次失火造成18万余元的损失;⑨当天和被告人在一起的人所提供的证言,证实被告人中间离开过一段时间,但离开之后干什么了,这些人证明不了;⑩一些邻居的证言,证实发生了三次火灾,他们都因为楼下发生了火灾而往外跑的一些情况,这可以认定为被告人的放火行为危及公共安全。

对于本案,检察机关决定批准逮捕庄宗良。批捕的最主要证据在于:一是被告人供认不讳;二是"因相关证据不全,当地价格认证中心未受理对本案被害人家被烧毁财物的价值鉴定委托,但根据被害人张某出具的三份损坏清单初步证明他家的损失是 18 万余元";三是钥匙的照片。根据这三个主要证据,承办人认为被告人的放火行为造成了重大损失,数额是 18 万元,造成公私财产重大损失,又有其他的辅助证据,由此检察机关认为对被告人应当判处 10 年以上有期徒刑,应适用《刑事诉讼法》第 81 条第 3 款关于重罪逮捕的规定,所以就批捕了。到了起诉环节,公诉部门改变了有关损失数额的指控:"被告人庄宗良为泄私愤,在 2014 年 6 月 20 日、10 月 1 日和 2015 年 4 月 29 日 19 时许,三次在被害人张某家中放火,造成被害人张某家中物品全部被烧毁,损失价值达到 15 万余元。三次火势均蔓延到该居民楼 501 室陈某家中,致使陈某家中阳台上的塑钢窗子、推拉门、空调室外机等物品损坏。"山东省泗水县人民法院后来对本案作出了有罪判决,但损失数额已大幅度缩水:"因被告人庄宗良行为致使被害人造成了经济损失,经泗水县公安局刑警大队委托泗水县价格中心认定,被烧毁物品被烧毁时的损失价值为 32 125 元。被害人家第二次被放火时装修损失为 60 000 元,致使陈某家阳台上的塑钢窗子、推拉门、空调室外机等物品损坏。"①据此,法院以放火罪对被告人庄宗良判处有期徒刑 10 年。虽然一审宣判后,被告人没有上诉,检察机关也未抗诉,判决发生法律效力,但是,对这个案件适用重罪逮捕的规定以及在有罪判决中认定放火造成被害人 9 万多元的损失,都并不是没有疑问。被害人的损失究竟是多大,侦查机关、公诉部门和审判机关都没有得出无可争议的结论,尤其在批捕环节对损失的认定明显存在问题,因为侦查机关证明财产损失的重大证据是被害人自己拿来的一个财产损失清单。刑事案件中被害人夸大损失的情况是完全有可能存在的(这也并不违背人之常情)。即使被害人不夸大,三次放火每次间隔半年,被害人能否记得清楚,也是一

---

① 山东省泗水县人民法院(2015)泗刑初字第 152 号刑事附带民事判决书。

个问题。另外,被告人自己供述其扔掉的钥匙,是不是审查批捕时只看照片就可以了?这些都很有疑问。

本案审查逮捕承办人的分析思路是:第一,发生了犯罪事实,有一系列的证据,证明有犯罪事实。很重要的一个证据就是被告人始终是供认的,另外还有一些辅助证据来证明。第二,已经足以危害公共安全。被告人放火以后,楼上邻居的塑钢窗被烧坏,而且楼上的这些邻居一发现放火了,就赶紧往外跑,被告人的行为造成了公众恐慌。因此,其行为已经危害到了公共安全。第三,能定位到具体的行为人庄某,被告人口供稳定,没有遭受刑讯逼供,而且供述的细节也能够被证实。由此得出结论,被告人三次放火行为给被害人家造成的损失为18万余元,而放火罪造成公私财产重大损失的标准实务上通常掌握在5万元以上,所以被告人可能被判处10年有期徒刑以上刑罚,其完全符合逮捕条件,有社会危险性,因而予以批捕。

但是,本案存在三个关键疑问:①对被告人的第一次和第二次放火行为,只是有一些间接证据予以证实。侦查机关鉴定排除雷击、排除电线短路。但是,有没有第三人放火?根据现有这些证据并不能完全排除这种可能性。②承办人认为,张某出具的家中失火的损失清单证明其损失是18万,这个证据可以证明行为对公共安全的严重危害程度。但这个证据未必经得起推敲。③根据行为人的供述,侦查人员从公园的桥下找到了钥匙,并进行比对。但是,在案证据只有钥匙照片,其证据效力究竟有多大?

对这起案件,检察机关以被告人造成被害人损失18万元批捕,后以被害事实是15万元起诉(未向法庭提交钥匙照片这一证据),法院认定被害人的经济损失为9万余元,司法结论越到最后对犯罪数额的认定越少。但仔细看看法院判决认定的损失数额也还能提出一些问题。这就涉及刑法判断上的客观优先视角或客观性思考方法。

按照客观优先的思考逻辑,以被害人提供的损失清单作为证据明显存在疑问,因为被害人可能夸大受损害的情况。根据存疑有利于被告的原则,这一指控达不到定罪量刑证据确实充分的这种程度。即便法院审判后最终认定的损失数额为9万多元,也还值得质疑。法院判决认为,被告人的行为致使被害人遭受经济损失,经价格认证中心认定损失为32 125元,此外,被害人家遭受第二次放火后的装修费用为6万元,这两个数字相加就是被害人的损失。这一认定存在的问题是：被告人真正被抓时是第三次放火，这次放火的证据是相对充分的，第二次放火却没有其他确实充分的证据，全靠被告人自己供述哪一天骑自行车到被害人家里放火，现场根本没有勘验，只是说排除雷电和电线短路。退一步讲，即便可以认定三次都是被告人放火，那么第二次装修款6万多元能不能作为被害人的损失？这又是个疑问，因为装修款和真正的损失之间不对应的情况完全可能存在。墙面有损坏，原来很破旧，现在装修得很豪华的，以及装修很一般，但施工方"狮子大开口"要更多装修费的，这些可能性都存在。以装修款作为定罪量刑的标准，缺乏客观性。如果第二次放火后被害人的装修款作为损失数额存疑，仅以争议较少的物价评估的3万多元为准，对被告人就只能在3年以上10年以下的范围内量刑。所以，这个案子从批捕到起诉到最后的审判环节，有很多问题没有搞清楚，按客观性思考的思路，被害人的损失究竟是多大并未判断准确。如果客观的损害在案件里有很多疑问，就会导致案件的定性出现很多问题。

（二）客观优先对司法实务的基本要求

要讨论客观判断优先这一问题，就需要从客观要素的重要性谈起。客观要素是外在的，不易变化，司法上就难以对由此形成的犯罪客观侧面视而不见。

客观判断优先对司法活动的基本要求是：

（1）客观构成要件比主观构成要件更为重要。客观构成要件的任务是具体描述刑法所要类型化地加以禁止的行为举止，以确定行为的可罚性。任何行为要成立犯罪，就应当和刑法分则罪状描述的典型事实相一致。准确定罪，首先是准确判断犯罪客观要件及其要素，因此，重视客观要素，就是肯定客观构成要件。而正是基于客观构成要件绝对重要的观念，司法上才能将犯罪行为区别于民事侵权和行政违法，进而能够进行违法和有责的判断。因此，要贯彻客观要件比主观要件更为重要的理念，就必须强制性地要求实务上注重收集足以证明犯罪客观事实的证据，一旦事实存疑，就必须作出有利于被告人的处理，而不是先取得口供，通过其证明行为人的主观恶性，然后再去收集其他证据，进行所谓的"先供后证"。

客观要件比主观要件重要的实务要求是：一方面，对于客观上没有法益侵害（危险）的行为，刑法不处罚。行为没有造成法益侵害，就对社会无害；惩罚侵害法益的行为，才能实现刑法目的；惩罚侵害法益的行为，才能防止司法上的惩罚冲动。另一方面,对客观上危害程度较轻的行为,应当在民事领域解决,不应当构成犯罪。

(2)必须讲究司法逻辑或判断顺序——先客观后主观、先违法后责任。对行为性质、行为人责任必须分为两个不同层次判断。对犯罪成立与否的判断,是人间最为复杂的思维活动。一个合理的刑法理论,必须能够认识到:①违法和责任的内涵不同。对违法行为性质的判断,是在刑法上表明——此一行为是错误的,不值得其他人学习,在刑法上要绝对禁止;对行为人责任的判断,是指受主观支配的行为才是有害的,也才能谴责个人。②对行为违法性的客观判断,和对行为人责任的判断必须分层次进行。③必须做到客观违法判断在前,主观责任判断在后,确保刑法客观主义得到贯彻。

在刑法观念上,在分析任何刑事案件时,其实都应该首先去考察"这件事情做得怎么样",再去考虑"行为人主观上有无过错,能不能谴责行为人"。这是分层次判断的思路,也是刑法客观主义的具体运用。在实务上,如果肯定主观优先,总是习惯于从犯罪故意、犯罪意思出发,再去寻找证据来证明犯罪事实,就与证据裁判原则相悖,且容易形成冤假错案。① 但是,在我国司法实务中,主观和客观的关系并不清晰。司法上未满足处罚需要或者出于思维上的便利,有时习惯于从行为的主观推导出客观,导致某些"两可"案件甚至是明显无罪的行为被轻易地确定为犯罪,也使得刑讯逼供屡禁不止。在这里,刑法客观主义给我们的启示是:在处理案件时,不能仅仅对被告人是否有罪作出笼统判断、综合判断,不能靠"被告人一看就不像好人,肯定有罪"这种不可靠的感觉,思维上要有逻辑,有层次,对客观要素、违法要件的判断必须处于绝对优势地位。②

(3)要斟酌审查传统上某些一直被作为主观要素、责任要素看待的东西,能否提前到客观构成要件环节加以判断。即先确定客观的"结果归属",再判断故意,从而限定故意犯的成立范围。过去传统理论上按照认识错误尤其是因果关系错误处理的问题,很多都是客观上结果能否"算到"行为人头上的问题,和主观要素无关,如果在客观构成要件判断上就可以先行排除对结果的客观归属的,根本不需要再去确认故意的有无。

---

① 参见陈瑞华:《刑事证据法学》,北京大学出版社2012年版,第31页。
② 参见周光权:《刑法方法论与司法逻辑》,载《现代法学》2012年第5期。

此外，对过失犯的认定，未必非得迟至有责性阶段才能进行判断，要考虑能否将判断提早到客观构成要件符合性阶段判断。对于过失犯，传统刑法观的思考重心在于，行为人主观上有无违反注意义务从而具有过失责任。现代客观主义刑法观需要考虑在客观上行为是否违反行为规范，进而制造和实现某种危险。如果行为带来的危险是被允许的，结果就不能"算到"行为人头上，也就不需要进一步考虑有无责任过失的问题，从而大幅度限制过失犯的定罪范围。

（三）客观优先的内在合理性

1. 一般性思考

客观优先具有内在合理性，具体表现在以下三个方面：

（1）能够有效落实罪刑法定原则。刑法分则主要是针对客观行为和结果的规定，所以坚持客观性思考，能够使得刑法分则的规定落到实处。如果实务上走向客观性思考的反面，从个人的危险性出发思考定罪和处罚，犯罪行为仅仅成为佐证犯罪意识的工具，司法权的行使就会成为恣意。但是，实务上有一些案件的处理其实是从主观优先的逻辑出发的，比如说《刑法修正案（九）》规定了编造、故意传播虚假信息罪（《刑法》第291条之一第2款），将编造虚假的警情、灾情等行为入罪。但是，在此之前有的地方就把传播虚假灾情的行为，定为"传播虚假恐怖信息罪"。这明显是违反罪刑法定原则的，因为虚假灾情和恐怖信息不可能是相同的事物，法院的判决只能属于类推。实务上的判决过于偏重被告人的主观恶性，因为其性格或人格危险，一定要处理他，所以，客观要件的制约就可以抛开不顾。但实际上要考虑这种行为的客观危害，以及刑法分则上对这种客观危害究竟是什么态度。

（2）客观要件相对稳定，容易检验，不易变化，而主观要件不可靠。在前述"庄宗良被判放火罪"一案中，被告人虽然对前面两次放火都供认，但如果其突然翻供，矢口否认前两次放火是他干的，法官是否还能够对其毫无阻碍地认定就是一个问题。

（3）从客观到主观的思考逻辑能够反向制约司法恣意。司法上总是有个惯性思维：从主观到客观。所以，实践中才会有一些刑讯逼供或者不合法的侦查行为，总是想取得被告人的口供，把他的动机先问出来，然后让他交代基于这样的动机，实施了什么样的行为。顺着主观优先的思路走下去，这是司法实践中习以为常的。但是，要把案件办成铁案，就要反向制约这种司法冲动,从客观到主观的思考顺序就是最重要的。

2. 客观优先有助于防止错案

特别值得讨论的是:客观优先对于防止错案有重大指导意义。在聂树斌案①再审判决中,最高法院针对原审判决列举出了9大疑点:被告人被抓获后,其前5天的讯问笔录缺失;有罪供述真实性存疑且不能排除指供、诱供可能;作案时间存疑;作案工具存疑;被害人死亡时间和死亡原因的证据不确实不充分,等等。② 这就是说,该案完全没有达到定罪的最低要求,被告人的危害行为及其后果等客观要件无法确定。正是因为当初办理该案的司法人员不懂得或故意不理会定罪的底限要求,最终酿成大错。最高法院的再审判决,无异于对之前司法行为的强烈谴责。

错案屡禁不绝,令人痛心疾首!错误定罪一旦被发现,被告人的抗议、被害方的不满、媒体的追踪报道、随后发生的国家赔偿、公众对司法公正的怀疑都可能接踵而至。司法人员、司法机关都会由此付出惨痛代价,法律也会因此而蒙羞。因此,对于防止错案的重要性无论如何强调都不过分。对于错案的防止,目前通常的研究,主要是从程序法、证据法以及司法改革的角度切入。主讲人认为,这不失为一条重要的进路。

但是,仅仅从与程序运作相关联的视角出发对防止冤假错案问题进行思考,可能还远远不够,还应当考虑实体法上的切入点——转变刑法观,为防止错案提供实体法支撑,以建立防止错案的长效机制,使实体法为错案防止做出其独特贡献。理由在于:

(1)错案的最大特征是对案件事实,尤其是对证明被告人行为、后果

---

① 1995年4月25日,聂树斌因故意杀人、强奸妇女被判处死刑,两天后被执行死刑。2014年12月12日,最高人民法院指令山东省高级人民法院复查河北省高级人民法院终审的聂树斌故意杀人、强奸妇女一案。2016年12月2日,最高人民法院第二巡回法庭对原审被告人聂树斌故意杀人、强奸妇女再审案公开宣判,认为原审判决缺乏能够锁定聂树斌作案的客观证据,聂树斌作案时间不能确认,作案工具花上衣的来源不能确认,被害人死亡时间和死亡原因不能确认;聂树斌被抓获之后前5天讯问笔录缺失,案发之后前50天内多名重要证人询问笔录缺失,重要原始书证考勤表缺失;聂树斌有罪供述的真实性、合法性存疑,有罪供述与在卷其他证据供证一致的真实性、可靠性存疑,本案是否另有他人作案存疑;原判据以定案的证据没有形成完整锁链,没有达到证据确实、充分的法定证明标准,也没有达到基本事实清楚、基本证据确凿的定罪要求。原审认定聂树斌犯故意杀人罪、强奸妇女罪的事实不清、证据不足,不能认定聂树斌有罪,从而宣告撤销原审判决,改判聂树斌无罪。关于本案再审的详细判决理由,参见最高人民法院(2016)最高法刑再3号刑事判决书。

② 参见滑璇:《这个"无罪"太不容易了:聂树斌案再审改判追记》,载《南方周末》2016年12月8日,A6版。

的客观事实的认定、对客观证据的判断存在偏差,最终导致适用法律不当。正确的刑法方法论能够为犯罪客观事实的认定提供指导,避免司法人员因为怀疑被告人的人格或人品就启动刑事追诉程序。实体法研究的缺席,必然会使对错案的防止没有依托,办案如同"摸六合彩"。只有形成正确的方法论,在办案过程中,上紧不办错案这根弦,平常不办"小错案","勿以恶小而为之",关键时刻才能不办"大错案",形成防止冤错案件的长效机制,构筑防止冤假错案的大堤。

(2)不可否认,在实践中,从事后来看,有的人是办了错案,但其在办案当时的内心出发点上似乎没有问题,即出于对眼前这个被高度怀疑的人即"罪犯"的痛恨,进而是在"认认真真"办错案,好像是出于"公心";另外,有的并没有刑讯逼供的案件,或者没有地方干预的案件,最终也被办成了错案。对这些错案为何会形成,如果结合刑法基本立场、刑法方法论进行反思,或许对于未来的错案防止具有特殊价值。

(3)刑法基本立场以及相应的方法论,对于司法人员现场司法直觉和职业养成至关重要。司法人员如果按照一定的刑法观、方法论处理案件,只要不是乱作为,只要能够把住程序正义的底线,即便是遇到某些类似于聂树斌案的极端案件,也都能够遵循正确的方法论去分析、处理,能够形成独立见解,就能够有效防范错案。因此,从实体法的角度研讨错案,有助于形成正确的刑法适用方法论,以和程序法、司法制度上的研究相配合,形成合力,以有效减少错案。因此,刑法观的转变,着眼于长远,至关重要。

从实体法的角度切入,可以认为:聂树斌等案当初之所以被办得如此粗糙,与司法人员心目中存在刑法主观主义、习惯于从行为人及其主观恶性切入这一"魔鬼"存在一定关系。如果不彻底消除主观主义刑法的影响,在未来出现其他错案的土壤就始终存在。要有效防止错案,最为重要的一条是要坚持刑法上的客观性思考,因为只有在这一方法论的指导下,司法人员才能形成相应的刑法方法论,从而打出防范错案方面程序法和实体法协调一致的"组合拳"。司法人员只有在日常办案中很好地贯彻上述客观主义思路,重视客观构成要件及相应证据,形成正确的刑法适用方法论,才不会过于依赖于口供。在出现考验司法公正的棘手案件时,才不会先主观后客观,才能够确保不办错案。

讲到这里,有必要做一个小结。就防止错案而言:一方面,刑法客观主义的基本逻辑是强调客观要件比主观要件更为重要,同时,在犯罪认定上要遵循先客观后主观、先违法后责任的思考进路。按照客观主义刑法观,在没有客观行为,或行为不可能造成危害,以及没有证据证明犯罪的客观要件时,仅仅因为对个人危险性或性格、人格的怀疑就启动司法程序,乃至采用刑讯逼供的方式取得非法证据,在定罪标准上降格以求,都是错误的做法。另一方面,刑法客观主义所提供的防止冤错案件的思路,与刑事诉讼法的主旨、司法规律相一致,也与现代法治的基本要求、人权保障目标相一致,刑法客观主义的方法论与防止冤错案件的其他理念、机制、方法之间具有内在一致性,是相辅相成的关系。就实现刑事法治,防止冤假错案重演而言,在当下提倡刑法判断上的客观优先具有重大现实意义。

二、客观优先的理论支撑

(一) 刑法客观主义与客观优先

客观优先的思考方法背后的理论支撑是刑法客观主义。对此,前面已经有所涉及,但鉴于这一问题事关重大,在这里还有必要进一步展开。

刑法客观主义和主观主义是两种对立的观点。刑法客观主义认为,刑事责任的前提是表现在外部的犯罪人的行为。其理论特色在于:①犯罪是对社会有害的行为。如果行为没有对社会造成表现于外、可以实际把握的实害或者危险时,不能将其作为犯罪处理(行为主义、现实主义)。②刑法上只能将客观行为及其后果(危险),而非行为人的主观意思作为处罚根据,否则,就可能造成侦查上的逼供信,也容易使法官作出恣意判断,从而回到封建刑法司法专横、擅断的老路上。其实,无论被告人的个人内心如何邪恶,在其没有外在的表现时,国家刑罚权不能启动。按照这一逻辑,在【案例1-1 "恐怖分子手册"案】中,被告人所传播的信息通过公开的书籍或网站可以收集、查询,爆炸物的制造方法具有中立性(可以用于合法的矿山开采等)时,就不能认为其传授了一般人所不知道的犯罪方法,其并未实施具有客观社会危害性的行为,难以认定其构成该罪。

与上述立场针锋相对的是刑法主观主义,其主张犯罪人的主观恶性、罪犯人格等才是刑事责任的基础。刑法主观主义由此重视行为人概念(行为人主义),提出"应当受到处罚的不是行为而是行为人"的命题。刑法主观主义大大降低了行为在犯罪论中的地位,即行为对于违法性判断并不具有决定意义,其只有在"表征"或展示犯罪人这一"危险个体"的意义上才有存在必要性。如果把刑法主观主义贯彻到底,势必会得出行为人的危险性格、内心的邪恶程度是惩罚对象的结论。刑法主观主义的基本理论构架在于：一方面,从人的危险性出发,来思考定罪尤其是处罚问题；另一方面,行为仅仅是佐证犯罪意思的符号,行为概念以及其他客观要素的重要性、独特性大幅度下降。

刑法主观主义从对人的主观要素的审查出发,探求其内心的邪恶推动行为发展的过程。这一思考方法对司法人员来讲,用起来最为便利,因此,其对刑事司法有广泛影响。受主观主义刑法观影响的刑事司法程序必然呈现以下特征：①司法人员容易陷入"反正犯罪嫌疑人、被告人有罪,办案程序合法与否、规范与否并不重要"的错误观念；②重视能够揭示行为人危险性格的口供；③在办案过程中,一旦物证、书证和口供有冲突,司法上倾向于认为揭示个人危险性的口供比客观证据还重要。

简单地说,刑法客观主义认为,之所以要动用刑罚,是因为行为人客观上做砸了"某件事情"；刑法主观主义则认为,是"某个人"太坏了,所以要惩罚。因此,刑法客观主义紧紧盯住的是客观"事态"（行为、后果）——至于这件事情是谁干的,在违法与否的层面并不重要（谁干的,都是不法）,行为、后果等概念对于定罪至关重要；刑法主观主义关心的是"人"——干这件事情的人特别危险,所以一定要惩罚他,主观要件、个人危险性等概念的重要性由此得到凸显。①

刑法客观主义起源于18世纪中叶,是理性主义、近代法治思想取代宗教蒙昧主义、司法擅断立场的产物。今天我们耳熟能详的贝卡利亚、费尔巴哈、康德以及黑格尔等法学家、思想家都为论证刑法客观主义贡献了力量。② 刑法客观主义与法治立场相一致：①其使得判断有依托,判断标准明确,判断结论相对可靠；②司法机关的惩罚冲动受到抑制,司法擅断的可能性大为降低；③个人对抗司法权的恣意行使时,有能力、有"说法"、有依据。

刑法客观主义因为相对保守、消极,在保卫社会方面有一些不足,因

---

① 参见周光权：《法治视野中的刑法客观主义》（第2版）,法律出版社2013年版,第57页以下。

② 参见〔日〕大塚仁：《刑法における新・舊両派の理論》,日本评论新社1957年版,第66页以下。

此,在 19 世纪后期受到质疑,刑法主观主义出现。但是,主观主义是一种相对"危险"的理论,对"危险个体"的甄别、控制随时都可能出现重大错误,因此,在 20 世纪初,刑法主观主义大幅度走下坡路,其兴盛时期不超过 50 年。从 20 世纪 20 年代至今近百年的时间里,世界各国的刑法学发展潮流从总体上看走的都是客观主义的路子。这一点,在大陆法系国家(特别是德国、日本、韩国等)表现得特别充分。

(二) 客观优先在中国的实践及其阻碍

刑法客观主义和主观主义的对立处处都存在。再比如,对于批准逮捕的条件,《刑事诉讼法》第 79 条第 2 款规定,对可能判处徒刑以上刑罚,曾经故意犯罪的人,应当批准逮捕。主讲人认为,这一规定带有浓厚的刑法主观主义色彩。因为被告人再犯的后罪,虽然可能被判处徒刑以上刑罚,但可能是很轻的一个罪。例如,盗窃财物 1 500 元属于情节很轻的盗窃,但是,如果查明被告人多年前因强奸罪被判了刑,按照《刑事诉讼法》第 79 条第 2 款的规定也必须批捕被告人。如果要坚持客观主义立场,审查逮捕时针对的是他现在这个罪够不够批捕条件。如果再回过头去看这个人原来干过什么事,就等于是特别重视这个人的危险性,从个人危险性出发。国外也有学者认为,类似做法违反了禁止重复评价原则,行为人先前犯下的强奸罪已经被定罪判刑了,现在处理被告人其他的行为时,又把之前的强奸罪翻出来再评价一遍,这明显是不合适的。如果这个被告人前后两个行为所触犯的罪名都是一样的,那还好说一些,前面犯盗窃被判刑了,这次又偷了 1 500 元,所以要批捕他,这多少有点道理。但是,前面是个强奸罪,和后面的盗窃没有任何关系。从主观恶性上来看,两者也没有关系,因为不能说被告人是盗窃惯窃。但是,按照我国立法对其也是要批捕的。可见,要彻底告别刑法主观主义是很难的。

改革开放以后,我国的刑法立法在总体上考虑了刑法客观主义的合理性,坚持了客观主义立场,同时吸纳了刑法主观主义的合理因素(例如,规定犯罪中止、自首、立功、累犯等)。但是,无论在我国刑法学还是司法实务中,都还有大量和刑法客观主义相抵触的地方,这使得错案形成有土壤。特别是在少数案件中在客观的行为、损害并不存在时,司法人员以对特定对象人格、品性的怀疑作为启动程序的决定性因素,加之在"命案必破"的考核指标之下,极易将行为人的主观"恶"作为定罪处罚根据,刑法主观主义成为推动个别司法人员实施刑讯逼供的内心起因,由此可能导致错案。因为立足于主观主义的司法运作,一定会将个人的主观恶性、危险性格等作为思考问题的中心,进而从主观要素出发去思考犯罪构成。要探究人的内心,获取被告人口供当然是最为便捷的途径。这种刑法观一旦和"只要能够破案,手段如何在所不问"的传统错误司法思维相结合,极易产生刑讯逼供或其他不规范的司法行为。对于司法实务中错误理念及做法,张明楷教授提出了批评:"从认定犯罪的方法而言,当行为人的行为造成被害人死亡时,司法人员总是首先习惯于讯问被告人(或嫌疑人)当时是想杀人还是想伤害。而当被告人回答只想伤害,客观上又存在杀人的可能性时,司法人员总是想方设法让被告人承认自己当时想杀人,甚至刑讯逼供,进而还会造成冤假错案。事实上,司法机关应当先根据客观行为及其所造成的结果,确定行为的性质,然后再考察行为人是否具有与之相符合的主观心理状态;而不是相反。"[1]因此,主观判断优先的错误观念在实践中贻害无穷。在这方面,国外有一些事例值得我们思考。美国在20世纪40年代末有一个好莱坞明星伊丽莎白·肖特,她不是一线演员,但因为性格豪放、社交能力很强,结识了很多人。但是,有一天她突然被杀了。这个案子一直没有侦破。此后多年,大约有500人主动投案说自己是真凶,最后警方费了很多工夫才排除了这些人的犯罪嫌疑。1996年,美国某州有一个小女孩被杀了,真凶也一直没有找到,10多年以后她的老师投案,承认这事是自己干的,警方后来发现他不在场,DNA也和现场遗留物不符合,最后把他的犯罪嫌疑排除了。这些人之所以出面认罪,可能是出于引人注目、与名人和轰动性事件挂钩的病态需求,有的人还可能是为了让自己平淡的生活起一点波澜。[2]对这些案件,如果司法上戴着有色眼镜看人,对送上门来的嫌疑人特别重视其口供及其所流露出来的杀人动机等主观要素,办错案的风险就会大幅度增加。司法判断上只有坚持客观性思考,才能排除这些嫌疑人的犯罪主体地位。

三、客观构成要件的审查与客观优先

接下来需要讲如何进行客观优先的判断,其重视的无非是两点:一是

---

[1] 张明楷:《刑法的基本立场》,中国法制出版社2002年版,第189页。
[2] 参见韩松落:《认罪者》,载《读者》2010年第3期。

法益侵害后果的判断,因为很多案件一发生,都有一个损害,所以就需要先判断损害;二是法益侵害行为的判断。法益侵害后果和行为的判断,都是刑法里最核心的命题。

(一) 客观的损害有没有

首先要判断有没有法益侵害。对于不会造成法益侵害的行为,刑法不加以处罚,因为只有惩罚造成损害的行为,刑法保护法益的目的才能达到。

例如,在骗取贷款案件中损害是否客观存在,是很值得讨论的。在【案例1-2 骗取贷款案】中,对被告人是否构成骗取贷款罪有争议。有人会主张,《刑法》第175条所规定的骗取贷款罪是行为犯,甲公司有欺骗银行然后取得贷款的行为就应当构成骗取贷款罪。但是,现行理论上的多数观点以及部分法院的见解是,骗取贷款罪所要保护的是金融机构的信贷资金安全,而非银行的贷款发放自由决定权。如果认为一旦贷款资料有假,即便有足额担保也认定贷款申请人构成骗取贷款罪的话,等于是说申请人在任何时候、在任何贷款资料上都不能欺骗银行,只要行为人多多少少欺骗了银行,就侵犯了银行发放贷款的自由决定权,就构成犯罪。但是,这一观点会使得金融机构作为合同主体无须承担任何风险,其与市场经济的理念不符。其实,如果申请人提供了足额、真实的担保,很难说银行金融资金安全存在风险。这个风险如果不存在的话,被告人的行为在客观上造成法益侵害的危险就不存在,对被告人做无罪处理就是可以考虑的,银行应该自己去法院提起贷款合同纠纷的民事诉讼,申请法院执行担保物。这种案件为什么会发生?大多是因为银行觉得去拍卖土地使用权太麻烦,所以干脆报案。类似地,还有一些案件也是贷款资料有假,但是,银行职员对此知情。在极个别案件里,被告人申请贷款的资料提交到银行后,银行的职员在上面修改相关数据(例如,调高企业往年的利润率),使申请人"符合"贷款条件,有的情况下还要求申请人回去把该公司相应的报表等一整套资料都做相应修改。像这样的案件,显然定不了被告人骗取贷款,因为被告人连欺骗银行的行为都没有。既然银行职员参与其中,银行就完全谈不上被骗。但是,实践中有好多案件,最后因为银行贷款收不回来就报案走刑事程序。主讲人认为,如果贯彻客观性思考方法,对这些案件都应该做无罪处理。当然,做无罪处理的案件有限定,即担保是足额和真实的,这是底线。如果这个能够保证,那就很难定贷款申请人有罪。换言之,即便申请人实施了一些欺骗手段,如在贷款资料中做假,如果其不会给银行带来重大损失的危险,不应将其视为本罪的欺骗手段。

除了经济犯罪以外,传统上一些侵犯人身的犯罪能否认定,也与损害后果有关联。以"放飞鸽案"为例,甲、乙两个妇女合谋去骗别人的钱。到另外一个地方后,甲找到一个过去从事过拐卖人口行为的丙,说"能否帮忙把我表妹卖出去,给你5万元"。人贩子丙后来真的就把乙卖掉了。拿到钱的甲跑了,参与诈骗的乙后来也跑了。甲乙都是诈骗罪共犯,这是没有疑问的。但是,特别值得讨论的就是人贩子丙的责任,针对这一起事实,要不要定其拐卖妇女罪?实践中,一般都觉得对丙定罪没问题。因为他过去确实是人贩子,这次又把乙拐卖了。但是,按照客观性的思考,在这个案件里,并没有真正的"被拐卖的妇女",刑法要保护的那个妇女从来就不存在。而拐卖妇女罪是侵犯人身权利罪,没有被害人时,谈不上谁的人身自由被侵害,从客观上看在本案中需要动用刑法来保护的妇女权益不存在。因此,本案似应对甲、乙定诈骗罪;对人贩子丙不定罪;收买妇女乙的人是诈骗罪的被害人,对其也不宜定收买被拐卖的妇女罪。

还有一类犯罪即虚开增值税专用发票罪的处罚范围限缩问题,也值得探讨。对这类案件,实践中定罪的有很多。大多数案件定得都没有问题,但是有少数案件存在争议。例如,甲公司是一个外贸公司,有一些外贸业务是其他人介绍来的,为此,外贸公司就需要向这些介绍人、代理人支付佣金,代理人很多都是自然人,都是个体户,甲公司把佣金给他们以后,对方开不出发票,所以代理公司一年下来就有很大的账目缺口,付出去很多钱,但是没有对应的发票回来。公司负责人后来就安排财务人员去找点发票来把账目做平,但是,明确要求财务人员不能去抵扣。最后,外贸公司虚开回来一些增值税专用发票。但是,查来查去确实发现该公司没有去抵扣。对这样的被告人就不应该定虚开增值税专用发票罪,因为国家的税收征管秩序并没有受到损失。再比如,A、B两公司有100万元的交易,B、C两公司有120万元的交易。B因为暂时开不出发票而让C为A公司开100万元的增值税发票。从形式上看,A和实际给其发票的C公司没有交易,中间的公司和开具发票的公司有交易,A和中间那个B公司有交易。而开具回来的发票面额,恰好对应A和B公司这100万元的交易额,一分钱也没多,像这样的案件,如果死抠法条,说B公司和C公司参与交易了,A 公司和 C 公司是没有交易的,所以还是属于没有交易而虚开发票,似乎就可以定罪。但这个案件确实不好对 A、B 两公司定罪,其理由也是国家的税收损失客观上不存在。另外,司法实务上也认可,如果虚开增值税专用发票是为了显示、夸大公司实力,去取得上市资格或签订合同,但没有抵扣税款的,原则上不定罪。因此,从形式上看存在虚开的行为,但最终没有使国家税收征管受到损害的,犯罪难以成立。

(二) 客观损害有多大

客观损害的判断在很多案件中都是很复杂的问题。在"庄宗良被判放火罪"一案中,法益侵害究竟是多大,侦查机关、批捕部门、公诉部门、法院每个环节的说法都不一样。这说明客观的危害究竟有多大,需要在我们办案时仔细判断。例如,在"余某被控受贿罪"一案中,被告人余某系负责消防验收的国家工作人员,他被指控利用职务便利收受他人现金 5 万元,此外,其还利用职务便利为房地产开发商谋取利益,后以优惠价格购房获利 80 万元。受贿案件的法益侵害究竟有多大,衡量标准主要是被告人最终收受财物的价值。但是,在这个案件中,针对购房差价的指控最终被法院否定,其理由包括:①被告人负责消防验收的时候没有和开发商共谋过,检察机关指控事前共谋、事后收受利益的证据不存在。②开发商的优惠针对不特定人,来买房的所有人基本都能享受这个优惠。③律师收集的证据表明,同样楼层同样朝向的房屋,有人买的比被告人更便宜。因为有证据证明没有职权的人以更便宜的价格买到了房子,就不能推断被告人购房时一定利用了他的职权。④被告人在当地"限购"以后一次性付款,符合优惠条件。法院基于这四点理由否定了检察机关针对 80 万元购房差价的指控,只对被告人受贿 5 万元的行为予以定罪量刑。

(三) 客观上谁的法益受损

谁的利益受损害,有时候也很复杂。例如,对发案率很高的租赁汽车"两头骗"的案件,法院的判决可以说五花八门。但多数法院对被告人只定一个合同诈骗,即只针对汽车租赁公司被骗的事实对被告人定罪,对【案例 1-3:"两头骗"案】的处理就是如此①,对于将这一车辆作为抵押物再去欺骗不知情的人,使之出借款项的行为,不再另行认定合同诈骗

---

① 参见甘肃省临夏县人民法院(2017)甘 2921 刑初 56 号刑事判决书。

罪,因为多数司法机关认为被告人的前后两个行为都围绕这一辆汽车实施,所以,只定一个合同诈骗罪即为已足,通常只针对骗取财物数额高的那个行为定罪。仅有少数案件对被告人的前后两个行为定出两个合同诈骗罪。究竟如何处理合适,关键是要看谁的利益受损害?

主讲人认为,对这种案件实际上可以考虑定数罪,也只有定数罪才能同时保护数个被害人,他们才能分别去主张其财物被行为人所诈骗。这是客观性思考重视法益保护的应有之义,如果只定前面针对汽车租赁公司的诈骗,对后面那个借款人的财产利益就不能有效保护,实际上后一被害人也一定会主张自己受骗,因为行为人如果不使用假的行驶证、假的车辆所有权证书,他人不可能接受这辆汽车作为抵押物,不可能由此借钱给被告人。只有把前后两个诈骗犯罪都认定,才能说利益保护是全面的,才能使最后的处理结论和谁的利益受害这个观念相统一。

再比如,在"一物二卖"的场合,甲将商品房卖给乙,收取 100 万,但这时还办不了过户手续。一段时间后,甲这个房子可以办过户了,但他在为乙过户之前,又见钱眼开,把这个房屋过户给了丙,收了丙 120 万。那么,在本案中谁是受害者?这种案件要确定谁是受害者取决于证据细节。如果甲一开始就想自己的房子现在办不了手续,所以就想尽量多骗几家,到最后能过户了,过户给谁就算谁的,被告人针对前面的买家的行为都构成诈骗犯罪。但是,在本案中,甲和乙签合同时就告知对方房子现在还办不下来房产证,一旦可以办手续了马上办理,就不好说甲有骗乙的犯罪故意。他再卖房子给丙的时候,也没有诈骗的故意,而是有交易的意思;最后这个房子又过户给丙了,丙不是诈骗罪的被害人。这样甲针对乙的诈骗定不了,针对丙的诈骗也定不了。但是,可以认为,针对被害人乙,甲的行为成立侵占罪,因为根据二人之间达成的买卖合同,房子应该归属于乙,甲把代为保管的他人财物非法地处分给第三人,符合侵占罪的构成要件。

(四) 客观上通过何种行为侵害法益

这里以"调包诈骗"进行分析。在"乐某等诈骗案"中,法院认定,2010 年 3 月 18 日,乐某、朱某甲、朱某乙等人驾驶租来的汽车到达陕西省镇坪县,当天吃饭时三人合谋实施调包诈骗,由朱某乙负责开车,乐某和朱某甲诈骗。次日,三人从镇坪到平利广佛镇的路上准备了泥土,并联系明某某一同诈骗,让明某某在车内帮助调包。三人到达广佛镇广佛村踩点后,在唐某甲废旧收购站以卖废铜丝为名,并按照事先约定的分工,由乐某、朱某甲同唐某甲讲价并在唐某甲取钱付款之时,乐、朱二人趁机在车内明某某的配合下,将铜丝又换为泥土,诈骗唐某甲现金3 300元。得逞后,四人开车逃离,在逃跑过程中,三被告人被公安机关抓获。法院最终以诈骗罪对被告人定罪处刑。① 在这个案件中,被害人确实有损失,但是,对被告人的行为未必定得了诈骗罪,其行为性质应该是盗窃。其中很重要的一点就是,被害人的财物是被偷的还是被骗的?实际上在案证据表明,被害人貌似被一系列圈套给"圈"进去了,但其财物丧失时,不是被欺骗后的"自愿"处分、交付,而是被他人用非常快的手法把财物给窃取了。之后,被告人为了掩盖自己的犯罪事实,放进去其他毫无价值的财物替换。所以,犯罪人取得财物的关键手段是窃取而不是诈骗。犯罪人单纯靠欺骗行为拿不到被害人的财物,要想最终不法取得被害人的财物,还是得亲自动手,以令人眼花缭乱的动作以假换真,这样的行为属于典型的盗窃行为。诈骗罪的构造是欺骗被害人,使被害人陷入错误认识以后处分财物。但是,在调包诈骗类案件中,被害人从来没有处分过财物。有人会说,既然对被告人的行为定不了诈骗罪,为什么要使用"调包诈骗"这个词。用这个术语实际上是为了描述一种现象——为了最后得到被害人财物,必须事先实施一系列迷惑性手法或幌子。但是,法律人的规范判断不能被这种现象所迷惑,不能仅仅停留在现象层面,要分析被害人的财产究竟是因为什么原因而丧失,并能够结合诈骗罪的客观构成要件确定案件性质,进而使各位作为法律人的分析有别于法律"门外汉"的直觉。

这一课就讲到这里。

---

① 参见陕西省平利县人民法院(2010)平刑初字第53号刑事判决书。类似判决,参见河南省武陟县人民法院(2014)武刑初字第3号刑事判决书等。

第二讲 阶层犯罪论的实务运用

【案例2-1 采伐香樟案】

2011年3月6日，原审被告人钟文福与吕国兴合伙以钟文福名义与韶关市曲江区马坝镇水文村委会文山小组签订合同，约定由钟文福按广乐高速公路施工单位确定的时间砍伐、移植工程建设征用该村小组背后山岭指定范围内的树木，自行办理运输放行等相关手续。2011年3月9日，钟文福向广东省林业局申领了(2011)采字第0016号《广东省商品林采伐许可证》，标注采伐林种为"一般用材林"、树种为"杂树"，采伐类型为"主伐"、方式为"皆伐"，采伐期限为2011年3月9日至3月30日。此外还标注了伐区设计人员、采伐蓄积和木材产量等事项，并备注"广乐高速公路建设征用"。2011年3月，钟文福、吕国兴雇请工人对伐区内树木进行采伐，马坝镇林业工作站派出工作人员到场检尺，并开具《木材运输证》等放行手续。伐区内有三棵樟树，一棵被广乐高速公路施工队所推倒，两棵被钟文福卖给湖南省醴陵市做花木苗圃的郭某进行移植。2011年5月26日，钟文福从伐区往外运输木材和樟树枝桠时被韶关市公安局森林分局查获。一审法院判决两被告人各有期徒刑3年，二审维持原判。刑满释放后，钟文福提出申诉，2017年4月18日广东省高级人民法院再审后依法宣告两被告人无罪。问题：再审判决的结论是否合适？

【案例2-2 骗取医药费案】

被告人廖丹为给妻子治病使用伪造的收费单骗取医药费17万余元。检方建议判处其有期徒刑3到10年。法院综合了廖丹的认罪态度及积极退赔案款、受害医院谅解、家庭特殊等情况,判处其有期徒刑3年,缓刑4年。问题:对法院量刑结论合理性的论证,三阶层犯罪论、四要件说有何差异?能否认为本案的法院判决事实上采用了阶层犯罪论?

【案例2-3 调包诈骗案】

2013年4月至2014年7月期间,被告人马振军、庞玉平、王发军等人采用扔钱捡钱再与被害人分钱的方式分别合伙多次行骗,其中马振军作案10起,涉案数额37 452元。被害人宁某还原的具体犯罪过程是:"2013年4月27日我去德惠九道街邮政储蓄取钱1 320元,走到四中门口在凳子上休息,一个男子坐在我身边,然后就过去一个男子掉在地上一个烟盒,身边那个男的过去把烟盒捡起来,打开烟盒里面有一捆钱,我说给我两张,这时掉钱的人回来问我俩是否捡到他的8 000元钱,我俩都说没有,他说咱们找一个地方你们把兜里东西拿出来我看看,捡钱的人指着我说这是我妈,然后我们走到一个居民楼楼道,丢烟盒男子让我把兜里的东西掏出来看,我把取出来的钱掏出来说是我自己的钱,然后放回兜子里了,捡钱的男子说咱俩分钱你别吱声,他就把捡到的钱放到我兜子里,然后他俩走了,我掏兜发现钱不见了,放在我兜里的是冥币。"问题:按照三阶层犯罪论,应当认定被告人的行为构成诈骗罪还是盗窃罪?

这一讲,我想讲的主题是:如果要想确保犯罪认定上漏洞比较少、出错几率小,就应该采用阶层犯罪论;在具体运用时,应该讲求方式、方法。当然,这个问题比较复杂,但我看看能否尽量讲得清楚明了一些。

我国刑法学通说认为,在犯罪成立与否的判断上,采用阶层犯罪论的必要性有限,犯罪客体要件、犯罪客观要件、犯罪主体要件、犯罪主观要件的犯罪构成四要件说(以下简称"四要件说")具有存在合理性[1],理由主要有以下三方面:①四要件说在判断上简便易行,且长期被我国司法人员

---

[1] 关于四要件说的详细介绍,参见王作富主编:《刑法》(第6版),中国人民大学出版社2016年版,第36页以下;高铭暄、马克昌主编:《刑法学》(第7版),北京大学出版社、高等教育出版社2016年版,第48页以下。

所接受,没有改弦更张的必要。②阶层犯罪论和四要件说在处理案件时几乎没有差别,运用阶层犯罪论可以定罪的案件,按照四要件说也可以得出有罪结论;根据阶层犯罪论得出无罪结论的案件,按照四要件说通常也不能定罪。③阶层犯罪论在理论构造上叠床架屋,过于复杂,不易被初学者所理解和掌握,将其引进到实践中会引起混乱。①

但是,上述诸点大多似是而非,非常可疑。首先,随着我国刑法学理论的不断发展,深入思考犯罪论体系建构,一体地解决犯罪成立条件与共犯论、违法阻却事由、责任阻却事由等关系的必要性逐步浮现出来。四要件说将犯罪成立条件与阻却违法、阻却责任的事由割裂开来,或者孤立地思考共犯问题,明显和刑法学的现代发展进程不合拍。其次,阶层犯罪论能够确保违法判断在前,有助于实现刑法客观主义,四要件说蕴含着先主观判断后客观判断的危险,与保障人权、防止错案的现实需要不相协调。再次,阶层犯罪论的内在逻辑清晰,基本思路并不复杂,四要件说认为阶层犯罪论过于复杂的判断并不准确,对阶层犯罪论的本能排斥只不过是展示了学者的"理论惰性",对阶层犯罪论的司法便利性需要认真评估或重新认识。最后,阶层犯罪论符合司法逻辑,对其进行适度改造就完全可以用于指导我国的司法实践,四要件说明显夸大了阶层犯罪论和司法实践之间的距离。因此,实务上采用阶层犯罪论具有必要性和可行性,阶层体系具有广阔的司法前景。

接下来,我的讲课逻辑是:①为什么需要阶层犯罪论?这是要回应很多人的疑问——我们原来的理论似乎用得很好,有无变动必要?②阶层犯罪论有数十种,能够成为实务上的思维底色的究竟是哪一种阶层犯罪论?③如果采用阶层犯罪论,司法上应该怎么应对?司法人员如何才能适应这种变化?

一、实务上为什么需要阶层犯罪论

如果仅仅考察处理结果,对99%的案件而言,三阶层犯罪论和四要件

---

① 参见杨兴培:《犯罪构成原论》,中国检察出版社2004年版,第61页以下;赵秉志、王志祥:《中国犯罪构成理论的发展历程与未来走向》,载赵秉志主编:《刑法论丛》(第19卷),法律出版社2009年版,第32页以下;高铭暄:《论四要件犯罪构成理论的合理性暨对中国刑法学体系的坚持》,载《中国法学》2009年第2期。

说都能够得出相同结论。但是,对某些疑难案件的处理,按照四要件说得出不当结论的可能性较大,且其无法体系性地解决好共犯论、刑罚论的相关问题,在方法论上存在问题。因此,实务上必须采用阶层犯罪论,其比四要件说这种要素的理论更具优越性。

从满足司法实务需求的角度看,必须采用阶层犯罪论的理由主要有两方面:只有阶层犯罪论才能实现体系思考;只有阶层犯罪论才能有效防止错案。其实,仅仅考虑这两点,在未来的中国司法实务中采用阶层犯罪论的理由就已经很充分。

(一) 只有阶层犯罪论才能确保司法上的体系性思考

希尔根多夫教授指出,体系思考具有以下九项功能:制度功能(每一种体系产生相应的制度)、整合功能(把相关元素联结成为一个整体)、科学构造功能(使科学的刑法理论得以形成)、启发功能(使疑难问题在标准体系中被准确定位进而发现特定的解决路径)、讲授功能(知识上的体系关联便于讲授和审判中掌握)、法律适用指导功能(指导司法行为并促使其进行体系解释)、法治国的透明化功能(使裁判更加明确、可预测,防止司法恣意)、法学体系论的批判功能(体系已经大致框定了判决结论,约束和批判司法判决)、面向法治国的评价功能(案件处理体现特定社会价值,与意识形态上的判断保持距离,具有中立性)。① 在本文关注的视野内,阶层犯罪论的法律适用指导功能最值得我们重视。阶层犯罪论将违法(不法)和责任分开,不仅是从事刑法理论思考时最应该具备的思维,而且也能够对司法实务提供体系性支撑,在实务上处理案件时,要把事情做错了、干坏了(违法)和被告人是否值得谴责、法官能否送被告人去坐牢(责任)清楚地分开,这一点只有阶层犯罪论体系才能够实现,四要件说无法做到。区分不法和责任,有助于实务上完成体系思考。

1. 只有阶层犯罪论才能顾及共犯论

赞成四要件说的学者大多倾向于认为,对完全无刑事责任能力的精神病人或 13 周岁的人实施杀人、强奸等危害行为的案件,四要件说会直接以犯罪主体要件不具备而排除其犯罪性,很早就能够得出其无罪、刑法不用去理会行为人的结论,而不需要像三阶层犯罪论那样要等到作出构

---

① 参见〔德〕埃里克·希尔根多夫:《刑法的体系构成》,载〔德〕埃里克·希尔根多夫:《德国刑法学:从传统到现代》,江溯、黄笑岩等译,北京大学出版社 2015 年版,第 194 页。

成要件该当性、违法性判断之后,在有责性阶段说被告人无罪。因此,一般认为,在行为人是无责任能力的精神病人或未达到责任年龄的未成年人时,四要件说比阶层犯罪论更为优越,阶层犯罪论就不再发挥作用。①

必须指出,四要件说的上述说法看似有理,但实属"顾头不顾尾"的简单化思维,是缺乏体系思考的表现,因为这样的结论仅以单独犯(直接正犯)为思考原型,没有一体地考虑犯罪论体系在共犯论中的运用问题。在13周岁的甲单独杀人时,四要件说的思考看起来简便易行。但是,如果20周岁的乙为甲望风的,如何处理乙对四要件说而言就是一个难题。再如,15周岁的丙抢夺财物,按照四要件说很容易得出其无罪的结论,但25岁的丁事后为丙销售赃物的,用四要件说如何处理丁也并非易事。按照四要件说,前述甲、丙因未达到刑事责任年龄,均不是"犯罪的人",在犯罪主体要件不齐备时,甲与乙、丙与丁"二人以上"共同犯罪这一要件就不具备,共犯就不能成立,乙当然无法构成故意杀人罪的帮助犯,丁也难以构成掩饰、隐瞒犯罪所得及其收益罪。但这一结论明显不合理,司法上也不可能按照这种逻辑去得出乙、丁无罪的结论。因此,在四要件说中,如果认为犯罪主体要件不具备行为人就不可能构成犯罪,对相关共犯的处理在逻辑上就成为问题。②

类似难题在区分违法和责任的阶层犯罪论中比较容易得到体系性的解决:共同犯罪是违法形态,而非责任形态。不具有责任能力、未达到刑事责任年龄者的杀人、盗窃行为,也具有违法性,他人的权利不会因为行为人未达到一定年龄就可以被任意侵犯。未成年人所实施的危害行为,即使不具有谴责可能性,也侵害了法益,从而对其行为性质应作否定评价;根据阶层犯罪论区分违法和责任的原理以及由此体系性地引出的限制从属性原理,其他共同实施违法行为的参与者当然应由此成立共同犯罪。换言之,违法是客观的价值判断,对于并未违法的行为固然没有成立共犯的余地,但参与不法的共犯应由此构成违法;而责任是主观的价值判断,故责任的有无不会对共犯关系产生影响。③

虽然很多人一直觉得分割处理各个犯罪要素的四要件说似乎没什么

---

① 参见彭文华:《犯罪的价值判断与行为的归罪模式》,载《法学》2016年第8期。
② 参见张明楷:《构建犯罪体系的方法论》,载《中外法学》2010年第1期。
③ 参见〔韩〕李在祥:《韩国刑法总论》,〔韩〕韩相敦译,中国人民大学出版社2005年版,第186页。

大问题,但是,其在对共犯论进行体系思考时就会捉襟见肘。换句话说,实务上不能在运用四要件处理 A 案件时,仅注意到眼前的案子,而应该同时顾及这样的认定方法对共犯场合的 B 案件处理会有什么问题,共犯的问题和单独犯之间的问题都是整个理论体系当中的一环,不能偏废。所以,四要件的真正挑战其实主要就在于难以一体地解决共犯问题。如果有人说四要件没什么问题,很容易排除犯罪,那就是没有很好地进行体系思考。

2. 只有阶层犯罪论才能与刑罚论相照应

按照四要件说,不满 14 周岁者杀人,与《刑法》第 20 条第 3 款规定的特殊防卫情形下的杀人,从结论上看都是无罪。四要件说的先天不足在于,无法区分被告人无罪是因为行为本身未侵害法益无罪,还是仅仅因为行为人难以被谴责而无罪。行为人行使特殊防卫权的无罪,和一个精神病人、不满 14 周岁的人实施杀害行为的无罪,在四要件说之下所受到的最终评价是完全相同的,由此带来体系思考上的难题:对无罪的理由不能进行细分,司法上也只能将此无罪的讯息告诉公众,而无法清晰告知民众法律要禁止的究竟是哪一种行为,从而无法实现积极的一般预防。

对类似案件的处理,正确的司法态度应该是:对于具有违法性,但欠缺责任的未成年人、精神病人实施危害行为的情形,司法上应当明确标示出无罪的理由仅仅在于行为人缺乏非难可能性,而其行为的不法性、危害性是存在且必须避免的。一个未成年人或精神病人实施危害行为被司法机关抓获,律师提出被告人年龄或精神状况有问题,如果在案证据表明行为人当时确实没有责任能力,法官就应该判其无罪。但是,在对裁判进行说理时,法官仍应在裁判文书里清晰表明未成年人或精神病人的行为是对社会有害的,要被规范所禁止,别人不能模仿。这样的信息传递只有阶层犯罪论做得到,四要件说只能得出无罪的结论,却不能清晰地向民众传达这层判决意思。阶层犯罪论正是通过这样的司法路径来发挥行为规范的强化功能、教育功能、引导功能,使一般人尊重规范远离犯罪,从而实现积极的、规范的一般预防。

阶层犯罪论思考的逻辑不仅在针对未成年人、精神病人实施危害的场合发挥作用,在其他情形下,不法和责任区分的判断方法也有其独特的积极一般预防存在价值。例如,法官认定正当防卫案件时,按照阶层犯罪论的逻辑,就是在告诉国民行为对错的标准,从而引导国民行动。《刑法》

第20条第3款规定,防卫人遭受抢劫等可能危及人身安全的威胁时,即便其把抢劫犯杀了,也可以成立正当防卫。法官在这里的无罪判决同样要告诉公众:防卫人即被告人的行为是法律规定的正当行为,其外观上虽然是一个杀害行为,但实质上不违法,法律要鼓励、表扬这样的行为人,其他人遇到这种情况可以向他学习。因此,正当防卫杀人、精神病人杀人、13周岁的人杀人这三种情形,阶层犯罪论和四要件说都会得出无罪结论,但是,四要件说只能告诉公众某一种最终结论,无法在刑罚论上有区别地发挥预防效果;而阶层犯罪论能够提供给国民行为对错的信息,发挥好刑罚论上的一般预防效果。这样说来,阶层犯罪论和四要件说二者有实质差别,千万不要简单地以为四要件说和阶层犯罪论的结论都可能是相同的就去排斥阶层犯罪论。阶层犯罪论作为一种体系化的理论,迥别于要素组合的四要件说。体系思考方法也是逻辑的运用,承担了逻辑在法学方法论中的使命。[①]只有采用阶层犯罪论,法官的思考才能摆脱"就案论案""顾头不顾尾"的窠臼,其定罪方法论才能上一个新的台阶。虽然四要件说和阶层犯罪论对大量案件的处理结论确实差异很小[②],但是,对于司法人员刑法方法论的训练而言,阶层犯罪论的优越性是不言而喻的。

(二)阶层犯罪论能够为防止错案提供实体法上的支撑

在四要件说中,犯罪客体要件、犯罪客观要件、犯罪主体要件、犯罪主观要件之间似乎有一定顺序。但是,这种平面的、要素的理论(非阶层的理论)无法防止司法上先判断故意、过失等主观构成要件,也无法防止分析案件时先考虑犯罪主体的人身危险性或再犯可能性;有的学者甚至提出在四个要件中应当将犯罪主观要件排在最前面的观点,更使得犯罪客观要件的重要性降低。[③]我国还有学者明确指出,主观罪过是犯罪构成的核心,是刑事责任的唯一根据。其主要理由是:①主观罪过代表犯罪行为的本质,因为犯罪对刑法所保护的社会关系的侵犯是犯罪主观要件内容的实现;犯罪构成主观要件是区别犯罪行为和非犯罪行为的标准。②犯罪主观要件是犯罪构成要件的集中体现,在犯罪构成的四要件中,只有犯

---

① 参见〔德〕英格博格·普珀:《法学思维小学堂》,蔡圣伟译,北京大学出版社2011年版,第180页。
② 参见欧锦雄:《复杂疑难案件下犯罪构成理论的优劣对决——犯罪构成四要件说与德日犯罪三阶层论的对决》,载《中国刑事法杂志》2011年第3期。
③ 参见赵秉志:《论犯罪构成要件的逻辑顺序》,载《政法论坛》2003年第6期。

罪主观要件是唯一直接包含了全部构成要件内容的构成要件。③只有主观要件才能代表犯罪的本质，而客观要件只不过是主观要件的表现形式。因而，只有主观罪过和刑事责任的联系，才具有必然内在联系的性质，才是一种本质的联系。①但是，按照上述主张，四要件说有走向刑法主观主义的危险或者本身就是主观主义的体现。

刑法主观主义的基本理论构架在于：一方面，从人的危险性出发来思考定罪处罚问题；另一方面，行为仅仅是佐证犯罪意思的符号，行为概念以及其他客观要素的重要性、独特性大幅度下降。刑法主观主义的核心思想是由于"某个人"太坏了，所以要惩罚他，其关心的是危险个体——干这件事情的人特别危险，犯罪主观要件、个人危险性等概念在犯罪构成理论中自然就处于优先地位。②刑法主观主义从对人的主观要素的审查出发，探求其内心的邪恶推动行为发展的过程，这一思考方法对司法人员来讲，用起来最为便利，因此，其对刑事司法有广泛影响。因为立足于主观主义的司法运作一定会将个人的主观恶性、危险性格等作为思考问题的中心，进而从主观要素出发去思考犯罪构成。要探究人的内心，获取被告人口供当然是最为便捷的途径。四要件说和刑法主观主义只是"一纸之隔"，这样的犯罪构成理论极易为形成错案提供实体法上的支撑。对此，罗克辛教授指出："在刑法的概念里，纵然每个体系都是某种有秩序的安排，但是，倘若人们不正确地建构或者安排了刑法体系的要素，那么，就有可能导致有缺陷的结果。"③

在阶层犯罪论体系中，对客观要件与主观要件、违法与责任、事实与价值的区分相对比较清楚，被告人触犯刑法分则某一法条所规定的特殊构成要件即符合构成要件，这是初步的判断；之后才依次是违法性、有责性的认定。通常情形下，该当某罪的客观构成要件时就可以推定违法性、有责性，被告人及其辩护人没有提出特别的辩护理由（如正当防卫、紧急避险、精神病、未成年、违法性认识错误、缺乏期待可能性等），控辩双方就不应当在违法阻却、责任排除上进行争辩。经历这种层层过滤的、立体式

---

① 参见陈忠林：《刑法散得集》，法律出版社2003年版，第267页以下。
② 参见周光权：《法治视野中的刑法客观主义》（第2版），法律出版社2013年版，第57页以下。
③ 〔德〕克劳斯·罗克辛：《德国刑法学总论》（第1卷），王世洲译，法律出版社2005年版，第164页。

的阶层判断,才能确认被告人的行为构成犯罪。这样不仅可以防止错案,确保定性准确,而且可以将违法和责任清晰分开,训练司法人员的法律思维,形成正确的刑法适用方法论。

罗克辛教授认为:"如果将不法和责任融合在一起,会抹平取消本质上的事实区别。某个举止是否是一种受到刑罚禁止的法益侵害,这是一个问题;在所有案件中,违反这种禁止规范是否必须要动用刑罚加以处罚,这是另一个问题。这两个问题是不同的。刑法上的禁止规范或者命令规范是针对所有公民而言的,这两种规范呼吁公民举止要合乎规范,因此,必须将它们和罪责区分开来,原因是:告知公民受禁止的事情和给予他们举止上的指导原则必须在任何犯罪之前。"①阶层犯罪论区分违法和责任的方法论与刑法客观主义存在内在一致。刑法客观主义认为,之所以要动用刑罚,是因为行为人客观上把某件事情做砸了。刑法客观主义对司法活动的基本要求是:一方面,客观构成要件比主观构成要件更为重要。刑法客观主义紧紧盯住的是客观的、违法的"事态"——至于这件事情是谁干的,在违法与否的层面并不重要(无论是谁干的,干错了就是干错了),行为、后果等概念对于定罪至关重要。客观构成要件的任务是具体描述刑法所要类型化地加以禁止的行为举止,以确定行为的可罚性。任何行为要成立犯罪,就应当和刑法分则构成要件所描述的典型事实相一致,这是罪刑法定的当然要求。准确定罪,首先是要准确判断犯罪客观要件及其要素。正是基于客观构成要件绝对重要的观念,司法上才能将犯罪行为区别于民事侵权和行政违法,进而能够进行违法和有责的判断。因此,要贯彻客观要件比主观要件更为重要的理念,就必须强制性地要求实务上注重收集足以证明犯罪客观事实的证据,一旦事实存疑,即必须作出有利于被告人的处理,而不是先取得口供,通过口供去证明行为人的主观恶性,进行"先供后证"。另一方面,必须讲究司法逻辑或判断顺序——即先违法后责任。对行为性质、行为人责任必须分为两个不同层次判断。对行为性质的判断,是对行为的对与错在刑法上表态,是表明这一行为不值得其他人学习,在刑法上要绝对禁止;对行为人责任的判断,是要揭示受主观支配的行为值得谴责和非难。对犯罪成立与否的判断,是人间最为复杂

---

① 〔德〕克劳斯·罗克辛:《刑事政策与刑法体系》,蔡桂生译,中国人民大学出版社2011年版,第91页。

的思维活动。一个合理的刑法理论必须能够保证,对行为违法性的客观判断和对行为人责任的判断必须分层次地进行;确保客观违法判断在前,主观责任判断在后,确保刑法客观主义得到贯彻。

如此说来,只有阶层犯罪论在分析任何刑事案件时,才能确保先判断这件事情做得怎么样;再去考虑能不能谴责行为人。这才是分层次判断的思路,也是刑法客观主义的具体运用。在实务上,如果肯定主观责任优先,总是习惯于从犯罪故意、犯罪意思出发,去寻找证据论证犯罪事实,就容易形成冤假错案。但是,在我国受四要件说影响的司法实务中,主观和客观的关系并不清晰,司法上为满足处罚需要或者出于思维上的便利,有时本能地从行为的主观推导出客观,导致某些"两可"案件甚至明显无罪的行为被轻易地确定为犯罪,也使得刑讯逼供屡禁不止。在这里,刑法客观主义给我们的启示是:在处理案件时,不能仅仅对被告人是否有罪作出笼统判断或要件上的综合判断,更不能靠"被告人一看就不像好人,肯定有罪"这种不可靠的感觉,思维上要有逻辑、有层次,对客观要素和违法性的判断必须处于绝对优势地位。① 对此,有学者指出:建立体系的思考,坚持从客观到主观的判断,最大的意义在于有助于安全性价值的实现,容易发现事物的本质,也符合人类认识世界的客观规律。②

二、实务上需要哪一种阶层犯罪论

阶层犯罪论有古典三阶层体系(贝林-李斯特体系)、新古典三阶层体系、新古典二阶层体系、目的论综合体系、目的理性阶层体系、实质的阶层体系之别。梳理阶层论的发展史,难免会给人以眼花缭乱之感。在这种前提下,实务上究竟应该与哪一种阶层犯罪论更亲近,更直截了当地说,究竟应该选择三阶层论还是二阶层论,这有必要讲一下。

(一)二阶层犯罪论与三阶层犯罪论的各自主张

1. 二阶层犯罪论(不法、责任)

这种观点主张构成要件具有违法推定机能,符合构成要件的行为,只

---

① 参见周光权:《刑法方法论与司法逻辑》,载《现代法学》2012年第5期。
② 参见王勇、金圣春:《犯罪构成理论的当下图景与可能走向》,载《当代法学》2011年第5期。

要不存在允许性规定,就是法律规范要惩罚的行为。换言之,符合构成要件和不具有违法阻却事由的必然结局就是行为具有违法性。违法性判断和构成要件判断的紧密关联性表现在:法律是社会生活的调节器,它需要立法者区分哪些行为是国家可以容忍的,哪些是不能被允许的,由此框定了个人活动的范围。构成要件表明了国家对于犯罪的态度,构成要件和违法性在很多时候就是一体的。

赞成二阶层犯罪论的学者坚持认为,从思维过程上看,行为之所以符合构成要件就可以被推定为具有违法性,主要是因为构成要件和违法性的内在精神是一致的:法律将立法者禁止的行为(作为)或者命令行为人必须实施的行为(不作为)在构成要件部分加以描述,禁止规范、命令规范的存在已经基本表明了国家的价值取向;违法性是说哪些行为是不符合整体法规范要求的,也是强调了国家反对某些行为的态度。换言之,构成事实在一定程度上揭示了违法类型,具有违法内涵,例如,故意毁坏财物罪中毁坏故意、客观毁坏结果的存在,都在不断填充构成要件要素,也在一定程度上展示了行为违法性的外形。

在大陆法系刑法理论中,两大原因促使部分学者认为构成要件和违法性应当统合在一起。

(1)规范构成要件要素的发现。"评价对象"和"对象的评价"曾经是区分得比较清楚的问题。在贝林的古典犯罪论体系中,构成要件是价值中立的、单纯的评价对象,而对这一"对象的评价"涉及价值判断,应该在违法性阶段完成。但是,自从麦耶(Mayer)提出规范的构成要件理论之后,"评价对象"和"对象的评价"之间是否还能准确区分,就是一个疑问。盗窃罪的构成要件是否齐备,取决于需要保护的他人财物是否存在,财物的他人性的判断就是与违法性有关的内容,涉及价值评价,构成要件中就有违法性评价的内容,对二者难以清楚地进行界分,违法性不具有明确地区别于构成要件并在犯罪论体系中独立存在的性质。

(2)消极的构成要件理论的提出。二阶层犯罪论认为,凡是符合正当行为条件的行为,不但不具有违法性,而且不符合构成要件,因为构成要件本身就蕴含着"刑法禁止实施危害行为,但正当行为不在此限"这样的意思。例如,故意杀人罪的构成要件是任何人在没有正当防卫、紧急避险、执行职务等理由时,就不得剥夺他人的生命。对此,学者明确指出:"法律规范是应然的假定规范,法律规范与假定的命令意义相同。'每一法律规范在具体的意义上是一个假定,因为它只可适用于具体的在规范中指明的行为状况。'例如撇开其绝对性特点,勿杀的前提是存在着一个正常的情势,也就是,不存在例外情势,如正当防卫或出现有法律效力的死刑判决或者战争。因而,勿杀终究是指:如果不考虑正当防卫、死刑判决的执行、战争行为的发生,违禁者应该被处死。这是一个在假定上来理解的命令。"[1]

2. 三阶层犯罪论(构成要件该当性、违法性、责任)

理论上的多数说是三阶层犯罪论,其认为消极构成要件的提法存在问题。违法阻却事由是否存在,涉及具体的价值判断,难以在构成要件中作一般性规定。所以,将阻却违法事由作为消极构成要件并置于构成要件之中进行评价的做法,可能会使构成要件的行为指引功能难以发挥,也难以划定犯罪成立范围。对此,有学者指出:根据消极构成要件的逻辑,会得出荒诞的结论:"打死一只苍蝇不是典型事实,所以与正当防卫中杀人具有同样意义。说打死一只苍蝇不是典型事实,是因为打死的是苍蝇而不是人,即缺乏典型事实的肯定条件。正当防卫中杀人也不是典型事实,因为正当防卫是正当化原因之一,即具备典型事实的否定性因素。既然二者都不是典型事实,在刑法中就可以将二者等价齐观。然而,这种观点显然忽略了这样一个事实:打死一只苍蝇与任何法律保护的利益无关,因而是一个完全不具有任何刑法意义的事件;而杀死一个人,即使是出于正当防卫,总是对法律保护的某种利益的侵犯。"[2]

三阶层犯罪论认为,构成要件判断是在罪刑法定原则指导下确定处罚的范围。作为违法性判断主要内容的正当化事由,并不是和构成要件同一层次的东西,自然也没有资格作为构成要件的对立面存在:违法性在位阶上和构成要件相当,正当化事由属于违法性中的例外事由,在理论地位上显然不能与构成要件同日而语,将不能与构成要件放在同一层次讨论的正当化事由称为消极构成要件,本身就存在问题。

(二)采用三阶层犯罪论还是二阶层犯罪论对实务几乎没有影响

采用三阶层犯罪论还是二阶层犯罪论,基本上仅在理论研讨上有价值,且这种实益仅仅体现在对假想防卫、假想避险等涉及容许构成要件错

---

[1] 〔德〕卡尔·恩吉施:《法律思维导论》,郑永流译,法律出版社2004年版,第32页。
[2] 〔意〕杜里奥·帕多瓦尼:《意大利刑法学原理》(注评版),陈忠林译,中国人民大学出版社2004年版,第133页。

误案件的分析上。这里以假想防卫为例进行讨论。对于假想防卫,三阶层犯罪论(通说)认为,阻却违法事由是"容许构成要件错误",故意理论认为,对容许构成要件错误应类推适用构成要件错误,阻却故意;责任理论则主张,该错误是构成要件错误和禁止错误之外的独立类型,假想防卫者并无构成要件错误,对规范的忠诚也并未丧失,没有禁止错误,其并非有意抵触规范,应否定其故意责任,在法律效果上比照构成要件错误而不负故意之责,而仅可能论以过失。二阶层犯罪论(少数说)则强调,假想防卫是"消极"的构成要件错误,阻却故意,仅可能成立过失。

无论是三阶层犯罪论还是二阶层犯罪论都认为,在假想防卫的场合,行为人对结果的发生如果具有预见可能性的,最终以过失犯处理;如果欠缺预见可能性的,则无罪。由此可见,从最终处理上看,三阶层犯罪论和二阶层犯罪论两说在结论上差别不大,只是在解释思路上有一些差别。

主讲人认为,对假想防卫的处理,即便三阶层犯罪论和二阶层犯罪论的结论相同,也宜采用三阶层犯罪论,即要先肯定行为人具有构成要件故意,如果不这样就很难体系性地解决共犯问题。此时的构成要件故意,决定了行为人故意的行为样态的存在,即其可以成立正犯,唯有如此,对教唆他人实施假想防卫行为的教唆者,也才有可能成立共犯。例如,在加油站打工的在逃犯甲深夜面临便衣警察乙的抓捕时,告诉值班同事丙"乙是抢劫犯",丙由此对乙实施所谓的正当防卫并造成后者重伤的。正是因为正犯丙的假想防卫行为具有故意伤害罪的构成要件故意,教唆犯甲才能成立共犯。如果按照二阶层犯罪论否定构成要件故意,在共犯论上又坚持犯罪共同说,而正犯只有责任过失,共犯甲的教唆按照从属性原则就不能成立,从而造成处罚上的漏洞。

(三) 以三阶层犯罪论作为思考模型在实务上有特殊意义

上述分析表明,三阶层犯罪论、二阶层犯罪论没有根本性差别,在教义学上的差别也仅仅在于,解决假想防卫时两个阶层犯罪论讲的道理可能不一样。那么,争论三阶层犯罪论还是二阶层犯罪论的意义确实就很有限,"两阶层和三阶层这两种犯罪构造之间的争论基本上没有产生多少实际作用"[1],司法上采用三阶层还是两阶层原本是无所谓的。

---

[1] 〔德〕乌尔斯·金德霍伊泽尔:《刑法总论教科书》,蔡桂生译,北京大学出版社2015年版,第52页。

但是，主讲人还是倾向于三阶层犯罪论。如果认为二阶层犯罪论的（整体）不法中包含积极构成要件（不法构成要件）、消极构成要件，其实际上也要进行构成要件该当性的判断，那么，排斥三阶层犯罪论而采用二阶层犯罪论，似乎就只有形式上的"立场宣示"意义，没有实际价值。陈子平教授认为："从形式到实质、从一般到具体、从客观到主观、从原则到例外的判断方式，亦即，首先为'构成要件该当性'之形式的、一般的、原则的判断，其次为'违法性'之客观的、实质的、例外的判断，最后为'有责性'（责任、罪责）之主观的、实质的判断。依此三阶段之顺序，乃最合经济，最为合理，且错误亦少。"①

肯定三阶层犯罪论，有以下实际好处：

（1）承认构成要件该当性有助于实现罪刑法定原则。普珀教授认为，二阶层犯罪论的整体不法构成要件理论的基本思想正确，其和三阶层犯罪论没有实质差别。但三阶层犯罪论更符合目的性，"因为刑法只关注通过法典明确科处刑罚的那些法律侵犯"②。刑法分则就是对构成要件该当性的描述，不得杀人、不得诈骗、不得偷抢的规定对司法有引导作用，强调构成要件该当性的独立地位，对刑事司法而言具有独特价值和政策意义。如果缺乏构成要件该当性的观点，在实务中就可能出现违反罪刑法定原则的情形。例如，2001年10月18日，被告人肖某将两封装有虚假炭疽杆菌的邮件，分别投寄到上海市有关部门及新闻单位。上海市第二中级人民法院经审理认为，肖某故意制造恐怖气氛，危害社会稳定，已构成"以危险方法危害公共安全罪"，判处其有期徒刑4年。③ 对于本案，法院定罪明显没有考虑构成要件该当性和罪刑法定原则。以危险方法危害公共安全罪，是指故意使用放火、决水、爆炸、投放危险物质以外的其他危险方法危害公共安全的行为。本罪在客观方面表现为使用放火、决水、爆炸、投放危险物质以外的其他危险方法危害公共安全。对于"其他危险方法"的范围，不能进行类推解释，因为这里的"以危险方法危害公共安全"仅仅是《刑法》第114条、第115条的兜底条款或堵截性规定，而不是整个危害公共安全罪或整个刑法典中惩治公共危险行为的兜底条款，否则就

---

① 陈子平：《刑法总论》（第3版），元照出版有限公司2015年版，第102页。
② 〔德〕英格博格·普珀：《论犯罪的构造》，陈毅坚译，载《清华法学》2011年第6期。
③ 参见《一累犯故意投寄假炭疽菌邮件被判刑四年》，载新浪新闻网（http://news.sina.com.cn/s/2001-12-22/426555.html），访问日期：2017年7月12日。

与罪刑法定原则相悖。因此,对"其他危险方法"就必须理解为行为手段上与放火、决水、爆炸、投放危险物质行为相当,且《刑法》第114条、第115条没有明确列举的危险方法。在本案中,肖某投寄虚假的炭疽杆菌并不是与放火、决水、爆炸、投放危险物质相当的行为,不具有以危险方法危害公共安全的实行行为性。全国人大常委会2001年12月29日通过《刑法修正案(三)》第8条增设"投放虚假危险物质罪",实际上否定了法院对肖某案判决的正确性,否则就没有必要针对类似行为设立新罪。虽然理论上也可以认为,"犯罪构成要件该当性和所谓违法性的区别,只是技术考量下的产物,其着眼点只是方便而已,并不是犯罪构成要件该当性和违法性二者在决定犯罪的构成上有不同的功能,或者在决定行为的价值判断上有不同的等级"①。但是,难以否定的是,对构成要件该当性和违法性进行区分,在刑事政策和刑法技术上具有重要功能。如果在犯罪论体系中取消这一区分,将会危及这些功能的发挥。② 三阶层犯罪论的构成要件该当性、违法性和有责性分别对应罪刑法定主义、法益保护主义和责任主义。如果不区分构成要件该当性和违法性,显然会冲击构成要件在刑事政策意义上的保障功能。罪刑法定原则得以贯彻的基本前提就是法律对于某一具体犯罪行为在规范上作出了具体描述。构成要件囊括了各个具体犯罪成立的特征,唯有如此,我们才能将非法拘禁和绑架罪加以区分,也才能使抢夺和抢劫不至于混淆。构成要件"根据抽象的、为帮助人们理解而建立的禁止性标志这种方式,描绘了一般被禁忌的举止行为方式的图画,并且具有一种积极的一般预防的功能。在这里,对行为构成特征的描述影响了一般公众的法律意识并且发挥了可能的威慑作用"③。

(2)违法性判断的逻辑总是针对罕见情形,其对司法人员有特别提示作用。在三阶层犯罪论中对构成要件的解释,和违法性判断明显是有差别的。构成要件是要告诉国民普遍情况——杀人是规范所要反对的。违法性判断所包含的阻却事由要求司法者审查极其罕见的事实:当有人实施杀害行为,被攻击者的生命受到威胁时,他可以杀了攻击者。我国每年发生的故意杀人案件数以万计,但完全可以主张正当防卫把对方杀了而

---

① 黄荣坚:《基础刑法学》(上),元照出版有限公司2012年版,第185页。
② 参见李海东:《刑法原理:犯罪论基础》,法律出版社1998年版,第37页。
③ 〔德〕克劳斯·罗克辛:《德国刑法学总论》(第1卷),王世洲译,法律出版社2005年版,第187页。

无罪的案件是很罕见的,所以,构成要件和违法阻却这两个要件其实不是一个等量级的,在构成要件该当性之外提出违法性或违法阻却这个特殊阶层,对司法活动有一定的指引意义,特别提示司法人员在某些案件中要注意审查违法阻却事由是否存在。

(3)区分构成该当性和违法性,采用三阶层犯罪论,能够对都是无罪的情形进行细分,分为刑法上不重要的事实与符合构成要件但不具有违法性的行为。① 对不符合构成要件的刑法上不重要的事实(例如,故意将自己的大门撞坏),司法上以及学理上都不必将其作为思考重点。但是,对于符合构成要件但阻却违法的行为(例如,为紧急避险而将他人的大门撞坏),在司法上就需要仔细衡量,在学理上需要建立一系列裁判规则。

(4)采用三阶层犯罪论还是二阶层犯罪论,对类推适用的范围会有影响。如果按照三阶层犯罪论,对构成要件的解释不能适用类推,但对有利于被告人的违法阻却事由可以适用类推;相反地,如果采用二阶层犯罪论,对类推适用就都要予以禁止。②

(5)在当下中国,阶层犯罪论并未深入人心,按照三阶层犯罪论而非二阶层犯罪论的逻辑对司法人员进行训练,对于帮助其找准分则法条,一步步进行推演,防止其"没有学会爬就直接学走",最终形成正确的刑法方法论有现实意义。如果阶层太少,或者将构成要件该当性、违法性合成一个阶层,法律适用者就无法公开自己在分析每个步骤时的心证过程,无法与他人沟通、对话,进而无法让别人理解并接受自己的判断结果,无法提升案件审查结论的说服力,从而损及法的安定性。③

(四)对三阶层犯罪论的话语体系需要进行中国转换

采用三阶层犯罪论,未必一定要使用三阶层犯罪论的名词、术语。换句话说,教科书上的犯罪论体系没有必要严格按照三阶层去写,实务上也未必要绝对按照三阶层的进路去分析案件。其实,按照先客观后主观、先一般后特殊、先形式后实质、先定罪事由后辩护事由的顺序分析案件,就会得出和三阶层犯罪论相同的结论。只要这一点得到理解和认同,阶层

---

① 参见〔德〕冈特·施特拉腾韦特、〔德〕洛塔尔·库伦:《刑法总论Ⅰ》,杨萌译,法律出版社2006年版,第80页。
② 参见林钰雄:《新刑法总则》,元照出版有限公司2014年版,第137页。
③ 参见蔡圣伟:《刑法案例解析方法论》,元照出版有限公司2014年版,第8页。

犯罪论体系的司法品性就得以确立。这种实务逻辑和犯罪论体系的阶层理论可以说是异曲同工。

这样说来，肯定阶层的犯罪论体系，要求实务上坚持违法与责任分开、确保客观优先、事实判断和价值评价适度分离，一个合理的、能够沟通理论和实务的犯罪成立理论体系就可以形成。至于是否采用三阶层犯罪论的话语体系，则并非关键。合理的犯罪论体系的重要性并不体现在形式和技术意义上，也根本不需要苛求在刑事判决书中出现构成要件该当性、违法性和有责性的概念。这样的改革进路，可以说是最大限度地回应了部分学者一直关注的"阶层犯罪论体系的本土化"问题。① 换言之，在认定犯罪时，先判断客观构成要件，再讨论主观构成要件，在部分案件中有特殊的违法阻却事由，或者特殊的责任阻却事由时，还需要进一步检验，这就是阶层的理论。

这样的思考在很大程度上吸纳了四要件说中的合理内容，因为四要件说所看重的很多要素在阶层犯罪论中也是要判断的。但是，阶层犯罪论在分析这些要素时，一定要确保何者在前面判断、何者在后面判断。如果能够坚持这一点，在方法论上就和阶层犯罪论基本没有实质差别，就是可以接受的。

三、实务上如何运用阶层犯罪论

接下来讲讲最为关键的问题。

德、日及欧陆诸国一百余年的司法实践已然证明，阶层犯罪论在实践中完全可行，掌握这套话语体系对实务人员而言并不是什么难事。因此，我们需要进一步认识体系思考对于司法实务的影响力。以前，我国刑法学者（尤其是赞成四要件说的学者）大多有一种误解，认为德、日阶层犯罪论体系过于复杂，其只能停留在书本上，司法上不可能按照那套理论去处理案件。但是，事实并非如此。在德国的刑事判决中，法官通常会按照构成要件该当性、违法性和责任的顺序进行裁判，阶层犯罪论深入司法官员的人心，具有实践理性。韩国、我国台湾地区的实践也证明阶层犯罪论在

---

① 参见梁根林：《中国犯罪论体系建构：叙事与评说》，载梁根林、〔德〕希尔根多夫主编：《刑法体系与客观归责：中德刑法学者的对话（二）》，北京大学出版社2015年版，第28页。

实践中不仅可行,而且易于掌握。

(一)阶层犯罪论与我国当下的司法实务现状

1. 实践中,已经出现明确根据阶层犯罪论认定行为性质的判决

在近年来的司法实践中,已经有不少刑事判决明确采用阶层犯罪论的逻辑甚至使用三阶层的构成要件该当性、违法性、有责性等术语交代裁判理由。在【案例2-1 采伐香樟案】中,再审判决在裁判理由部分明确指出:"犯罪是指危害社会的、依照法律应当受刑罚处罚的行为,评判依据是行为人的行为要符合我国刑法规定的犯罪构成要件,具有社会危害性和主观恶性(违法性和可责性)。不仅要进行形式审查,还要进行实质判断和正当性考量。"在本案中,没有充分证据证明钟文福、吕国兴采伐的涉案香樟属于国家重点保护植物,也没有确实充分的证据证明原审被告人钟文福、吕国兴故意逃避监管、没有办理采伐许可证或超出批准许可范围、期限和方法非法采伐涉案香樟,根据证据裁判、疑罪从无的刑事司法原则,应认定原审被告人的行为不符合非法采伐国家重点保护植物罪的构成要件,不符合犯罪应具有社会危害性和主观恶性的实质要件,不构成犯罪。原审判决、裁定事实不清、证据不足,适用法律错误,应予撤销。①

再审判决通过对客观构成要件的审查入手,认为被告人的采伐行为经过审批,采伐对象包括在审批范围内,没有超过砍伐期限,其行为对象是否属于国家重点保护植物并未明确规定,从而认为构成要件该当性、违法性都不具备,无论从形式还是实质判断角度都不能认为行为具有法益侵害性、社会危害性,因而不构成非法采伐国家重点保护植物罪。这种先确定构成要件该当性后分析实质违法性、先检验客观要件后考察主观要件的分析逻辑,实际上就是以阶层犯罪论为分析工具的思考进路。

2. 实践中,已经出现大量深受阶层犯罪论影响的裁判

在我国司法实务中,对大量案件的处理虽然没有明确使用三阶层犯罪论的有关概念,但大多贯彻了先审查犯罪客观要件、犯罪主观要件,再例外地考虑违法阻却事由和责任阻却事由的思路,基本能够确保一般判断、事实判断、违法判断在前,例外判断、规范判断、责任判断在后,因此,可以认为实务上已经在广泛采用阶层犯罪论。

---

① 参见广东省高级人民法院(2016)粤刑再9号刑事判决书。

实务上承认阶层犯罪论的最典型例证是：在与期待可能性相关的案件处理上，法院基本上都能够得出正确的结论，这明显是采用了阶层犯罪论，在认定行为具有构成要件该当性、违法性之后，在有责性阶段否定或减轻行为人的责任。其实，在四要件说中，由于没有专门的责任概念，不可能提供期待可能性理论的栖身之所——期待可能性既不是犯罪主观方面的问题，也不能与犯罪主体概念等同，亦不是典型的犯罪客观方面的问题，而是一个法律上对于责任归属与责任大小的规范判断问题。例如，行为人明知自己有配偶而与他人结婚的，其行为完全符合重婚罪的构成要件，具有违法性。但是，无论是司法解释还是审判实务上都认可，被告人在特殊情况之下重婚的，即便行为人有犯罪故意，也可以认为其欠缺期待可能性，从而得出无罪结论。例如，对夫妻一方因不堪虐待外逃重婚的，因遭受灾害或逃荒而与他人重婚的，因被拐卖而流落外地重婚的，为逃避包办婚姻而流落外地重婚的，法院都会考虑到行为人是为获得生存机会或没有选择余地而实施了违法行为，法律不强人所难，最终按照期待可能性的原理认定重婚者无罪。

3. 实践中，已经出现根据阶层犯罪论裁量刑罚的情形

阶层犯罪论中违法和责任的区分对量刑有重大影响。众所周知，量刑既要考虑影响责任刑的情节，确定刑罚上限；也要考虑影响预防刑的情节，对责任刑进行微调。责任刑不是仅仅与阶层犯罪论中的责任相对应，而是与不法和责任对应的"刑事责任"。所以，责任刑实际上是刑事责任刑。根据责任主义的观点，影响责任刑的量刑情节，包括违法事实（法益侵害事实）和表明责任程度的事实。其中，减少责任刑的情形可以是降低责任的纯客观事实。实践中，量刑时多能够区分影响刑罚轻重的违法事实和责任事实，并分别对应地确定具体的刑罚量。在【案例2-2　骗取医药费案】中，被告人廖丹骗取医药费17万余元，给医院造成财产损失的危害行为客观存在，但法院综合了廖丹的认罪态度及积极退赔案款、受害医院谅解、家庭的特殊等情况对其适用缓刑。① 这里的"家庭的特殊"，指的是被告人家里一贫如洗但又救妻心切这一事实，期待可能性这一影响责任刑的情节得到司法上认可。法院的有罪判决明显承认被告人的行为

---

① 参见《北京男子廖丹"刻章救妻案"宣判　获缓刑在家照顾妻子》，载新浪新闻（http://news.sina.com.cn/o/2012-12-07/220325758941.shtml），访问日期：2017年5月28日。

符合构成要件,具有违法性,需要通过刑法对其行为予以禁止来防止他人模仿、学习。但是,由于其家庭条件特殊,欠缺期待可能性,而对其网开一面适用缓刑,定罪及量刑活动完全按照阶层论的逻辑展开。而对于期待可能性理论的使用,在四要件说中完全没有可能性,因为对期待可能性有无的判断不能放到四要件中的任何一个要件里去考量。只有采用阶层犯罪论,在客观不法之后才有判断规范责任是否存在的可能性,在相对于不法的责任论中考虑期待可能性才有空间。

4. 实务上贯彻阶层犯罪论还很不够

对很多案件不能准确定罪处罚,在很大程度上就是因为司法实务上没有全面贯彻阶层犯罪论。

例如,实务上大量存在将所谓的"调包诈骗"行为定性为诈骗罪而非盗窃罪的不当做法。这里以【案例2-3 调包诈骗案】为例进行分析。被告人把被害人骗到一个居民楼楼道里,让被害人把兜里的东西掏出来给被告人看,在被告人离开后,被害人掏兜发现钱不见了,放在其兜里的是冥币。由于在本案中被告人的行为确实有一定程度的"骗"的成分,法院由此认定被告人马振军等人骗取他人财物,其行为均已构成诈骗罪。①在类似调包诈骗案的处理中,司法上明显坚持了四要件说的逻辑,而缺乏思维上"违法—责任"的层次性,过于重视行为人的意思,只看到其"想骗钱"的一面,没有从违法层面仔细考察行为人取得被害人财物的关键手段究竟是什么。司法上的主要考虑是:马振军等人有骗取他人钱财的故意,基于这种意思所实施的设置圈套等行为中,多多少少含有"骗"的成分,并且基于其欺骗行为取得了他人财物,因此,应当以诈骗罪定性。但是,这样的思维逻辑明显是将行为人马振军等人"想骗钱"的犯罪主观要件置于首要位置的产物。

要准确认定诈骗罪,在阶层犯罪论中应优先要考虑的是客观不法要件——基于欺骗使对方陷入错误,对方基于错误交付财物,犯罪人取得财物,被害人由此遭受财产损失。实务上如果对"调包诈骗"案件按这个尺子进行衡量,诈骗罪的客观要件就不具备,被告人的行为就应该构成盗窃罪。诈骗罪与盗窃罪的关键区别是从违法性的角度看,受骗人是否基于认识错误处分或者交付财产。受骗人虽然产生了一定错误,但并未因此

---

① 参见吉林省长春市中级人民法院(2015)长刑终字第379号刑事裁定书。

而基于错误处分财产的,行为人的行为不成立诈骗罪;受骗人虽然产生了认识错误,但倘若不具有处分财产的权限或者地位时,其帮助转移财产的行为不属于诈骗罪中的被害人处分行为,行为人的行为也不成立诈骗罪。所以,处分行为的有无,划定了诈骗罪与盗窃罪的界限。被害人自行处分财物时是诈骗罪而不是盗窃罪;被害人没有处分财物,行为人以平和手段改变财产占有关系时是盗窃罪。对前述马振军等人的行为就应该以盗窃罪定罪。实务上之所以错判了不少"调包诈骗"的案件,就是因为依循了四要件说的逻辑,从主观要件出发,而没有受到阶层犯罪论的约束,缺乏先违法后责任的思考。

再比如,在【案例4-4 辱母杀人案】中,二审法院查明:吴某等人为索取债务,"在吴某、赵某1指使下,杜某2等人除在案发当日对于欢、苏某实施非法拘禁、侮辱及对于欢间有推搡、拍打、卡颈部等肢体行为,此前也实施过侮辱苏某、干扰源大公司生产经营等逼债行为。于欢及其母亲苏某连日来多次遭受催逼、骚扰、侮辱,导致于欢实施防卫行为时难免带有恐惧、愤怒等因素",上述情节应当作为对于欢有利的量刑情节进行考虑。① 在四要件说的逻辑下,二审判决认为于欢实施防卫行为时的恐惧、愤怒等情绪会影响量刑,其说理已经算得上比较充分了。但是,如果按照阶层犯罪论,在本案中,在认定于欢的伤害行为具备构成要件该当性,且具有违法性(仅成立防卫过当)之后,其实还需要重点分析判断有责性的有无——在于欢对被害人进行捅刺时,其惊恐、愤怒、紧张的情绪是否会使得司法上得出其没有责任的结论?如果能够认定在当时情况下,任何人在遭受连续拘禁、侮辱、掐压之后,发现脱离险境变得很困难时,都会做出和于欢相同的举动的,要求被告人实施其他行为就没有期待可能性,由此也可能得出于欢的行为虽具有构成要件该当性、违法性,但因不符合有责性要件而最终无罪的结论。法院对该案的二审判决,等于仅仅审查了四要件说的主客观构成要件和排除违法事由,没有再对排除责任要件(有无期待可能性)进行审慎判断,把可能成为无罪的情形认定为犯罪,从而仅仅在量刑上予以考虑。由此可见,适用阶层犯罪论对于从不同侧面反复检验犯罪是否成立具有重要意义,其定罪范围可能比四要件说要适度小一些。

---

① 参见山东省高级人民法院(2017)鲁刑终151号刑事附带民事判决书。

（二）阶层犯罪论实务操作的指导原则：主客观相统一

要妥当运用阶层犯罪论，需要澄清一些实务上影响深远的误解。其中，如何按照阶层犯罪论的逻辑重新解释主客观相统一原则就是不可回避的问题。这个问题如果不解决，实务上很多人还可能本能地按照四要件说的逻辑办案。

我国刑法学通说认为，对主客观相统一原则要在"辩证统一"的意义上进行理解：该原则的基本含义是，在确定行为人刑事责任的有无及其轻重时，要从主观和客观两方面进行综合评定。如果缺少其中任何一个条件，犯罪就不成立。① "主客观相统一……是在犯罪主体实施犯罪行为的过程中实现的。主观方面和客观方面互为表里、互相推动。罪过赋予进行犯罪活动的自觉性，犯罪行为是主观的因素向客观现实的伸展。"② 但是，这显然是一种四平八稳、似是而非的说法，未能对主客观相统一原则作出正确解读。按照这种观点，认定犯罪时，只要主观要件和客观要件都同时存在即可，谁先谁后无所谓，先判断主观要件后分析客观要件也不会影响定罪。换言之，按照通说主张，由于主观要件和客观要件先判断哪一个后判断哪一个无所谓，因此，只要认定犯罪时考虑了主客观要件就是主客观"有机统一"起来了。在四要件说指导下对主客观相统一原则的这种解读，对问题的分析仅停留在表面，主张犯罪客观要件和主观要件同等重要，且很容易滑向刑法主观主义，使得犯罪客观要件沦为检验犯罪主观要件是否存在的"表征"，犯罪主观要件对行为性质的认定反而具有决定作用。对此，有学者指出，我国刑法学在犯罪论方面虽然以主客观相统一作为基本原则，但是，事实上却比较重视刑法主观主义，与新派的刑法主观主义没有本质差异。③ 而那些赞成或倾向于刑法主观主义的学者也明确承认，我国刑法中主客观相统一原则与主观主义存在非常密切的联系。④ 例如，甲得知仇人乙第二天傍晚要经过 A 路口，便扬言"那是我的地盘，他敢去那里，我就杀了他"。乙从丙处得知甲的威胁后，不为所惧，并要丙转

---

① 参见高铭暄、赵秉志主编：《新中国刑法立法文献资料总览》，中国人民公安大学出版社 1998 年版，第 2631 页；高铭暄、马克昌主编：《刑法学》（上编），中国法制出版社 1999 年版，第 39 页。
② 张志愿：《论我国刑法的主客观相统一原则》，载《中国社会科学》1982 年第 6 期。
③ 参见张明楷：《刑法学》（第 5 版），法律出版社 2016 年版，第 9 页。
④ 参见郭泽强：《我国刑法中主观主义地位的界定》，载《法学》2005 年第 5 期。

告甲,如果甲敢动手,自己会拼死反抗。第二天,乙刚到 A 路口时,甲便持西瓜刀刺向乙的心脏,有所防备的乙拿出别在腰上的短刀反击,在二人厮打过程中,乙将甲刺死。四要件说的主客观相统一理论会认为,在本案中,乙主观上有杀人的故意,客观上实施了杀人行为,二者是统一的,因此,可以认定乙构成故意杀人罪。这种分析方法严重影响了司法实务,使得正当防卫的成立在实践中极其困难,对防卫人可以躲避不法侵害的场合,大多不当地要求防卫人履行危险回避义务,使得正义向邪恶屈服。按照这种逻辑,势必使得黑恶势力在社会中所控制的领域越来越广,从而带来司法上的负面效果。运用阶层犯罪论处理本案,会认为乙的行为系针对甲所实施的、正在进行的严重危及人身安全的暴力犯罪(故意杀人或行凶)进行正当防卫,其行为是法律所鼓励的,按照《刑法》第 20 条第 3 款的规定,客观上的违法性不具备。由于乙的行为实质上不具有法益侵害性,其犯罪性从客观的侧面被否定,乙主观上是不是有杀人故意根本就不需要予以考虑,对乙定罪就会违反主客观相统一原则。

因此,真正的主客观相统一,不是四要件说所理解的那样——只要犯罪构成要件里有主观要件和客观要件,二者就能够折中、统一起来;也不是同时考虑主观和客观要件,二者同等重要这个层面上的主客观相统一;更不是主观要件优先意义上的主客观相统一。可以说,我国刑法通说仅仅提出了主客观要件"应当"统一这一说法,但对于主客观如何统一,则并未进行深入探讨。

我国刑法学之所以对主客观相统一原则的讨论停留在表面,最主要的原因是犯罪构成理论平面化,只承认要素的组合,不能确定客观构成要件和主观构成要件的判断顺序,也不能区分客观违法和主观责任,不能确保先判断违法要素并得出肯定结论之后再判断责任要素这一刑法方法论的实现。① 这样说来,将犯罪构成理论从平面结构改造为阶层犯罪论,严格区分违法和责任,厘清法益保护原则、责任主义和主客观相统一的关系,是我国刑法学需要认真加以考虑的问题,更是司法上无法绕开的问题。②

---

① 参见周光权:《犯罪论体系的改造》,中国法制出版社 2009 年版,第 87 页。
② 参见陈兴良:《主客观相统一原则:价值论与方法论的双重清理》,载《法学研究》2007 年第 5 期。

按照阶层犯罪论的逻辑,主客观相统一必须包含以下内容:①从观念论上看,客观的不法要件绝对重要,绝对优先于责任要件和主观要件。在这一点上,刑法客观主义没有和主观主义折中、统一或综合的可能。②从司法判断逻辑顺序上看,必须先确定犯罪客观要件、违法要件再讨论主观要件、责任要件。即检验构成要件时,只有在确认符合客观构成要件之后,才有必要进一步检验是否符合主观构成要件。在犯罪阶层分析上,必须坚持先判断违法性,再判断相对主观的责任。③从最终结论上,所谓的主客观相统一是在客观要件、违法要件得以确定之后,主观要件、责任要件对应于、服从于客观要件、违法要件这一特定意义上的"统一",而不是先确定主观要件,再用客观要件去证明主观要件。对此,张明楷教授认为,只有先确定犯罪客观要件,通过对行为及其危害事实来判定或推测主观罪过、目的等心理态度,才能使主观与客观统一起来。① 因此,问题的关键不在于是否要分别承认主观要件、客观要件以及主客观相统一,而在于二者如何统一,在何种层面上、何种意义上统一。

在我国刑法典中,虽然没有规定主客观相统一原则,但是,谁都无法否认其在理论上是很重要的刑法基本原则,也是认定犯罪时的实务指导原则。主客观相统一原则如果仅仅和四要件说相结合,其得出的结论极其有限。在阶层犯罪论之下,主客观相统一原则的真实含义能够被全面揭示出来——以犯罪客观要件为核心的违法要件绝对重要,且绝对处于优先地位。在其得以明确之后,再审查主观要件、责任要件是否具备。没有客观要件和违法要件,对主观要件和责任要件的审查既无可能也没必要。这个意义上的主客观相统一,一定是先客观后主观的主客观要件是否对应问题。

在主客观相统一原则的含义得到准确揭示之后,再来讨论阶层犯罪论司法适用的步骤和方法论,很多问题也就迎刃而解了。

(三) 司法实务中阶层犯罪论的运作步骤

合理的犯罪论体系一定是阶层的理论,从要件理论向阶层犯罪论发展是我国犯罪论体系建构的唯一方向。② 将三阶层的犯罪论体系转换为司法逻辑,在讨论案件时需要遵守一定的步骤,大致有两种进路。

---

① 参见张明楷:《刑法格言的展开》,法律出版社1999年版,第126页。
② 参见陈兴良:《犯罪构成论:从四要件到三阶层》,载《中外法学》2010年第1期。

1. 进路之一:构成要件该当性—违法性—有责性

这种进路,是对犯罪认定过程严格按照德、日三阶层犯罪论的逻辑加以展开,遵循这种方式建构犯罪论体系,可以使刑法学达到相当精巧的程度,可以充分满足体系思考的需要。对此,许玉秀教授指出:"建立阶层体系的目的原本在于提供一套精确的定罪量刑的工具,就犯罪事实的经常形态、特殊情况以及行为人个人的特殊状况所能设计出来决定一个行为现象是否构成犯罪、应该给予行为人以刑罚制裁与否的检验程序,依序就是代表犯罪常态类型的构成要件合致性,其次是行为时有无出于特殊而法律可以容忍的阻却违法状况,最后是行为人本人是否具备应该予以谅宥的阻却责任事由。这其实是一个符合自然逻辑思考而且便捷的检验顺序。"①

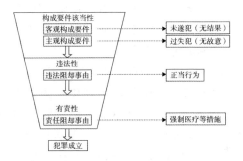

图1 三阶层犯罪论的进路

(1)构成要件该当性判断:找准并对照分则法条。其实,对构成要件该当性进行判断的做法并非舶来品,其和我国传统司法理念非常符合。我们在影视剧中经常可以看到,古代清天大老爷审案,经常会问堂下之人"该当何罪"?这实际上就是在检验构成要件该当性。因此,不能认为构成要件该当性判断在我国刑事司法传统中没有根基。在现代刑事实务上,公诉人能否按照起诉内容准确指控罪犯,法官能否毫无疑问地下判决,首当其冲地要确定案件事实与被告人所触犯的法条是否具有符合性,从而解决被告人"该当何罪"的构成要件该当性问题。而被告人所触犯的法条就是分则具体罪名的相应条款。因此,寻找与被告人的行为最为对应的法条,确定可能适用的罪名,这一环节的审查内容主要表现为对被

---

① 许玉秀:《当代刑法思潮》,中国民主法制出版社2005年版,第110页。

人的行为是否实质地符合、该当刑法分则特定法条所规定的客观构成要件做出评价,确定被告人的行为与特定构成要件所要求的实行行为、特定对象、危害结果、因果关系及客观归责、违法身份、作为违法要素的非法占有目的等要素相一致,再结合主观构成要件去描述、归纳案件事实,从而确定客观违法性的存在与否。之后,将被告人的行为事实和分则法条的构成要件进行比对,以具体罪名的构成要件要求作为准绳,来论证特定案件中客观构成要件、主观构成要件是否充足①,这等于完成了阶层犯罪论思考的第一步,否则此后的违法评价和罪责评价都无从谈起。在此阶段,司法人员在按照阶层犯罪论的逻辑汇报或讨论案件时,绝对不能先从主观要件切入,其首要任务是客观地、不带感情色彩地叙述犯罪事实经过,然后再分析行为人对客观事实的认知状况,做到主客观相统一,同时确保用相应的证据来证明客观构成要件、主观构成要件的齐备,并对主客观要件进行适度的规范判断和价值评价。

(2)违法性判断:例外地思考有无违法阻却事由。行为符合客观构成要件、主观构成要件的,通常具有违法性,在99%的案件中,也就能够得出行为人构成犯罪的结论。但是,在少数案件中,需要从法秩序统一性的角度例外地考虑是否存在无罪的理由,被告人是否可以例外地主张行为的正当性。换言之,尽管行为在形式上或通常对社会有害,但被告人也可能主张其行为被整体法秩序所允许。这一判断过程,其实就是对违法阻却事由的特别考量。

(3)有责性判断:例外地考虑责任阻却事由。即考虑行为虽然客观上、实质上对社会有害,但对被告人是否可以进行责任减免,从而对其实施强制医疗、收容教养等保安处分措施。所谓的"有责性判断",其实就是对责任阻却事由的特别评价问题,对被告人是否可以被谴责进行评价,这种评价主要以存在主观构成要件要素为前提,但有时也要超越这种主观要素,对期待可能性、违法性认识的评价,就与被告人主观上对事实的认知无关,但其属于责任评价的内容。

前述三阶层犯罪论看似复杂,但将其运用到司法中非常便捷。这里

---

① 对构成要件该当性的判断,并不是仅仅考察客观的外在表现,对主观构成要件的分析也应包括在内。"今天,德国刑法学已经普遍认可了主观方面不法元素的存在。"〔德〕约翰内斯·韦塞尔斯:《德国刑法总论》,李昌珂译,法律出版社2008年版,第81页。

结合"田龙飞等抢劫案"进行分析。法院经审理认定,被告人田龙飞、李相阳、田松于2014年10月3日相约一起偷狗,后由田龙飞驾驶一辆无牌照银灰色"五菱之光"面包车,带着李相阳、田松于当日17时许到安徽省凤台县大兴集乡闫湖村李刘庄大兴青年路,李相阳用事先准备好的电叉将被害人童某甲的一条重40余斤黑色土狗(价值280元)电死后准备拖上车时,被童某甲当场发现,李相阳为抗拒抓捕便用电叉对童某甲进行威胁,并强行将狗拽上面包车后由田龙飞驾车逃跑,在逃跑过程中遭到童某乙、童某丙等村民的围堵拦截,为冲出围堵田龙飞等人驾车将站在路边的被害人李某甲撞倒并强行倒车从其身上碾压过去,逃离现场,造成李某甲受伤经抢救无效于当日死亡。一审公诉机关指控三被告人构成故意杀人罪。对于指控,李相阳提出其只是去捉捕野狗,其行为不构成抢劫罪。一审法院认为,被告人田龙飞、李相阳、田松以非法占有为目的,使用暴力、胁迫等手段劫取他人财物,致人死亡,其行为均已构成抢劫罪,遂判决田龙飞犯抢劫罪,判处有期徒刑15年;判处李相阳、田松相应刑罚。被告人提出上诉后,二审维持原判。[①]

对于本案,由于判决没有详细交代裁判理由,可以想见法官大致是按照四要件说进行思考的。但是,运用四要件说处理本案,会忽略很多复杂问题,尤其是在回应李相阳的辩解时,可能存在绕着问题走的现象。

根据阶层犯罪论处理本案,确实需要先考虑三被告人的行为是否构成故意杀人罪。单纯看被告人驾车撞击被害人李某甲并强行倒车从其身上碾压过去致死的情节,可以认为其行为符合故意杀人的客观构成要件,且至少具有杀人的间接故意,故意杀人罪的构成要件该当性具备,被告人也无法提出违法阻却和责任阻却事由。但是,仅认定被告人的行为该当故意杀人罪的构成要件,无法同时评价他们之前盗窃被害人财物并在被害人出现时对其进行威胁然后逃离现场这一情节。如果将整个犯罪过程联系起来考察,就会发现被告人在其盗窃行为被发现后驾车逃跑,在逃跑过程中遭到童某乙、童某丙等村民的围堵拦截,为冲出围堵而驾车撞人的一系列行为,都属于盗窃后抗拒抓捕的行为,其行为该当抢劫罪的构成要件。由于被告人不能主张正当防卫、紧急避险,其违法性也具备。至于在责任判断阶段,可以对李相阳主张的其只是去捉捕野狗,而野狗不受法律保护,自己的行为不具

---

① 参见安徽省淮南市中级人民法院(2016)皖04刑终138号刑事裁定书。

有违法性认识进行反驳——在认识到自己的行为可能侵害他人占有的财物时,违法性认识就具备。三被告人相约"偷狗",且电死的狗在被害人家附近,其对狗属于有主物有认识,进而对自己的行为不被规范所允许也应有认识。结合被告人在将被害人童某甲家的狗电死后准备拖上车拉走时被他人当场发现,后为了抗拒抓捕,而当场使用暴力相威胁,以及三人在驾车逃跑过程中将被害人李某甲撞倒碾轧致死的事实,足以认定被告人对自己的行为明显具有违法性认识,这样一来,责任要件也齐备。

2. 进路之二:犯罪客观要件—犯罪主观要件—犯罪排除要件

这种思考方法,虽未使用三阶层犯罪论的话语系统,但也完全可以和"构成要件该当性—违法性—有责性"的构造相对应:犯罪客观要件的全部内容和犯罪主观要件中的部分内容,对应三阶层犯罪论体系中的构成要件该当性;从犯罪客观要件和主观要件中,原则上可以推断行为的违法性,而具有正当性特征的犯罪排除要件揭示了违法阻却事由;故意、过失等犯罪主观要件同时还属于责任的内容,那些不具有非难可能性的犯罪排除要件则是责任阻却事由。犯罪客观要件—犯罪主观要件—犯罪排除要件的进路与平野龙一教授的主张暗合。他指出,对于犯罪论体系,可以按照犯罪成立的一般要件、犯罪成立的阻却事由两个层次建立。在犯罪成立的一般要件中,平野龙一教授讨论行为、结果、因果关系、不作为、故意、过失等问题;在犯罪成立的阻却事由中,则先后分析违法性阻却事由、责任阻却事由。① 在平野龙一教授的犯罪论体系中,犯罪论的阶层性得以确保,先违法后责任,先原则后例外的思考也得到贯彻。

表1 犯罪客观要件—犯罪主观要件—犯罪排除要件的进路

犯罪一般要件	犯罪客观要件 (实行行为、危害后果、因果关系及行为的时间、地点、方式等)	犯罪主观要件 (作为违法要素的构成要件故意、过失等)
犯罪排除要件	违法排除要件 (正当防卫、紧急避险、超规的违法排除事由)	责任排除要件 (责任故意、过失、责任能力、违法性认识、期待可能性)

---

① 参见〔日〕平野龙一:《刑法·总论Ⅰ》,有斐阁1972年版,第87页。

在这种理论构造中,犯罪客观要件和犯罪主观要件属于犯罪的一般要件,符合这两个要件的行为,原则上就具有违法性,成立犯罪。但是,在具备违法排除事由和责任排除事由的场合,例外地阻却犯罪的成立。

进路之二的优点主要在于:一方面,用目前我国司法人员较为熟悉的术语来简化阶层犯罪论,以提高其被接受的可能性,有助于"降低改革成本"。坚持四要件说的学者通常会在其论证中凸显判断标准的实用性,认为四要件说在操作上简洁明快,四个要件之间对应工整、界限清晰,具有鲜明的可操作性。① 但是,如果把人们视为畏途的阶层犯罪论体系进行话语转换,将其解读为"先客观(违法)后主观(责任)、先原则后例外"的司法逻辑或实务判断方法,在阶层犯罪论意义上准确理解主客观相统一原则的真正含义,势必也能够大大降低操作难度。其实,在实务上采用构成要件该当性、违法性、有责性的体系,应该是比较理想的方案,因为"法治国家中的刑法学的作用在于提供一种保证结论协调性,又能保证体系的完整性的精湛理论"②,但是,如果认为让实务人员接受这一体系可能存在过大的思维转型,接受四要件说的学者和赞成三阶层犯罪论的人之间交流起来会存在困难,那么,采用比构成要件该当性、违法性、有责性体系更为简洁、更易于被人们接受、更为人们所熟悉的概念和理论构造,也是可以考虑的。犯罪客观要件—犯罪主观要件—犯罪排除要件的进路恰恰能够兼顾阶层犯罪论体系的精巧化和实用性,继续使用了客观构成要件、主观构成要件等术语,但特别注重思考的顺序性和逻辑性,等于是借助于实务上广为人知的概念与范畴来搭建中国的犯罪论体系,用司法人员容易理解的方式进行理论上的重大改革,其并未照搬德国、日本的理论,但也没有抹杀中国刑法学者的贡献。③ 因此,在我国刑法学中,立足于刑法客观主义立场,不是仅仅着眼于阶层体系在技术层面的意义,建构超越四要件、三阶层争论且顾及实务操作便利性的犯罪论体系就是完全有可能的④,从而使犯罪论体系成为"实践的认识体系"⑤。另一方面,能够在犯

---

① 参见高铭暄:《关于中国刑法学犯罪构成理论的思考》,载《法学》2010 年第 2 期,第 60 页。
② 〔日〕松宫孝明:《刑法总论讲义》,钱叶六译,中国人民大学出版社 2013 年版,第 35 页。
③ 参见周光权:《刑法总论》(第 3 版),中国人民大学出版社 2016 年版,第 93 页。
④ 参见周光权:《犯罪构成要件理论的论争及其长远影响》,载《政治与法律》2017 年第 3 期。
⑤ 〔日〕山中敬一:《刑法總論》(第 3 版),成文堂 2015 年版,第 123 页。

罪论体系内部讨论排除犯罪的事由。四要件说在论述全部犯罪构成要件之后,再另行讨论正当防卫等排除犯罪的事由。但是,如果对犯罪构成进行形式解释,在肯定行为符合积极的犯罪构成之后,最终再否定犯罪的成立,就不能及时地、尽早地排除犯罪。这使得判断并不经济、简便,有损犯罪构成的权利保障机能。其实,犯罪论体系针对所有危害社会的现象确定成立犯罪的一般条件,那么,在犯罪论体系中,对于与犯罪具有某些相似之处而又排除犯罪性的这种"反面"问题就不能回避,而应该在与犯罪成立的客观和主观要件相对应的意义上讨论排除犯罪的违法阻却事由和责任阻却事由。这种分析进路,能够提供一套尽可能精确的定罪工具,就通常的犯罪事实状态、可能出现的特殊事态、行为人个人的特殊情况等依次进行检验,这样的分析流程既符合思维规律,也与司法实务相一致。

按照犯罪客观要件—犯罪主观要件—犯罪排除要件这种阶层犯罪论的逻辑来评价行为,能够确保违法判断绝对优先,只有当这一阶层的判断完成以后才考虑责任要件。按照这条线索梳理下来,同时又给被告人相应的辩解机会,整个司法的逻辑也就是阶层犯罪论的司法化,遵循了主客观相统一原则。

由此可以大致得出的结论是:在今后的司法实务中,既可以按照构成要件该当性—违法性—有责性的逻辑处理案件,也可以根据犯罪客观要件—犯罪主观要件—犯罪排除要件的进路定罪量刑,这两种阶层犯罪论都是可行的思路。这也进一步说明阶层犯罪论远没有我们通常所想象的那么复杂,其套路实际上简洁明快——先确定进入司法视野的特定事件是不是一件坏事,再来说干这件事的人是不是应该受到非难,即把违法和责任这两个层面的评价清晰地区分出来,所有的阶层犯罪论想解决的也就是这两个问题。把这个思路厘清以后,我们就会发现,相对于四要件说,阶层犯罪论漏洞更少,逻辑线索更清楚,并不难于掌握,而且在实践中更容易防止思维出错,更能够促进法官分析问题时瞻前顾后,形成体系性思考,也更有利于实现人权保障的目标。

好了,这个问题就只能讲到这里了,有没有讲得非常清楚,实在没有十足的把握。但是,各位在处理案件时,倒是可以尝试一下阶层犯罪论的分析进路,你或许会有另一番感受。

第三讲　客观归责论在涉财产犯罪案件中的运用

【案例3-1　补贴诈骗案】

被告人覃某（已判刑）为了获得食用菌制冷机组的财政补贴，于2010年9月中旬成立了专业合作社。之后，覃某找到了省外某冷链设备有限公司负责人贾某，二人商议：①在覃某先不付货款的情况下，由贾某向覃某提供ZK-90型设备的部件（压缩机），待补贴款下拨后，补贴款抵顶部分货款（该行为违反了有关主管部门关于购置全套设备才能申报补贴的规定）。②压缩机之外的其他部件，在覃某需要时再由贾某公司提供并负责安装。但覃某在领取补贴款298万元之后，将贾某提供的设备部件质押，没有实际安装该设备，骗取了前述财政补贴款，其中付给被告人贾某239万元。法院认定贾某与覃某共同骗取财政补贴资金，构成诈骗罪共犯，对其判处有期徒刑3年，缓刑4年。①
问题：法院的判决是否有道理？

【案例3-2　关联交易案】

公诉机关指控：被告人蔡结辉在担任粤秀针织有限公司（以下简称"粤秀公司"）业务员期间，利用其负责公司原材料采购的职务便利，通过其个人开设的裕升纱行，夸大涤纶丝等原材料的采购价格，将本单位150万元货款非法占为己有，构成职务侵占罪。被告人对此的辩解是：其开设的裕升纱行以市场价格或低于市场价格销售产品给粤秀公司，并未从中获取非法利益，粤

---

① 有关案情介绍及裁判结论，参见辽宁省鞍山市中级人民法院（2015）鞍刑二终字第400号刑事裁定书。

秀公司的财产并未受损,故不构成本罪。法院查明被告人使用自有资金从外省市的原材料厂家现款购进涤纶丝等原料,在购入价的基础上叠加运输费、搬运费、仓储费等经营成本经费后,再加上拟赚取的利润数额后最终形成涤纶丝等原材料的销售价格,并由裕升纱行以该销售价格向粤秀公司供货,该价格等于或低于同类产品的市场价格。① 问题:被告人蔡结辉的行为是否成立职务侵占罪?

【案例3-3 真假油酯案】

2013年11月至2014年1月间,被告单位广州创越化工有限公司与威莱公司签订了购销60吨柠檬酸甘油酯(单价34.5元/公斤)的合同,在履行合同过程中,被告人唐永擅自将以甘油为主要成分的混合物代替柠檬酸甘油酯销售给威莱公司,实际供货38.2吨,货款总额130万余元,并收取其中10吨共34万余元货款。威莱公司将上述原料按照配方生产成洗手液并进行销售,至案发时,尚有28吨多原料在威莱公司未投入生产。经鉴定,广州创越化工有限公司提供的"柠檬酸甘油酯"成分和含量分别是甘油(78.7%)、葡萄糖(19.9%)、水(1.4%),检材样品主要成分不含酯类物质。在案证据证明,如果不使用柠檬酸甘油酯作为原料,威莱公司添加该原料的产品就不具有保湿、润肤功效。② 问题:能否认定被告人诈骗威莱公司130万余元?

这节课我们讨论客观归责论。我一直认为客观归责论有独立存在价值,与我们以前说的因果关系完全不同;客观归责论不仅广泛适用于故意杀人、故意伤害等侵犯人身罪,也适用于侵犯财产罪。这一节的内容对很多人来说可能会觉得比较生僻,但我尽量讲得脉络清晰又易懂一些。

对于客观归责论,国内有不少学者提出质疑,其大致主张主要是:对

---

① 有关案情介绍及裁判结论,参见广东省佛山市中级人民法院(2014)佛中法刑二终字第144号刑事裁定书。
② 有关案情介绍及裁判结论,参见广东省从化市人民法院(2015)穗从法刑初字第31号刑事判决书。

于案件处理,运用以条件说为基础、以相当因果关系说为限定标准的传统因果关系理论就已经足够,没有必要采用客观归责论。① 此外,还有学者认为,客观归责这一提法有些令人费解,其本身混杂了客观要件和主观要件的内容,无法起到限制处罚范围的作用,因此,不能把客观归责论过于神化。对于特定行为是否创造了不被容许的风险这样的问题,根本无法像客观归责论那样所宣称的单纯从客观的基础去决定,而是也取决于行为人对特定情状的主观认识。② 但是,前述反对观点对很多问题的讨论还比较粗放,很值得商榷。客观归责论的理念与方法论有很多合理的地方,其总体上的优越性需要我们认真对待。③

鉴于以往对客观归责论的研究以及有关的案例讨论,基本都停留在针对人身的故意杀人罪、故意伤害罪、交通肇事罪这一领域④,这极容易给人以这一理论的适用范围有限,因而可有可无的印象。我国有学者甚至明确提出客观归责论"只能顾及部分犯罪"⑤。主讲人认为,客观归责论应当毫无例外地适用于所有犯罪(只不过对大量犯罪的认定而言,在进行事实因果关系的判断时,客观归责判断同时得以完成而已),其显而易见地可以适用于行为直接或间接侵犯人身的场合。此外,在广义的涉财产犯罪案件(包括侵犯财产罪、破坏市场经济秩序罪、贪污挪用类取得财物的职务犯罪等)中,尤其是在那些结果与行为之间似乎具有事实联系,被告人的行为乍看之下好像有罪,但定罪又明显不合理的情形下,要排除构成要件符合性,客观归责论就大有用武之地。

在接下来的时间里,我要先对客观归责论的实质进行分析,说明其优越于传统因果关系理论的地方;再对其正反两面的下位规则进行介绍;在此基础上,结合部分法院判决分析客观归责论在涉财产犯罪中的适用空间,从而澄清理论上的某些误解。

---

① 参见刘艳红:《客观归责理论:质疑与反思》,载《中外法学》2011年第6期。
② 参见刘仁文:《再返弗莱堡》,载《法制日报》2017年12月27日,第9版。
③ 参见周光权:《客观归责理论的方法论意义》,载《中外法学》2012年第2期。
④ 将客观归责论运用于不作为的故意杀人罪、交通肇事罪方面研究的相关成果,参见孙运梁:《不作为犯中客观归责理论的适用》,载《清华法学》2016年第4期。
⑤ 张明楷:《刑法学》(第5版),法律出版社2016年版,第182页。

一、客观归责论的实质是进行规范判断

（一）传统因果关系理论仅停留在事实判断范围内

传统刑法理论在因果关系问题上通常采用条件说。但是，条件说的判断是事实判断、经验判断。根据条件说，甲乙两人约定骑摩托车去飙车，但是当天下大雨，乙由于摩托车侧滑摔倒死亡的，就需要讨论死亡结果要不要算到活着的甲头上，如果要算到他头上，甲就应当成立交通肇事罪。但是，依照主讲人的见解，乙的死亡与甲参与飙车行为之间有条件关系，因为如果他不去飙车，后面的所有结果就都没有。但是，有条件关系并不意味着就有评价上或者规范上的因果关系。本案中，死亡结果需要乙自己负责，甲只需要承担追逐竞驶的危险驾驶罪的刑事责任，不构成交通肇事罪，无须对被害人自陷风险所造成的死亡结果负责。因果关系的成立范围很广，由此导致犯罪范围很广，难以发挥从客观层面限定不法范围的功能。

为进一步限定处罚范围，部分学者提出相当因果关系说。但是，相当因果关系说至少存在以下明显弊端：

（1）相当因果关系说的功能是进行反面的检验：只要因果关联异常的，就不具有"相当性"，结果就不能归属于行为人（即不相当的，不能归责），从而剔除一定范围的因果流程。但是，在有些情形下，从事实的角度看，对某些在社会观念上"相当"的因果流程，最终其实也难以进行客观上的归责（即看似具有相当性，但是结果也不能算到行为人头上）。对此，相当因果关系说难以提供令人信服的解释，其无法妥当处理在社会观念上"相当"的因果流程。例如，出租车司机甲在不知情的情况下，将小偷乙送往盗窃现场，导致后者窃得被害人2万元财物的。无论从条件说还是从相当因果关系说出发，都能够得出甲驾车送人的行为与乙的盗窃行为之间的因果关系存在的结论。但是，从客观归责的角度看，因为无法从规范层面要求从事运营工作的甲事先负有甄别乘客在将来的某个时点是否会实施犯罪、可能实施何种犯罪的义务。换言之，出租车运营行为所带来的问题是社会必须要接受的风险，而甲无法掌控因果流程。因此，其并未制造法和社会所不允许的风险，即便从事实的角度看有结果发生，也不能将其归属于行为人，客观的构成要件该当性不具备。而要在相当因果关系已然具备的情况下，不将乙盗窃他人财物的结果归属于甲的帮助（运送）

第三讲 客观归责论在涉财产犯罪案件中的运用

行为,就必须采用规范判断的刑法方法论。这对于限定客观上可能归责的范围具有重要意义,能够制约刑事司法程序的恣意启动。

(2)前面讲的是有相当性(行为或介入因素不异常),但是不能归责的情形。这里再讨论不具有相当性(行为或介入因素异常),但是要归责的情形。对此,日本的"大阪南港案件"①最能够说明问题。被害人因为被告人甲的杀害行为而失去意识,倒在地上,又遭受了异常介入的殴打(不知道是谁对被害人实施暴力行为)而最终死亡。第一个暴力导致被害人脑出血,第二个暴行的影响是让死亡事件稍微提前了几分钟。对于本案,日本最高裁判所肯定了甲的暴力和被害人死亡之间的因果关系。这和相当因果关系说的逻辑是完全不同的。对此,担任本案调查官的大谷直人法官指出,相当性因果关系说强调介入行为是否异常,这与实务上的思考方法有不匹配之处——实务上的思考方法是,具体地查明被告人的行为与结果之间的关联,由此来认定对结果发生是否有贡献、贡献的样态,再基于认定结果来判断因果关系。② 如果介入因素的贡献程度很小时,无论其介入多么异常,都不会切断最初的行为和最终结果之间的联系。而一旦涉及判断介入因素的贡献度,问题就立即转变为要把结果归属于行为人的实行行为还是归属于介入因素,这就无可避免地进入了客观归责论的逻辑。因为客观归责论的本质是要确定结果究竟是谁的"作品"或"把戏"。日本法院对前述案件的判决明确地采用了规范性思考而非传统的相当因果关系理论。

(3)利用相当因果关系说来处理某些案件,尤其是对降低法益风险的行为(例如,对计划实施抢劫犯罪的人进行劝说,使之最后实施抢夺罪的),会认为行为和后果之间具有"相当性",从而得出不合理的结论,转而在违法性判断上寻找不处罚的理由(如借用紧急避险理论)。但是,对原本很早就可以排除构成要件该当性的行为,推迟到违法性阶段才得出阻却违法的结论,不仅得出无罪结论太晚,在判断上不经济,在方法论上也存在很多疑问。③

---

① 参见日本最高裁判所平成二年11月20日决定(刑集44卷8号,第837页)。
② 转引自〔日〕佐伯仁志:《刑法总论的思之道·乐之道》,于佳佳译,中国政法大学出版社2017年版,第57页以下。
③ 对相当因果关系说缺陷更为详尽的分析,参见周光权:《客观归责理论的方法论意义》,载《中外法学》2012年第2期。

对此,有学者指出,相当因果关系说的核心内容与条件说一样仍然是事实判断,其标准就是物理常识。将因果关系等同于物理的关系,是相当因果关系说所设下的"长达一个世纪的骗局"①。即便退一步,承认相当因果关系说在判断因果关联的"相当性"时具有一定程度的规范评价因素,但是,其也做得明显不够。在这一讲所涉及的财产犯罪范围内,有大量案件仅从条件说、相当性说的角度看,因果关系是存在的,很容易得出被告人的行为客观上违法的结论。但在定罪明显不合适的场合,只能将出罪的理由诉诸犯罪主观要件等因素。然而,一方面,犯罪主观要件的证明及说理较为困难;另一方面,结果能否归属于特定行为,是犯罪客观要件的内容,如果本来就可以建构一系列具体判断规则来排除结果归属,当然就没有必要将客观违法性判断阶段要完成的使命推迟到后续环节来完成。

(二) 客观归责论的实质是进行规范判断

因果关系论着力解决的是事实之有无的问题,其系一种形式的、事实的评价。而客观归责论是在因果关系得以证成前提下所进行的归责判断,是一种规范判断。

客观归责论主张,当行为制造了法所禁止的危险,符合构成要件的结果被实现,且该结果在构成要件效力范围之内的,由一定行为所造成的结果才可能有客观上进行归责的问题。客观归责论建立了三个递进式的、相对完善的判断规则:第一层次,考察行为是否制造了不被容许的危险。这里的"不被容许",是指法规范、行为规范对某一行为明确加以反对。制造法益风险的实质是违反行为规范。客观归责论中的行为制造了不被容许的危险,就是对行为不法的揭示和提示,涉及对行为规范违反的独立认定、判断问题。② 第二层次,判断危险行为是否导致结果发生,即危险行为与结果的发生,是否存在常态关联,结果对于最初的实行行为而言是不是通常的?行为是否明显升高了风险?第三层次,判断因果过程是否在构成要件的效力范围之内,需要思考参与到他人故意的危险行为是否可以归责?同意他人造成危险时,是被害人自我答责还是应当将结果归责于

---

① 许玉秀:《当代刑法思潮》,中国民主法制出版社2005年版,第457页。
② 参见周光权:《行为无价值论与客观归责理论》,载《清华法学》2015年第1期。

行为人？属于专业人员独立负责的领域,应该如何进行归责？①

前述分析表明,客观可归责性的判断和因果关系的检验,在客观的构成要件判断中应该分开进行。因果关系,是一个事实之有无的问题,它所要解决的是行为与结果之间的客观联系,是以自然科学意义上的经验观点来判断结果原因,是一种形式的、事实的评价;而客观归责是以规范的观点来判断结果归责。结果原因的判断是结果归责的前提条件,在确定了某一行为是造成某一结果的原因后,再进一步按照规范的观点来检验结果是否要归责于此一行为,是对结果发生这"账"能否算到被告人头上的价值判断和规范判断。由罗克辛所提出来的关于客观归责的各种下位判断规则,都是尝试将法秩序的要求具体化,而它们本身都是实质的标准。②

后面所要重点分析的几个涉财产犯罪案件,从事实的角度看,因果关系都是存在的。但是,从规范判断的角度看,难以进行归责,因为不存在客观的违法性。这样说来,在限定处罚范围上,客观归责论的优势是显而易见的。

(三) 我国司法实务并不排斥客观归责论的思考方法

一方面,我国司法解释实质上认可客观归责论,最明显的例子是对交通肇事罪的司法解释。按照这个司法解释,对行为人最后能不能定罪,要考虑其在事故是负全部责任、主要责任还是次要责任,责任不同,处理结果不同。这里的责任,是指客观归责意义上结果能否归属于行为的"客观责任",确定交通肇事罪的成立可能性,必须取决于行为人对事故的"贡献"大小。例如,重伤3人以上,但负事故次要责任的,并不构成交通肇事罪。③ 这种在行为人与被害人之间分摊不法或风险的,显然属于规范评价层面的归责问题,与客观归责论具有相同的逻辑。这明显是对客观归责而非条件关系、相当因果关系的承认,因为在某一个交通事故里,事故的发生和被告人的行为肯定是有事实关联的,驾驶者不撞击被害人,后者不会有死伤。但是,司法解释明确指出,要从规范判断的角度实质地判断,

---

① 参见〔德〕克劳斯·罗克辛:《德国刑法学总论》(第1卷),王世洲译,法律出版社2005年版,第262—274页。
② 参见陈兴良:《从归因到归责:客观归责理论研究》,载《法学研究》2006年第2期。
③ 参见最高人民法院《关于审理交通肇事刑事案件具体应用法律若干问题的解释》(2000年11月10日通过)第2条。

最终的结果能否归属于行为。这种在行为人和被害人之间分摊不法或风险的做法,属于规范评价层面的结果归属判断问题,具有实质上限定犯罪成立范围的功能。

另一方面,我国对部分案件的处理也运用了结果归属的方法论或检验逻辑。主要表现在:①对于疑难案件,我国刑事司法实务通常首先会按照从行为到结果的顺序,设想一定的行为是否有发生结果的可能性、危险性,考虑事实上的条件关系;接着,从结果出发反向探究"账"能否算到行为人头上,结果的出现是否可以归咎于行为,究竟应该由哪一个行为对结果负责,这是规范意义上结果归属的考虑。经过规范评价上的归责判断,在司法上能够限制(条件)因果关系的运用。②在客观要件的审查上,注意过滤掉很多对结果不重要的因果联系,排除非类型化的因果过程中的结果归属,并对危险实现进行规范性判断,从而与客观归责论产生关联,两者具有内在一致性。③对涉及被害人参与的案件,司法上都会在被害人的错误举止和行为人的不法之间进行斟酌、衡量,这也是对客观归责论的运用。

因此,在我国司法实务中,在事实的因果关系之外,进行结果归属判断的方法论或者潜意识是存在的,即便司法判决没有使用通常所说的制造法所禁止危险、实现法所禁止的危险、构成要件的效力范围等用语。在很多情况下,我国司法实务的特色是将归责的规范判断和条件关系的事实判断融合在一起考虑,而不是像德国法院那样相对明确地在对结果原因进行经验判断之后,再进行结果归属的规范判断。

二、客观归责论的下位判断规则

确实,有部分德国学者对客观归责论持有不同主张,尤其是对客观归责论的基本概念及其下位规则的具体内容有着不同见解。但是,客观归责论在德国与其他国家得到发展、在法院判决中得到广泛运用的现实是不可否认的,诸多具体问题的解决都被纳入到客观归责论中进行讨论,其所指引的刑法上必须进行规范判断这一大方向完全是没有问题的。特别是在对结果能否归属于行为、是不是行为人的"作品"进行规范判断这一点上,在大多数德国和日本学者中,并无人真正反对。至于是否非得使用德国学者所提倡的判断规则倒不是最要紧的。对此,张明楷教授也表示赞同,他认为,应当将传统刑法理论所讨论的因果关系分为"因果关系"与"结果归属"两个部分,前者是基于存在论的事实判断,后者是基于刑法目的的规范判断,但在审查结果的客观归属时不能照搬德国的客观归责论,否则会造成判断上的叠床架屋、反复检验。① 对于这一说法,我原则上表示赞同,因为行为是否制造法益风险相对容易判断,对这一规则不予承认而在构成要件行为(实行行为)中讨论相关问题,也不会造成检验上的遗漏。而结果归属是客观归责的核心内容。一个学者只要其承认结果归属,承认传统因果关系之外的规范判断,就应该认为其接受了客观归责论。因此,问题的关键是在刑法思考上形成客观归责的理念和方法论。至于如何理解其下位规则,则见仁见智。

(一) 客观归责论的正面检验规则

按照罗克辛教授的分析进路,从正向思考的角度看,客观归责论建立了三个递进式的、相对完善的判断规则:第一层次:行为制造风险层面——考察行为是否制造不被容许的危险。"归责于客观行为构成是以实现一种在行为构成范围内部的、由行为人创设的而不是由允许性风险所容忍的危险为条件的。"②第二层次:实现风险——判断危险行为与结果的发生,是否存在常态关联,结果对于最初的实行行为而言是不是通常的? 行为是否明显升高了风险? 如果行为与结果的发生之间存在常态关联(结果对于最初的行为而言是通常的),就可以归责;反之,不能归责。第三层次:构成要件的效力范围——判断事件是否在构成要件的通常射程范围之内。此时需要思考:参与他人故意的危险行为是否可以归责? 同意他人造成危险时,是被害人自我答责还是应当将结果归责于行为人? 属于专业人员独立负责的领域,应该如何进行归责?③ 通过上述递进式检验,客观归责论有效克服了传统因果关系理论(包括条件说、相当因果关系说)处罚范围过大、标准模糊的弊端,能够大幅度缩小归责范围,使得刑法惩罚变得相对精确,使大部分案件都能够根据相对比较清晰的标准得出同样清楚明了的结论,以确保实体法上的判断不容易出错。

---

① 参见张明楷:《也谈客观归责理论》,载《中外法学》2013 年第 2 期。
② 〔德〕克劳斯·罗克辛:《德国刑法学总论》(第 1 卷),王世洲译,法律出版社 2005 年版,第 246 页。
③ 参见〔德〕克劳斯·罗克辛:《德国刑法学总论》(第 1 卷),王世洲译,法律出版社 2005 年版,第 262—274 页。

按照前述正面判断规则,客观构成要件判断方法是:在结果原因的判断上采用条件说,进行初步过滤;再按照客观归责论解决具体的结果归属问题。只有行为人在违反法规范对法益制造风险,而这个风险在具体的结果中实现,且结果存在于构成要件的效力范围内时,由这个行为所引起的结果,才可以算是行为人的"作品",将其归属于行为人,这样,经验上及归责上的检验也才都没有问题。

(二)客观归责论的反面检验规则

在实务上,对大量案件的处理在发现行为存在某些特殊情形时,其归责理应被排除,并不需要按照前述三步骤的正面检验规则进行一步步判断,从而使判断更为经济,以有效节约司法资源。因此,针对某些特殊情形建立反向检验规则也是很重要的,更具有实用性。从反向思考的角度看,根据客观归责论,行为符合以下情形的,不能进行客观上的归责①:

(1)行为制造允许的危险时,不能认为其产生了规范上意欲反对的危险。例如,老师因学生不守课堂纪律,将其赶出教室,学生跳楼自杀的,不能认为老师的行为制造了死亡危险;甲基于杀人故意怂恿乙乘坐经常出事的某趟列车,后因该列车出轨,乙果然死亡的,由于灾难的发生属于偶然,不能认为甲的行为制造了乙死亡的结果。对故意犯而言,制造允许危险的行为不是规范要禁止的;对过失犯而言,仅仅造成结果和违反谨慎义务本身,尚不能说符合过失结果犯的不法构成要件。只有当某种行为客观上逾越容许的危险范围并制造法所禁止的危险的,才符合过失犯罪的客观构成要件。

但是,在行为有发生一定结果的现实危险性时,其属于制造法益风险的行为。例如,赵某故意捏造田某近亲属死亡的消息并告知后者,而且他估计到这样做可能引起患有心脏病的受害人田某猝死的话,就可以认为赵某制造了在法律上具有重要意义的且被禁止的危险。再比如,甲知道乙即将乘坐的列车某一车厢内已被他人安放炸弹而劝乙坐在特定座位上,导致乙出事的,就应该认为甲(因为其特殊认知而)制造了法所反对的风险。

(2)在故意行为中,降低风险的行为,等于没有制造法所反对的危险,因此不能将结果归咎于行为。因为减少损害不是对受保护的行为客体造

---

① 更为详尽的分析,参见〔德〕汉斯·海因里希·耶赛克、〔德〕托马斯·魏根特:《德国刑法教科书》(总论),徐久生译,中国法制出版社2001年版,第350页以下。

成被法律禁止的损害,所以不能进行客观归责。例如,甲看见丙从乙的背后持刀刺向乙的心脏部位,将乙推向路旁,导致乙重伤的,甲的行为从事实角度看虽然是结果发生的原因,但显然是合法的防卫性救助行为,其无须对重伤结果负责。

(3)在行为人造成的危险和具体发生的结果之间,不存在通常的风险关系(行为与结果之间具有异常关联性)的,不能进行客观归责。例如,打伤他人,受害人在住院治疗期间遇火灾死亡的;故意杀人未遂的受伤害者在其不能离开的现场被雷电击毙,都属于不能归责的情况。

(4)其他可选择的行为具有同样风险的,不能进行客观归责。尤其是在过失情况下,因违反注意义务的行为所造成的结果,即使不违反注意义务而行为,同样不可能完全避免出现这种结果的,不能进行客观归责。例如,病人如不注射抗生素药物,伤口必然感染并最终死亡。医生甲在知道病人乙对青霉素过敏的情况下,为乙注射了青霉素,结果造成了病人的死亡,但如果能够确定注射同样剂量的另外一种抗生素药物庆大霉素病人也必死无疑的话,就可以排除医生的行为与病人死亡之间的规范关系。

(5)行为人的行为虽然是结果发生的条件,但被害人有意识且负责任地自我实现损害时,该结果不能归责于行为人。在这种情况下所导致的所有后果,都需要由被害人自己承担。这就是被害人自我答责的法理。①例如,他人欲跳楼自杀,围观者甲大喊:"你怎么还不跳?"他人后来果真跳楼摔死的,不能将死亡结果归属于甲的行为。又如,甲拒绝乙求爱,乙说:"你如不答应,我就跳河自杀。"甲明知乙可能跳河仍不同意,乙后来果真跳河溺亡的,不能认为甲构成故意杀人罪。再如,甲出于杀害的意思,将钢琴家乙砍倒在血泊中,乙意外得救。但因为右手被截肢,乙无法再弹钢琴。在感觉到自己今后不能体面地生活之后,乙服毒自杀的,甲无须对乙的死亡负责。在这些案件中,行为人的行为虽然是结果发生的条件,但被害人却有意识且能够自我负责地实现该损害时,如果将该结果归责于行为人,会侵害个人的行动自由,不符合现代刑法基本原理。

这里的关键在于:被害人在行为当时其意思是否被强制,而对结果无从作出负责任的自由决定? 如果在行为当时,被害人的意思被强制,而对结果无从作出负责任的决定的,死亡结果应由行为人负责(对被害人而言,这等

---

① 参见〔日〕山中敬一:《刑法総論》(第3版),成文堂2015年版,第308页。

于是"天杀我也,不得不死")。例如,甲出于杀害的意思对乙食用的饭菜投毒,因甲投放的毒药使得乙肚痛难忍,在万分痛苦、生不如死之际,乙上吊自杀的,甲需要对乙的死亡负责,对其能够进行客观归责。但是,如果伤不致死,被害人基于客观理智的思考自己决定接受死亡结果的,结果由其自己负责(对被害人而言,这有点像是"自赴黄泉、从容就义")。

(6)危险行为所引发的结果在注意规范保护目的之外的不能归责。虽然行为违反注意规范并产生结果,但结果在行为所侵害规范的保护范围之外的,不能进行归责。这就是规范保护目的理论。① 规范保护目的理论可以合理限定过失犯的成立范围,即只有当行为人违反了特定的规范保护目的,进而导致损害结果发生时,才能成立过失犯。因此,规范保护目的是客观归责论中判断是否实现法所不允许的风险的具体标准之一。例如,甲、乙在繁华路段和他人"飙车",因车速没有控制好,两车猛然相撞。路过的一名妇女丙因受惊吓致心脏病发作死亡的,甲、乙无须对丙的死亡负责。因为按照规范保护目的论,只有在危害结果在注意规范的保护目的范围之内,才能将结果归责于行为人。制定交通法规的目的是确保汽车正常通行,以避免在行驶过程中撞向行人或其他车辆,从而发生交通事故。第三人因汽车撞击而造成死伤的,应当运用交通法规追究驾驶者的相应责任。但是,如果被害人不是因为交通事故本身死伤的,就不在交通法规的保护目的之内。例如上述妇女丙受车辆撞击声惊吓而死本身不是交通法规意欲避免的结果(交通法规没有这么大的"威力",其作用范围、射程也不可能有这么大),也不是行为人需要避免的结果,因此,丙的死亡结果自然不能归责于上述甲、乙的行为。

三、客观归责论在涉财产犯罪案件中的运用

实务对于行为客观违法性的认定,在行为性质的判断环节,要首先考虑法益危险是否由行为人所引起,是否属于与行为人无关的"偶发事件";在结果归属的判断环节,要考虑已经发生的结果是否无法规范地被评价为行为人的"作品",而仅属于"不幸"的事件。一般来说,行为是否制造法所不容许的风险容易判断,而结果归属的判断相对较难。因此,客观归

---

① 参见〔日〕山中敬一:《刑法総論》(第3版),成文堂2015年版,第260页。

责论的重心是讨论结果犯的既遂成立要件是否具备。由于涉财产犯罪都是结果犯、既遂犯，其结果归属的判断就至关重要。在涉财产犯罪案件中，对特定结果能否看作行为人的作品，"账"能否算到行为人头上，归属是否妥当的分析，在大多数时候都必须进行事实之外的规范程度较高的判断，即根据法秩序的、规范的观点，判断损害结果的有无以及究竟是谁的行为要对结果负责。

（一）制造法益风险与涉财产犯罪的认定

（1）制造允许风险的行为不是涉财产犯罪案件中制造法益风险的行为。行为制造了规范所允许的危险时，不能认为其产生了禁止的危险，这一判断规则在涉财产犯罪案件中也应没有例外地得到适用。例如，在"钟某公车私用被控贪污等罪案"中，某晚7时许，某县发展改革局局长钟某安排已经下班回家的司机甲去火车站接局长自己的亲戚。当时，司机已经饮酒并告诉局长实情，但在钟某的强令下就勉强驾车前去。在接到客人后，甲在火车站不远处将行人文某撞倒，后者很快被送到医院。甲告诉局长钟某自己酒后肇事的事实，但局长钟某隐瞒公车私用、甲酒后驾车等相关情节召开局长办公会，提出由局里出钱把所有的善后工作做好。局里其他领导受到欺骗后，一致同意对所有赔偿、医疗费用都用公款解决。后来，该局用公款16万赔偿被害人家属；钟某还亲自出面要医院免除13万元医疗费；事后钟某违规作出决定，批给医院一个300万元的医疗器械采购项目。对钟某能否以贪污罪（犯罪数额16万元）、受贿罪（犯罪数额13万元）、滥用职权罪（犯罪数额300万元）数罪并罚？

在本案中，仅从事实判断的角度看完全可以认为，因为钟某隐瞒公车私用、甲酒后驾车等相关事实欺骗其他领导，使之作出错误决策，从而免除了本应由钟某、甲自行承担的赔偿义务。其行为无异于是将单位财物据为己有，因此其用公款16万元赔偿被害人家属构成贪污罪；此外，其后续行为还分别符合受贿罪、滥用职权罪的构成要件。但是，如果贯彻客观归责的方法论，仅就发改局遭受财产损失这一结果而言，对本案也可能有别的处理思路。这主要涉及钟某隐瞒公车私用、甲酒后驾车等相关事实欺骗单位其他领导的行为，是否属于制造了法所不容许的风险的问题。最高人民法院《关于审理道路交通事故损害赔偿案件适用法律若干问题的解释》（2012年11月27日）第1条第（三）项规定，机动车发生交通事故造成损害，机动车所有人或者管理人"知道或者应当知道驾驶人因饮酒、服用国家管制的精神药品或者麻醉药品,或者患有妨碍安全驾驶机动车的疾病等依法不能驾驶机动车的",人民法院应当认定其对损害的发生有过错,并适用《侵权责任法》第49条的规定确定其相应的赔偿责任。在本案中,钟某下班后安排司机外出,其知道驾驶人饮酒后不能驾驶机动车,由此发生事故造成损害的,应当认定机动车所有人或者管理人对发生的损害有过错,被告人所在单位理应承担赔偿责任。司机甲用公车酒后出事,如果被害人提起民事诉讼,按前述司法解释,县发展改革局当然负有赔偿义务。因此,单位财产由于甲酒后驾车肇事而减少,不属于民事规范上禁止的风险。对单位财产减少16万元这个结果,虽然钟某隐瞒了事实,但由于单位是连带责任人,其本来就应履行赔偿责任。退一步而言,即便钟某告诉单位真相(公车私用、酒后驾车),这笔赔偿款也应当由其单位支付。所以,钟某是否隐瞒事实,对16万元公款的支出在规范判断上是不重要的。

因此,按照客观归责论的逻辑,公车私用导致事故,如果按照《侵权责任法》的规定,即便行为人告知单位真实情况,单位也有赔偿义务的,那么,单位支付财物就不能认为被告人制造了规范所不容许的风险,也就难以认定行为构成贪污罪。因为单位财产的丧失是法律上的强制规定。所以,被告人钟某针对16万元不构成贪污;同理,钟某让医院免除了13万元,也是替单位履行赔偿义务,不应该构成受贿罪。① 但是,这并不意味着被告人钟某无罪,其行为的不法性恰恰在于:其有义务告知单位真相,在单位代为履行赔偿义务后能够向真正的责任人追索。因此,被告人钟某所制造的法益风险在于:利用职权向单位隐瞒真相,使得单位丧失了事后实现追索的权利。那么,对被告人隐瞒真相,使单位无法实现追索权的行为,就属于滥用其局长职权使单位其他领导参与作出错误决策,钟某的三个行为(用16万元赔偿被害人、要求医院免除13万元医疗费和批给医院一个300万元的采购项目)整体上构成一个滥用职权罪。如此而言,在运用客观归责论处理涉财产犯罪案件时,除了要先分析事实因果联系之外,还应该体系性地考虑其他法规范的态度,从而准确判断某一行为是否制

---

① 其实,在这里还需要适度考虑客观归责论中被害人自我答责的法理:车辆所有人对于危险性工具如果疏于管理,当然要自我负责地承担一定的民事赔偿义务。值得指出的是,即便钟某的行为是代表单位履行赔偿义务,不构成受贿罪,但县发展改革局也无权要求医院免除患者的具体医疗费,这种"索取"财产性利益的行为有可能被评价为单位受贿罪。

造了规范所不容许的风险。对于行为有一定危险性,但并未制造相关规范所不容许的风险的,不宜认定为财产犯罪。被告人构成其他犯罪的,再检验其行为是否制造了其他犯罪中的法益风险。

(2)中立行为不是制造法益风险的行为。中立行为,是指从外观上看,通常可以反复、继续实施的日常生活行为或业务行为。在刑法上成为问题的是中立行为的帮助犯的认定——行为人虽然实施的是日常行为或相关职业行为,但在客观上却给他人的犯罪提供了帮助,这种情形能否作为帮助犯来加以处理?按照相当因果关系说的逻辑,中立的行为人通常对正犯行为有认识(至少有间接故意),客观上对造成结果的正犯行为起到了促进和推动作用的,按照传统的帮助犯因果关系理论,似乎可以作为帮助犯处罚。但是,刑法理论大多认为,如果持这种立场,很多正常的社会生活特别是常见的经营或营业活动可能都无法开展,社会生活可能因此而停滞。同时,也会限制许多人的行动自由。因此,多数刑法理论试图从主客观等层面寻找不将中立行为作为帮助犯处罚的依据。但是,这些传统思路都未必见效。

合理的思考方法是采用客观归责论的进路,从中立行为是否制造、增加了规范所不允许的危险,危险是否被实现等角度进行检验。按照这一逻辑,就会认为,中立行为虽然对正犯行为有促进和帮助作用,即存在事实因果关系角度的共犯因果性,但是,按照规范判断的立场,从行为对法益侵害的危险性角度来看,可以认为该行为没有制造法所禁止的危险,并未达到值得作为共犯处理的危险性,从而否定中立行为成立帮助犯。这一结论,无法从中立帮助者的行为是否促进了正犯行为这一传统因果关系与帮助犯的成立要件角度加以论证。在此,客观归责论能够克服"相当因果关系说的危机",也能够妥善处理相关案件。例如,在【案例3-1 补贴诈骗案】中,贾某与覃某达成协议,在覃某不付货款的情况下,由贾某向覃提供ZK-90型设备的部件,待补贴款下拨后,补贴款抵部分货款。虽然覃某的行为违反了主管机关关于购置全套设备才能申报补贴的规定,但是,贾某作为买卖合同的供货方,其行为属于正常的销售商品行为;后续安装未完成的责任不在贾某一方;贾某先开票给覃某是对方就此提出特殊要求,商业习惯上也认可先开发票后付货款。在本案中,虽然从事实判断的角度看,贾某确实给覃某的诈骗行为提供了帮助。但是,从规范判断的角度看,其明显属于中立行为,符合商品交易的惯例,是通常的市场交易行为,不能认为其制造了法益风险。

（二）实现法益风险与涉财产犯罪案件

由于我国《刑法》在侵犯财产罪、贪污罪以及大多数经济犯罪中对取得型财产犯罪都以数额（销售金额、违法所得数额）较大作为定罪要求，在被告人并未实际获得一定数额的财物时，行为虽然制造了法益风险，但其没有实现法益风险的，应当做无罪处理。

对于【案例 3-2　关联交易案】，从客观归责论的角度来看，应当认定被告人的行为确实制造了法益风险。因为类似行为是我国《公司法》所明确禁止的，该行为本身对其履行职责的粤秀公司财产权具有危险性。我国《公司法》第 148 条规定，公司董事、高级管理人员不得有违反对公司忠实义务的行为。其中，该条第（四）项明确规定，公司董事、高级管理人员不得违反公司章程的规定或者未经股东会、股东大会同意，与本公司订立合同或者进行交易；第（五）项规定，未经股东会或者股东大会同意，不得利用职务便利为自己或者他人谋取属于公司的商业机会，自营或者为他人经营与所任职公司同类的业务。被告人蔡结辉的行为虽然违反了前述规定①，但没有发生可以归属于被告人行为的结果，即行为没有实现法益风险，客观上难以认定行为的构成要件符合性。

对于本案，法院一审判决认为，被告人在产品购入价的基础上叠加运输费、搬运费、仓储费等经营成本经费后，再加上合理利润数额，以正常市场价格销售给粤秀公司，后者并未遭受经济损失，"在剔除蔡结辉是粤秀公司的采购员这一特殊身份的情况下，蔡结辉的上述经营行为是正常的市场交易行为"；我国《刑法》第 165 条非法经营同类营业罪处罚的是国有公司、企业的董事、经理利用职务便利，自己经营或者为他人经营与其所任职公司、企业同类的营业，获取非法利益，数额巨大的行为。而本案被害单位粤秀公司不属于国有公司、企业，蔡结辉的身份不符合非法经营同类营业罪的主体资格，根据罪刑法定原则，被告人的相关行为不构成职务

---

① 被告人蔡结辉的行为是否制造了法益风险，实务认识上可能存在一定争议。如果认为其所成立的公司原本就在对不特定客户进行销售，且对粤秀公司销售产品的价格符合市场价，就可能认定其销售行为属于通常的市场交易行为，按照客观归责论关于中立行为的判断标准，也就可以认为行为没有制造法益风险。但主讲人认为，蔡结辉具有采购的职权，开设裕升纱行将产品销售给粤秀公司，具有一定的针对性，有使粤秀公司遭受财产损失的危险，应当认定其行为制造了法益风险。

侵占罪。① 检察机关对于一审判决提出抗诉。二审判决进一步认为：一方面，被告人没有侵占公司财物。在案证据表明，被告人设立的"裕升纱行在向粤秀公司销售货物时，与向其他公司销售的货物价格相同，且裕升纱行向粤秀公司销售的货物不高于粤秀公司向其他供应商采购货物的价格，蔡结辉没有将本应属于粤秀公司的利润非法占为己有"。另一方面，不能将裕升纱行的利润认定为应属粤秀公司所得。蔡结辉所开设的公司从外省市购进货物，由其亲属经营，其中投入了物力、人力和财力，粤秀公司再从裕升纱行以正常的市场价格购进货物，粤秀公司的支出为必要支出，其与裕升纱行之间的交易属于民事关系的范畴，被告人的行为不构成职务侵占罪。② 从这里可以明显看出，对于本案，两级法院的裁判理由不仅从事实角度加以论证，即不是简单考虑事实关联性、相当因果关系，还从规范判断的角度进行了思考。判决认定被告人实施的背信行为确实制造了一定程度的法益风险，其将自己所开办公司的产品卖给自己作为业务员的公司，属于关联交易行为。但是，判决并不认为被告人实现了法益风险。从事实的角度来看，正是因为被告人擅自进行关联交易，粤秀公司的财产才到了他自己开设的公司中，财物因为被告人违背职责的行为而转移这种客观事实是存在的。但是，按照客观归责论的逻辑进行解释就应该认为：粤秀公司购买货物就必须付款（其向被告人设立的裕升纱行购买的货物，正是被害人业务上急需的。如果其不向裕升纱行购买，就得向其他公司购买。无论向谁购货，粤秀公司的货款都一定是要支付的）；粤秀公司从裕升纱行购进货物并没有多付钱。基于这两个前提，从规范判断的角度就可以认为，粤秀公司并未因为其向被告人所开设的公司购买货物而产生经济损失。由于《刑法》第271条所规定的职务侵占罪是财产犯罪，犯罪成立以数额较大为前提，在行为仅制造法益风险，但并未实现法益风险（没有造成损害结果）的场合，不能对被告人蔡结辉定罪处罚。客观归责论的解释过程隐含在法院的判决理由之中。

（三）注意规范保护目的与涉财产犯罪

注意规范保护目的对于结果归属有重大影响。在【案例3-3 真假油酯案】中，对于为何将以甘油为主要成分的混合物代替柠檬酸甘油酯销

---

① 参见广东省佛山市禅城区人民法院(2013)佛城法刑初字第564号刑事判决书。
② 参见广东省佛山市中级人民法院(2014)佛中法刑二终字第144号刑事裁定书。

售给威莱公司,被告人唐永的辩解是:在2013年初,其公司听其他客户反映蔗糖甘油酯的成效比柠檬酸甘油酯的成效更好,所以其公司就擅自将供货给威莱公司的柠檬酸甘油酯用蔗糖甘油酯代替了,更换产品的事没有通知威莱公司。

法院认为,被告单位及被告人唐永虽然在合同履行过程中实施了欺骗、隐瞒行为,但不构成合同诈骗罪,理由是:从主观上看,被告单位有真实的交易意图,且与威莱公司进行了真实的交易活动,只是将柠檬酸甘油酯换成了甘油、葡萄糖和水的混合物。从价格鉴定报告来看,每公斤柠檬酸与葡萄糖的成本价格仅相差1元,根据检验报告显示的比例,计算出每公斤柠檬酸甘油酯与甘油、葡萄糖和水的混合物的成本价格相差甚微。以上证据可以印证,被告单位和被告人唐永在主观上没有非法占有他人财物的目的;从客观上看,被告单位真实地履行了合同,也按合同约定的数量交付了标的物。虽然被告单位交付的产品并不是真正的柠檬酸甘油酯,而是甘油、葡萄糖和水的混合物,但是该混合物并非毫无价值。

在否定合同诈骗罪之后,法院转而认为被告单位广州创越化工有限公司和被告人唐永的行为符合生产、销售伪劣产品罪的构成要件。理由是:威莱公司与广州创越化工有限公司达成的是购销柠檬酸甘油酯(主要成分为丙三醇、柠檬酸与丙三醇反应生成的酯类物质、水,主要成分含酯类物质)的购销合同,而广州创越化工有限公司在未通知威莱公司的情况下,以甘油、葡萄糖和水的混合物充当这一含酯类物质的产品销售给威莱公司,致使威莱公司添加该原料的产品不具有保湿、润肤的功效,侵犯了国家产品质量管理秩序和广大消费者的权益。被告单位及其直接负责的主管人员唐永的行为属于在生产、销售过程中,以假充真,以非柠檬酸甘油酯的产品充当柠檬酸甘油酯,销售金额达130余万元,其行为均已构成生产、销售伪劣产品罪,遂对被告单位广州创越化工有限公司判处罚金70万元;对被告人唐永犯生产、销售伪劣产品罪,判处有期徒刑3年,并处罚金5万元。

对于法院否定合同诈骗罪的结论,主讲人认为是正确的,但其说理还不够充分。在本案中,由于合同标的物和被告人提交产品的成本价格相差甚微,可以印证被告人在主观上没有非法占有他人财物的目的,这当然是很重要的一个无罪理由。不过,法院对客观层面因果关系的否定仅仅是从事实角度切入的:被告单位有履行合同的行为,也按合同约定的数量交付了标的物。虽然交付的产品与合同约定不同,但该产品是有价值的。这样的分析还有待进一步强化。难以认定合同诈骗罪的更深层次理由在于:虽然行为和结果之间有事实层面的条件关系和相当因果关系,被害人在一定程度上受害,行为似乎也实现了一定程度的风险,但行为并没有实现规范所不容许的法益风险。本案法院判决的说理思路明显受条件说或相当性说的制约,如果对无罪理由能从规范角度进行分析就更好。从实现法益风险的角度来看,因为合同诈骗罪和合同纠纷之间的界限原本就比较模糊,受刑法谦抑性的制约,只要被害人的合同目的在总体上或者绝大部分得到实现的,就不宜认定其遭受了财产损害。此时,国家制定合同诈骗罪的规范目的就没有落空。虽然被告人在未通知威莱公司的情况下,以甘油、葡萄糖和水的混合物充当含酯类物质的产品销售给威莱公司,但是被害人利用这种原料所生产的产品仍然可以销售,被害人的合同目的总体上达到了。此外,对法院判决被告人犯生产、销售伪劣产品罪的理由,从客观归责的角度看,可能也还值得商榷。因为法院判决既然肯定了被告人所提供的产品有价值,再认定其制造了生产、销售伪劣产品罪的法益风险,其结论难免自相矛盾。

关于客观归责论与传统因果关系理论的区别,以及客观归责论的实务运用等,可以说还有无穷无尽的问题值得探讨。这一讲与其说讨论了一些问题,还不如说是仅仅就客观归责论如何被实践接纳这一宏大课题开了一个头。所以,更值得大家思考的问题在后面。

第四讲　持续侵害与正当防卫的关系

【案例 4-1　破门而入案】

孙某、吕某、金某三人于凌晨 3 时许,来到北京市海淀区某饭店的女工宿舍强行破门而入,试图将与他们有隙的尹某带走。后孙某直接走到尹某床头,吕某站在同宿舍居住的被告人吴某床边,金某站在宿舍门口。孙某进屋后,掀开尹某的被子,欲强行带尹某下床,遭拒绝后,便殴打尹某并撕扯尹某的睡衣,致尹某胸部裸露。吴某见状,下床劝阻。孙某转身殴打吴某,一把扯开吴某的睡衣致其胸部裸露,后又踢打吴某。吴某顺手从床头柜上摸起一把刃长 14.5 厘米、宽 2 厘米的水果刀将孙某的左上臂划伤。吕某从桌上拿起一把长 11 厘米、宽 6.5 厘米、重 550 克的铁挂锁欲砸吴某,吴某即持刀刺向吕某,吕某当即倒地,后因急性失血性休克死亡。如何认定吴某的行为性质?

【案例 4-2　逃跑杀"夫"案】

被告人王启琴被拐卖后多次试图逃跑,但收买者席某及其家人想尽各种办法限制王启琴的自由,白天寸步不离,晚上锁门锁窗。某晚 7 时许,王启琴事先将安眠药拌在席某吃的饭菜中。4 个多小时后,席某说想吐,要起床。被告人怕事情败露,捡起一块砖头敲席某头部。席某倒地后,又慌又气的王启琴转身从厨房拿出菜刀,割其颈部,致席某大失血死亡。法院根据"被害人过错"对被告人从轻处罚,但否认被告人的行为具有防卫性质是否妥当?

【案例 4-3　逃离传销案】

邢某为逃离传销窝点,对看管人员实施伤害行为,造成一人重伤、二人轻伤的后果。法院认为，三名受害人虽然之前对邢某实施了非法剥夺其人身自由的不法侵害，但其紧迫性还不足以达到进行正当防卫的程度，故对其辩护人关于邢某系防卫过当的辩护意见，予以驳回。法院的判决理由是否妥当？

【案例4-4　辱母杀人案】

于欢的母亲苏某在山东省冠县工业园区经营山东源大工贸有限公司（以下简称"源大公司"）。2014年7月28日，苏某及丈夫于某1向吴某、赵某1借款100余万元，后者多次组织多人前来催债。2016年4月14日16时许，赵某1纠集郭某2、郭某1、苗某、张某3到苏某所在公司讨债。赵某1等人先后在办公楼前呼喊，在财务室内、餐厅外盯守，在办公楼门厅外烧烤、饮酒，催促苏某还款。其间，赵某1、苗某离开。20时许，杜某2、杜某7赶到源大公司，与李某3等人一起饮酒。20时48分，苏某按郭某1的要求到办公楼一楼接待室，于欢及公司员工张某1、马某陪同。21时53分，杜某2等人进入接待室讨债，将苏某、于欢的手机收走放在办公桌上。杜某2用污秽语言辱骂苏某、于欢及其家人，将烟头弹到苏某胸前衣服上，将裤子褪至大腿处裸露下体，朝坐在沙发上的苏某等人左右转动身体。在马某、李某3的劝阻下，杜某2穿好裤子，但又脱下于欢的鞋让苏某闻，被苏某打掉。杜某2还用手拍打于欢面颊，其他讨债人员则揪抓于欢头发或按压于欢肩部不准其起身。22时07分，公司员工刘某打电话报警。22时17分，民警朱某带领辅警宋某、郭某3到达源大公司接待室了解情况，苏某和于欢指认杜某2殴打于欢，杜某2等人否认并称系讨债。22时22分，朱某警告双方不能打架，然后带领辅警到院内寻找报警人，并给值班民警徐某打电话通报警情。于欢、苏某欲随民警离开接待室，杜某2等人阻拦，并强迫于欢坐下，于欢拒绝。杜某2等人卡住于欢颈部，将于欢推拉至接待室东南角。于欢持刃长15.3厘米的单刃尖刀，警告杜某2等人不要靠近。杜某2出言挑衅并逼近于欢，于欢遂捅刺杜某2腹部一刀，又捅刺围逼在其身边的程某胸部、严某腹部、郭某1背部各一刀。22时26分，辅警闻声返回接待室。经辅警连续责令,于欢交出尖刀。次日2时18分,杜某2经抢救,因腹部损伤造成肝固有动脉裂伤及肝右叶创伤而致使其失血性休克死亡。严某、郭某1的损伤均构成重伤二级,程某的损伤构成轻伤二级。于欢的行为是否有可能成立正当防卫?

在最近的这两节课中,我们要讨论正当防卫问题。这里先讲讲不法侵害的一个特殊问题。

在目前的司法实务中,能够进入刑事评价范围的案件,都是防卫行为造成相当后果的情形。司法人员通常习惯于优先从防卫结果出发思考问题,认为有防卫结果就不能成立正当防卫,从而错误地理解和运用防卫过当的判断逻辑,对大量防卫手段虽具有必要性,但防卫行为造成较重或重大损害的情形,不当限定正当防卫的成立范围。因此,妥当把握不法侵害的含义,深入研究正当防卫的司法判断逻辑,促使实务能根据案件的具体情况,敢于依法准确宣告正当防卫的成立,具有重大现实意义。

一、问题的提出

我想从近年来实践中较为突出的持续侵害情形下的防卫问题切入,这样能够深化关于正当防卫的相关研究。这里所讨论的持续侵害,是一个广义的概念,主要是指非法拘禁、绑架等继续犯以及非法侵入住宅、组织传销活动等侵害状态得以持续的不法形态,此外,还包括攻击在相当长时间内得以持续的围殴等侵害形态。这里的持续侵害,就是持续危险,即"构成危险的状态具有较长的持续时间"的情形。① 在上述持续侵害中,不法行为的成立和既遂往往都相对较早,但犯罪行为在较长时期内并未结束,在犯罪人彻底放弃犯罪行为之前,违法状态也一直持续,犯罪并未终了。在此过程中,防卫人理应都可以防卫。因为对防卫人而言,不法侵害何时结束不得而知,其行使防卫权就在情理之中。在此会产生以下有争议的问题:①针对持续侵害的防卫问题,在司法判断逻辑上,应当优先考虑适用《刑法》第20条第2款还是第3款的规定?②对那些外观上似

---

① 参见〔德〕约翰内斯·韦塞尔斯:《德国刑法总论》,李昌珂译,法律出版社2008年版,第171页。

乎较为平和的非法拘禁等持续侵害,如果防卫人造成对方死伤的,是否就不能肯定行为的防卫性质?③在持续侵害过程中,如果危险处于"累积升高"状态,防卫人突然实施防卫强度较高的行为,造成不法侵害者死伤时,是否就不能再成立正当防卫?④时间相当长的围殴等不法侵害形态发生时,防卫人使用类似"挥刀乱捅"的防卫手段,是否一概没有成立正当防卫的余地?⑤在持续侵害过程中,当防卫人展示或亮出防卫工具时,加害方未停止侵害反而"往上扑"的,防卫人后续造成的后果究竟归属于哪一方,防卫行为是否还有正当化的余地?

对此,主讲人的基本观点是:在不法侵害持续发生的场合,即便反击结果造成对方死伤的,也应该承认行为的防卫性质,并且要特别考虑"累积升高"的不法侵害对防卫相当性的特殊影响,不能轻言防卫行为"明显超过必要限度",尤其要考虑防卫人对未来的担忧,即"侵害者有可能改采更严重的法益侵害手段"①。基于此,在许多持续侵害案件中,都不能轻易得出防卫过当的结论。对于少数持续侵害,可以考虑将该侵害行为视为行凶或其他与绑架、强奸具有类似危险性的严重危害人身安全的暴力行为,从而肯定反击者的特殊防卫权。在《刑法》第20条第3款的适用被否定的情况下,需要进一步考察防卫行为是否明显超出必要限度造成重大损害,防止人为限定持续侵害下防卫行为的正当性。

二、持续侵害与特殊防卫权

我国刑法理论上对《刑法》第20条第2款(防卫过当)和第3款(特殊防卫)之间的关系为何一直存在争议。有学者认为,第3款仅属于注意规定,是对第2款的补充②;也有学者主张,第3款是法律拟制,是第2款的例外,是关于无过当防卫的规定,要求具备特殊的成立条件。③ 主讲人的初步观点是:由于《刑法》第20条第2款对于防卫限度的规定,同时要求违反防卫行为相当性(没有"明显超过必要限度")和利益均衡性(并未"造成重大损害")的,才属于防卫过当;而《刑法》第20条第3款基

---

① 王皇玉:《窃盗被害人之赃物追回权与正当防卫》,载《月旦法学杂志》2004年总第107期。
② 参见王政勋:《正当行为论》,法律出版社2000年版,第204页。
③ 参见陈兴良:《正当防卫论》(第2版),中国人民大学出版社2006年版,第259页。

本上只重视防卫必要性,对利益均衡原理并不特别考虑,例如,为保护性自由可以杀死强奸犯;但相对地,杀死仅有扣押人质意思而无"撕票"故意的侵害者的,侵害利益和保护法益之间也存在不同,难以精确比较。但立法者认为,此时虽然不能进行利益衡量,也可以认为防卫行为并未"明显超过必要限度",因此,是否造成了被防卫人的重大损害,并不在考虑之列,这样的立法基本等于放弃了利益衡量,优先考虑了防卫行为的相当性。由于《刑法》第20条第2款同时要求防卫相当性和利益均衡性,防卫行为才具有正当性;但《刑法》第20条第3款主张防卫行为只要具有防卫相当性,即可成立正当防卫,其限制条件和第2款相比要少一个。因此,可以认为《刑法》第20条第3款属于法律拟制(特别规定),而非注意规定。

如果将《刑法》第20条第3款解释为法律拟制规定,其就有优先适用的可能性。那么,针对持续侵害的防卫,在司法判断逻辑上首先应当考虑的就是:如果持续侵害的不法性、危险性"累积升高"后,防卫人有权按照《刑法》第20条第3款的规定行使特殊防卫权的,应当优先地、特别地考虑直接根据该款规定得出正当防卫的结论,尽早让被告人摆脱司法追诉。只有在适用该款规定有障碍的前提下,才需进一步根据《刑法》第20条第2款检验防卫行为是否属于"明显超过必要限度造成重大损害"。

持续侵害的防卫人是否有成立特殊防卫的余地,需要考虑以下情形。

(一)持续侵害的危险是否能被评价为"行凶"

在许多持续侵害案件中,不法侵害由多人共同实施的多个违法犯罪行为结合在一起,且持续时间长。如果综合地、整体地判断这一连串行为,可以认为在防卫人实施"绝地反击"的那一刻,其面临的持续累积起来的不法侵害,从量的角度看,总量已经很大;从质的角度看,足以评价为不法侵害人在"行凶"。在防卫人所遭受的不法侵害的"质"和"量"都符合《刑法》第20条第3款规定的特殊防卫权所设定的不法侵害程度时,其防卫行为的必要性明显得到肯定,进行防卫也就不存在过当的问题。换言之,对于持续时间长且穿插多种特殊侵害情节的案件,可以认为是强度较大的不法侵害,其逼迫防卫人只能如此行事,从而成为判断防卫行为正当化的重要指标。

对于行凶,实务上不能仅作狭义理解,其应包括正在行凶,以及就当时的情境而言持续侵害继续发展后发生概率特别高的行凶。特别需要注意的是：

（1）行凶是一个相对的、动态的概念，而无绝对标准。一个针对壮年男性的暴力行为要成立行凶，暴力程度一定要比较高；但针对妇女和儿童的暴力行为，暴力程度即便大幅度降低也可能成立行凶。在许多案件中，多人持续对被害人实施多种不法侵害进行折磨之后，即便对防卫人实施程度比通常情形下的暴力程度要低的攻击，也可以认定为行凶。

（2）对行凶的判断必须考虑具体情境。特别需要注意的是：多人持续对被害人实施多种不法侵害进行折磨，尤其在介入的公权力行使者及其他救助者迅速离开，被害人处于任人宰割且精神彻底崩溃的状态时，其为离开被拘禁、控制的场所，即便不法侵害人对其实施强度有限的行为（例如，按压其肩膀、卡脖子、用凳子去撞击防卫人等），对于其为离开被拘禁、控制的场所而言，也完全可以认定为不法侵害累积起来之后对防卫人的"行凶"。相反，在其他案件中，如果侵害时间短、不存在对防卫人的反复折磨、双方不存在力量悬殊、被侵害人对逃离险境能有期待时，即便不法侵害人对防卫人实施按压肩膀、卡其脖子，或者用凳子去撞击的行为，都难以认定为行凶。但在持续侵害案件中，对行凶掌握标准就不能过于苛刻，不能不当限制被害人的防卫权。

（3）行凶通常要使用凶器，但不能绝对化。拘禁者因恼羞成怒对债务人"一剑封喉"地卡脖子的，可以成立行凶。此外，在侵害人使用凶器时，未必要求凶器一定是刀或者枪，只要该种器械能够被作为凶器使用，成为"使用上的凶器"即可。在持续侵害中，如果侵害人"就地取材"使用拘禁场所内存放的凳子去撞击防卫人的，该凳子就是当然的凶器。①

（4）在持续侵害的场合，侵害人并不会去有意地控制局面的恶性发展方向，但只要持续时间达到一定长度，一般性质的不法侵害也极有可能升高到行凶的程度，从而符合特殊防卫的条件。防卫人要摆脱不法侵害，逃

---

① 值得研究的问题是：在实务中，对于防卫的事实，原则上主张防卫的一方不承担举证责任，但需要就其主张提出线索或材料并履行一定程度的说服责任。参见周光权：《刑法总论》（第 3 版），中国人民大学出版社 2016 年版，第 216 页。因此，如果防卫人或证人提出，在拘禁过程中遭受拘禁人用椅子撞击，但拘禁行为人一方对此予以否认的，针对防卫人方面所提出的线索或材料，公诉机关如果要否定拘禁者一方是在行凶，就需要履行证明责任，如果不能举证反驳防卫人的观点，就应该认为其在持续拘禁过程中遭受了突然升高的类似于行凶的侵害，应当允许其行使特殊防卫权。这是存疑有利于被告原则的题中之意。参见〔德〕约翰内斯·韦塞尔斯：《德国刑法总论》，李昌珂译，法律出版社 2008 年版，第 185 页。

离被长时间控制的现场,实施强度较高的防卫行为(例如,用随手取得的刀具或其他器械乱舞)可能是唯一有效的方法。此时,如果不法侵害人还"向前扑"或"迎上去",试图重新建立对被害人的压制状态,势必会加重现场气氛的紧张程度,等于是侵害人用自己的行为进一步提升了自己先前所制造的风险。基于客观归责论中自我负责的法理,由此造成的防卫后果应当由主动上前"自取灭亡"的侵害人负责。"由于受害人的自我答责已经切断了将引发结果的举止客观地归属于他人的链条,因此,他人到底是故意地还是过失地做这些事情,都是根本不重要的。"①

(5)行凶与《刑法》第20条第3款规定的其他严重危害人身安全的暴力行为大致相当即可。例如,穷凶极恶的甲要置仇人乙于死地,赤手空拳地连续对乙的致命部位进行打击,既可以认定甲的行为是杀害,也可以认定其是行凶。

(二)持续侵害过程中是否有强奸或与其危害性类似的强制猥亵等行为

持续侵害因为时间长,双方力量不成比例,因此,在侵害过程中,不法侵害人可能还穿插实施具有暴力性质的强奸等行为。针对持续侵害过程中的强奸行为,防卫人可以直接按照《刑法》第20条第3款的规定行使特殊防卫权,这在法律上并无障碍。有争议的是,对于强制猥亵、侮辱等行为,能否类推适用对强奸行为无限防卫的规定?

主讲人认为,基于下述理由,这种类推适用是允许的:一方面,如果不法侵害人在拘禁过程中,伴随着对被害人实施一系列殴打行为之后,尤其是在己方完全控制被害人的场合,再对其进行强制侮辱或猥亵,会给被害人的内心造成很大的伤害,一般人也不可能容忍这种侵害。此时的强制侮辱或猥亵行为侵害了被害人的性羞耻心和性自由权,和强奸没有实质差别。另一方面,对强制猥亵、侮辱行为的防卫类推适用《刑法》第20条第3款关于特殊防卫权的规定,是朝着"出罪"的方向做有利于被告人的类推,并不违反罪刑法定原则。因此,在拘禁过程中强制侮辱或猥亵被害人,防卫人将侵害者捅死的,也应当可以按照《刑法》第20条第3款的规定成立正当防卫。

---

① 〔德〕乌尔斯·金德霍伊泽尔:《刑法总论教科书》,蔡桂生译,北京大学出版社2015年版,第102页。

（三）非法拘禁的侵害危险升高后是否可以与绑架同视

《刑法》第 20 条第 3 款对绑架行为可以行使特殊防卫权有明确规定。在实务中存在疑问的是：在非法拘禁的场合，被拘禁人能否主张不法侵害行为与绑架类似，因而类推适用《刑法》第 20 条第 3 款的规定行使防卫权？

主讲人认为，行为人在持续的非法拘禁过程中，如果伴随危害程度较高的暴力，尤其是拘禁后向第三人提出索取债务要求，明显利用了第三人对被害人的担忧的，虽然对被告人的行为最终要以非法拘禁罪定罪处罚，但其行为构造和绑架罪完全类似，且严重危及被拘禁者的人身安全，此时如果其防卫行为导致侵害人死伤的，对防卫者应该可以类推适用《刑法》第 20 条第 3 款关于绑架的规定。在"楚某故意伤害案"中，陈某等人为索取债务而将楚某拖拽到汽车中，因楚某反抗，三人对楚某多次进行殴打，陈某还持刀将前来阻止的吕某扎伤。后楚某在与陈某斯打过程中，夺下陈某手中的刀，在二人继续进行的激烈扭打过程中，防卫人将陈某扎成重伤。法院认为，"楚某的行为有防卫性质，但超过必要限度且造成 1 人重伤"，其行为成立故意伤害罪，判处其有期徒刑 1 年 3 个月，缓刑 2 年。① 但是，法院的这一判决难言妥当。在本案中，不法侵害人实施的行为虽然最终仅构成非法拘禁罪而非绑架罪，但其行为的外在表现和构造与绑架罪并无二致，对防卫人楚某人身权利的危害程度也和绑架罪没有区别，应当根据案件情况赋予楚某特殊防卫权。

（四）持续侵害能否被评价为《刑法》第 20 条第 3 款的"其他严重危及人身安全的暴力犯罪"

如果持续侵害行为严重危及防卫人的人身安全的，可以适用《刑法》第 20 条第 3 款的兜底条款而认定不法侵害属于"其他严重危及人身安全的暴力犯罪"，从而宣告反击者无罪。在【案例 4-1 破门而入案】中，北京市海淀区人民法院一审判决认为：孙某等人在凌晨 3 时左右闯入女工宿舍后，动手殴打女服务员、撕扯女服务员的衣衫，这种行为足以使宿舍内的三名女服务员因感到孤立无援而产生极大的心理恐慌。在自己和他人的人身安全受到严重侵害的情况下，被告人吴某持顺手摸到的一把水

---

① 参见辽宁省开原市人民法院(2014)开刑初字第 86 号刑事判决书。

果刀扎向孙某,将孙某的左上臂划伤并逼退孙某。当孙某被吴某持刀逼退后,吕某又举起长11厘米、宽6.5厘米、重550克的铁锁欲砸吴某,这是对吴某的继续加害。"吴某在面临吕某的继续加害威胁时,持刀刺向吕某,其目的显然仍是为避免遭受更为严重的暴力侵害。吴某的防卫行为虽然造成吕某死亡,但仍然在《刑法》第20条第3款法律许可的幅度内,不属于防卫过当,依法不负刑事责任。"法院判决明显认可主讲人前面的主张:在持续侵害的危险累积升高到足够程度时,就可以承认特殊防卫的适用。为此,在本案判决中,法院进一步指出,被告人吴某于夜深人静之时和孤立无援之地遭受了殴打和欺辱,身心处于极大的屈辱和恐慌中。此时,吕某又举起铁锁向其砸来。面对这种情况,吴某使用手中的刀子进行防卫,没有超过必要的限度。要求吴某慎重选择其他方式制止或避免当时的不法侵害的意见,没有充分考虑侵害发生的时间、地点和具体侵害的情节等客观因素,不具有合理性。法院由此宣告被告人吴某无罪。一审宣判后,北京市海淀区人民检察院提出抗诉。二审审理期间,北京市人民检察院第一分院认为北京市海淀区人民检察院的抗诉不当,决定撤回抗诉。①

对于本案,虽有侵害人死亡的重大损害,但法院并未过于考虑利益衡量,判决认定吴某的行为属于面对"其他严重危及人身安全的暴力犯罪"而进行防卫,符合正当防卫的条件,同时一并判决吴某不用承担民事赔偿责任。法院的判决结论完全正确。就本案的具体情况而言,认定不法侵害人的行为属于行凶,进而肯定特殊防卫权也是可行的思路,但法院可能考虑到"行凶"概念的规范内涵不明,会引起更多不必要的争议,因而在判决书中并未使用对行凶可以实施无过限防卫的规定,转而使用包容性更大的"其他严重危及人身安全的暴力犯罪"来论证判决的合理性。

当然,对于类似案件,将判决理由解释为针对"行凶"还是"其他严重危及人身安全的暴力犯罪"进行防卫并非关键,准确审查持续侵害的脉络是如何一步步发展的,危险累积到了何种程度,以及具体的侵害是否已经危险到必须进行特殊防卫的境地才是要紧之处。

---

① 参见《北京市海淀区人民检察院诉吴金艳故意伤害案》,载《最高人民法院公报》2004年第11期。

三、持续侵害与防卫行为明显超过必要限度

针对持续侵害的防卫,如果不能适用《刑法》第 20 条第 3 款,还不能轻易得出正当防卫不成立的结论。此时,需要进一步考察《刑法》第 20 条第 2 款有无适用余地。

(一) 利益衡量对防卫过当的判断仅具有辅助性

《刑法》第 20 条第 2 款规定:"正当防卫明显超过必要限度造成重大损害的,应当负刑事责任,但是应当减轻或者免除处罚。"根据这一规定,成立防卫过当的情形仅仅有一种:从防卫行为看,行为明显超过必要限度;从防卫结果看,行为造成了重大损害。刑法在这里同时肯定了判断防卫过当的相当性和利益均衡性(利益衡量原理)。①

但是,必须承认,我国刑法理论并未厘清防卫相当性、利益均衡性的关系,导致实务上发生了很多认识偏差。一直以来,司法上习惯于在认定正当防卫时算"经济账",对于有死伤后果的,一般都认为防卫人要保护的利益小,造成的损害大,防卫超过了限度,基本上都否认正当防卫的成立。但是,这种思维习惯明显存在问题。立法者并没有说在正当防卫的场合也必须像紧急避险那样,计算、衡量保全的利益和损害的利益之间关系;立法上也从不认为,一旦防卫人造成的损害比不法侵害大一些,就可以排除正当防卫的适用。

这一点,就普通不法侵害的防卫是如此,在持续侵害案件中则更是如此。因为在持续侵害场合,防卫人虽然没有到或死亡或重伤的境地,但不法侵害随时可能升高,如果司法上只审查最终结果,去算"经济账",总是去追问在持续侵害过程中,防卫人只是受了一般攻击,又没有什么重大伤害,为什么非得把侵害人置于死地,实务上就会有意无意地限制正当防卫权的行使。例如,在"肖昌勇过失致人死亡案"中,肖昌勇为逃离传销窝点,在遭受连续拘禁和暴力殴打时,持刀向对方乱捅,造成 1 人死亡,2 人

---

① 根据《刑法》第 20 条第 2 款的规定,防卫行为不相当、防卫结果严重的,成立防卫过当;而防卫过当行为是不法行为。在这里,防卫行为不具有相当性表明了行为反价值;防卫结果造成重大损害,则表明了结果反价值,因此,结合《刑法》第 20 条第 2 款可以认为我国刑法规定与行为无价值二元论的立场暗合。参见周光权:《行为无价值论的中国展开》,法律出版社 2015 年版,第 64 页。

受伤(其中1人重伤)的后果,法院认为传销及非法剥夺其人身自由的行为都是不法侵害,但"本案后果严重"不能成立正当防卫,遂以过失致人死亡罪对肖昌勇免予刑事处罚。① 仅从"后果严重"这一角度思考问题,不考虑防卫人当时的处境和防卫必要性、相当性,判决是否妥当就存在重大疑问。因此,对于持续侵害,在判断正当防卫时应该适度弱化利益均衡性的要求,不能仅仅看防卫结果,应将其与紧急避险迥别,在实务上主要审查防卫相当性,即防卫行为是否明显超过必要限度。

针对持续侵害行为的防卫,有一种情形需要进行利益衡量:侵害行为发生一段时间之后,虽然不法状态一直持续,但处于相对平稳或平和状态,其紧迫性、危害性有限,或防卫人有寻求公权力保护的可能时,即便允许防卫人进行防卫,也必须控制其防卫所可能造成的后果。此时,利益衡量原理会对正当防卫是否成立产生影响,即防卫人造成的后果不能是"重大损害"。在【案例4-2 逃跑杀"夫"案】中,法院经审理认为,王启琴被拐卖后为逃离被拘禁场所而杀害收买人的行为,构成故意杀人罪。但"被害人收买王启琴为妻,并控制其自由,存在重大过错且违法",遂从轻判处王启琴有期徒刑12年。② 在本案中,法院只认可根据被害人过错对被告人从轻处罚,没有从性质上承认被告人行为的防卫性质,未对其按照防卫过当减轻处罚,显然存在问题。席某等人长时间非法拘禁王启琴,这是持续的不法侵害,在此过程中,即便防卫人有明显的杀人故意,杀害手段也是其逃离被拘禁现场的方法之一,因此,正当防卫的前提始终存在,其行为的防卫性质应该得到认可。但由于席某等人收买王启琴并非法剥夺其人身自由的行为已持续一段时间,该不法侵害处于相对平稳或平和状态,其紧迫性、危害性毕竟没有达到逼迫防卫人运用杀害手段的程度,王启琴有寻求公权力保护的可能,因此,其运用杀人方法来防卫人身自由权属于利益不均衡的情形,属于防卫过当。

上述分析说明,在持续侵害场合,真正成为问题的都是有严重损害的情形。此时,司法评价的逻辑应当是从防卫行为的必要性出发,而不是仅仅评价结果。换言之,持续的不法侵害如果危险性很高,利益衡量就无关

---

① 参见陕西省高级人民法院(2010)陕刑一终字第158号刑事裁定书。
② 参见《被卖做人妻挣脱魔掌 杀了丈夫后潜逃七年》,载搜狐新闻网(http://news.sohu.com/20060720/n244359382.shtml),访问日期:2017年4月5日。

紧要或者说其意义就退居其次。

（二）持续侵害与防卫相当性：一般判断规则

首先，只要是继续犯或可以与其同视的持续侵害存在的，就应该认定不法侵害正在进行，不法防卫的紧迫性、必要性自始至终都存在。在这方面，司法上历来有一些误区。在【案例4-3　逃离传销案】中，法院认为三名受害人之前对邢某实施的非法剥夺人身自由的不法侵害，从紧迫性上看尚未达到可以正当防卫的程度，从而否认防卫过当的成立，最终以故意伤害罪对被告人判处有期徒刑3年6个月。① 但法院的判决理由明显不当，因为只要持续侵害没有结束，不法防卫的紧迫性、必要性就自始存在。对方看管的人多，采取的防范措施严密，邢某要逃离该传销窝点只能如此防卫，别无他途。因此，本案中，不法防卫不仅有紧迫性，而且防卫行为也不属于"明显超过必要限度"的情形，可以成立正当防卫。

其次，持续侵害的防卫必要性判断通常与防卫结果无关，而应就防卫行为本身进行评价。换言之，防卫结果只与"正当防卫的限度条件"有关，而与"防卫行为的限度"无关。乙、丙、丁等人为索取债务非法拘禁甲并将其按倒在桌子上暴力殴打，防卫人背过手无意中摸到一把水果刀返身乱舞，刺中侵害人致其中一人死亡的，不应以甲的行为造成了死亡后果作为基准来判断反击行为的必要性。防卫行为在具体的案件中虽有可能制造进一步损害的风险，该风险最终也实现了，但只要不采取该行为，不法侵害就不能停止时，就不影响先前所采取的防卫行为的必要性。当结果难以避免、造成的结果不能归属于行为时，则更不应否定反击行为的必要性，防卫人也不成立过失犯。因此，在防卫结果很严重，尤其是结果偶然超过持续侵害所试图侵害的法益，但反击手段具有相当性、必要性的，应当肯定反击行为的正当性。

再次，在持续侵害的场合，防卫相当性并不要求防卫行为必须与侵害行为"基本相适应"。在看似平稳的持续侵害中，某一时间点内不法侵害突然升高的可能性极大，存在防卫紧迫性，防卫人往往没有充足的时间去准确认识不法侵害的方式、程度、强度和可能造成的损害结果的大小，也没有余暇去准确地选择防卫行为的手段、程度、强度、将要造成的损害大小等，特别是在较为弱小的被害人本人面临他人长时期的不法侵害的情

---

① 参见天津市静海区人民法院(2016)津118刑初105号刑事判决书。

况下,其实施防卫行为时更是如此。要求防卫行为与不法侵害行为基本相适应,实际上在很大程度上剥夺了防卫权,这无异于对不法侵害行为的鼓励。① 因此,按照《刑法》第 20 条第 2 款的规定,防卫行为只要没有"明显"超过必要限度的,都不属于防卫过当。

最后,在持续侵害场合,防卫相当性判断意味着通常要否认"武器对等原则"。侵害人徒手进攻,防卫人用刀反击的,防卫行为显然违反了"武器对等原则",似乎不具有必要性,实务中也通常严格按照这种立场来认定防卫过当;有的判决甚至明确以持续侵害过程中实施拘禁行为的一方均未使用工具,被拘禁者缺乏防卫紧迫性就从根本上否认其反击行为的防卫性质。② 但是,这些做法都与明显超过必要限度才能成立防卫过当的规定不符。侵害人试图徒手压制对方,防卫人用管制刀具或枪支威胁侵害人的,即便防卫人使用了器械,也具有相当性。此外,在遭受侵害时,即使侵害人没有携带凶器,但防卫人对其他防卫方式的有效性有所怀疑,认为有必要采取更为激烈的防卫方式,从而使用工具(包括枪支、管制刀具)的,也不能认为是明显超过了必要限度,防卫行为依然具有防卫相当性。正当防卫的要义是,只要防卫人是正义的,就不必向侵害方屈服,武器是否对等并不是判断的关键。③

(三) 持续侵害与防卫必要性:具体判断

首先,应当立足于事前对持续侵害的危险性进行判断。既然正当防卫是在公权力来不及救济或并未给予救济的紧急场合赋予公民自卫权,那么,防卫行为是否在限度之内的认定就应该立足于防卫行为实施的"当时",对危险性进行"事前"判断,而不是在整个不法侵害和防卫行为都结束以后再去进行"事后"判断,站在"事后诸葛亮"的立场把防卫人想象成可以预估一切、有足够忍耐力、足够理智的人,这不符合设置正当防卫制度的逻辑。尤其是在持续侵害的场合,用事后发生的后果作为唯一标准来衡量防卫过当与否,更是错误理解了正当防卫的立法精神。

其次,对持续侵害的危害性应当进行整体评价。防卫行为是为了排

---

① 参见陈兴良主编:《刑法总论精释》(上)(第 3 版),人民法院出版社 2016 年版,第 269 页。
② 参见山东省聊城市中级人民法院(2016)鲁 15 刑初字第 33 号刑事附带民事判决书。
③ 参见〔日〕西田典之、〔日〕山口厚、〔日〕佐伯仁志编:《注释刑法》(第 1 卷),有斐阁 2010 年版,第 452 页。

除作为整体而存在的不法侵害而连续实施的反击行为,此时,防卫行为是作为"合为一体"的整体而存在的,对其是否过当应该采取整体评价。①即对于持续进行的不法侵害,各个侵害行为之间紧密衔接,交互发挥作用,对防卫人形成精神和物理上的压力,在评价上就不应当把侵害人在各个时间点实施的不同行为进行分割式评价,而应以开始时点为起点,在侵害行为彻底终了之前承认侵害行为的持续性。因而,对于反击该侵害的行为,也应从持续侵害开始之时直至侵害结束之时作为一个整体来进行评价。虽实施了数个侵害行为,但对于这些侵害行为的整体能够肯定侵害的持续性的,就应该包括地评价数个侵害行为,对整体侵害认定其具有持续性。

需要指出的是:实务上往往缺乏对持续侵害进行整体评价的观念,转而用某些并不重要的枝节问题来限定防卫权。例如,有判决认为,防卫人身上没有伤痕却造成对方死伤的,应当否定正当防卫。这种主张没有从整体上考虑不法侵害的危险程度。持续侵害整体上是不法侵害,正当防卫成立与否并不需要考虑防卫人身上是否有伤痕。比如,在索取债务的非法拘禁过程中,有的侵害人看见索债困难,就拿刀在防卫人前面乱舞威胁其生命安全,防卫人没有退路,没有其他选择,与不法侵害人之间就是"你死我活"的关系。司法上应该将夺刀捅死不法侵害人的行为认定为正当防卫。在这种情况下,防卫人身上可能真的没有任何伤痕,但这丝毫不妨碍其成立正当防卫。

最后,由于持续侵害是不法状态在相当长的时期内得到维持的侵害形态,对其危害性尤其要进行"累积升高"评价。在不法侵害是由多人的多个违法犯罪行为结合在一起且被持续实施时,应该综合地、整体地判断这一连串行为最终累积起来并"层升"的危害总量,以确定防卫人在实施防卫行为的那一瞬间,其所遭受的不法侵害的"质"和"量",进而确定其可以适用何种强度的防卫,最终准确判断其防卫是否过当。此时,不得不同时考虑当时持续侵害的行为性质、是单数还是复数的侵害、防卫人所处的场所、双方人数及力量对比、侵害的持续时间、防卫人是否有逃生可能、防卫行为实施的瞬间其是否陷入绝望、"绝地反击"行为实施前最为密切

---

① 参见〔日〕西田典之:《日本刑法总论》(第2版),王昭武、刘明祥译,法律出版社2013年版,第152页。

关联的不法侵害行为是否存在及其强度,然后进行整体判断。

申言之,对持续侵害的不法性进行"累积升高"评价,必须对案件中的以下特殊情节详加剖析:

(1)持续侵害发生的地点是否特殊。对于不法侵害人将防卫人控制在被害人家里,或者原本由被害人控制的其他场所的案件,应该对不法侵害的危险评价为"极高",从而赋予防卫人更大的防卫余地。《唐律》中有"诸夜无故入人家……主人登时杀者,勿论"的规定①;在国外,非法私自入侵他人住宅,主人可以开枪回击而不过当。这些从侧面印证了持续侵害发生的场所如果比较特殊,对防卫是否过当的影响可能是根本性的。在原本能够由被害人控制的场所,不法侵害人非法侵入并持续控制被害人达数个小时之久的,不仅是犯罪行为,更是非常严重的不法侵害行为,侵害危险的"起点"就很高,其中如果再夹杂对被侵害者的暴力殴打等行为,危险就属于在更高水平上累积、"层升"。针对这些行为进行防卫,司法上判断防卫过当的标准自然就不能和一般的不法侵害一样。

(2)不法侵害持续时间长短。不法侵害一方如果连续拘禁、围攻防卫人达数小时之久,就应该肯定持续时间很长的不法拘禁给防卫人造成了很大的心理压力,在认定防卫人最后一刻实施的防卫行为时,就不能不考虑非法拘禁时间长、侵害危险累积、防卫人心理濒临崩溃这些特殊情节。

(3)不法侵害一方的人数。不法侵害人一方如果多达数人或数十人,其长时期在狭小空间内聚集,对防卫人的心理压力和侵害程度都与双方人数对等、侵害行为发生在空旷场所的情形完全不同,此时对防卫人的行为限制就应该适度放宽。

(4)在一些持续性侵害的过程中,虽有被害人家属或者公权力介入,但均并未有效制止不法侵害的,防卫人陷入绝境后实施的防卫行为,在判断其是否具有正当性时,标准也应该适度放宽。如果第三人(尤其是执法人员)到场后仅仅说了几句不痛不痒的话后就离开,被侵害者无法脱离险境的,其期待会彻底落空,第三人的介入比从无他人介入的情形对被侵害人的内心冲击还要大,这对其是毁灭性、致命性的打击,会令其陷入彻底绝望的境况中。在公权力介入的情形下,当然不需要个人进行正当防卫。但是,在公权力介入又迅速离场的情况下,防卫人只能靠自力救济。如果

---

① 参见刘俊文点校:《唐律疏议》(卷18·贼盗),中华书局1983年版,第436页。

防卫人认为公权力对其不予救助且其判断具有合理根据,在其又被连续拘禁并遭到暴力侵害的情况下,防卫人选择反应比较强烈的防卫行为也就在情理之中了。上述这些特殊情节如果综合起来看可以得出如下结论:持续侵害无论在质上还是量上,都有聚少成多的效果,量变最终引起质变,使得不法侵害形成质的突破,只需要"最后一根稻草"就能压倒防卫人。在这种情况下,防卫人进行防卫即便造成死伤后果,也不属于防卫行为"明显超过必要限度"的情形,应当成立正当防卫。在此,司法上应该认同这样的观念:对于过度脆弱的人,正当防卫制度对其提供必要的、特殊的保护,是刑法义不容辞的责任。

对持续侵害的危险进行"累积升高"评价,与动态的不法侵害判断具有相同意蕴:甲一开始只是盗窃财物,在乙前来抓捕时,甲加以反抗的,其不法侵害转变为抢劫,乙当然可以进行无限防卫;在持续的非法拘禁过程中,侵害及其程度发生"突变",拘禁过程中侵害人杀害债务人的,后者当然可以进行特殊防卫。在持续侵害的危险累积升高到相当程度时,即便反击者不能行使特殊防卫权,通常也应认定其防卫行为不属于明显超过必要限度的情形。

这说明,对于持续侵害场合防卫行为相当性、妥当性的判断,如果只看防卫人最后动手、使用工具这一个环节,在司法判断上必定有所偏颇。虽然防卫人最后动手、动刀的这一环节也很重要,但它是怎么来的,如何发展到这一步的,不能和其之前面临的持续侵害割裂开来。如果只看防卫人动刀子或实施"绝地反击"这一片段,可能很容易认为当时对方并没有要置防卫人于死地的行为,防卫人连捅多人或连捅多刀,行为好像很恶劣,结果也好像很严重。但如果同时考察之前的一系列情节,并且考虑防卫人以及站在其立场的理性第三人(公众)对持续侵害的累积危险的感受,结论可能就需要改变。在这个意义上,可以说"持续侵害"是一个类型概念,其由两个可以层层升级的要素组成:一方面是事实上累积的侵害危险;另一方面是社会公众(包括防卫人)对这种危险的感受。"对于类型概念而言,只要它的可层升性要素中有任何一个较强烈的显现,其他的可层升性要素便可以较弱地显现。"[①]就持续侵害概念而言,客观的累积危

---

① 〔德〕英格博格·普珀:《法学思维小学堂》,蔡圣伟译,北京大学出版社2011年版,第40页。

险越大,社会上的感受如何也不会影响正当防卫的成立;社会对持续侵害的危险感受越是强烈地显现,事实上的累积危险就可以相对薄弱,在判断防卫相当性时所占的分量就可以小一些。这恰恰是持续侵害和其他瞬间发生、短暂存续的不法侵害的不同之处。

(四) 持续侵害与客观归责论

承前所言,如果防卫行为具有必要性、相当性的,不进行利益衡量也可以直接认定正当防卫,此时,利益衡量即为多余的司法操作规则。对于这一结论,也可以这样进行论证:根据防卫必要性的要求,防卫手段和不法侵害的对应关系只要不是过于悬殊即可。即便对由此造成的后果不得不进行利益衡量,也应该将这一结果归属于不法侵害人,从而与前述不进行利益衡量的主张殊途同归地得出反击行为符合正当防卫要求的结论。由此能够形成如下结论:在具有防卫必要性的场合,无论损害多么重大,都应该将其归属于不法侵害人,结果无价值论者所主张的利益衡量原理在这里可以说并无用武之地。

客观归责论的法理是,一方对另一方实施攻击,就等于事前预测到了对方可能实施的相应反击行为,对由此造成的后果就必须自负其责,不能只允许某人侵害别人。用多大程度的暴力侵害别人,就应该承受防卫人对应程度的反击以及其在难以精确选择防卫手段的情形下所造成的结果(被害人自我答责)。侵害人既然胆敢实施针对他人的侵害行为,规范当然就可以反过来要求其承受防卫结果。此时,显然必须承认存在一种被害人自我答责的"自危",攻击者法益的要保护性由此明显下降或被否定(结果无价值论中"优越的利益说"对于此点也予以认可),即防卫造成的结果要归属于不法侵害者本人,是侵害者本人的"杰作",防卫结果通过不法侵害行为(所引起的反击行为)最终实现了。如果不承认客观归责论的法理,将防卫所造成的结果归属于防卫人,让防卫人甘受生命和身体的侵害危险,显然与客观归责论的逻辑相悖。因此,只要防卫并未"明显超过必要限度"的事实可以确定,司法上需要做的就不是对侵害法益和防卫法益之间的大小进行衡量,而是直接将结果归属于不法侵害者。

实务上对很多案件的处理,完全无视客观归责论的法理,因而其结论明显不当。在"张咖玮故意伤害案"中,被告人张哲楠、杨某(已死亡)等7人于某晚21时许在饭店喝酒时蓄意滋事。当晚22时许,7人酒后来到某中学院墙外,遇到中学生张咖玮,杨某将其拦住,故意冲撞张咖玮问其是否服气,并开始殴打张咖玮,其他人则将张咖玮围住,对其拳打脚踢,在殴打过程中张咖玮从书包中拿出一把匕首向杨某等人腿部扎几刀后离开。后杨某经抢救无效死亡,另外二人轻微伤。法院终审认为,张哲楠等人的行为构成寻衅滋事罪,分别对其判处6至10个月不等的有期徒刑并适用缓刑;张咖玮防卫过当构成故意伤害罪,判处其有期徒刑1年,缓刑1年。① 法院一方面判决侵害方构成寻衅滋事罪,另一方面又认为防卫结果要归属于防卫人,这根本是自相矛盾的结论。在侵害者实施寻衅滋事行为尤其是多人对防卫人拳打脚踢时,对反击行为及其结果不能说毫无预测,其参与的就是一个被害人自我危险的行为,由此造成的结果当然应由其自我答责。在"王某故意伤害案"中,王某遭受多人围殴时,为挣脱而用随身携带的水果刀乱刺,导致对方一人死亡,法院判决认为王某成立防卫过当,构成故意伤害罪,对其判处有期徒刑6年,对侵害方多人则以寻衅滋事罪定罪判刑。② 法院的裁判同样缺乏客观归责论的观念。在处理类似案件时,客观归责论可以进一步印证,即便造成死伤,反击者也未必一定成立防卫过当的论断。

客观归责论(被害人自我答责)的法理应当在防卫过当的判断中随时得以贯彻,由此,在很多案件中将防卫结果在规范判断的意义上归属于侵害者,从而在判断防卫必要性时少受"是防卫人造成了死伤后果"这一因素的过多干扰。如果将客观归责论的理念贯彻到【案例4-4 辱母杀人案】中,宣告被告人于欢成立正当防卫也不是没有可能性。对于本案,二审法院认定防卫过当的主要理由在于:"杜某2一方虽然人数较多,但其实施不法侵害的意图是给苏某夫妇施加压力以催讨债务,在催债过程中未携带、使用任何器械;在民警朱某等进入接待室前,杜某2一方对于欢母子实施的是非法拘禁、侮辱和对于欢拍打面颊、揪抓头发等行为,其目的仍是逼迫苏某夫妇尽快还款;在民警进入接待室时,双方没有发生激烈对峙和肢体冲突,当民警警告不能打架后,杜某2一方并无打架的言行;在民警走出接待室寻找报警人期间,于欢和讨债人员均可透过接待室玻璃清晰看见停在院内的警车警灯闪烁,应当知道民警并未离开;在于欢持刀警告不要逼过来时,杜某2等人虽有出言挑衅并向于欢围逼的行为,但

---

① 参见内蒙古自治区高级人民法院(2014)内刑抗字第1号再审刑事裁定书。
② 参见陕西省渭南市澄城县人民法院(2013)澄刑初字16号刑事判决书。

并未实施强烈的攻击行为。即使四人被于欢捅刺后,杜某 2 一方也没有人对于欢实施暴力还击行为。……因此,于欢面临的不法侵害并不紧迫和严重,而其却持利刃连续捅刺四人,致一人死亡、二人重伤、一人轻伤,且其中一人即郭某 1 系被背后捅伤,应当认定于欢的防卫行为明显超过必要限度造成重大损害。故对出庭检察员及于欢所提本案属于防卫过当的意见,本院予以采纳;对辩护人所提于欢的防卫行为未超过必要限度的意见,本院不予采纳。"[1]但是,这一判决结论还值得进一步推敲,对那些外观上似乎较为平和的非法拘禁等持续侵害,如果防卫人造成对方死伤的,在评价防卫行为的性质时,不能只看防卫行为实施的那一刻,不法侵害人是否实施了达到相当程度的暴力行为,而必须对持续侵害的危险进行"累积升高"的评价;在危险"累积升高"的状态下,防卫人突然实施防卫强度较高的行为,造成不法侵害者死伤的,也有可能成立正当防卫;在相当长时间内的围殴等不法侵害形态发生时,防卫人使用类似"挥刀乱捅"的防卫手段时,不能一概否认正当防卫的成立。在本案中,于欢在要摆脱不法侵害,逃离被长时期拘禁的场所,在警察客观上没有对其进行解救的情况下,其用随手取得的刀具或其他器械乱舞应该被认为是唯一有效的反击方法。本案死伤结果的发生,在很大程度上是因为不法侵害人故意"向前扑"或"迎上去",试图进一步挑衅或重新建立对被害人的压制状态,人为地加重了原本就持续紧张的现场气氛。换言之,不法侵害人(本案死者等)用自己的行为进一步提升了其先前所制造的风险。基于客观归责论中自我答责的法理,由此造成的防卫后果应当归属于主动上前"自取灭亡"的不法侵害人。即便是郭某 1 被背后捅伤这一情节,也不能成为对于欢可以认定为防卫过当的理由:从客观上看,郭某就是共同实施不法侵害行为这一群体的一员;从结果归属上看,于欢被"逼到墙角"的行为是持续侵害累积造成的,死伤结果原本就应该归属于故意"向前扑"或"迎上去"并试图重新建立对被害人的压制状态的人身上。因此,从规范判断的角度看,郭某 1 被背后捅伤的结果也应该归属于不法侵害人而非

---

[1] 更为详尽的案情,参见山东省高级人民法院(2017)鲁刑终 151 号刑事附带民事判决书。

防卫人于欢。①

四、结　　语

我最后想说的一句话是:在持续侵害的场合,因为不法侵害的危险具有特殊性,防卫人按照《刑法》第20条第3款做无罪辩解的可能性高度存在;退一步讲,即便防卫人求助于特殊防卫的规定无望,但在根据前述判断规则能够肯定持续侵害场合的防卫行为并未明显超过必要限度时,无论防卫后果是否属于重大损害,司法上也可以依照《刑法》第20条第1款、第2款的规定,认定反击行为符合正当防卫的条件,从而宣告防卫人无罪。

关于正当防卫中不法侵害的特殊问题,我想讲的就这么多。下一节课,我们继续讨论正当防卫的其他问题,而那些问题在实务中也非常重要。

---

① 有必要进一步指出,在本案中,即便如同二审法院那样认为于欢的行为客观上构成防卫过当,具有违法性,其实也还可以在责任层面进行分析:在非法拘禁并伴随暴力侵害,不法侵害的危险性累积升高、于欢母子受尽欺辱的情况下,于欢基于愤怒、惊恐、绝望的心态实施了防卫行为(对于这一点,二审法院的判决也予以认可,只是将其作为从轻处罚情节而非足以阻却责任的情形看待),可以适用期待可能性的法理排除其责任,进而得出无罪结论。

第五讲　正当防卫的司法异化与纠偏思路

【案例 5-1　"互殴"防卫案】

被告人周巧瑜和丈夫张某步行通过北京市昌平区某红绿灯路口时,朱某等人驾驶的一辆轿车闯红灯差一点撞上他们。张某说了句"怎么开车的",立即引起车内人员不满,4 名男子(均为酒后)遂下车推搡、殴打张某,张某对此还击。周巧瑜去路边报警后,回头看到 4 名男子将丈夫推倒在路边继续殴打,她从地上抄起一块砖头走过去。看到朱某正骑在丈夫身上殴打张某,她扔掉砖头去拉架。那名男子回手就给了她一拳头,打破了她的嘴巴,之后又继续打张某。于是,她重新捡起砖头,向朱某后脑砸去,致对方重伤并在 6 天后死亡。问题:被告人周巧瑜的行为是否具有防卫性质?

【案例 5-2　执刀乱舞案】

被告人王洪军于某晚 23 时许,与受害人陆建发生争吵。随后,陆建骑一辆摩托车去找黄学梦,要共同去打王洪军。两人找到了王洪军后,黄学梦一下车就连打王洪军几巴掌,接着陆建上前朝王洪军头部打一拳,随即两人一起殴打王洪军。经他人劝阻后,双方停止打斗,继而互相争吵并往前走。黄学梦在街边的高压线铁塔处捡到一块烂水泥砖,从后面追上王洪军,并举起砖头对着王洪军。此时,陆建又再次挥拳殴打王洪军,王洪军见状拿出钥匙扣,打开挂在钥匙扣上的小刀乱捅,分别刺中了黄学梦和陆建。王洪军也被黄学梦砸过来的砖头击中头部(轻微伤)。当晚,陆建被送往县医院,经抢救无效死亡。问题:被告人王洪军构成故意伤害罪还是成立正当防卫?

【案例5-3 恋爱不成案】

李志文欲与朱晓梅谈恋爱,遭拒绝后携刀强行进入朱晓梅家,与朱晓梅的母亲刘振玲厮打起来。李志文扬言:"找你算账来了,我今天就挑朱晓梅的脚筋。"正在厮打时,朱晓梅进屋。李志文见到朱晓梅后,用脚将其踹倒,一手拿着水果刀叫喊:"不跟我谈恋爱,就挑断你的脚筋。"说着就持刀向朱晓梅刺去。刘振玲见李志文用刀刺朱晓梅,便用手电筒打李志文的头部,李志文又转身同刘振玲厮打,朱晓梅得以逃出门外。此时,被告人朱晓红进入屋内,见李志文正用刀刺向其母亲,便上前制止。李志文又持刀将朱晓红的右手扎破。刘振玲用手电筒将李志文手中的水果刀打落在地。朱晓红抢刀在手,李志文又与朱晓红夺刀、厮打,两人夺刀、厮打过程中,朱晓红刺中李志文的胸部和腹部多处,致其急性失血性休克死亡。问题:朱晓红致人死伤的行为能否成立正当防卫?

这一节课我要讲讲正当防卫的规定在司法实务中的命运。这是一个讲起来就有点让人觉得沉重的话题,但如果想要在一定程度上改变目前司法的状况就不能不讲。

正当防卫权是法律赋予公民在公权力难以及时介入情形下的私人救济权。正当防卫的正面功能在于,保护公民的人身权利不受侵犯,鼓励和支持公民在面对违法犯罪分子的淫威时不用惧怕,敢于挺身自卫,见义勇为,积极同违法犯罪行为作斗争,有效制止不法侵害,依靠民众力量维护法秩序。作为彰显社会正义的重要手段,正当防卫权的行使原本不应当受到过多限制。防卫行为只要具有必要性且未造成重大损害,就在防卫限度范围内,不存在过当问题。

但是,在实务中,出现了大量正当防卫被不当地宣告为防卫过当的案件,使得立法者设置正当防卫制度的良好期待落空。这当中既有司法上不敢担当的因素,也与我国刑法理论上对正当防卫和防卫过当的界限,即依据何种标准认定反击行为导致了质的过当(强度的过当)这一难题没有厘清有关。

我国刑法学通说认为,只要防卫行为为制止不法侵害所必需,防卫行为的性质、手段、强度未明显超过不法侵害的性质、手段、强度,防卫行为造成的损害未明显超过不法侵害已经造成或可能造成的损害，或者防卫行为造成的损害明显超过不法侵害，但并未造成重大损害的，就都在防卫限度内，不能认定为防卫过当。① 但是，防卫行为必要性、利益均衡性（防卫结果）二者之间是何关系？如何具体判断防卫行为的必要性？这些问题在当下的通说理论中一直无法充分展开，从而未能给司法活动提供清晰指导。

我国《刑法》第 20 条第 2 款规定，正当防卫明显超过必要限度造成重大损害的，应当负刑事责任，但是应当减轻或者免除处罚。由此看来，可能成立防卫过当的情形其实仅有一种——从防卫行为必要性看，防卫明显超过必要限度；从防卫结果看，防卫造成了重大损害。刑法在这里同时肯定了判断防卫过当的两个标准。但是，由于之前的理论并未厘清防卫必要性、利益均衡性的关系，导致实务上发生很多认识偏差：由于最终进入刑事司法评价视野的案件，都是防卫行为造成严重后果的情形，司法人员总是优先从防卫结果出发思考问题，在认定是否成立正当防卫时习惯于事后"算经济账"——只要有防卫结果就属于防卫过当，从而错误地理解和运用防卫过当的判断逻辑，对大量防卫手段虽具有必要性，但防卫结果造成较重或重大损害的情形，不愿意也不敢于认定成立正当防卫，导致过于扩大防卫过当范围、限缩正当防卫适用空间的司法乱象出现，成立正当防卫可以说"难于上青天"。这与立法上设立正当防卫制度的初衷相悖，使正义屈从于非正义，主动放弃了刑法惩罚和预防不法侵害的社会治理功能。这一从防卫结果出发看问题的错误司法逻辑至少还催生了两个副产品：对不法侵害进行限定；扩大"互殴"的认定范围。因此，研究防卫过当的司法判断逻辑，使司法人员在实务上根据案件的具体情况，敢于依法准确宣告正当防卫的成立，具有重大实践价值。

主讲人的基本主张是，判断正当防卫是否成立，必须紧扣我国《刑法》的相关规定进行，而不能仅凭司法直觉，更不能迁就实务上对正当防卫限制过严的惯性思维。第一，一个行为只要能够被确认为侵害，就应该允许对方防卫。第二，遭受侵害之后的反击与再攻击之间的关系不是互殴。

---

① 参见高铭暄、马克昌主编：《刑法学》（第 7 版），北京大学出版社、高等教育出版社 2016 年版，第 135 页；高铭暄主编：《新中国刑法学研究综述（1949—1985）》，河南人民出版社 1986 年版，第 301 页。

第三，认定防卫过当虽然要同时判断防卫行为必要性和对防卫结果的利益均衡性，但二者并不是一个等量级的问题，判断上存在逻辑先后顺序。只有在肯定防卫必要性的场合，才有在逻辑上进一步重视利益衡量的必要；防卫行为是否必要，应当结合不法侵害的具体情形、发展进程等进行一个整体的、具体的判断，同时考虑客观归责论中被害人自我答责的法理。对于正当防卫，"应从防卫者所处的具体情境以及实际上能够利用的防卫手段、防卫人的能力等方面加以考虑，并在保障防卫权的行使不被过度限缩的范围内予以广泛的承认"①。实务上只有坚持上述方法论，才可能在司法上减少防卫过当的适用，拓展正当防卫的适用空间，从而改变实务上正当防卫成立过于艰难的局面，有效遏制正当防卫制度在实践中的异化、走样，达到纠正司法偏差的效果。

一、正当防卫司法认定上的主要误区

（一）一旦防卫结果严重，就直接宣告防卫过当，甚至否认行为的防卫性质

司法实务上对正当防卫认定的偏差几乎都与认定方法从防卫结果切入有关。裁判者不容不法侵害者有丝毫的利益失衡，对防卫尺度的把握存在重大偏差，尤其是在防卫行为造成死伤结果的场合，关于正当防卫乃至防卫过当的辩解大多不被采纳。

在【案例5-1 "互殴"防卫案】中，法院一审认定周巧瑜在其丈夫和他人"互殴"的情况下故意伤害他人致人死亡，应构成故意伤害罪，不能成立防卫过当，遂判处其有期徒刑13年，二审以赔偿义务履行为由改判为有期徒刑8年。② 对于本案，单纯从防卫结果看，反击造成了他人死亡，这一结果似乎很严重。但是，法院将本案定性为"互殴"本就不妥当，因为防卫人处于己方寡不敌众，对方多人反复纠缠且对其丈夫连续实施殴打的具体情境。比较妥当的看法是，将不法侵害认定为具有酒后"行凶"的性质，因为周巧瑜不如此防卫，其丈夫极可能很快就非死即伤。如此，就可

---

① 〔日〕松宫孝明：《刑法总论讲义》（第4版补正版），钱叶六译，中国人民大学出版社2013年版，第108页。

② 参见北京市高级人民法院(2013)高刑终字第578号刑事判决书。

以认定其不仅具有防卫行为必要性，防卫结果也并未严重失衡，不属于造成严重损害的情形。因此，对于本案，宣告周巧瑜无罪似无不妥。一、二审判决均仅认定具有寻衅滋事性质的对方四人有过错，却对被告人防卫过当完全不予认可，显然在防卫的标准掌握上失之过严。"在遇到不法侵害的紧急情况下，防卫人一般很难判断不法侵害人究竟意图或者可能会造成何种危害后果，因此，一般不应苛求行为人深思熟虑地选择某种防卫行为和追求某种防卫结果，应当给防卫人以较大的防卫空间。"①在"马某甲故意伤害案"中，法院判决书明确指出，马某甲在朋友遭多人围殴的情况下采取制止不法侵害的行为，导致一人重伤的，属于防卫行为，"但致被害人重伤的结果明显超过必要的限度，应当负刑事责任"②。这一判决将防卫必要性和防卫结果混同，在方法论上存在问题。司法上需要分开讨论防卫行为是否明显超过必要限度以及损害结果是否重大，而不是一有损害后果就认定防卫行为明显超过必要限度，从而使正当防卫的成立空间几乎被压缩为零。

上述司法立场明显是将防卫的利益和攻击的利益之间的衡量绝对化、简单化。利益衡量确实明显失衡的，不能成立正当防卫，因为正当防卫是在公权力保护不足时的个人救济，是补充性的权利行使行为，其应该遵守权利行使的原则，确保权利义务相一致，具体表现为遵守法律中的合比例要求。但是，在实务上，受攻击的利益和防卫的利益二者之间均衡或合比例在何种意义上才需要考虑，颇值得深究。因为只要承认防卫人只需如此行事就能产生保护自身权利的效果，法律完全允许防卫者对攻击者进行损害性的攻击。尤其是在生命、身体遭受攻击的场合，如果没有其他更为缓和的防卫手段，防卫人采取危及攻击者生命的方式防卫也具有适当性、必要性时，利益衡量和合比例要求的重要性就是相对的。"在斗争中，防卫者也不需要考虑结果到底会怎么样。"③对此，不仅理论上认可，我国《刑法》第 20 条第 2 款、第 3 款的规定也予以认可。这样说来，防卫过当判断中的利益衡量不能一概绝对化。当国家权力缺位、个人行使权利时，不能机械地按照法律对处理相关事项的警察等公职人员的要求，来强求防

---

① 王作富主编：《刑法》（第 6 版），中国人民大学出版社 2016 年版，第 98 页。
② 云南省玉溪市红塔区人民法院（2016）云 402 刑初 128 号刑事判决书。
③ 〔德〕乌尔斯·金德霍伊泽尔：《刑法总论教科书》，蔡桂生译，北京大学出版社 2015 年版，第 167 页。

卫者必须分毫不差地遵守利益衡量和比例原则。因此,只要防卫者的防卫行为是制止不法侵害所必需的,具有适当性、必要性即可,对利益衡量的要求反而是次要的。在日本早期判决中,根据事后的利益衡量进行判断,进而否定正当防卫是一个总的倾向。① 但是,日本最高裁判所近年来否定了这种裁判方法,转而强调防卫必要性、相当性的优先地位。

上述从防卫结果出发来评价反击行为性质的司法逻辑催生了多个副产品,其中特别值得讨论的是对不法侵害进行过滤,以及扩大互殴的认定范围这两点。因为在很多案件中,一旦发生严重的防卫结果尤其是死伤结果,司法人员总是怀着"有罪推定"的思维去思考问题,很多时候在防卫限度上下功夫,将评价重心前置到防卫前提不存在,进而认定没有不法侵害或双方的行为都属于非法,即司法上根据防卫结果先得出被告人有罪的结论,再去寻找防卫起点上的支撑依据,从而在收紧不法侵害或扩大"互殴"的认定范围上做文章。

(二) 错误理解不法侵害

在很多案件中,明显存在不法侵害,但法院判决对此视而不见,从而否定防卫前提。不仅正当防卫无从成立,被告人关于防卫过当的辩解也会被驳回。

(1)侵害者非法侵入住宅的场合。实践中,对非法侵入住宅的人实施反击造成死伤的,许多判决都否认存在防卫前提,仅以被害人有过错一语带过。在"周勇、刘少俊故意伤害案"中,法院判决仅承认"被害人王某某撬开防盗门,并翻窗入室,持木棍非法侵入他人住处,对引发本案存在一定过错",但不认定被告人的行为具有防卫性质。② 仅有少数案件(如"散某某故意伤害案"③等)认可反击者成立防卫过当。

(2)侵害者实施拘禁行为的场合。在【案例4-4 辱母杀人案】中,一审判决认为,"虽然当时其人身自由权利受到限制,也遭到对方辱骂和侮辱,但对方均未有人使用工具,在派出所已经出警的情况下,被告人于欢和其母亲的生命健康权利被侵犯的现实危险性较小,不存在防卫的紧迫性,所以于

---

① 参见〔日〕藤木英雄:《刑法講義総論》,弘文堂1975年版,第170页;〔日〕平野龙一:《刑法:総論Ⅱ》,有斐阁1975年版,第240页。
② 参见江苏省高级人民法院(2013)苏刑一终字第48号刑事判决书。
③ 参见云南省陇川县人民法院(2016)云3124刑初字第47号刑事判决书。

欢持尖刀捅刺被害人不存在正当防卫意义上的不法侵害前提,辩护人认为于欢系防卫过当以此要求减轻处罚的意见本院不予采纳"①。法院一方面肯定防卫者遭受非法拘禁,人身自由被限制;另一方面,又以权利被侵犯的现实危险性较小为由否定不法侵害,这是自相矛盾的结论。非法拘禁是持续性的人身侵害行为,只要非法拘禁状态没有解除,防卫紧迫性就始终存在。否定针对非法拘禁的正当防卫等于纵容违法犯罪。

防卫者为脱离组织传销者的控制而进行反击的行为,在大量判决中也都以否定存在不法侵害为由来否定成立正当防卫,这是非常错误的司法观念。在"赵东洋故意伤害案"中,被告人用刀捅刺阻止其离开传销窝点的人员,致一人死亡一人轻微伤,法院认为非法限制人身自由的行为是不法侵害,从而认可了防卫过当的成立,对被告人判处有期徒刑3年。②这样的判决才是妥当的。

(3)侵害者实施一般性挑衅的场合。法院判决倾向于否定一般性挑衅的防卫可能性,在个别判决中更是明确强调对这种挑衅行为完全不存在正当防卫的问题。

在"黄文涛故意伤害案"中,黄文涛等二人酒后在单位宿舍楼门口对同事陈某甲、王某进行挑衅。黄文涛离开后,陈某甲打电话叫来陈某乙等三人,携带空心铁管等工具一同前往宿舍四楼殴打黄文涛。黄文涛往楼下跑时被追上,遭对方多人殴打,遂用随身携带的折叠刀对准陈某甲等人来回乱划并刺中陈某乙,致其不久后死亡。对于本案,公诉机关和辩护人十分罕见地同时认为是防卫过当。但法院对此予以否认,认为"黄文涛等人先行挑衅引发本案,面临他人一般性的侵害报复时持刀捅刺他人,造成一死数伤的后果,其行为不具备防卫的正当性、适时性,不属防卫过当",遂以故意伤害罪判处黄文涛无期徒刑。③ 但是,黄文涛的挑衅离陈某甲等人的后一行为在时空上有很长距离,其至多是对黄文涛量刑时考虑的酌定情节,不能成为否定其防卫的理由;同时,针对他人的"一般性挑衅",原本就可以进行防卫,更何况陈某甲等人携带空心铁管等工具一同前往殴打黄文涛明显不属于一般性挑衅,而是已经达到相当程度暴力侵害的水平。

---

① 山东省聊城市中级人民法院(2016)鲁15刑初字第33号刑事附带民事判决书。
② 参见安徽省高级人民法院(2012)皖刑终字第385号刑事裁定书。
③ 参见江西省高级人民法院(2016)赣刑终95号刑事裁定书。

在"石某某故意伤害案"中,在火锅店就餐的石某某被与其有口角纠纷的张某甲等五人围住,张某甲对石某某进行语言奚落,并多次用手拍打石某某头部。后石某某持折叠刀将张某甲等二人捅成重伤,然后逃离现场。法院否定石某某行为的防卫性质,认为防卫过当必须以正当防卫为基础,而正当防卫的前提是不法侵害正在发生。"这里的不法侵害主要是指构成犯罪的侵害行为和其他侵害程度较为严重的不法侵害行为",而本案中张某甲对石某某只有一般挑衅,没有构成犯罪的侵害行为和其他侵害程度较为严重的不法侵害行为。因此,正当防卫的前提不存在,自然无法成立防卫过当。① 法院判决对不法侵害的理解显然是错误的。

在"李海故意伤害案"中,被害人郭某在李海家门口大吵大闹,后二人发生拉扯、厮打,李海随手拿起一把锄头将对方左手臂打成轻伤,法院否定成立正当防卫(轻伤不存在防卫过当问题),以故意伤害罪判处李海有期徒刑1年4个月,缓刑2年。② 但是,郭某在李海家门口吵闹,干扰李海的正常生活,也是一种不法侵害,应当肯定防卫前提的存在(只是在防卫必要性以及利益衡量上要严格把关而已)。

(4)在个别判决中,法院甚至将不法侵害限定为"严重侵害"。在前述"石某某故意伤害案"中,法院就持此观点;在其他判决中,法院甚至强调如果不法侵害没有达到威胁反击者生命的程度,就不能进行防卫。在"罗占忠故意伤害案"中,罗占忠等人聚在一起喝酒时,罗占忠无意中将酒瓶碰倒,即被王某甲打了一耳光。在二人后续争执过程中,王某甲先持酒瓶击打罗占忠头部。罗占忠遂拿出一把单刃刀刺向王某甲,后者送医后死亡。法院认为,虽然被害人打了罗占忠耳光并在争执过程中持酒瓶击打被害人头部,但罗占忠的"生命并未因被害人行为而遭受严重威胁",故其反击不能成立防卫过当。据此,法院以故意伤害罪判处罗占忠无期徒刑。③ 在这里,法院以反击者虽遭受攻击,但其生命没有受到严重威胁为由否定防卫前提,将正当防卫的存在空间限制得极小,完全没有法律和法理依据。在"葛成军故意伤害案"中,被告人葛成军到公司找老板祝某结算工资,双方发生争吵并拉扯。期间,祝某从背后用右手手臂锁住葛成军

---

① 参见重庆市巴南区人民法院(2015)巴法刑初字第618号刑事判决书。
② 参见云南省景东彝族自治县人民法院(2014)景刑初字第149号刑事判决书。
③ 参见宁夏回族自治区高级人民法院(2015)宁刑终字第19号刑事附带民事裁定书。

的脖子,把葛成军的头往厂房门口一堆木门上按,同时用左手朝被告人左边太阳穴上方部位打了一拳。葛成军的左手被祝某的身体压住,就用右手朝祝某的右眼打了一拳,致使祝某重伤。法院否定防卫过当的成立,但认为被害人在起因上有过错,遂以故意伤害罪判处葛成军有期徒刑3年。① 法院判决无视防卫因素的存在,虽未使用反击者的"生命并未因被害人行为而遭受严重威胁"等字样,但其明显承认"祝某从背后用右手手臂锁住被告人葛成军的脖子,把被告人的头往厂房门口一堆木门上按,同时用左手朝被告人左边太阳穴上方部位打了一拳"的侵害性有限,对此不得进行防卫的逻辑。但是,为何祝某打葛成军太阳穴上方部位一拳不是侵害,葛成军朝祝某的右眼打一拳就具有不法性并成立犯罪?法院对不法侵害的判断明显不能自圆其说。

(三) 轻易认定"互殴",使得正义向非正义屈服

在司法上,法院极易采用的观点是:一方遭受侵害之后进行反击,如果对方并未由此停止侵害,而是继续攻击的,双方必然陷入相互打斗的胶着状态,这就是"互殴"或"相互打斗",就应该排除成立正当防卫及防卫过当的可能性。这是很多判决中展示出来的刑事裁判惯性思维。

在"朱林刚故意伤害案"中,被告人朱林刚与对方约定地点协商借债还款事宜,对方十余人在朱林刚达到现场后,用早已准备好的木棒等殴打朱林刚。朱林刚被殴打后,拿出事先准备的水果刀捅刺殴打行为实施者,致杨某乙受伤抢救无效死亡。法院以朱林刚事先准备工具,且与对方"相互打斗"为由否定防卫过当。② 在"杨春和故意伤害案"中,被告人杨春和与被害人陈某酒后发生争执,陈某先用木棍击打杨春和头部一下,杨春和随后打陈某一拳,二人继而发生扭打,杨春和捡起石块击打被害人头部。二十余天后,陈某因颅脑损伤死亡。对于本案,即便存在陈某先动手用木棍击打杨春和头部的事实,法院也认为二人是"互殴",进而否认防卫过当的成立,以故意伤害罪判处杨春和有期徒刑15年。③ 类似将对侵害行为进行反击的行为认定为互殴的判决思路还有"闫云飞故意伤害案"④"安

---

① 参见浙江省江山市人民法院(2013)衢江刑初字第371号刑事判决书。
② 参见云南省高级人民法院(2015)云高刑终字第474号刑事裁定书。
③ 参见云南省高级人民法院(2016)云刑终32号刑事裁定书。
④ 参见广西壮族自治区高级人民法院(2013)桂刑一终字第40号刑事裁定书。

强故意伤害案"①等。

在"吴永胜故意伤害案"中,吴永胜与刁某甲发生口角纠纷,刁某甲见其子刁某乙闻风赶来助势,就用木棍击打吴永胜。吴永胜随即拿起旁边摊位上的剪刀捅向对方二人。其间,刁某乙也用匕首捅刺吴永胜。刁某甲被刺中动脉血管送医后不治身亡。法院判决认为,吴永胜与刁某甲父子互殴,不能成立防卫过当。② 但是,在本案中,先动手的刁某甲明显实施了不法侵害,吴永胜行为的防卫性质是难以否认的,其不仅可以成立防卫过当,就本案的实际情况来看,其当时持剪刀和侵害者一方对峙,对方持的是匕首,而且人数占优,反击行为依照《刑法》第 20 条第 3 款的规定成立正当防卫不无可能。可以想见,在本案中,如果死的不是刁某甲而是吴永胜,法院肯定也会判对方故意伤害致死,确认对方侵害的不法及其严重程度。如果能够承认对方持匕首实施攻击的行为很危险,那么,吴永胜为何不可以持剪刀反击对方的侵害行为?在此,法院秉持的是朴素但未必正确的"死者为大"逻辑,不无要求正义向非正义避让之嫌。在"宫新军故意伤害案"中,法院认为,"被告人宫新军和被害人田建国因为琐事引发争执和厮打。在互殴过程中,二人的行为均不存在正当防卫,即不存在防卫过当的基础,故被告人提出的其行为系防卫过当的辩解本院不予支持。鉴于被害人首先动手和使用刀子,被告人宫新军系从被害人手中夺下刀子(伤人)的事实,故可对被告人宫新军从轻处罚",对被告人判处无期徒刑。③ 法院的逻辑是,只要最终表现为相互对打,就是"互殴",而不问前因后果。这基本上是不分是非的判决。因为当一方明显先动手尤其是使用刀子时,另一方的行为理所当然地就是针对不法侵害的防卫。侵害者再和防卫者扭打的,是在继续进行侵害,双方存在"正"对"不正"的关系,而不是"互殴"。如果法院的前述逻辑不加以纠正,今后所有的防卫反击行为实施后,只要不法侵害人不停止其侵害的,双方就成了"互殴",这样一来,实务上便很难有正当防卫的存在空间。

在部分案件中,法院判决甚至变相要求防卫人躲避或采取其他方式避让。对原本可以躲避但实施防卫的,法院认定为防卫人和侵害人"互

---

① 参见陕西省高级人民法院(2013)陕刑三终字第 86 号刑事附带民事裁定书。
② 参见浙江省高级人民法院(2015)浙刑三终字第 55 号刑事裁定书。
③ 参见山东省东营市人民法院(2006)东刑一初字第 1 号刑事判决书。

殴",使正义彻底向非正义屈服。在"罗少坤故意伤害案"中,王某和罗少坤有纠纷,持斧头冲向后者,准备实施砍杀行为。罗少坤拿出随身携带的小刀反击,对准王某捅刺数刀,王某在驾驶四轮车回家途中死亡。法院认为,罗少坤见王某持斧头朝自己冲过来,其"本可以采取其他方法避免严重后果的发生",但其却掏出小刀欲将王某制服,行为有"互殴"的性质,因此不能成立正当防卫。① 面对持斧头冲过来要砍杀自己的人,防卫人所持的工具仅仅是小刀,其反击行为居然被认定为"互殴",判决的说理实在无法令人信服。

(四) 原因分析

上述司法乱象,按照立法者的意思原本就不应该出现。在1997年修改《刑法》时,正是考虑到实务上对正当防卫限制过严的状况,才在立法上对防卫限度的成立条件进行了大幅度修改,将1979年《刑法》所规定的"正当防卫超过必要限度造成不应有的危害"改为"正当防卫明显超过必要限度造成重大损害"。立法者字斟句酌的目的无非就是想消除争议,摒除司法者认定正当防卫时存在的"紧箍咒",减少司法流弊,发挥正当防卫制度的正面社会功能,鼓励人民群众同违法犯罪作斗争。② 立法者用心良苦,相关规定也反复地阐释防卫不当的条件,意味极其深长。但正当防卫难以成立的现实未见有任何改变迹象,宣告无罪的案件丝毫不比1997年之前多;即便要根据正当防卫作出一个无罪判决,所耗费的时间少则一年以上,多则六七年甚至更久,检法机关存在长时期沟通甚至博弈,针对一审无罪的正当防卫案件,公诉机关往往还要提出抗诉。

造成正当防卫司法异化的原因主要在于以下方面:

(1)社会因素。基层社会治理结构出现变化带来正当防卫认定上的巨大压力。长期以来,我们在推动社会关系、组织关系和治理关系的重组方面下了很多功夫,在人口流动性较小的社会背景下,单位在约束个人、参与社会治理方面发挥了重要作用。但是,最近三十多年来,随着社会流动性加大,离开固定单位的人数急速增长;同时,单位的经济职能增强而社会治理职能下降,单位基层社会治理、对个人的连接功能都有所弱化。

---

① 参见内蒙古自治区高级人民法院(2015)内刑一终字第76号刑事裁定书。
② 参见郎胜主编:《中华人民共和国刑法释义》(第6版),法律出版社2015年版,第22页。

在单位的社会治理功能衰落时,基层社会治理就可能在一定程度上失效。① 这一变化也给正当防卫的司法认定带来更大压力。在防卫行为导致死伤的场合,伤者及其家属无法求助于单位等社会组织,单位也不可能积极参与社会治理来对防卫导致的死伤者及其家属进行经济和精神上的抚慰。在传统的社会治理中,防卫者和侵害者双方的矛盾(包括物质赔偿和精神抚慰等)都可能指望正式司法权力之外的社会组织(即单位)来"摆平"——单位等组织会通过一定程序充分听取双方意见,对侵害者和防卫者的是非结合天理、人情"摆事实讲道理",有时可能通过软硬兼施的手段让死者家属充分认识到先前的侵害行为的不法性,使之接受对方的防卫具有正当性的结论,死者家属在物质上得到足够赔偿之后,可能就不再纠结于反击行为的不法与否。这种通过"审前"非正式程序抚平防卫结果承担者一方情绪的纠纷处理方式,或由公众全部或部分参与防卫性质裁断的社会治理方式,会大幅度减轻刑事法官的裁判压力,使得其在依法作出正当防卫的无罪判决时能够"轻装上阵"。② 但是,在基层单位的社会治理功能萎缩之后,就防卫行为作出无罪判决的所有社会压力全都集中到司法上,尤其是作为最后一道防线的审判者承受着普通人难以想象的"不能承受之重"。法官的压力如果再和僵化的维稳思维、不合理的考核指标(例如,一旦批捕就要起诉,只要诉出去了法院就得作出有罪判决,公诉机关、侦查机关都无法接受无罪判决)相结合,基于正当防卫的无罪判决难得一见也就不难理解。

(2)法律因素。有学者指出,各国的刑事诉讼制度大多强调加强对被害人的权利保护,但很少有将刑事被害人作为当事人对待的立法。而我国《刑事诉讼法》明确将被害人作为诉讼当事人,这一规定虽产生了一定的积极意义,但在实践中却弊大于利,使得诉讼制度被扭曲。因为被害人并非刑事案件的原告,同时又不享有上诉权;被害人的当事人角色不仅损害了证据来源的客观性、可靠性,也违背了证人不得旁听庭审的原则;另外,在控诉方中加入被害人后更加剧了控辩双方的不平等。③ 被害人参与

---

① 参见张静:《中国基层社会治理为何失效?》,载《文化纵横》2016 年第 5 期。
② 众所周知,在英美法系国家成立正当防卫相对比较容易。这与其诉讼制度尤其是具有司法民主化色彩的社会组织(陪审团)参与了社会治理,有效地替法官分担了压力存在紧密关联。
③ 参见龙宗智:《被害人作为公诉案件诉讼当事人制度评析》,载《法学》2001 年第 4 期。

公诉案件的诉讼过程,对正当防卫的认定会形成特殊压力,明显加剧了控辩双方的不平等。在【案例5-1 "互殴"防卫案】中,有关媒体对庭审的报道就充分证明了这一点。"庭审现场哭声不断……朱某的妻子和父母作为刑事附带民事诉讼原告人参与了昨天的庭审,在听周巧瑜讲述事发经过的时候,朱某的母亲不时发出叹息声,后来突然从椅子上滑坐在地上。法官询问其是否身体不适,需要在法庭外休息,却被其婉拒,同时老人拒绝重新坐回椅子上。在之后的一个多小时内,老人一直坐在大理石地板上,不时把头埋在老伴的腿上哭泣。"[①]在类似被害人参与诉讼的审判场景中,要求法官心态不受任何影响地作出一个正当防卫的判断,实在是有些勉为其难。

(3) 裁判者"同情弱者"的本能心态。在原先的侵害人转换为或死或伤的被害人之后,"死者为大",同情弱者这样的直观判断会被带到司法裁判程序中。很多法官内心会形成"毕竟死了人",反击者就不可能无罪的结论;无论何等可恶的不法侵害者在其因为防卫反击而重伤或死亡时,基于身份转换的现实,其本人或家属在后续的司法程序中几乎无一例外地会成为被同情的"弱者"。在【案例4-1 破门而入案】中,公诉环节检察官提审被告人时,上来就说:"你这个小姑娘够狠的,敢杀人,知道性质有多恶劣吗?"[②]司法人员将虽系侵害者但被反击致死的人视为弱者予以同情的司法心态展示无疑。此外,在很多案件中,反击行为致死的人基本上都是体力充沛的青壮年(否则其不可能实施暴力程度较高的不法侵害),其本身也极有可能就是家里的"顶梁柱",留下了需要其抚养的孩子或老人,这些事实更会在司法博弈中增加"谈判"砝码,使得裁判者的决断受到很大程度的干扰,难以断然作出正当防卫成立的判决。

(4) 理论上对防卫过当成立条件的阐释不透彻以及裁判者的法理训练不足。正当防卫的认定其实是一项高难度的"司法作业",可以全方位检验司法官员的职业水准、社会责任感和担当精神、对伦理关系的认知和平衡。其中,对法官的法律解释能力提出了极高要求,例如,作为防卫前提的不法侵害的含义和范围是什么?何谓不法侵害"正在进行"?防卫过

[①] 更为详细的报道,参见何欣:《护夫打死人毁掉俩家庭》,载《北京晨报》2013年9月5日,第4版。

[②] 参见李欣悦:《打工妹失手杀人被判无罪:感激北京但离开》,载《新京报》2004年9月18日,第16版。

当的判断标准究竟是单一的(仅考虑防卫结果)还是双重的(同时考虑防卫行为和防卫结果)？其背后的逻辑究竟是行为无价值(二元)论还是结果无价值论？如何理解特殊防卫中的不法侵害类型？这些都是理论上缺乏统一认识的解释学难题。司法人员如果没有客观解释的理念，不进行体系思考，就不可能在正当防卫的解释论上得出正确结论。此外，尤其重要的是，在认定正当防卫时，裁判者不能只承认事实判断，如果出于"眼见为实""死者为大"的事实思考和朴素观点，实务上几乎不会允许正当防卫存在。防卫行为是不是"正当"，原本就需要裁判者出于社会正义的一般观念，在实质判断、价值判断和规范判断方法的指引下进行复杂的思考和裁断，这涉及正义和邪恶的区分这样的大是大非问题，不能将裁判结论的形成寄托在朴素观点和直觉判断上。

二、纠偏思路Ⅰ：正当防卫的理念与司法准则

(一) 正当防卫的正当化根据与利益衡量的功能

正当防卫对利益衡量的要求，和紧急避险明显不同。但是，这不等于说在正当防卫领域不需要考虑利益衡量。我国《刑法》第20条第2款规定，正当防卫明显超过必要限度造成重大损害的，应当负刑事责任。其中，关于"造成重大损害"的内容就是对利益衡量的肯定。但是，利益衡量的内容为何，在正当防卫判断中的地位和作用如何，很值得研究。

1. 利益衡量是实质的、规范的判断

实务上很多人坚持认为，必须肯定防卫结果对于成立正当防卫的重要性。因为如果仅仅考虑防卫行为，只要行为相当就成立正当防卫，极有可能使得侵害方的某些重大利益得不到保障。本文也认为，处理涉及防卫的案件，确实需要平衡双方当事者的利益。但是，过于重视死伤结果或将其置于思考的优先地位，是对正当防卫的正当化根据的不当理解。正当防卫的要义在于正义不必向非正义屈服。司法上只从形式上看待防卫结果，不进行实质的或规范意义上的利益衡量的做法，不仅无法为结果无价值论者所认可，也不能被行为无价值(二元)论所接受。

结果无价值论所主张的利益衡量说认为，有法益侵害或危险的结果就是违法。但是，在利益相互冲突的情形下，必须进行利益比较，为保全重要利益可以牺牲次要利益。违法阻却事由之所以正当，就是因为这些

行为总是优先保护重要利益,在利益矛盾与冲突时进行利益最大化的选择,正当防卫作为违法阻却事由的存在就是利益冲突以及选择的结果。利益衡量说系统地发展了两个原则:①利益不存在原则。在一些情况下,从表面上看,行为对法益有侵害或者危险,但是实质地看该对象所体现的利益并不受法律保护,甚至可以认为利益不存在,违法性即被阻却(例如,一般地得到被害者承诺的行为)。②利益优越原则。在利益有冲突的场合,为保护相对优越的利益而损害其他法益的行为的,阻却违法性。利益不存在原则在解决正当防卫问题时会遇到一些困难,因此许多学者试图以防卫者的利益要比侵害者的利益更为优越,从而更值得保护进行解释。① 这一意义上的利益衡量说明显反对只从形式上看防卫结果,而是强调要进行利益上的具体比较和反复衡量,看谁的利益从价值判断的角度看更值得保护,在具体的方法论上通常会对不法侵害者的利益作缩小的评价,认为其不值得保护。结果无价值论在这里强调的是实质的利益衡量。②

行为无价值(二元)论更加反对司法上只看最终防卫结果的做法,这是其赞成利益衡量说和"法确证的利益说"的当然结论。法确证的利益重视通过赋予公民防卫权来突显权利的不可侵犯性;通过将防卫结果归属于侵害者来证明违反规范的行为是错误的,规范的正确性不可动摇,进而抑制未来侵害的发生,实现法秩序的安定。基于这一考虑,简单地考虑防卫结果,或从形式上进行利益衡量就是错误的。为保护价值低一些的法益实施防卫,造成攻击者更大法益损害的,也有成立正当防卫的可能性。③ 罗克辛教授更进一步指出,"个人的自我保全"和"法确证(权利证明)"两要素是正当化的固有原理,也是行为无价值论的当然结论,在个人的保全中当然有利益衡量(合比例)的内容。④ 由此可见,行为无价值(二元)论强调规范确证这一"法律意义上的"利益。在防卫人所造成的重结果恰恰

---

① 参见〔日〕山中敬一:《刑法总论》(第3版),成文堂2015年版,第282页。
② 有学者指出,利益衡量原则为对侵害人的利益作缩小评价,不得不引入"正义无需向非正义让步"这一命题,这等于是在结果无价值判断中加入了规范违反的内容,从而与结果无价值论所标榜的理论彻底性和逻辑自洽性相悖。参见劳东燕:《法益衡量原理的教义学检讨》,载《中外法学》2016年第2期。
③ 参见〔日〕井田良:《講義刑法学・総論》,有斐阁2008年版,第273页。
④ 参见〔德〕克劳斯・罗克辛:《刑事政策与刑法体系》,蔡桂生译,中国人民大学出版社2011年版,第34页。

符合规范意图,证实了规范的有效性时,不存在防卫过当问题。因此,行为无价值(二元)论会认为,正当防卫的成立需要同时考虑法益衡量和法秩序的维护,对于防卫行为是否过当就应当分别从防卫行为以及防卫所造成的结果两个侧面切入,完全不考虑行为,只看重防卫造成的结果,只要有重的结果就是防卫过当,会限制正当防卫的范围。

上述分析表明,利益衡量原理强调的是实质的利益权衡、比较。不过,无论是哪一派刑法理论,都允许侵害利益和保护利益之间在一定范围内的失衡,我国《刑法》第20条第2款所反对的仅仅是重大失衡,即防卫行为造成"重大损害"的情形,因此,防卫人对不法侵害人所造成的侵害超过所保护的法益的,也可以正当化。例如,甲侵害人偷看妇女乙洗澡,乙发现后顺手扔出沐浴露瓶子砸伤甲的眼睛,致甲轻伤的;以及丙正要故意摔坏丁价值500元的杯子,丁将身旁的桌子推向丙,致其轻伤的,都可以认为存在一定程度的利益失衡,但不能认为是严重失衡。只要并未造成重大损害,仍有成立正当防卫的余地。换言之,利益均衡性一定是实质的、具体的、相对的,防卫保全的利益和损害的利益二者之间没有明显失衡或严重失衡即可,不能事后简单地"算经济账"。例如,甲把一个撬ATM机的人打成重伤,即便事后查明机器内仅有200元,只要考虑到刑法对盗窃金融机构的行为处以较重刑罚的立法意图,就可以认为不法侵害人的盗窃行为对法益的危险性大,防卫人虽然仅为了保护财产,但其所造成的重伤与保护法益相比,不能认为防卫行为造成了严重损害,也不存在严重利益失衡问题。

2. 利益衡量在具体案件处理中的有限司法功能

防卫结果和利益衡量在正当防卫判断中的意义是受到限制的,不能人为夸大,其不是"一路通吃"的判断标准。在有些情形下,虽需要进行利益衡量,但其是辅助性的检验标准,在判断逻辑上是第二位的;在另外一些情形下,实务上其实并不需要进行利益衡量就可以对防卫行为的合法性进行评价。

实务上处理案件时,利益衡量原理的功能体现在:

(1) 程序启动功能。在判断行为是否防卫过当时,都是将防卫结果作为判断前提或者司法审查程序启动的一个因素。例如,在"张勇行被诉人身损害案"中,张伟行在晚间试图进入张勇行控制的房间向后者索要财物,但被张勇行以用门挤压、身体接触等方式强行阻止,由于张勇行对张伟行造成的损害结果无法举证,此案无法进入刑事程序,法院民事判决书就直接认定张勇行的行为属于正当防卫,无须承担民事责任。① 必须指出,利益衡量的程序启动功能的价值也是极其有限的,因为司法程序启动后究竟能够得出何种结论,还取决于后续的复杂判断。

(2)辅助性判断功能。根据行为无价值(二元)论并结合我国《刑法》第 20 条第 2 款的规定,可以认为,在我国刑事司法中,不能完全无视利益衡量。但是,也不能高估利益衡量的重要性,其是退居在防卫必要性判断之后的,处于防卫过当判断的辅助性地位。

从《刑法》第 20 条第 2 款关于"正当防卫明显超过必要限度造成重大损害的"才能成立防卫过当的规定中很容易发现,防卫"造成重大损害"这一结局得以出现的情形有三种:防卫行为未超过必要限度,但造成重大损害的;防卫行为超过必要限度(但未明显超过必要限度),造成重大损害的;防卫行为明显超过必要限度,且造成重大损害的。但是,在防卫行为未超过必要限度或防卫行为超过必要限度(但未明显超过必要限度)这两种情形下,防卫过当都不成立。换言之,防卫过当与否,必须先判断防卫行为是否具有必要性。只有将其准确界定为"明显超过必要限度"之后,才有必要进一步检验损害是否重大,进而确定防卫是否属于过当。这说明,防卫结果或利益衡量在防卫过当判断中不是决定性的,而是辅助性的判断标准,决定性标准只能是防卫行为的必要性(是否明显超过必要限度)。这等于是说,我国《刑法》第 20 条第 2 款的规定充分展示出立法者的态度:对于不法行为(防卫过当行为)的成立,需要同时强调行为无价值(防卫行为明显超过必要限度)和结果无价值(造成严重损害)。行为无价值(二元)论完全能够得到我国实定法的支持。

对此,我国有论者持反对见解,其主要是基于结果无价值论的立场而重视防卫结果对于防卫过当的意义,主张以防卫"造成重大损害"为核心来理解防卫行为明显超过必要限度,认为明显超过必要限度的判断从属于有无造成重大损害的判断,只有造成重大损害才有明显超过必要限度的问题,"不存在所谓明显超过必要限度但没有造成重大损害的情况"②。但是,这种"防卫结果核心论"的主张存在显而易见的缺陷:

---

① 参见北京市海淀区人民法院(2013)海民初字第 25983 号民事判决书。
② 张明楷:《刑法学》(第 5 版),法律出版社 2016 年版,第 212 页。

第一,防卫行为明显超过必要限度但未造成重大损害的情形完全存在,例如,外出回家的甲发现乙正在撬自己房门,便直接开枪射击,子弹从乙耳边飞过,乙落荒而逃但毫发未伤,需要承认甲针对不法侵害有权防卫,但开枪射击手段明显超过必要限度,只是因为侥幸未造成重大损害,无法确认其成立防卫过当。反过来,防卫造成重大损害,但防卫行为未明显超过限度,或是否超过限度存疑的情形也是存在的。例如,防卫人针对(《刑法》第 20 条第 3 款之外的)暴力侵害进行反击,在其存在数个同等影响力的防卫手段可以选择,但结果确定是重伤的,由于无法确定防卫人究竟选择哪一手段才能使其免受因防卫力度不够而遭受的更大损害,因此,要对防卫人的防卫手段选择适用"存疑时有利于被告"原则,在造成重大损害的前提下仍然要否定防卫行为的不法性。

第二,如果防卫结果是决定性标准,那么,《刑法》第 20 条第 2 款关于防卫行为明显超过必要限度的规定岂不是"画蛇添足",为什么不直接规定防卫造成重大损害就是过当?或者在防卫行为未超过必要限度或防卫行为超过(但未明显超过)必要限度等情形下,只要从结局上看都造成了重大损害,就径直认定防卫行为的非法性?但是,按照《刑法》第 20 条第 2 款的规定,无法得出这种结论。对此,有学者指出,损害原则在不借助于其他原则的情况下,无法令人信服地广泛适用于各种情况。①

第三,前述结果无价值论的主张会对实践产生误导。实践中有争议的情形,往往都是防卫行为造成了重大损害的案件。此时,如果仅仅重视防卫结果,正当防卫几无立锥之地。对此,有学者指出,一旦防卫行为造成侵害人重伤或者死亡,防卫人便易被认定为防卫过当。可以说,单纯以法益衡量为基础来建构正当防卫的正当化根据,由于偏好于事后判断,几乎难以避免这种唯结果论的倾向。我国学理与实务上动辄认定防卫过当的现象,也根源于此。② 因此,结果无价值论所坚持的防卫结果核心论既与实定法规定不符,也产生了诸多司法弊端,不值得继续坚持。

这样说来,对防卫过当的不法而言,行为不法和结果不法需要同在。并且,只有在已经确认防卫行为明显超过必要限度的情形下,才需要进行

---

① 参见〔美〕乔尔·范伯格:《对他人的损害》,方泉译,商务印书馆 2013 年版,第 239 页。
② 参见劳东燕:《结果无价值逻辑的实务透视:以防卫过当为视角的展开》,载《政治与法律》2015 年第 1 期。

利益衡量,即先明确行为明显超过必要限度之后,才去进一步检验防卫造成的损害是否重大,认定是否有死伤结果意义上的重大损害,进而确定防卫是否属于过当。例如,侵害人的攻击虽有明显暴力性质,但防卫人实施没有节制、让人难以理喻或无法忍受的防卫措施,造成重大损害的,该结果就是防卫过当的成立条件之一。因此,要成立防卫过当,只有明显超过必要限度与造成重大损害两者应同时具备,才能认定防卫超过了正当防卫的限度条件;要排除防卫过当,则只需防卫行为具有必要性或者未造成重大损害这两个条件中的任何一个不具备即可。这样说来,在防卫行为明显不当的情形下,不能无视防卫结果的判断价值。如果防卫行为明显超过必要限度,但结局上并未造成任何损害,或者未造成重大损害的案件,就不能以防卫过当论处。①

(3) 提示功能。利益衡量原理能够提示司法人员充分关注利益明显失衡的情形。在防卫人要保护的利益很轻微,但造成结果严重的场合,防卫结果与利益衡量值得重视,借此来准确判断是否成立防卫过当。例如,为防止小偷摘取果树上的水果,而对其开枪致死的,可以认为防卫行为不具有必要性,防卫结果也不均衡,从而成立防卫过当。与此类似,防卫人把小偷小摸的盗窃行为认定为重大盗窃行为,把一般殴打行为认定为杀人行为,然后进行防卫造成被害人死伤的,都可以认为防卫结果违反利益均衡性。此时,利益衡量原则是有用处的,即对于轻微的侵害不得实施强度过高的防卫行为。其法理依据在于:受害法益轻微,使得防卫人自我保护的利益,以及对于法秩序维护的利益明显较小,因此,不允许防卫结果与所维护的利益之间极度失衡。对轻微的侵害,只能选择缓和的防卫形式或者报警,而不允许过度防卫。

需要说明的是:在要保护的利益很轻微但防卫结果很严重的场合,利益衡量很重要,但其仍然不是判断的决定性因素,也不处于判断逻辑的优先地位。例如,甲为阻止乙偷摘水果而向其投掷石块,乙受惊吓后从树上摔下来受重伤的,单纯看防卫结果很严重,但是,此时不能认为防卫手段不相当,扔石块对阻止他人盗窃是必要的,其至多属于防卫行为未超过限

---

① 防卫行为明显超过必要限度但未造成重大损害的情形在实践中很多。例如,某甲为制止邻居改建房屋而持砍刀挥向建筑工人,但仅造成轻伤后果的,就可以认为防卫行为明显超过必要限度但未造成重大损害。

度但造成重大损害的情形,仍有成立正当防卫的余地。因此,在不法侵害轻微,但结果不成比例的场合,也必须在判断行为必要性的基础上,再判断是否存在重大利益失衡的情况,此时的利益衡量很重要,但其不是防卫过当与否的决定性因素。

3. 存在防卫必要性(未明显超过必要限度)的,无需进行利益衡量

要认定防卫过当,在确认防卫行为明显超过必要限度之后,还要检验是否造成重大损害,如果不能确定重大损害存在的,正当防卫仍然可能成立,此时利益衡量有其意义。但是,值得特别注意的是,这一命题的另一个侧面是:防卫行为具有必要性、相当性的,不进行利益衡量也可以直接认定正当防卫。此时,防卫人采取何种反击措施都具有正当性,不应将防卫结果与利益衡量作为决定防卫过当与否的决定性因素,利益衡量事实上成为多余的司法操作规则。在国外的判决中,对此也大多予以认可。日本司法实务认为:只要防卫手段相当,"即便防卫结果很严重的,防卫行为的相当性仍然被肯定"。例如,行为人为了挣脱被对方扭住的手臂而将对方推倒,导致对方头部撞到汽车保险杠而受伤,需要住院45天的,日本地方法院认为这是防卫过当。但日本最高裁判所认为,只要针对侵害行为的防卫手段具有相当性,结果偶尔超过所试图侵害的法益的,反击行为也属于正当防卫,从而推翻了地方法院的判决。① 按照我国《刑法》第20条第2款的规定,只要防卫行为没有"明显超过必要限度"的,即无须再进行利益衡量,就可以否定防卫过当。此外,不法侵害属于我国《刑法》第20条第3款规定情形时,利益衡量事实上并不需要,即对正在进行行凶、杀人、抢劫、强奸、绑架以及其他严重危及人身安全的暴力犯罪,采取防卫行为,造成不法侵害人伤亡的,不属于防卫过当。在这里,事实上放弃了利益衡量,因为防卫人为保护财产权就可以危及对方生命(杀死抢劫犯);妇女为保护性的自由,挣脱强奸犯而将其杀死的,此时虽然不能进行利益衡量,也可以认为防卫行为并未"明显超过必要限度"作出无罪宣告。因此,是否造成了被防卫人的重大损害,不在考虑之列,这是基本放弃了利益衡量,优

---

① 参见〔日〕西田典之、〔日〕山口厚、〔日〕佐伯仁志编:《注释刑法》(第1卷),有斐阁2010年版,第451页。

先考虑了防卫行为是否具有相当性、必要性才能够得出的结论。① 例如，在【案例4-1 破门而入案】中，防卫行为虽造成侵害人死亡，但法院判决并未过于纠结于利益衡量，而是直接依照《刑法》第20条第3款的规定认定不法侵害系"严重危及人身安全的暴力犯罪"，宣告被告人的行为属于正当防卫。②

（二）正当防卫认定的基本司法准则

1. 不能过于限制正当防卫的范围

一方面，不能在防卫起点即不法侵害的认定上设置过高门槛。不法侵害是广义上的损害防卫人权益的行为。对于这种侵害，不能从犯罪构成要件意义上的不法角度去理解，也没有理由将其限定为重大侵害。正当防卫是"正对不正"的关系，不法侵害意味着"不正"，而且是在整体法秩序统一性意义上的"不正"，其不以违反刑法为限。因此，不法侵害包括完全不具有刑事违法性的侵害行为，例如，辱骂他人或偷看他人洗澡的行为，也是不法侵害，当然也能够成为防卫前提。换言之，不法侵害是广义的违法行为，是依据国家统一的法律和法秩序统一性原理来认定的，与作为犯罪成立要件之一的违法并不完全等同。③ 那么，这里的不法未必是与构成要件紧密相连的违法性，而是指"一般法观点"中人的违法行为。④ 此外，不法侵害是在"侵害人原本不应该实施这样的攻击，理当避免这一举止"的意义上说的。某些因不符合主观构成要件要素（违法要素）而不能被评价为刑法上违法的行为，也完全可以成为正当防卫前提的不法侵害。例如，过失毁坏财物的，不具备故意毁坏财物罪的主观不法，不能在刑法上将其评价为不法行为，但该行为在民法上具有不法性，能够成为防

---

① 从这个意义上讲，相对于《刑法》第20条第2款，第3款是注意规定而非法律拟制。《刑法》第20条第2款同时规定了防卫行为和防卫结果，肯定只要防卫行为没有"明显超过必要限度"的，就无须再进行利益衡量就可以认定正当防卫。第20条第3款只是针对实践中的突出问题，列举了防卫行为和防卫结果的特殊情形，同时也承认只要不法侵害属于该款列举情形的，防卫造成死伤也能够成立正当防卫，无须进行利益衡量。

② 参见《海淀区人民检察院诉吴金艳故意伤害案》，载《最高人民法院公报》2004年第11期。

③ 参见黄荣坚：《基础刑法学》（上册），元照出版有限公司2012年版，第234页。

④ 参见陈璇：《紧急避险：对物防卫性质问题上不应动摇的立场》，载中国人民大学刑事法律科学研究中心编：《刑事法学的当代展开》（上卷），中国检察出版社2008年版，第399页。

卫前提,应该肯定行为人对过失毁坏财物这一不法侵害的防卫权。① 这等于是说,所有犯罪行为、行政违法行为以及民事上的侵权行为,都可以成为防卫对象。除了作为之外,不作为行为如果有紧迫性的,也可能成为防卫前提。

这样说来,针对相对轻微的不法侵害,也能够进行防卫。明明存在不法侵害,司法上却认为没有不法侵害的做法是错误的。当然,需要承认,在攻击行为没有暴力性质且极其轻微,侵害性很小的场合,防卫者虽然也可以防卫但不能造成对方重大损害。这是防止权利滥用原则的题中之意。例如,对在家门口跳广场舞,影响自己日常起居生活的人进行驱散,当然具有防卫性质。但如果采用开枪的方法进行防卫,不可能主张正当防卫;为防止对方拿走自己的一个苹果而将其推开,是必要的防卫,但用铁锤将对方砸成重伤,则防卫利益和侵害利益极其异常地不成比例,防卫行为显然不具有正当性。

另一方面,在防卫造成死伤后果的场合,也有根据《刑法》第 20 条第 1 款宣告防卫人无罪的可能。换言之,在防卫造成死伤,防卫后果乍看之下不符合利益衡量原理,但如果能够确认防卫行为并未明显超过必要限度的,也可以认定防卫的正当性,而不需要借助于《刑法》第 20 条第 3 款关于特殊防卫权的规定。在司法上,绝不能认为一旦防卫结果使不法侵害者死亡的,就只有《刑法》第 20 条第 3 款才是宣告防卫人无罪的唯一根据。在【案例 5-2 执刀乱舞案】中,公诉机关指控被告人王洪军犯故意伤害罪。法院经审理认为,本案死者等人"在不法侵害持续过程中,黄学梦举起水泥砖对着被告人王洪军,而陆建挥拳殴打被告人王洪军,黄学梦、陆建的行为有明显危及被告人王洪军的人身安全。而被告人王洪军由于激愤、惧怕的心理作用,对于被害人陆建、黄学梦的不法侵害的意图和危害程度一时难于分辩,在没有办法选择一种恰当的防卫行为的情形下,只是执刀乱舞,虽然造成陆建死亡的损害事实,但相对陆建和黄学梦不法侵害行为的后果而言未明显超过必要的限度",遂依照《刑法》第 20 条第 1 款的规定,判决被告人王洪军无罪。② 法院在这里以防卫行为没有明显超过必要限度为由,直接依据《刑法》第 20 条第 1 款(而非第 3 款)的

---

① 参见〔日〕井田良:《刑法総論の理論構造》,成文堂 2005 年版,第 142 页。
② 参见广西壮族自治区隆林各族自治县人民法院(2008)隆刑初字第 26 号刑事判决书。

规定作出无罪判断,是完全正确的。

2. 准确理解"防止权利滥用原则"

(1)必须对"互殴"进行极其严格的限制解释。通说认为,防卫挑拨和相互斗殴不能成立正当防卫。在防卫挑拨的场合,反击者预见到相应情况却应受谴责地蓄意挑起防卫情形,那么,基于权利不得滥用的考虑,其防卫权受到限制。相互斗殴(判决上通常简称"互殴"),是指双方参与人各自出于向对方实施不法侵害的故意而相互侵害对方的情形。在相互斗殴的场合,原则上不能成立正当防卫。其理由是:行为人都有妨害社会管理秩序、加害对方的意思,并且客观上实施了侵害对方的行为,双方均缺乏防卫意思;从人身法益的角度看,因为存在被殴打者的被害人承诺,任何一方的行为都不具有侵害对方人身法益的违法性,缺乏正当防卫的前提条件;从社会法益的角度看,双方的行为都是不法行为,而非制止不法侵害的防卫行为。基于上述法理,实务上,对"互殴"的认定就不能泛化,应当将其限制解释为,双方事先约定的、在一定时间场所内实施的相互打斗行为(如果斗殴参与人数为多人的,就是聚众斗殴)。因此,作为排除正当防卫事由而存在的"互殴",必须是聚众斗殴或具备类似性质、事先明确约定的打斗行为。① 实践中被大量判决否认其正当防卫性质的那些打斗情形(双方事先并无这种约定,而是一方偶然对他人先行实施攻击,他人反抗后攻击者并未就此停止攻击,反击者和攻击者相互厮打的),都不是这里的"互殴",应当承认"最先动手"行为的不法侵害性,从而肯定反击者的防卫性质,后动手者反击造成前者轻伤害(少数情形下甚至包括重伤害)的,属于正当防卫。②

(2)利用防止权利滥用原则解释轻微攻击的防卫问题。攻击如果没有暴力性质且极其轻微,侵害性很小的,防卫者的防卫行为造成对方死伤的,通说一般用利益衡量原理否定防卫的正当性。例如,对在树上偷摘水果的人开枪致其重伤的,不能成立正当防卫。但是,"实际上,对轻微对法益实施攻击的场合,过于强力的防卫行为通常被认为是不必要的。相反,执拗实施攻击的场合,多半会发展为对身体、生命的攻击。所以,通过法

---

① 即便存在事前约定的斗殴,如果实际参与斗殴的一方已经停止斗殴,或者因明显处于劣势而逃跑、求饶,对方仍然继续进行暴力程度很高的攻击时,先行停止斗殴或者处于劣势的一方进行反击的,也可以成立正当防卫。

② 参见张明楷:《故意伤害罪司法现状的刑法学分析》,载《清华法学》2013年第1期。

益的比较加以限制实际上几乎没有必要"①。如果考虑到利益衡量原理在正当防卫中的功能有限这一事实,对侵害轻微的情形,消极地使用禁止权利滥用原则来限制正当防卫也是可取的思路。即法律为防止滥用权力设定了一些基本原则,防卫权的行使也必须遵守这些原则。对这些原则的违反,其实质也是防卫适当性、必要性是否存在的问题。② 例如,在赌博过程中,甲因为怀疑乙舞弊而辱骂乙,乙还以颜色立即暴打甲,将甲打成重伤的,乙显然难以主张正当防卫。但是,如果甲攻击乙的要害部位,下手很重,对乙的防卫正当性就不应该再加以限制,权利滥用原则此时就不再发挥作用。至于防卫结果是否失衡,则需要在具体案件中再进行判断。

三、纠偏思路Ⅱ:判断防卫必要性的方法论

有学者指出,对于防卫行为是否过当的判断,应当同时从防卫行为以及所造成的损害(防卫结果)两个侧面切入,重视法益的相对权衡和防卫手段的相当性,即仅在防卫行为不具有必要性、防卫结果失衡的场合,才能成立防卫过当。③ 这一观点和我国实定法规定相映成趣。按照我国《刑法》第 20 条第 2 款的规定,正当防卫明显超过必要限度造成重大损害的,是防卫过当。防卫过当行为的不法性,同时由防卫行为明显超过必要限度的行为无价值和防卫造成严重损害的结果无价值所决定。基于前面对防卫结果判断(利益衡量原理)功能有限性的讨论,在这里,有必要再对防卫必要性在涉正当防卫案件中的重要意义进行深入探究。

(一) 防卫必要性的准确理解

防卫必要性,是指某种行为是最适宜防卫人排除不法侵害的行为,该行为在客观上有效,且可以期待其有效制止侵害,即在具体案件中可以得出结论认为防卫人"就该下手这么重"。防卫必要性,一方面意味着在防卫人有选择余地,有数个可以选择的防卫行为时,宜选择造成危害相对比

---

① 〔日〕松宫孝明:《刑法总论讲义》(第 4 版补正版),钱叶六译,中国人民大学出版社 2013 年版,第 108 页。
② 因为禁止权利滥用原则体现的是对行为的规范判断和基于社会伦理对正当防卫的限制,其与行为无价值论的逻辑联系更为密切。
③ 参见〔日〕前田雅英:《刑法総論講義》(第 6 版),东京大学出版会 2015 年版,第 273 页;陈家林:《外国刑法通论》,中国人民公安大学出版社 2009 年版,第 290 页。

较轻微的行为①；另一方面，考虑到一旦防卫手段使用不当，防卫人自己就要遭受更大的损害，因此，必要性要件也不能强求防卫人在防卫不足时去甘冒风险、忍受不法侵害。

判断防卫必要性，至少需要考虑以下内容：

（1）必要性的判断基础。要制止不法侵害，防卫行为必须足以排除、制止或终结不法侵害。是否具有必要性，需要就侵害或攻击行为的方式、轻重缓急与危险性等因素，参考防卫人可以运用的手段等客观情况加以审查。在"赵泉华被控故意伤害案"中，二审法院认为，赵泉华与王企儿、周钢在舞厅因琐事发生过争执，后王企儿、周钢即强行闯入赵家，赵泉华为制止不法侵害，持械朝王企儿、周钢挥击，致王企儿轻伤；致周钢轻微伤，但其行为未明显超过必要限度造成重大损害，从而撤销了一审关于判处防卫人拘役三个月的判决，宣告其无罪。② 在本案中，为保护住宅安宁权而造成他人伤害，是否属于重大损害有争议。但对非法侵入住宅前来寻衅滋事的行为进行防卫，如果考虑侵害或攻击行为的方式、轻重缓急与危险性等因素，就可以认为赵泉华的防卫行为在手段上具有必要性，在判断的起点上就可以否定防卫过当。

对防卫必要性的判断，在防卫造成死亡的情形下相对复杂一些，司法上未必能够相对轻松地作出成立正当防卫的判决。但是，也有少数判决能够充分考虑防卫人在当时是否有其他更为缓和的办法能够制止不法侵害，进而判断行为人是否成立正当防卫，而不是一旦有人死亡或者重伤，就不问死伤的必要与否，轻易地否定正当防卫。③ 在【案例5-3 恋爱不成案】中，检察机关指控被告人朱晓红防卫过当，构成故意伤害罪。吉林省长春市南关区人民法院认为："被告人朱晓红在本人及其母亲刘振玲生命遭到严重威胁时，为了制止不法侵害，在不法侵害正在进行过程中，持刀刺伤李志文致死，行为的性质不具有社会危害性，属于防卫行为，且防卫的程度适当"，于1994年3月5日判决被告人朱晓红无罪。一审宣判

---

① 但不能因为防卫人当时可以躲避，就否认其防卫行为的必要性。既然防卫是权利，就不能诘难防卫人为何不躲起来反而要选择防卫。否则，就是让邪恶的人处处得势，不断扩大其支配领域，使得正义的人反而缩手缩脚。

② 参见最高人民法院刑事审判第一庭、第二庭编：《刑事审判参考》（总第38集），法律出版社2004年版，第105页。

③ 参见陈兴良：《正当防卫论》（第2版），中国人民大学出版社2006年版，第141页。

后,南关区人民检察院提出抗诉。二审期间,上级检察院认为抗诉不当,撤回抗诉。本案一审判决是正确的,充分考虑了攻击行为的方式、轻重缓急与危险性等因素,即便防卫行为造成了死亡后果,司法上也要敢于担当,宣告防卫者无罪。①

防卫必要是指客观上必要。在防卫行为是复数行为时,开多枪、多次捅刀子是否具有必要性,需要结合具体情况分析判断。开一枪、捅一刀后,不法侵害人停止侵害的,防卫人继续实施行为已无必要。但是,开一枪、捅一刀之后,不法侵害人抢夺枪支、夺取刀具,防卫人间断性地继续开枪、捅刀子的,是在不法侵害的危险升高状态下的反击行为,并不能认为其逾越了防卫必要性。

(2)必要性判断是行为时的事前判断("事前的危险预测")。"必要性的要件,是防卫行为的要件,不是事后判断,而是在防卫行为实施的时点合理地判断要达到制止攻击行为的效果需要采取何种手段。"②此时,应假定有一个理性的第三人处于防卫者所面临的境遇,站在防卫行为发生的时点,判断当时的客观情况,并进一步分析:针对防卫人遭受侵害的具体情状,理性第三人是否会采取同样强度的防卫行为?如果防卫人不防卫,其是否会遭受进一步的侵害?刑法理论在讨论法益侵害时通常认为其包括法益实害和法益危险,那么,在分析不法侵害时,没有理由将不法侵害"向前发展极有可能造成重大损害"这一危险排除在外。不法侵害危险是防卫人事前的"危险预测",很多防卫措施从外观上看似乎带有"提前"性质,但实际上如果不是防卫人自己的防卫行为,几乎没有其他任何方法可以保证其安然无恙,此时行为人的防卫就是理所当然的。例如,当行凶者甲持砍刀近距离地冲向乙时,即便甲还没有举起凶器,乙也可以实施正当防卫。并且,反击导致甲死亡的,也可以成立正当防卫;丙基于强奸的意思着手对丁实施暴力,丁捡起一块石头砸死丙的,也成立正当防卫,其就是有必要在防卫时"下手这么重"。如果要求不法侵害人砍杀行为造成重伤、强奸行为已经实施时,防卫人才有权防卫,才可以致侵害人死伤,要么就会使防卫人完全丧失防卫能力;要么就会使防卫人极其容易地陷入事后防卫的犯罪境地。因为许多暴力程度很高的杀害、强奸行为

---

① 参见《朱晓红正当防卫案一审判决书》,载《最高人民法院公报》1995年第1期。
② 〔日〕井田良:《講義刑法学・総論》,有斐阁2008年版,第290页。

都可能在相对较短的时间内完成。不允许行为人基于事前的危险预测进行防卫，等于变相剥夺了其正当防卫权。

在"冉启伟故意伤害案"中，被告人冉启伟在曾某的办公室与其商量工人工资结算、分配事宜，后二人发生分歧，曾某对冉启伟进行殴打，事先等候在室外的二十余人中有数人冲进办公室对冉启伟拳打脚踢，随后有人持事先准备好的钢筋等器械与冉启伟打斗。在此过程中，冉启伟持刀捅刺，致对方一人死亡、二人轻微伤，冉启伟本人也受轻微伤。对于本案，律师以被告人行使特殊防卫权辩解。法院判决则认为，侵害人一方事前没有商量过要致冉启伟死伤；打斗中并非所有侵害人都持钢筋；所实施的不是致命性打击，被告人不能以《刑法》第20条第3款的规定进行辩解，遂以故意伤害罪对被告人冉启伟判处有期徒刑5年。① 法院的逻辑是：被告人防卫时，对方事前并无致其死伤的故意，且只有少数侵害人使用了钢筋，被告人还没有到或死或伤的程度，因此不能成立特殊防卫。这一判断没有充分关注到不法侵害"向前发展极有可能造成重大损害"的客观危险性，将结论建立在"只有等对方开始杀你了，你才能防卫"的错误逻辑上。如果等到这一刻出现才允许被侵害者防卫，防卫就会丧失其意义。在本案中，侵害者一方人多势众相互助势，事先准备了凶器，现场混乱，侵害者对防卫者使用了致命性的凶器，把这一特殊场景下的侵害评价为《刑法》第20条第3款规定的"行凶"也应当没有障碍，防卫人不这样防卫便或死或伤。法院把侵害人一方事前没有商量过要致冉启伟死伤作为根据来否定侵害危险，难以得到认同。

作为防卫必要性要件的危险判断是客观判断，即侵害行为及其危险程度在行为当时均客观存在。在这里，值得进一步研究的问题是，如果危险在当时并不客观存在，防卫人对可能遭受不法侵害有认识错误的，应认为防卫行为造成了损害，而在责任阶段考察其有无过失，如果没有预见可能性的，防卫人无罪，这是假想防卫论的处理思路。换言之，在防卫人对不法侵害存在事实性认识错误时，不应以防卫人假想的危险作为防卫前提。例如，甲携带手枪抢夺乙的财物，乙立即发觉并拿起身旁的哑铃砸向甲头部，将甲砸死，后查此枪为仿真枪的，就应该认为，因为客观上不存在（携带凶器抢夺的）不法侵害，乙的防卫明显超过必要限度造成重大损害。

---

① 参见四川省高级人民法院（2015）川刑终字第23号刑事裁定书。

但在有责性评价上,如果认为防卫者的错误客观上不可避免,而且一般人在此情形下也会采取类似于乙的防卫行为,即便防卫导致了重大损害,也不能要求其承担过失责任,从而应对乙宣告无罪。①

(3)防卫必要性判断与防卫结果(利益衡量原理)无关,而应就防卫行为本身进行评价。"说防卫是不是必要的,说的是防卫行为,而不是防卫的结果。也就是说,考察的是防卫行为的性质和方式。"②实践中针对防卫性质的错误判决,都与简单地以防卫结果为判断核心、弱化防卫必要性要件有关。在"索某故意伤害案"中,被告人索某在路上拦截了之前在其家中抢劫的罪犯马某甲、马某乙等3人,双方发生争斗。马某乙从腰间抽出刀欲实施伤害行为,索某用棒球棍击打马某乙头部并导致其死亡。对于本案,法院认为索某的行为属于明显超过必要限度,造成重大损害,成立故意伤害罪,遂判处其有期徒刑3年缓刑4年。③ 本案判决明显遵循了有死伤就很容易成立防卫过当的逻辑,但本案的防卫手段不属于明显超过必要限度,尤其在侵害方人多势众,且使用凶器实施了暴力程度极高的侵害时,防卫手段确实有必要"下手重",防卫人才能摆脱困境。此外,在类似于不法侵害人将对方按倒后暴打的案件,即便防卫人在挥刀乱舞刺中侵害人致死的,也不应以反击行为造成死亡结果作为基准来否定反击行为的必要性。在具体的案件中,防卫行为虽有可能制造进一步的损害风险,该风险最终也实现了,但只要不采取该行为,不法侵害就不能停止时,就不影响先前所采取的防卫行为的必要性。如果结果难以避免,造成的结果不能归属于行为时,则更不应否定反击行为的必要性,也不能成立过失犯。因此,在防卫结果很严重,尤其是结果偶然超过侵害人所试图侵害的法益,但防卫手段具有相当性、必要性的,反击也具有正当性。

(4)我国刑法语境下的防卫必要性还意味着只要没有"明显超过必要限度"就是有必要的防卫。防卫必要性判断需要将防卫行为与不法侵害的强度、不法侵害的缓急等进行对照。不法侵害的强度越大,防卫的强度就可以越大;不法侵害越紧迫,防卫过当的标准就应当越宽松。简言之,防卫行为和不法侵害之间有大致对等关系即可。但是,考虑到《刑法》

---

① 参见陈兴良主编:《刑法学》(第3版),复旦大学出版社2016年版,第74页。
② 〔德〕乌尔斯·金德霍伊泽尔:《刑法总论教科书》,蔡桂生译,北京大学出版社2015年版,第167页。
③ 参见青海省玛沁县人民法院(2016)青2621刑初15号刑事判决书。

第20条第2款中出现了"明显超过"必要限度的明确规定,那么,防卫行为和不法侵害并不对等,一般性地超过必要限度的,并不必然违反防卫必要性,即就防卫行为同不法侵害的强度、缓急等方面进行简单的、大致的比较,要求二者均衡并不符合《刑法》第20条第2款的立法主旨。唯有对明显不对等,或者说明显超过必要限度的防卫行为才能以防卫过当论处。

第一,明显超过,当然就不要求防卫行为与侵害行为"基本相适应"。不法侵害都具有紧迫性,防卫人面临正在进行的不法侵害时,往往没有充足的时间去准确认识不法侵害的方式、程度、强度和可能造成的损害结果的大小,也没有余暇去充分地、冷静地判断防卫行为的手段、程度、强度、将要造成的损害大小等。特别是在较为弱小的被害人突然面临不法侵害,其在猝不及防的情况下实施防卫行为时更是如此。要求防卫行为与侵害行为基本相适应,实际上就在很大程度上剥夺了防卫权,这无异于对不法侵害行为加以鼓励。① 因此,防卫行为只有"明显"超过必要限度的,才可能成立防卫过当,那么,在防卫行为反应强烈、不法侵害程度相对较低的场合,防卫行为虽与不法侵害在一定程度上不相适应,但只要其没有明显超过必要限度,就属于具有防卫必要性的情形。"在防卫必要性的判断上,不能采取太过严格的态度。"②无法否认的是,防卫必要性当然强调要尽可能给被攻击者造成小的损害,实施"必要最小限度的防卫行为"。但是,在攻击行为具有急迫性、危险性,防卫手段的选择极其困难,挑选余地极其有限时,可以认为,反击造成侵害人死伤就是"必要最小限度的防卫行为"。由此可以得出一个重要的结论:如果某一相对缓和的防卫措施的有效性并不确定可靠,反击者一旦防卫"失手"可能面临更大的被侵害风险,那么,其为避免付出不必要的代价而不采用相对缓和的手段,转而实施"更高级别"的反击行为的,原则上都应该肯定其防卫没有明显超过必要限度,司法上更不能要求防卫人"坐以待毙"。这一结论完全符合正义不必向非正义屈服的要求。

第二,"明显超过"是典型地超过,是"一看就不应该下手这么重"的防卫,即不法侵害行为强度小、紧迫性有限;以及根据当时的客观环境,防

---

① 参见陈兴良主编:《刑法总论精释》(上)(第3版),人民法院出版社2016年版,第269页。

② 林钰雄:《新刑法总则》(第4版),元照出版有限公司2014年版,第252页。

卫人明显不需要采取类似手段即可制止不法侵害的,而防卫人的反击过于强烈,其与不法侵害行为之间的不匹配、不对应的性质清楚地、显而易见地展示出来,容易让一般人很容易地看出来,乍一看就可以认定防卫行为明白无误地超过了防卫限度(例如,防卫人将实施辱骂行为的人打成重伤的)。

第三,在是否"明显超过"有争议的场合,司法判断上就需要特别慎重。按理说,凡是对防卫必要性有争议的,就难以径直将其认定为是明显超过,因为明显超过防卫限度,一定是防卫必要性没有争议的情形。凡是有争议的场合,原则上就应该按照存疑有利于被告原则,得出防卫行为不明显超过必要限度的结论。

第四,明显超过的规定意味着不能苛求"武器对等原则"。侵害人徒手进攻,防卫人用刀防卫的,防卫似乎不具有必要性,实务中也通常严格按照这种立场处理案件。但是,这与"明显超过必要限度"的规定不符。防卫人在当时的具体情境下,针对侵害的客观危险,对其他防卫方式的有效性有所怀疑,认为如不采取更为激烈的防卫方式就不能自保时,即便其采取具有危险性的防卫方式甚至使用工具(包括枪支、管制刀具)的,防卫行为也在限度之内。例如,侵害人双手死死掐住对方脖子,防卫人用刀具实施反击的,不能轻易否定防卫行为的有效性、必要性。在"央宗过失致人死亡案"中,被害人普某与被告人央宗共同饮酒。其间,普某突然将央宗扑倒,并用膝盖压住央宗腹部,双手掐住央宗脖子不松手。央宗在挣扎无效后右手伸向旁边找东西,从窗台上随手摸到一个类似木棍的物体向普某左后背部打去,普某迅速倒下,央宗这才发现该物体是一把刀子,普某于当晚死亡。法院肯定被告人央宗的行为有防卫性质,但认定其成立防卫过当,从而判处其有期徒刑 3 年,缓刑 5 年。① 在本案中,如果单纯考虑武器对等原则,正当防卫似乎不能成立。但是,针对当时的情况,对方掐行为人脖子不松手的行为就是程度很高的暴力侵害(足以被评价为杀害或行凶),央宗的行为是求生本能的体现,是脱离险境的最有效方法。即便央宗使用了工具,也不能否认防卫必要性,应将其捅死对方的行为认定为正当防卫。

---

① 参见西藏自治区康马县人民法院(2016)藏 0230 刑初 1 号刑事判决书。

（二）防卫必要性对正当防卫的限度条件具有决定性影响

根据《刑法》第20条第2款的规定，只有防卫行为明显超过必要限度与造成重大损害两者同时具备时，才能认定防卫行为超过了正当防卫的限度条件。但防卫行为必要性（是否明显超过必要限度）与防卫结果（造成重大损害）孰轻孰重，从判断逻辑上何者处于优先地位，还需要仔细辨析。对此，前面已略有涉及，但鉴于这一问题在当下中国刑事司法中事关重大，这里还需要结合防卫必要性进行进一步论证。

按理说，立法上同时规定防卫行为必要性和利益衡量原理，判断上二者孰先孰后原本是无所谓的，因为其各自都能够发挥限定和阻截功能。但是，主讲人认为，还是应当肯定防卫必要性判断的重要性，将其置于司法评价的优先地位。主要理由是：

一方面，是基于司法现实之考量。前已述及，刑法关于兼顾防卫必要性和利益衡量的规定到实务中最终演变成为基本只重视利益衡量。对逾越防卫行为必要性和造成重大利益失衡进行判断时，甚至直接放弃了对防卫行为必要性的判断，将损害是否重大这一利益衡量原则作为决定性判断标准。这一司法逻辑带来的直接后果是实践中基本上没有正当防卫的空间。考虑到目前正当防卫成立难的现实，如果立足于优先判断防卫结果，今后要改变司法现状就更为困难。因此，在实务上，对防卫结果宜先作为启动刑事司法权的程序性事实看待，但在评价时则优先判断防卫行为必要性。如果能够得出肯定结论，根本就不需要使用利益衡量原理。只有在防卫必要性被否认的场合，才考虑防卫结果是否属于重大损害。对防卫是否过当进行层层过滤的分析，能确保公民无后顾之忧地行使法律所赋予的正当防卫权。

另一方面，是为了尊重立法的客观。《刑法》第20条第2款的规定，明确将防卫必要性放在前面，防卫结果紧随其后，而非仅仅将造成重大损害作为防卫过当的唯一条件，立法上的意思极其明确：为了防止司法上出现凡是防卫结果严重的场合就简单认定为防卫过当的误区。因此，在思考顺序或判断逻辑上，必须先确定防卫行为是否必要、妥当，是否明显违反必要性要求。只有在否定防卫行为必要性的前提下，才有必要再进行防卫结果的利益衡量，以尽量减少认定上的偏差，防止过于限制公民的正当防卫权行使。

总而言之，防卫手段是否具有必要性是判断防卫过当的优先考虑因素,防卫后果的意义是退居其后的。尤其是在对防卫正当与否有争议时,不能仅以利益衡量作为判断标准,而需要在否定防卫行为必要性、相当性的前提下,再考虑能否通过利益衡量进行限缩性思考——即便防卫行为明显超过必要限度,但并未造成重大损害的,也不是防卫过当。只有事前的危险预测与事后的利益衡量同时都否定防卫行为的正当性的,才能认为反击行为超过正当防卫的限度条件。

关于正当防卫问题,需要讨论的地方还很多,今后我们还可以做很多深入思考,因为时间的限制,今天的课只能到此为止了。

第六讲　过失犯的判断逻辑

——以"超速驾驶案"为例

【案例6-1　超速驾驶案】

被告人赵达文于2004年8月27日18时许,驾驶车牌号为京CU3586的桑塔纳2000型小客车由北向南行至本市海淀区圆明园西路主路骚子营路口南20米处时,因超速(该路段限速60公里/小时,赵达文所驾车辆当时的行驶速度高于77公里/小时)采取措施不及,其所驾车辆轧在散放于路面上的雨水井盖后失控,冲过隔离带进入辅路,与正常行驶的杨某所驾驶的富康车(车牌号为京EV0159)和骑自行车正常行驶的刘某(女,殁年51岁)、相某(女,殁年23岁)、张某(女,殁年17岁)、薛某(女,41岁)相撞,造成刘某、相某当场死亡;张某经抢救无效于当日死亡;杨某、薛某受伤。事故发生后,被告人赵达文让他人代为报警,后于同年9月6日被公安机关传唤到案。经北京市公安局公安交通管理局海淀交通支队认定,被告人赵达文负此事故的全部责任。

对于本案,北京市海淀区人民法院一审后认为:海淀区圆明园西路主路北向南方向设有明显的限速60公里/小时交通标志牌,被告人赵达文事发时"行驶速度高于77公里/小时",由于赵达文违章超速驾驶车辆,且未尽到"注意"义务,在其发现散落在路中的雨水井盖时,采取措施不及,是导致事故发生的原因。在无其他行为人违章的前提下,海淀交通支队依法作出赵达文负此事故全部责任的交通事故认定书并无不妥。由此认定被告人赵达文违反道路交通管理法规,超速驾驶过程中遇紧急情况采取措施不及,发生3人死亡2人受伤的重大交通事故,其行为已构成交通肇事罪,应予惩处。被告人赵达文交通肇事致 3 人死亡,且负事故的全部责任,根据最高人民法院《关于审理交通肇事刑事案件具体应用法律若干问题的解释》第 4 条第(一)项之规定,应属于"有其他特别恶劣情节"。考虑到赵达文自首、积极退赔且在行驶过程中轧到散放于路中的井盖这一特殊因素,量刑时可依法对其从轻处罚并宣告缓刑,判决被告人赵达文犯交通肇事罪,判处有期徒刑 3 年,缓刑 3 年。

对于一审判决,赵达文上诉提出,事故发生的原因是由于其行驶的道路上有散落的雨水井盖所致,故交通事故认定书认定其负事故全部责任不当;且当时看不到限速标志。其辩护人提出的辩护意见是:原判依据的《清华大学汽车研究所道路交通事故科学技术鉴定书》存在瑕疵,不能作为定案依据;本案属于意外事件,赵达文不应承担刑事责任。

二审法院认为,《交通事故认定书》认定赵达文负此次事故的全部责任,是针对刘某、相某、张某、杨某、薛某而言,上述五人在本起交通肇事中,均未有违章行为,均是受害者,在无其他行为人违章的前提下,海淀交通支队依法作出赵达文负此次事故全部责任的交通事故认定书并无不当,赵达文所驾驶的车辆确实轧在散放在道路上的雨水井盖,但轧上井盖是否必然导致该案的发生,缺乏证据证明。而现有证据却能证明赵达文在肇事时车速已超过该路段的限速标志,因赵达文违章超速,故遇井盖后已无法控制车速,导致采取措施不及,是造成此次肇事的一个原因,赵达文上诉提出事故的原因是由井盖引起的,理由不充分;驾驶员驾车行驶是一项危险作业,其有义务随时"注意"道路上的各种状况,以便及时采取有效措施,赵达文曾供述其对该肇事路段是熟悉的,海淀区圆明园西路主路由北向南方向设有明显的限速 60 公里/小时的交通标志牌,赵达文不能因其未看到限速标志牌而成为其违章超速驾驶的抗辩理由。赵达文由于超速驾驶,致使其遇到紧急情况后,尽管已采取措施,但已不可避免,造成三人死亡、二人受伤的重大交通事故,对此赵达文应承担相应的刑事责任。据此,驳回赵达文的上诉,维持原判。①

这一课想讨论一下过失犯的问题。实践中过失犯罪总体较少,但其中涉及的问题较多,也较复杂,很值得重视。

按照我国通说的犯罪构成四要件理论,客观构成要件和主观构成要件是分立的,它们同时具备才能成立犯罪,在其理论逻辑中,不会特别讨论故意犯、过失犯的客观构成要件问题,故意犯和过失犯的唯一区别就是主观要件不同。② 按照我国部分学者从日本刑法学中引进的"旧过失论",凡是客观上造成损害后果的行为,就是符合构成要件且违法的行为。过失犯在构成要件该当性、违法性上,并没有不同于故意犯的地方。限制过失犯成立范围的重任落在有责性阶段的犯罪过失判断上。其中,预见义务(预见可能性)、避免义务(避免可能性)都是责任过失中注意义务的内容,其与客观违法无关。过失犯比故意犯处罚轻的依据也仅在于行为人的主观恶性上。③ 同时,旧过失论把结果预见义务作为判断犯罪过失的核心,认为行为人只要稍加注意就能够预见到结果,但是由于不小心、不注意而导致结果的,就应该受到过失责任非难。由此可见,我国四要件说以及旧过失论都大体认为过失犯的客观要件和故意犯相同,等于是将犯罪过失和过失犯混同,把对"过失"的认定简化为对"过失犯"的认定。司法实务中处理过失犯的思路深受上述刑法观念的影响。

根据前述两种理论逻辑,我国司法实践在认定交通肇事等过失犯罪的通常进路就成为:在发生侵害结果的场合,(客观上)因果关系判断上的条件说+主观上的结果预见义务=过失犯罪。尤其是在违反限速规定驾车的场合,由于条件关系很容易被肯定(被告人如果不超速,则驾驶危险性小,就不会引起后续一系列死伤结果,违章行为和结果发生之间存在条件关系),结果预见义务的确定也并非难事,在实务中往往就很容易得出被告人构成犯罪的结论。因此,我国司法机关对于包括交通肇事罪在内的大量过失犯罪的处理,几乎承认了"客观归罪"、结果责任的逻辑,尤其是在被告人自身有违规行为的场合,基本都会判决有罪。

---

① 参见北京市第一中级人民法院(2005)一中刑终字第3679号刑事附带民事裁定书。
② 参见高铭暄、马克昌主编:《刑法学》(第5版),北京大学出版社、高等教育出版社2011年版,第113页。
③ 参见黎宏:《刑法学》,法律出版社2012年版,第47页。

但是,这样的过失犯论并非没有疑问。"过失犯无论在不法领域或罪责领域均有其独立的结构。并且,单纯引发结果的因果关系,并不足以建立过失犯的可罚性。"① 如果在实务上要限定过失犯的成立范围,就必须对犯罪进行阶层性思考,不能将限定犯罪的任务全部推到最后的责任判断环节,不能仅仅在"犯罪过失"或责任论中考虑相对容易认定的结果预见义务。毋宁说,应当在客观构成要件层面发挥阶层论的犯罪过滤功能,尤其要考虑结果是否可能被避免,不能将无法避免的结果归属于行为。传统上以结果预见可能性、结果预见义务为中心建构的过失论,是套用故意犯模式来分析过失犯,将两种归责类型作混同理解,存在体系逻辑上的缺陷。

为此,必须承认过失犯和故意犯在构成要件和违法性上是不一样的,尤其在存在多个条件关系时,哪一个行为和结果发生有实质的、重要的关联,需要利用客观归责论来进行补充判断,客观归责论的价值通过条件说的缺陷体现出来。在运用客观归责论限定过失犯过程中,结果避免可能性又成为其核心概念,传统上作为责任过失来处理的问题提前转换为对过失犯的客观构成要件判断问题,过失犯的归责结构由此实现了从主观归责到客观归责的转变,司法上限定过失犯的目标才有希望实现。

基于此,我在这里将首先对过失犯判断的传统逻辑进行分析;再突出强调过失犯的客观构成要件判断的重要性,并对引进客观归责论充实构成要件判断的内容进行详细讨论,主张在结果避免可能性缺乏时不能认为危险由行为人所实现,在违法判断完成后,才有过失责任的检验问题;最后则以【案例 6-1 超速驾驶案】为例,并结合域外的类似案例,分析以结果避免可能性、客观归责论为核心建构过失犯论的可能性及其价值。

一、过失犯有不同于故意犯的构成要件

(一) 旧过失论否认过失犯有独立的客观构成要件

1. 立场

基于结果无价值论的立场,旧过失论重视结果预见可能性,其主张既然违法是一种造成损害的纯客观事实而与故意、过失无关,那么,故意犯

---

① 许泽天:《刑总要论》(第 2 版),元照出版有限公司 2009 年版,第 275 页。

和过失犯的客观构成要件是完全相同的。故意杀人既遂、过失致人死亡、故意伤害致死的构成要件该当性、违法性完全相同,只是在责任形式上存在差别。过失就只能被定位于无法决定违法但与个人有关的责任要素,因而只在有责性阶段讨论过失的有无问题。按照这种逻辑,如果行为与结果之间存在相当因果关系,过失犯的构成要件该当性就存在。如果具有结果预见可能性但未履行结果预见义务的,就具备责任过失。以此为背景,过失被界定为行为人主观上对于法益欠缺关心的心理态度。过失犯的本质是行为人违反注意义务而应受到非难的心理态度,即行为人应当预见犯罪事实,且能够预见,但因为懈怠而未预见并最终导致结果发生,其核心是行为人没有预见到某种原本应当预见的结果。由此,主观的结果预见义务(预见可能性)成为过失责任的判断依据。

2. 缺陷

旧过失论在构成要件、违法性、责任的阶层式思考进路上都模仿故意犯,但又有意忽略过失犯在客观构成要件层面的思考,认为过失犯和故意犯的构成要件、违法性都是相同的,过失犯的核心在于违反结果预见义务的内心态度,由此带来的缺陷十分明显:一方面,把对过失犯的判断全部寄希望于责任环节的过失犯论,其初衷是想彻底坚持客观违法性论以缩小处罚范围,但反而可能导致客观归罪、人为地扩大处罚范围。例如,超速驾车者必定违反预见义务,但是,在行人对事故负全责或主要责任的场合,即便驾驶者有预见可能性,也并不能一概肯定驾驶者的过失责任。① 而按照旧过失论一旦具有预见可能性且违反预见义务,就要对一切违反该义务所发生的后果负责,这势必会导致客观归罪。对此,有学者指出:"旧过失理论,由于过度忽视过失'行为'的层面,几乎等同于仅追究结果责任,形成过苛的结论,而有造成处罚范围扩大的疑虑……过失犯的成立与否,几乎全在于'主观预见可能性'是否存在,反而有削弱刑法(或构成要件)的保障功能;而且,将故意犯的违法性与过失犯的违法性相同看待,亦违反一般人的法感觉。"② 另一方面,会造成司法上的重复评价。按照

---

① 最高人民法院《关于审理交通肇事刑事案件具体应用法律若干问题的解释》(2000年11月20日通过)第2条对此作出明确规定,说明司法上也认为结果能否避免对于过失犯判断具有特殊意义,在交通肇事罪中是否具有预见可能性明显不是关键判断要素。

② 陈子平:《过失犯理论与医疗过失初探》,载刘明祥主编:《过失犯研究》,北京大学出版社2010年版,第213页。

旧过失论的逻辑,在构成要件该当性分析上,对行为与结果关联性的判断要承认相当因果关系说,即需要考察某种行为一旦实施是否通常会发生某一结果,进行相当性上的判断。同时,对过失犯构成要件行为的认定,与故意犯类似,离不开一般社会经验上的相当性判断。但是,难题在于,一旦行为客观上具有导致结果发生的通常性、相当性,行为人主观上就不能说自己对于结果发生毫无预见可能,有相当性就等于有结果预见可能性。由此导致的结局是,如果在构成要件该当性判断上采取相当因果关系理论,在过失犯的责任判断中又将预见可能性作为核心要素,就会有重复评价、反复审查的问题,因为相当因果关系说中的相当性概念说到底就是通说的责任过失要素中的结果预见可能性,缺乏结果预见可能性的情形是异常的,显然不具有因果关联上的通常性和相当性。[①]

(二) 过失犯有不同于故意犯的客观构成要件

立足于行为无价值(二元)论的新过失论认为,故意犯和过失犯在违法性层次就有差异,因此,在作为违法类型的构成要件阶段上就应该揭示出二者的差异。新过失论围绕结果避免义务来建构其理论体系:即便行为人对于结果发生有预见可能性,也只能在其没有采取适当措施避免该结果发生时,将其作为过失犯处理才是妥当的。如果行为人对某种行为可能伴随的危险有所预见,但该结果仍然难以避免的,就要在一定范围内允许其发生。唯有如此,才能对过失犯客观不法的成立范围有所限制。行为仅仅造成结果无价值论意义上的客观损害,对于过失犯的违法性判断并不足够;对过失犯也不能仅仅在责任环节进行判断。只有在行为造成法益侵害,且违背一般社会生活上所要求的结果避免义务时,其才是违法的。按照这一逻辑,行为有失误、偏离社会生活上要求的行为标准是过失犯的本质。由此一来,有别于(结果无价值论视角的)旧过失论,新过失论将结果避免义务作为客观的行为基准来设定客观的注意义务。对于这一义务是否被违反,在客观的构成要件该当性环节就予以考虑。对于造成危害后果,且该行为具有结果避免可能性的,相关行为才是过失犯的构成要件行为;虽然造成危害后果,但该行为不具有结果避免可能性的,不能认为该结果可以归属于过失行为。

这里的结果避免义务,是指为了防止结果发生,站在行为人立场的一

---

① 参见蔡圣伟:《刑法问题研究》(二),元照出版有限公司2013年版,第20页。

般人在遵守社会生活上所要求的一般行动准则时应该如何行动,以接近于这个社会的"标准行为"或者典型行为的义务,其核心在于强调社会对于个人行为的约束(个人如何行动才是不逾越规矩的),从而要求个人遵守社会准则。新过失论的主旨是建立行为模式、行为规范。即便某种行为有一定危险性,但是,只要其所蕴含的风险不会引发刑法分则所明确反对的特定法益侵害,就不应该被禁止。"只有当行为中所蕴含的不受允许之特性在具体个案支配了结果是否发生时,才有在客观上坚持行为规范(注意义务)的道理,才能把结果的发生看成是行为人'干的好事',看成是他的'作品'。"① 由此,行为与典型的行为样态相悖就成为过失的重心,从而使过失犯的评价重点从结果无价值转向行为无价值。② "对于在行为构成中包含着过失的行为无价值这一点,人们存在着共识。"③ 因此,在过失犯论中重视结果避免义务,成为现今的德国通说。当然,新过失论重视结果避免义务,并不等于其不要求结果预见可能性。预见可能性是结果避免可能性的前提。既然以存在预见可能的状态为前提而推导出结果避免义务,那么,过失犯的构成要件该当性判断中就要求同时具备主客观要求,承认主观的过失构成要件,故意犯和过失犯在构成要件阶段的差异由此展示出来。"结果回避义务是一种基准行为,如果根据一般人标准,只要采取了对一般人而言具有合理性的结果回避义务行为即基准行为,即便具有预见可能性,由此出现的结果属于被允许的危险,并不具有违法性,由此限制了过失犯的范围。"④

二、传统过失犯论的"客观化"改造

(一)没有结果避免可能性,就不能进行客观的结果归责

过失犯和故意犯的客观构成要件不同,过失犯的危害行为表现在对客观的结果回避义务的违反。要限定过失犯的客观构成要件该当性,就

---

① 蔡圣伟:《"交通过失"与谈稿》,载刘明祥主编:《过失犯研究》,北京大学出版社2010年版,第315页。
② 参见〔日〕井田良:《講義刑法学·総論》,有斐閣2008年版,第200页。
③ 〔德〕克劳斯·罗克辛:《德国刑法学总论》(第1卷),王世洲译,法律出版社2005年版,第714页。
④ 陈兴良:《教义刑法学》,中国人民大学出版社2010年版,第481页。

自然引出客观归责论。在司法实务中,即便行为人有过错,但其履行预见义务结果仍然会发生时,无论危害结果在客观上多么重大,都不应该将结果发生的"账"计算到行为人头上,因为在没有结果避免可能性的场合,行为人就无法履行结果回避义务,司法上就应宣告被告人无罪,而不宜将有死伤就要有人对此负责的"维稳思维"用到过失犯处理上,不当地扩大过失犯的成立范围。这一结论既是建立在结果发生缺乏避免可能性前提下的,也包含了结果归责的法理。因此,可以说结果回避义务是新过失论的核心范畴,也是过失犯最为基础的客观归责要素。

由此可见,在过失犯论中,承认客观归责理论以限定过失犯的构成要件是理所当然的,也只有这样才能真正达到限缩过失犯的成立范围的目的。对此,有学者指出,在故意犯中,即便不承认客观归责,对未制造法益风险(例如,劝说他人坐飞机)、未实现法益风险(例如,行为人伤害他人,受伤者因为地震死亡)的案件,肯定条件关系,但也可以根据行为人对于结果发生"缺乏故意"来否定犯罪成立或者既遂。但是,对于过失犯,如果没有客观归责来限制,仅考虑条件关系,本身就没有行为人"缺乏过失"这一道防线,要想限定过失犯的成立范围,不至于打击面过大,就必须引入客观归责理论。① 对此,罗克辛教授也明确指出:客观归责论对于考察过失犯而言,是一种非常重要的理论。因为以客观归责论对过失犯认定的影响为核心,能够对过失的体系性地位、客观归责论和交通肇事罪的关系、信赖原则的运用进行深入探讨。② 结果避免可能性的确认或者说客观归责的判断,"往往是个案判定的重心所在"③。分析的重点不是结果预见可能性、预见义务,而是结果避免可能性。行为人不需要承担刑事责任的真正理由是不能进行客观归责,"亦即其违反义务所制造之风险并未在死亡结果中实现"④。换言之,即便行为人遵守法规范义务,也不能防止构成要件结果发生的。虽然违反注意义务行为是具体结果产生的条件,

---

① 参见蔡圣伟:《"交通过失"与谈稿》,载刘明祥主编:《过失犯研究》,北京大学出版社2010年版,第315页。
② 参见〔德〕克劳斯·罗克辛:《德国刑法学总论》(第1卷),王世洲译,法律出版社2005年版,第715页。
③ 林钰雄:《新刑法总则》(第3版),元照出版有限公司2011年版,第500页。
④ 对我国学者将"预见可能性"和"避免可能性"相混淆这一主张的更多批评,参见王效文:《过失犯的犯罪构造与相关问题》,载刘明祥主编:《过失犯研究》,北京大学出版社2010年版,第77页。

而且违反注意义务行为也创设了法所不容许的风险,但结果并非基于行为的违反义务而发生,行为人仅止于制造但是没有实现具体风险的,就不能将结果归责于行为人。只有当行为中所蕴含的不受容许危险的特性在具体个案中支配了结果发生时,才有理由坚守这种行为规范,才能把结果的发生看做是行为人干的"好事"。①

其实,结果的避免可能性不是客观归责论新发明的概念,因为在新过失论中,结果避免可能性事关结果避免义务的判断,也涉及规范意义上的因果关系判断,无论行为人制造了何种法所禁止的风险,只要结果没有避免可能性的,就不能认为行为人实现了法所禁止的风险,也不能赋予行为人结果避免义务。客观归责论只不过是借用了结果避免可能性这个概念,并将其纳入自己的理论体系当中,使之成为判断风险实现的辅助性下位规则之一。

这样一来,传统上迟至有责性阶层才判断过失(责任)的做法需要改变,即对过失犯的限定可以提前到行为归责层面。在构成要件阶段考虑能否进行过失行为的结果归责,明显就是合理的。结果预见可能性、结果避免可能性等传统过失责任论所使用的概念,都可以在对结果的客观归责中找到自己的位置。如果在客观归责判断中已经考虑过结果避免可能性问题,就不需要再将其作为犯罪过失的核心内容;同时,由于在结果归属判断中已经整合了相当因果关系论,使其成为客观归责论的下位判断规则之一,传统过失论中相当性说和(预见可能性的)过失责任反复检验的弊端也由此得以消除。

(二) 过失犯论的话语转换

传统旧过失论的注意义务包括结果预见义务和结果避免义务两部分(但认为前者是核心),对其均在责任环节予以讨论。但是,按照新过失论在构成要件环节限定过失犯的进路,违反客观的结果预见义务与客观归责论的制造不被允许的风险相对应,是对作为行为标准的规范的违反。判断是否违反结果预见义务,实际上是站在"事前"角度审查结果预见可能性。对违反客观的结果避免义务(具有结果避免可能性),则应放在危

---

① 参见孙运梁:《过失犯的客观归责:以结果避免可能性为中心》,载《比较法研究》2017年第5期。

险实现阶层予以判断①,其重点在于阐明结果归属的可能性。判断是否违反结果避免义务,是对已经发生的具体结果检讨其避免可能性,即从"事后"的立场来判断事前的注意义务违反是否实质上增加了对于结果发生的危险性。这种过失论将大量原来作为责任过失予以处理的问题,提前到构成要件该当性阶段加以判断,对过失犯的检验也就成功实现了从责任论到构成要件论的转移。

如果行为没有结果避免可能性,并不符合过失犯的客观构成要件,当然无须进行下一环节的过失责任判断。仅在客观上认定行为符合过失犯的构成要件且具有违法性之后,才有必要在有责性环节再进行过失责任的检验。当然,为了避免重复检验,在过失责任的判断上,需要重点审查特定行为人基于其智力和学识,特别是他的技能和资质、生活经验、社会角色,其是否有能力像理性一般人那样,认识到行为与结果之间的关联性,并通过审慎举止来防止结果发生,从而具备避免结果的个别能力。这样一来,客观构成要件中的结果避免可能性和责任过失中的结果避免能力各自的体系性地位不会发生混淆,对过失犯的客观构成要件和过失责任二者也不会发生重复检验。

（三）所谓"修正的旧过失论"已经脱离了原有阵营

旧过失论认为,故意犯和过失犯的构成要件该当性、违法性都是相同的,区别仅仅在责任非难上,但这一学说明显存在缺陷。因此,出现了"修正的旧过失论"。该说主张,没有履行结果回避义务是过失犯的客观构成要件;对结果具有预见可能性,是过失犯的责任要素。过失犯的成立要件和作为责任要素的过失并不是相同的概念;过失犯有不同于故意犯的客观构成要件和违法性。②"实行行为、相当因果关系、实质的违法性等故意犯中所要求的客观要件在旧过失论中也作为过失的要件被要求,并不是只要承认了预见可能性,过失犯就成立。说明时也会说这是旧过失论的修正。"③

"修正的旧过失论"这一说法有一定合理性,但问题很多:

---

① 参见陈璇:《论过失犯中注意义务的规范保护目的》,载《清华法学》2014年第1期,第27页以下。
② 参见张明楷:《刑法学》（第5版）,法律出版社2016年版,第287页。
③〔日〕佐伯仁志:《刑法总论的思之道·乐之道》,于佳佳译,中国政法大学出版社2017年版,第245页。

（1）这一理论对过失犯的实行行为格外强调，认为结果避免可能性的有无关涉过失实行行为的判断，从而把过失犯的判断从责任判断提前到行为归责，这显然是立足于过失行为违法性的实质在于"对作为一般人行为基准的行为规范的违反"这种行为无价值论的观点①，进而强调只要具体行为和标准模式保持一致的，该当于构成要件且违法的过失（实行）行为就不存在。这个意义上的过失，是指对于社会生活中一般所要求的结果回避义务即基准行为的懈怠、偏离。由此，结果避免义务也就能够成为过失犯的客观构成要件要素的核心内容。其实，按照结果无价值论原本是不应该这样思考问题的，因为其强调在判断社会危害性的有无和大小的时候，坚持结果本位的立场，即从与行为方式、方法相对分离的角度来判断行为是否违法及具有社会危害性。而修正的旧过失论明显是从与行为方式、方法紧密关联的角度来思考过失犯的构成要件及违法性。

（2）没有结果避免可能性的行为自身往往有侵害法益的危险性，只是因为过失犯都是结果犯，在不具有结果避免可能性的特定行为未实现法所反对的危险时对其不予处罚。因此，修正的旧过失论将缺乏避免可能性的行为一律评价为不具有过失犯的实行行为性，未必是妥当的结论。

（3）要区分出故意犯和过失犯的客观构成要件，就等于是承认了行为人是否对结果有认识或预见可能性这一主观要素对作为违法类型的客观构成要件的实行行为、因果关系等有影响，因为指控行为人具有结果避免可能性是以其具有预见可能性为前提的；另外，如果对客观构成要件从故意犯、过失犯的角度进行区分，结果无价值论的违法性判断也就不可能再坚持违法是纯客观的逻辑。

主讲人认为，所谓的"修正的旧过失论"背后所揭示的逻辑虽然是存在的，但其对过失犯实行行为的讨论属于行为无价值（二元）论重视行为规范的思考方式，基本与旧过失论无关，称其为旧过失论的修正理论是名实不符的。"对于实行行为性的这种理解，仍然是限于对结果之发生（或者危险）有预见可能性的场合，科以高度的避免义务，因而最终与新过失论的理解几无不同。"②承认所谓的"修正的旧过失论"已经完全改变了其

---

① 参见〔日〕井田良：《講義刑法学·総論》，有斐閣2008年版，第240页。
② 〔日〕桥爪隆：《过失犯的构造》，王昭武译，载《苏州大学学报》（法学版）2016年第1期。

原来所在的理论阵营,无论从理论逻辑还是案件处理结论上看,都滑向了新过失论,等于是变相地接受了行为无价值(二元)论。

由于新过失论和修正的旧过失论已经无限接近,可以认为二者都赞成在判断过失犯时,要按照不同于故意犯的一整套逻辑分别检验构成要件该当性、违法性和有责性。在不能认定行为偏离规范、不具有实质危险性的场合,应否定过失犯的客观构成要件符合性。只不过新过失论是从行为没有实现法所禁止的风险、未违背结果避免义务的角度加以论证,而修正的旧过失论是从否定实行行为性的视角切入而已。这两种立场对具体案件的处理,尤其在客观构成要件该当性的分析方面,在结论上可以说几乎没有差别。修正的旧过失论向行为无价值(二元)论的无限靠拢,显示出刑法学派在过失犯论上的体系性对立已经终结。

三、结果避免可能性与"超速驾驶案"的处理

对于【案例6-1 超速驾驶案】根据我国通说的四要件理论大致能够毫无疑义地肯定危害行为的存在(超速行驶就具有社会危害性),在犯罪过失的判断上也很容易得出肯定的结论,定罪似乎势在必得,法院的判决也基本上秉持了这一逻辑。而按照旧过失论,通常会直接将思考重心定位于结果预见义务是否履行这一点上,也极易得出有罪结论。

但是,如果将结果避免义务作为过失犯客观构成要件判断的核心,将客观归责论运用于过失犯论,对于本案的思考过程和处理结论都会有所不同。在欠缺结果避免可能性的场合,结果避免义务的履行就存在障碍,过失犯的客观构成要件并不具备,在构成要件该当性阶段(而无须等到有责性阶层)就可以有效限制过失犯的成立。因此,结果避免可能性成为与结果回避义务紧密关联的问题而值得在案件处理过程中给予特殊关注。

在本案中,被告人在一审和上诉时都提出其没有看到限速标志,但是,这不能成为其无罪的理由。只要是驾驶人员,就有义务事先熟悉自己将要通行路段的限速规定;即便其没有看到限速标志,也应具有根据路况判断限速的能力;被告人自己供述多次从出事路口通行,其应当知道也可能知道限速。因此,被告人的这一辩护理由不值一驳。被告人真正可以进行有效辩护的理由可能存在于——被告人所驾驶车辆压过的井盖对于结果发生究竟有多大影响?死伤结果是否具有避免可能性?

(一) 对结果避免可能性是否存在的考察

1. 法院判决的逻辑

(1) 被告人超速时具有结果预见可能性。在本案中,行为人超速是违反《道路交通安全法》的行为,超速者对于可能发生死伤结果不能说毫无认识,至少存在预见可能性。按照旧过失论,行为人一旦违反预见义务,就要对一切违反该义务所发生的后果负责。在本案中,因为行为人是交通运输活动的参与者,有高于一般人(尤其是行人)的特殊预见能力,行为人要否认结果预见可能性和预见义务是极为困难的。如此一来,对其定罪的难度就大为降低。但这明显是有疑问的"客观归罪"(而不是客观归责)做法。

(2) 被告人的超速行为很危险。在法院判决中隐含的逻辑是,赵达文驾驶汽车超速属于制造法所不允许的危险,由此造成的一切后果他都应该负责,即他的超速驾驶行为实现了风险,正可谓"一步错,步步错"。但是,值得研究的是,如果结果不具有可避免性,就不能认为被告人实现了不被允许的风险。这是本案的关键所在。当然,实务上通常会不假思索地认为:被告人如果不超速,遇到紧急情况就能够及时采取制动措施,其超速行为明显提升、实现了法益风险,所以,赵达文还是应当对结果负责。鉴于"风险升高"这一问题比较复杂,拟在下文部分进行专门研讨。

(3) 在一起交通事故中总应该有人对结果负责。在被害人无违法行为时,结果只能算到驾驶人头上,在其有违章超速驾驶的情形下更应如此。对此,一、二审法院均认为,五名被害人在此次交通事故中均无违章行为,在无其他行为人违章的前提下,认定赵达文负此次事故的全部责任并无不当。二审裁判更为清楚地指出:"赵达文所驾驶的车辆确实轧在散放在道路上的雨水井盖,但轧上井盖是否必然导致该案的发生,缺乏证据证明。而现有证据却能证明赵达文在肇事时车速已超过该路段的限速标志,因赵达文违章超速,故遇井盖后已无法控制车速,导致采取措施不及,是造成此次肇事的一个原因,赵达文上诉提出事故的原因是由井盖引起的,理由不充分;驾驶员驾车行驶是一项危险作业,其有义务随时'注意'道路上的各种状况,以便及时采取有效措施……赵达文由于超速驾驶,致使其遇到紧急情况后,尽管已采取措施,但已不可避免,造成三人死亡、二人受伤的重大交通事故,对此赵达文应承担相应的刑事责任。"①本案二审判决对定罪理由的说明似乎较为详尽,但在能否要求赵达文对结果负责这一问题上,仍然有值得进一步讨论的余地。

在法院判决中,虽然认为井盖的存在对于定罪没有影响,公安交通管理部门关于赵达文负事故责任全部责任的认定结论也强化了法官作出有罪判决的决定,但法官明显感觉到本案与其他交通肇事罪不同:一方面,一、二审判决书在描述井盖的存在时使用的都是"散落于路面的雨水井盖",说明这个井盖下面是没有井口的,井盖是被人遗置在实心的路面,这个井盖的所有权人是谁,是怎么到路面上的都查不清楚,所以,在判决书中只能将其描述为"散落"的井盖,而且法官已经明显感受到这一物体的存在对于事故发生有相当的影响力,不然就不会对其存在的特殊性进行如此详尽的描述。另一方面,则体现在量刑结论上。本案造成的后果很严重,但法院仅判处赵某有期徒刑3年,缓刑3年。交通肇事造成这么严重后果的,其法定刑幅度是3年以上7年以下有期徒刑,且很多地方法院对造成类似后果的被告人大多会判处5至6年有期徒刑。法院在这里对赵达文判处这么轻的刑罚,显然考虑了被告人不能控制的介入因素问题,即道路上原本就不应该出现这种下面没有井口的井盖。不过,法院对本案的处理仅仅在量刑上"找齐"是"打马虎眼"的做法,真正应该追问的是定性是否准确。

2. 法院判决的疑问

其实,在本案中真正成为问题的不是预见可能性,而是结果避免可能性是否存在。如果由于这个井盖的存在,死伤结果从客观归责的层面看不能算作赵达文过失行为的"作品",不是他干的"好事",其就不需要对死伤结果负责。因此,在本案中,分析的核心在于被告人有无避免结果发生的可能性。如果这种可能性不存在,不能进行客观归责,过失犯的客观构成要件就要被排除,被告人是否还有交通肇事罪的过失责任也就无需讨论。

应当承认,在交通法规中有一些"过度"的义务规定,使得刑法必须重新界定自己的不法内涵,不能也不应当完全照搬交通行政管理上的违章判断标准。虽然赵达文违反限速规定的行为造成了损害,但是,如果在其遵守限速规定驾车时,死伤结果也基本上没有办法加以避免,事实上难以

---

① 北京市第一中级人民法院(2005)一中刑终字第3679号刑事附带民事裁定书。

控制事态时,就不能认为行为实现了法益危险,死伤结果就不能算到行为人的头上,交通肇事罪也就难以成立。对此,有学者指出,在具体个案中,即便行为人遵守注意义务(法规范义务),也不能防止构成要件结果发生的,虽然违反注意义务行为是具体结果产生的条件原因,而且违反注意义务行为也创设了法所不容许的风险,但结果并非基于行为的违反义务而发生,仅止于制造但是没有实现具体风险,所以,不能将结果归责于行为人。只有当行为中所蕴含的不受容许危险的特性在具体个案中支配了结果发生时,才有理由坚守这种行为规范(注意义务),才能把结果的发生看做是行为人干的"好事"。[1]

在导致交通事故发生的各种原因中,违章超速排在第一位,正所谓"十次事故九次快"。在被告人赵达文超速的场合,客观上已经实现的风险是否可以算作是风险制造者的"作品"予以归责,需要区别情形予以考虑:

(1) 如果赵达文在限速范围内以低于60公里/小时的速度驾驶,死亡结果就是完全可以避免的,超速驾车明显升高了法益风险,应当对超速驾车的被告人进行客观归责。

(2) 如果被告人赵达文在限速范围内,以低于60公里/小时的速度驾驶,因井盖出现在不该出现的地方,被告人的汽车轧向井盖时,其飞向路边砸中行人的概率极高,死亡结果极有可能会发生,结果归责的结果归属判断就难以进行,只能得出赵达文的行为不符合交通肇事罪客观构成要件的结论,其行为的违法性、有责性的进一步判断也就无从进行。对于过失犯的成立而言,必须在义务违反行为与结果发生之间存在一定的规范关联性时,才能认为义务违反行为所创设的风险在具体的结果中得以实现,才能要求行为人对于结果负责。如果行为人实施符合义务的行为,结果却仍然极有可能发生的,行为和结果之间事实上的条件关系固然存在,但违反结果避免义务行为和结果发生之间的规范关系欠缺,即不存在"义务违反的关联性"。缺乏这种义务违反关联性时,结果避免可能性即被否定。[2] 这样一来,客观归责就不能被实现。对此,德国通说及实务界也认为:如果"无法确认在行为人的错误行为与发生的结果之间存在必要的实现关联(或是

---

[1] 参见孙运梁:《过失犯的客观归责:以结果避免可能性为中心》,载《比较法研究》2017年第5期。

[2] 参见〔日〕井田良:《変革の時代における理論刑法学》,庆应义塾大学出版会2007年版,第158页。

义务违反关联:Pflichtwidrigkeitszusammenhang)、无法排除'所实现的风险并不是错误行为所引起之受非难的风险,而是一个在合法行为时亦存在的风险'这种可能性——因此所发生的结果系属不可归责"①。

(3)如果无法准确判断赵达文在限速范围内以低于60公里/小时的速度驾驶死亡结果是否可以避免时,就应该在规范意义上认定具体的结果回避可能性是否存在难以判断,从存疑有利于被告原则出发得出被告人无罪的结论。在这里,虽然赵达文超速确实违反了注意义务(预见义务),但是,由于车辆是轧在了一个不是该路段的附属设施、原本不应该出现在该路段的"散落"井盖上,赵达文保持限速就能够避免结果发生这一点并没有通过侦查实验予以证明,在审判上也没有得到确定,那么,行为人结果避免义务违反(即违反保持合理车速的交通法规)与他人死伤之间就欠缺结果归属的可能性。② 对此,井田良教授明确指出,即使采取某一行业所要求的结果回避措施,结果发生也不能避免的,结果回避义务违反和结果发生之间必然欠缺因果关系。这样就可以说,履行结果回避义务就能够避免结果发生这种意义上的"结果回避可能性"不能确认,过失犯不能成立。③ 如果承认过失犯是结果犯,就需要承认在发生的结果不能被定性为法所反对的不法时,对被告人进行刑罚处罚的可能性就应该被排除。"即便根据特别规范认定行为违反了注意义务,也并不意味着该行为必然构成犯罪。因为除了注意义务违反性之外,过失犯的结果归责还要求合义务的行为必须具备避免结果发生的能力。换句话说,如果事后证明,符合最高限速规定的合法驾驶行为也无法避免事故的出现,那就说明结果与注意义务违反性之间欠缺必要的关联,理应否定过失犯的成立。"④

(二) 能否认为一旦超速驾车就提升了法益危险

客观归责论一般认为,虽然行为人违反规范的行为造成了损害,但是,如果在其实施符合规范的行为时结果也肯定会发生的,就不能认为行

---

① 〔德〕沃尔夫冈·弗里希:《客观之结果归责——结果归责理论的发展、基本路线与未决之问题》,蔡圣伟译,载陈兴良主编:《刑事法评论》(第30卷),北京大学出版社2012年版,第247页。
② 这也从另一个侧面说明,将结果预见义务作为过失犯核心要素的旧过失论是值得商榷的。
③ 参见〔日〕井田良:《講義刑法学·総論》,有斐阁2008年版,第220页。
④ 陈璇:《论过失犯中注意义务的规范保护目的》,载《清华法学》2014年第1期,第40页。

为实现了法益危险。不过,如果实施合法行为,可能使结果发生的可能性或者盖然性降低的,由于行为人没有实施合法行为而致使结果发生的盖然性、危险性升高的,能否以此进行归责,一直是有争议的问题。对此,处于少数说地位的风险升高理论会得出可以定罪的结论。

在本案判决中,法院明显借用了风险升高理论,认为被告人超速驾车是提高事故发生盖然性、危险性的情形,其明显降低了被告人的应变时间,从而升高了法益风险。二审法院关于"赵达文在肇事时车速已超过该路段的限速标志,因赵达文违章超速,故遇井盖后已无法控制车速,导致采取措施不及,是造成此次肇事的一个原因"的说法,明显是将其与井盖偶然出现在不该出现的地方这一因素进行比较后,对行为的现实危险性所做的评价,是对超速驾车会导致法益风险升高的另一种说法。

应当承认,本案被告人的行为确实制造了法所不允许的风险,最终也发生了现实的死亡结果。但是,问题在于其所制造的风险与实现的风险之间并不统一。关键在于:被告人赵达文如果低于限速行驶,其撞击井盖进而导致死亡的结果是不是可以避免?这是必须经借助于专业鉴定才能明确的事实认定问题。但是,在实践中,受技术条件限制可能没有办法进行侦查实验或者提交鉴定,而这就注定了本案最后要走入事实存疑的结局:井盖多远能够被司机所发现?在限速内行驶时,自发现井盖的那一刻起,在多少时间内采取制动措施汽车在井盖前停下来或可以绕开井盖?由于井盖出现在其不该出现的地方,即使低于限速轧上井盖,是否也会发生类似于本案的严重后果?这都是不明的事实。因此,超速驾车会不会导致风险升高,就涉及风险升高和存疑有利于被告原则的关系问题。

风险升高理论认为,假设遵守规则就"很有可能"不发生结果,那么,不遵守规范就会导致法益风险升高,就可以认定为被告人制造而且实现了法所反对的风险。如果遵守规范,可以降低结果发生概率的话,那么,违反义务规范的行为与现实发生的结果之间就有客观归责可能性。这种主张的立足点在于:没有理由对逾越可容忍的风险的行为人免除其对危险举止所应承担的(客观)责任。①

德国刑法学的主流观点对于风险升高理论持质疑、反对态度,认为其

---

① 参见[德]克劳斯·罗克辛:《德国刑法学总论》(第1卷),王世洲译,法律出版社2005年版,第253页;许玉秀:《当代刑法思潮》,中国民主法制出版社2005年版,第411页。

限制了存疑有利于被告原则的适用范围。如果事后不能够以近乎肯定的高度可能性确定一旦行为人谨慎地实施合法行为就能够避免结果,就不存在"义务违反关联",就不能进行结果归属。①"如果案件事实情况的说明上存在疑义,则不得给被告人课加负担。行为人因超过限速而实施不被容许的举止,可以作为违反秩序(的行为)加以处罚。而只能在能够没有疑义地确定死亡结果是出于行为人违反谨慎义务,换言之,出现该死亡结果,肯定没有办法用行为人合乎谨慎的举止来解释之时,才可以采用比违反秩序更进一步的刑事责难,同时,刑事责难才具有正当性。"②

此外,也有学者认为,风险升高理论其实并不是要一概排斥存疑有利于被告原则,而只是要限制其适用范围:有利于被告仅局限在实际发生的案件客观事实最终无法查清的情形,而不适用在未发生的、假设性事件当中,也就是说对于假设性事件流程如果直到最后仍然没有办法查明和判定的,也可以得出不利于被告的结论,不适用存疑有利于被告。例如,被害人甲落水了,乙想扔救生圈过去救甲,但是被丙阻止,后来甲死亡的,如果存在没有查清的实际发生的事实——比如甲、乙两个人当时的距离究竟有多远,风浪是不是大,即使丙不阻止,救生圈能否顺利扔到被害人身边。这些实际发生的事实如果不明,就要做对被告人有利的考虑。因为不能排除甲、乙两个人之间的距离很远,而且当时海浪很大,即使丙不阻止,救生圈也扔不过去,被害人死亡的可能性仍然不能排除的,风险升高理论也不否定存疑有利于被告原则在此时的适用。但是,不是现实发生的事实查不清,而是与假设性的事件流程结合的部分不明时,就不得适用存疑有利于被告原则。例如,在前述乙试图扔救生圈救助甲的案例中,假设丙没有阻止,被害人自己有没有能力在滔滔巨浪当中抓到救生圈?这不是实际发生的事实,不能适用存疑有利于被告原则。风险升高理论主张对已经实际发生的事实,经过法定程序侦查后仍然查不清的,不能认为行为升高了风险,存疑有利于被告;对于没有实际发生的事实,虽然查不清,但是,只要被告人一旦履行其义务,结果就几乎有可能被防止的,违反

---

① 参见车浩:《假定因果关系、结果避免可能性与客观归责》,载《法学研究》2009 年第 5 期。

② 〔德〕乌尔斯·金德霍伊泽尔:《刑法总论教科书》,蔡桂生译,北京大学出版社 2015 年版,第 338 页。

规范的行为提升了风险,不能适用存疑有利于被告原则。① 不过,难题在于,在很多案件中,假设性的事实不明和真实发生的事实不明是纠缠在一起的,有些实际发生的事实不明就会导致假设性的问题也无法回答,在这个时候,还是应当适用存疑有利于被告原则。

在【案例6-1 超速驾驶案】中,假设被告人遵守规定,超速驾车导致死亡是不是可以避免?这是假设性的流程或事实。另外一个事实是,被告人在多远的距离发现了井盖?其自发现井盖的那一刻起就采取措施,能否避免结果发生?对此,证人宋爽的证言是在离井盖10米左右时,才看见了井盖;被告人赵达文对这一距离有不同说法,法院最终也无法查明这一基础事实。对于发现井盖到撞击之间的距离无法查清,势必影响对被告人采取适当刹车措施的时间的分析。超速究竟多少,被告人看见井盖的反应时间、应变可能性才会受到影响?如果不超速,其一看见井盖就采取制动措施是不是也来不及,结果仍然会发生?如果经过各种努力,仍然无法确定上述实际发生的事实如何的,最后就应该对被告人作出有利的认定。在本案中,结果避免可能性是争论的焦点,而是否能够避免则涉及事实认定问题,如果没有办法确定赵达文在多远能够看到井盖?发现井盖后采取刹车措施的时间究竟有多长?不超速汽车是否就能在井盖边上停住或者绕开井盖?那么,就不能进行客观归责。因此,即使采用风险升高理论,也很难得出被告人有罪的结论。

这样说来,对本案的处理,就不能抽象地认为超速驾车就是升高了法益风险。确实,超速行驶会降低反应时间或加重撞击程度。但是,超速行驶与死亡结果之间是否存在这种典型的风险关联,则需要仔细讨论。行车限速是为了安全,但是,其试图保障的到底是哪一种安全,是否包括防止轧到路上散落的(而不是作为道路附属设施、下面存在井口的)井盖,其实是值得讨论的。否则,一架飞机在公路上从天而降,超速行驶者将其撞坏的,也要求驾车人承担刑事责任?如果抽象地、一概地肯定超速就是升高了风险,并不符合禁止超速的规范目的,因为那样会使禁止超速的规定变成扩张刑法的绝对规范。限速内行驶的注意规范目的仅仅在于防止其通常所预想的典型风险。

但是,在本案中,在超速与后果的规范关联(即对履行义务结果是否

---

① 参见林钰雄:《刑法与刑诉的交错适用》,中国人民大学出版社2009年版,第70页。

极有可能不发生)这一点尚未确定时,认定结果归属于超速行为就可能违反存疑时有利于被告原则。只要在司法上认为,行为没有达到极其接近于导致结果发生的"确实"程度,难以肯定结果由过失所引发,结果发生成为概率极低的事件,就难以进行客观归责。由于"散落"井盖的存在具有异常性,赵达文即使将车速控制在60公里/小时之内,他在多远的距离能够发现路上散落的井盖无法查明,在限速内发现井盖马上采取制动措施,死伤结果能够避免的概率究竟如何无从判断,就不能得出只要被告人不超速死伤结果就一定能够避免的结论。在没有侦查实验或其他有力证据对履行义务的结果如何进行确定时,直接认定结果归属于赵达文的超速行为,判决结论难以令人信服。对于本案处理结果,其他学者也表达了与主讲人大致相同的质疑:"审判机关并未对被告人违反限速要求这一注意义务是否为避免危害结果所必需进行评价,也未对被告人即使按照限速标准行驶,是否也可能撞上突然出现的散放于路上的井盖并造成严重后果进行考察,而直接将《道路交通安全法》所设定的注意义务引申为过失犯的注意义务,缺乏针对案件事实的个别性判断。"①

显而易见,在本案中,即使行为人有预见结果发生的可能,但也难以避免该结果的发生,因此,不能肯定行为人违反了结果避免义务(客观注意义务),更不能认为行为人的结果避免义务违反与结果发生之间存在因果关联,自然也就不能将结果归属于行为人(新过失论、客观归责论)。

当然,如果按照修正的旧过失论,也极可能得出赵达文无罪的结论:如果通过这一散落井盖路段的人将车速降至限速以内通常就不会发生死伤结果,超速驾驶行为就具有过失犯的实质危险性,其实行行为性就应该被肯定。但是,在本案中,将车速降至限速内是否就极有可能避免事故结果并不确定,结果避免可能性无法切实地证明,过失犯的实行行为性就不能被肯定。修正的旧过失论对本案的处理结论就和新过失论(客观归责论)相同。

(三) 域外经验借鉴

域外有不少类似案件的处理经验,值得我们在思考【案例6-1 超速驾驶案】时加以借鉴。

(1)德国的两起案件:①"山羊毛案"。店主把羊毛交给员工加工时

---

① 张冬霞:《过失犯注意义务的解读——赵达文交通肇事案》,载《判例与研究》2007年第1期,第19页。

没有进行消毒,导致员工死亡。事后查明,根据当时的消毒程序,即使店主履行注意义务,也没有办法消灭这种病菌。该店主是否构成过失犯罪?在本案当中,需要具体判断死亡结果是否可以避免。因为只要死亡是可以避免的,行为所导致的风险就实现了,但是如果几乎可以确定即使履行注意义务,结果仍然会发生,就说明遵守规范确定的义务对于防止结果发生是无效的,结果就不能算到被告人头上,风险也就没有实现。店主把羊毛交给员工加工与最终导致死亡结果之间虽然存在条件关系——没有消毒制造了法益风险,但是由于当时的消毒程序没有办法消灭这种病菌,因此,就不能认为没有消毒提高了女工感染病菌的风险,也就是说,因为未经消毒所制造的风险并没有实现。德国联邦最高法院也正是基于这一理由而宣告被告人无罪。① 对此,学者亦指出,在本案中老板确实违反消毒义务制造了风险,但是,该义务原本就是一个无效的义务,因为无论如何结果都无法避免,虽然有细菌的羊毛致死的因果关系是存在的,但是其所实现的风险必须被容忍。② ②"超速行车肇事案"。金德霍伊泽尔教授曾经举了一个与【案例6-1 超速驾驶案】极其相似的教学案例:汽车司机S以每小时90公里的速度行驶在限速每小时60公里的马路上,突然间行人X违反交通规则进入车道中,S刹车、躲避不及,直接撞上,致使X重伤。但事后查明即便S遵守限速也无法避免该事故。由于不具有结果避免可能性,缺少"义务违反关联",不能将行人重伤结果算到S超速行驶上。换言之,就是不能追溯到能说明行为人的举止违反了谨慎义务的那一情状上,结果不能归属于行为人。这其实是从行为没有"升高风险"的角度讨论问题:和合乎规范的行为相比,现实发生的违法行为如果升高了法益风险的,危险成为现实,应当肯定结果归属;但是,即便实施合乎义务的行为也难以避免结果的,就不能说现实的违法行为增加了发生结果的危险、危险变成了现实。此外,如果事后无法查清S在限速内行驶就有"近乎肯定的高度可能性"能够避免结果的发生,按照德国主流观点就应该适用存疑有利于被告原则,不能认定S构成过失犯罪。③

---

① 参见〔德〕克劳斯·罗克辛:《德国刑法学总论》(第1卷),王世洲译,法律出版社2005年版,第260页。
② 参见许玉秀:《当代刑法思潮》,中国民主法制出版社2005年版,第517页。
③ 参见〔德〕乌尔斯·金德霍伊泽尔:《刑法总论教科书》,蔡桂生译,北京大学出版社2015年版,第336页以下。

(2)日本"黄色信号灯案"。甲驾车经过某路口时遇到黄色信号灯,其原本有义务减速,但仍以 30 公里/小时的速度行驶,撞上酒后超速行驶、闯红灯经过该路口的乙所驾驶车辆,导致乙死亡,甲被检方指控业务上过失致死伤罪。① 但是,日本法院经审理后认为,如果存在甲的车速即便降到 10 到 15 公里/小时,结果仍然可能难以避免的"合理怀疑",结果回避可能性就是不存在的,为此宣告甲无罪。② 在这里,甲进入交叉路口不减速,违反了注意义务。但是,如果行为人保持合法车距就能够避免结果发生(结果避免可能性)这一点不能被确定,那么,从规范评价的角度就可以认为,行为人结果避免义务违反(即违反保持合理车距的交通法规)与最终的死亡结果之间欠缺必要联系,死亡结果就不能归属于行为人,过失犯就不能成立。在本案中,按照旧过失论,被告人有预见可能性。但是,按照新过失论就可以认为,即便甲履行减速义务,结果是否真的能够避免也难以确定时,结果回避义务的履行和结果之间的因果关系(以及这种意义上的结果回避可能性)的存在就有疑问,不能对被告人论以过失犯。因此,新过失论否定犯罪成立是以客观的结果避免可能性不存在,从否定构成要件该当性(规范评价意义上的因果关系)的角度进行的。

(3)我国台湾地区的"超速撞车案"。甲于 1995 年 5 月 1 日驾驶客运大客车在滨海公路的某连续转弯路段超速行驶(该路段限速为 50 公里/小时,甲的车速为 66 公里/小时),在发现迎面行驶过来的乙车违章越过双黄线驶入自己车道时,甲因来不及采取刹车措施,导致两车相撞,导致乙脑挫伤、颅内出血送医后死亡,能否追究甲的刑事责任?这一案件所提出的难题和【案例 6-1 超速驾驶案】极为接近。台湾地区法院 6 年内前后换了 40 多位法官审理本案,最终得出甲无罪的结论,其主要理由在于:如果认为过失犯的成立以违反结果避免义务引起结果发生为必要,那么,结果避免义务的不履行和结果之间的关联性就必须存在,否则就不能成立过失犯。过失犯的核心要件是结果回避可能性,由于在"超速撞车案"中,乙车在距离甲车多远处侵入对向(甲车)车道,始终无法查明,审判时无法就一旦履行不超速的结果避免义务就极有可能防止结果发生这一基础事实得出相对确定的结论,按照存疑有利于被告的原则,过失犯的

---

① 参见日本最高裁判所 2003 年 1 月 24 日《裁判时报》第 1806 号,第 157 页。
② 参见日本最高裁判所 2003 年 1 月 24 日《裁判时报》第 1806 号,第 157 页。

成立被否定。① 这一处理逻辑,与日本的实务见解是相同的:"被告司机醉酒驾驶且没开车灯,撞上了超过中线行驶而来的汽车,致使被害人死亡。对于该司机,最高裁判所判决平成四年(1992年)7月10日(《裁判时报》第1430号,第145页)认为,'避免事故是不可能的,司机没有违反注意义务'。"②

对于上述案件,如果按照旧过失论的逻辑,认为过失犯和故意犯的构成要件和违法性均相同,仅在责任环节有差异,从而重视从结果预见可能性出发思考问题,就很容易得出过失犯能够成立的结论。但是,如果从新过失论的结果避免可能性切入,就能够在疑难案件的认定中,在客观的构成要件环节就能够有效限定过失犯的成立范围。③ 这种思考逻辑,在处理【案例6-1 超速驾驶案】时也不能不考虑。

四、结　语

最后,还是照例要做一个小结。

在交通肇事或其他过失犯罪案件中,被告人的预见义务和预见可能性都易于被肯定。但是,即便行为人履行结果避免义务,结果仍然会不可避免地发生,就不应该将结果发生的"账"再算到行为人头上,此时,就引出客观上缺乏结果避免可能性的问题。

结果无价值论中的旧过失论仅从主观责任要素限定过失犯的做法,并不理想;修正的旧过失论承认结果避免可能性在构成要件该当性中的体系性地位,排除过失犯的实行行为性,从而试图也从客观构成要件角度来限定过失犯,但是这样的思考方式已经从结果无价值论滑向了行为无价值(二元)论。这样说来,在过失犯领域,结果无价值论完全不可能贯彻到底,修正的旧过失论再强调其与新过失论有多大差别也就没有实际意义。这也说明,在过失犯领域,行为无价值(二元)论和结果无价值论的实

---

① 参见林钰雄:《刑法与刑诉之交错适用》,中国人民大学出版社2009年版,第63页以下。

② 转引自〔日〕前田雅英:《刑法总论讲义》,曾文科译,北京大学出版社2017年版,第186页。

③ 按照修正的旧过失论,对于上述案例也能够得出否定过失犯的实行行为性,进而判决无罪的结论。

质性、根本性对立已经不再存在。

显而易见的是,日本刑法学中的旧过失论,仅仅讨论的是"犯罪过失"的过失责任论,其重视结果预见义务,认为结果避免义务只不过是预见之后如何行动的问题;新过失论以及修正的旧过失论都是重视过失犯成立构造的阶层犯罪论的"过失犯论"(而非过失责任论),其认为结果避免义务是核心,预见只是避免结果发生的前提。这样说来,新、旧过失论及其修正理论所争论的并不是同一个层面的问题。以这样的争论切入思考过失犯论的意义极其有限。问题的关键也许在于如何建构判断规则,将过失犯区别于故意犯的违法和责任构造揭示出来。

过失犯的核心,应当定位于行为是否偏离标准样态、客观上的结果避免义务能否履行、结果避免可能性是否存在上。在实务上,对客观构成要件进行优先的、审慎的判断,成为限定过失犯成立范围的关键一步。至于被告人是否存在责任过失,则是下一步才要去讨论的问题。

好了,这一讲的内容就到这里。

第七讲　偶然防卫与未遂犯

【案例7-1　射杀救人案】
在甲已经瞄准乙并准备开枪之前的1秒钟,丙在完全不知情的情形下开枪将仇人甲射中致其死亡的,丙是否能够成立正当防卫?

【案例7-2　聚众斗殴案】
被告人王小平为争得向某高速公路建设工地运输沙石材料的机会,与被告人肖铁钢、张洪武一方发生纠纷。之后,双方约好某日下午在该市凤凰大道打架。当晚6时左右,被告人王小平、易贤清等人携带砍刀、钢管等器械到达石料场。当晚7时许,被告人张洪武纠集丁细军等人携带木棍赶到,双方相遇后即发生斗殴。在此过程中,张洪武的头部被打伤(经鉴定构成重伤)。因斗殴时天色已暗,参与斗殴人员众多,根据现有证据无法查清何人重伤被告人张洪武。① 问题:对于张洪武的重伤应当由谁负责?

【案例7-3　以罪制罪案】
赵某在公共汽车上伸手扒窃方某的钱包。方某的身体被赵某触动后赶紧躲开。事后查明,方某当日正准备伸手去摸旁边妇女程某的大腿。问题:赵某的行为能否认定为正当防卫?

【案例7-4　驾车"碰瓷"案】
2006年3月15日,贺某、韩某伙同曹某密谋,欲通过"碰瓷"

---

① 参见湖南省株洲市中级人民法院(2011)株中法刑一终字第25号刑事裁定书。

方式制造交通事故,再向对方勒索钱财。当时,贺某等人商量的方法是:选好目标车辆后,用两辆车配合,前车先轻踩刹车,后车跟着踩死刹车,让在两辆车后面行驶的目标车撞到他们驾驶的后车上,前边那辆车还继续行驶,后车上的人下来向目标车司机要钱。当日11时许,韩某、贺某、曹某等人确定自西向东行驶的由王某驾驶的大货车为作案目标后,曹某、贺某各驾驶一辆小客车追赶、超越大货车。超越后,两车减速行驶。曹某驾驶的前车(韩某当时在车内)在行至北京市顺沙路某加油站西侧时,突然制动后车头朝东南横向停在公路上。紧跟其后的贺某驾驶小客车随后也紧急制动并向左打轮。正常行驶的大货车司机发现情况后反应不及,致使大货车先将贺某驾驶的小客车撞到了旁边的路沟里,尔后又撞到了曹某的车,造成曹某当场死亡,韩某受伤,三车损坏。贺某留在现场,前来处理事故的交警发现此起事故疑点众多,向贺某进行调查。后贺某交代了事实真相。① 问题:针对曹某的死亡,如何认定贺某的行为性质?

【案例7-5 子弹偏离案】
甲对乙开枪,但子弹打偏后击中丙并致其死亡。事后查明,丙当时正想杀害乙。问题:如何处理甲的打击错误行为?

【案例7-6 "双向"偶然防卫案】
甲基于杀意对乙开枪。与此同时,乙也为报杀父之仇而对甲开枪,并将甲打死。问题:对乙在这种双方都是偶然防卫的情形导致甲死亡的,应当如何处理?

在这一讲,要讨论一下对偶然防卫行为的定性问题。各位很容易认为偶然防卫的案例都是教学案例,其实不然。实践中有很多案件的处理,与偶然防卫的法理运用有关。各位都知道张明楷教授主张偶然防卫行为无罪,但我基于行为无价值论的立场,不能赞成他的主张。两种观点很难说谁对谁错,但各位应该能够从我后面的讲授中理解到刑法的有趣,能看

---

① 有关案情的详尽介绍,参见窦秀英等:《"碰瓷"勒索他人却致同伙死亡的行为如何定性》,载《人民检察》2007年第11期。

到刑法学派论争的价值。

行为人基于犯罪的意思而不是出于防卫意思而实施攻击行为,虽然从结局上是针对不法侵害进行反击,维护了合法权益,但其能否依据结果"好"这一事实而主张正当防卫?还是因为其行为"坏"而成立犯罪?这是面对偶然防卫时要讨论的问题。例如,在【案例7-1 射杀救人案】中,丙射杀仇人甲的行为在客观上制止了甲杀害乙的犯罪行为,丙是否由此成立正当防卫就是一个有争议的问题。对此,行为无价值论者因为重视主观违法要素,通常会认为,丙虽然客观上制止了甲的不法侵害,但是其杀害行为系出于犯罪故意而实施,不能成立正当防卫。其中,个别行为无价值论者(尤其是一元论者)主张丙成立故意杀人罪既遂,但多数二元论的学者会得出犯罪未遂的结论。在赞成结果无价值论的学者中,多数认为丙不成立正当防卫,应以犯罪未遂论处,只有极个别学者肯定其行为阻却违法。

偶然防卫的案件虽然在实践中数量不多,但其背后的法理(诸如,正当防卫的成立,是不是仅仅存在客观上具有防卫性质的行为即可,还是必须同时存在防卫的意图或动机?主观违法要素是否需要承认?)既涉及刑法基本立场,也与危险的具体判断有关,值得仔细探究。

一、对偶然防卫的定性分歧

(一)结果无价值论与偶然防卫

结果无价值论认为,违法是绝对客观的,违法性的实质在于法益侵害或危险。没有法益侵害或危险的行为不具有违法性。即使行为人内心为恶,刑法也不处罚不可能造成法益侵害或危险的行为。因此,正当防卫的成立,防卫者无须具有防卫意思,只要从客观上观察其系对不法侵害行为进行防卫,符合正当防卫的客观条件即可(防卫意思不要说)。

换言之,防卫的意图与动机存在与否,只不过反映了行为人的主观恶性的程度。因此,防卫的意图与动机充其量只能构成责任要素,不应在评价违法性时加以考虑。另外,即使不把"防卫的意志"理解为防卫的意图与动机,而是将其理解为对构成正当防卫的事实的认识,那么,这种认识应属于"正当防卫的故意"。如果坚持结果无价值论,就不能把故意一般性地评价为违法要素,这种"正当防卫的故意"自然也不应构成违法要素。① 日本司法实务虽然现在仍坚持"防卫的意志"这一要件,但已经不像以前那样积极地要求防卫的动机,而只是消极地将那些完全没有防卫动机的行为排除在正当防卫的范围之外。所以,判例对"防卫的意志"要件也开始放松了。②

根据结果无价值论,对类似于【案例 7-1 射杀救人案】的案件,多数学者会认为丙的偶然防卫行为成立犯罪未遂;少数学者则主张偶然防卫不成立犯罪。例如,张明楷教授认为,违法的本质是法益侵害,偶然防卫保护了优越法益,因而阻却违法性。行为是否侵害法益,是一种客观事实。故意、过失是责任要素而不是违法要素。与之相应,所谓的防卫意识也不是影响违法性的要素。所以,成立正当防卫不以防卫人主观上具有防卫意识为前提。由于防卫意识并不影响违法性,且正当防卫是违法阻却事由,所以,当偶然防卫符合了正当防卫的各种客观要件时,就意味着阻却了违法性。③ 还有学者指出:"关于偶然防卫,理论上的认识误区是,即便是否定正当防卫也应当像肯定成立犯罪一样需要'主客观相统一'——既然正当防卫需要行为人有防卫的意思,在偶然防卫的情况下,行为人主观上没有防卫的意思,即便客观上发生的是正当防卫的结果,也因为主客观没有统一起来,所以不成立正当防卫。但是,成立犯罪是一种积极的判断,当然需要要件齐备、主客观相统一;但否定犯罪的成立是一种消极的判断,只须否定一个要件,就可以直接得出无罪的结论。否定犯罪的成立根本无须主客观相统一。退言之,即便否定丙的行为构成正当防卫,也并不能得出成立犯罪的结论。既然其没有侵害法益,也没有侵害法益的危险,就只能得出无罪的结论。"④

---

① 黎宏教授在违法性上坚持纯粹客观的判断,但在正当防卫问题上要求防卫人有防卫意识,参见黎宏:《刑法学总论》(第 2 版),法律出版社 2016 年版,第 138 页。这是和结果无价值论相矛盾的观点,等于是在违法性论中承认行为人的主观意思决定不法性。因为只有行为无价值二元论才能主张:行为不法,要求行为无价值和结果无价值同时具备;对应地,行为合法,也要求行为有价值(有防卫意识)和结果有价值。

② 参见〔日〕山口厚:《日本刑法学中的行为无价值论与结果无价值论》,金光旭译,载《中外法学》2008 年第 4 期。

③ 参见张明楷:《论偶然防卫》,载《清华法学》2012 年第 1 期。

④ 杜文俊、陈洪兵:《二元的行为无价值论不应是中国刑法的基本立场》,载《东方法学》2009 年第 4 期。

（二）行为无价值论与偶然防卫

行为无价值论认为，不法不是纯客观的。在违法性判断上，仅仅以结果或者危险是否发生作为违法性判断的对象基准是不全面的观点。只有同时以行为（包括伴随的主观违法要素）、结果（法益侵害或者危险）作为判断对象，才能有效地避免刑法评价对重要的要素的遗漏。因此，必须将故意、过失作为主观的违法要素，不法同时具有行为无价值和结果无价值。无论是新古典学派、目的行为论或罗克辛所主张的目的理性犯罪论体系，都已经承认构成要件与违法性同时包括客观要素和主观要素。

与之相对应，认定阻却违法事由也不是作纯客观判断，需要主观的阻却违法要素。[①] 行为人主观上是否认识到阻却违法的情形，对于相关结论的形成至关重要。"这种产生某种合法事情的意识，就清除了行为无价值及与之有关的不法。"[②] 正当化事由的成立自然需要主观的正当化事由，故成立正当防卫需要防卫人具有防卫意识。不是基于防卫意识所实施的反击行为，具备行为无价值，应当成立犯罪。换言之，行为无价值论要求行为人必须有防卫意思，防卫意思是主观的正当化要素。只有对侵害人实施的急迫、不法行为有所认识并进行防卫的，才能成立正当行为（防卫意思必要说）。在偶然防卫的场合，行为人虽然没有防卫意思，但其毕竟是基于犯意而实施的行为，所以应成立故意犯罪。如果将这种情况认定为正当防卫，会伤害国民正常的法感情。

主讲人认为，基于行为无价值论的防卫意思必要说是有道理的。"世界上所有的法律体系，在事实上都对自我防卫和紧急避险的辩护要求一种主观要素，这种做法看来是正确的。"[③] 刑法规范是容许规范，行为人对于防卫正当性有所认识，有防卫的意思，其对行为的规范容许性才能有所认识。从规范违反说的角度来看，要求防卫人有防卫意思，对于突显规范

[①] 不过，"相较于主观构成要件要素，主观阻却违法要素的对应要求程度较低"，参见林钰雄：《新刑法总则》，元照出版有限公司2011年版，第231页。原则上，行为人对不法侵害这一紧急事态有认知时，就可以肯定其防卫意思，而不要求仅具保护合法权益的目的（意欲）时才能成立正当防卫。因此，在防卫目的与复仇、愤怒等动机交织在一起时，也不能否认防卫意思。

[②] 〔德〕克劳斯·罗克辛：《德国刑法学总论》（第1卷），王世洲译，法律出版社2005年版，第415页。

[③] 〔美〕乔治·P.弗莱彻：《刑法的基本概念》，蔡爱惠等译，中国政法大学出版社2004年版，第133页。

的存在,有其独特价值。按照这种观点,偶然防卫人应当构成故意杀人罪。

二、将偶然防卫定性绝对化的思路及其不足

将偶然防卫的定性绝对化,认为偶然防卫成立犯罪既遂(结果绝对存在)或者无罪(作为结果的危险绝对不存在)的观点都是不妥当的主张。

(一)偶然防卫犯罪既遂说的问题

少数学者认为,偶然防卫行为在一般民众的心目中侵害法益的意义较强,行为所引起的制裁需求性相对较高,因此,对其作为既遂犯处罚是完全没有问题。① 即使肯定客观阻却违法事由"抵消"了客观现实的构成要件结果所造成的结果无价值,也不等于先前已经该当的构成要件会再转变成不该当。② 亦有学者认为,因为偶然防卫行为人主观上没有防卫意思,所以,不是正当防卫,从而成立故意或者过失的既遂犯罪。③

但是,认为偶然防卫成立故意犯罪既遂的观点,"忽略了客观不法在不法结构中的地位,违背刑法犯罪结构之基本概念"④。从实质上看,其仅仅采用了事实判断的方法,没有顾及刑法价值判断、规范判断的理念,其结论明显是不合理的。作为既遂标准的结果,必须是规范所反对的、能够揭示法益侵害性的结果。偶然防卫者造成不法侵害者伤亡,只要在防卫限度内,就难以被评价为法所禁止的结果。同时,偶然防卫者的行为确实保护了无辜第三人,通过利益衡量,也难以认定偶然防卫者造成了规范所要禁止的法益侵害后果,所以,其至多只能成立犯罪未遂。有学者指出,行为人客观上所造成的结果无价值(致人死伤),因为客观存在的阻却违法的正当情形而被抵消(kompensiert)了,这种具有行为无价值但缺乏结果无价值的情况,正是未遂犯典型的不法内涵。⑤

---

① 参见林东茂:《刑法综览》(修订5版),中国人民大学出版社2009年版,第83页。
② 参见〔日〕大谷实:《刑法講義総論》,成文堂2009年版,第288页;〔日〕大塚仁:《刑法概说》(总论),有斐阁2008年版,第390页;〔德〕冈特·施特拉腾韦特、〔德〕洛塔尔·库伦:《刑法总论Ⅰ:犯罪论》,杨萌译,法律出版社2006年版,第196页。
③ 参见陈子平:《刑法总论》,元照出版有限公司2008年版,第251页。
④ 黄荣坚:《基础刑法学》(上),元照出版有限公司2012年版,第249页。
⑤ 参见〔德〕约翰内斯·韦塞尔斯:《德国刑法总论》,李昌珂译,法律出版社2008年版,第159页;林钰雄:《新刑法总则》,元照出版有限公司2011年版,第232页。

将偶然防卫作为犯罪既遂处理的观点在实务中也得不到支持。例如，在共同犯罪中，共犯者之一的行为不小心导致同伙死亡的，这一行为等于是偶然制止了作为共犯人的同伙的犯罪行为，从结果上看不具有社会危害性，在评价上就不能认为被告人造成了法所禁止的侵害。由此可以延伸的是，在聚众斗殴过程中，甲、乙双方多人互殴，结果导致甲方的王某被乙方的李某殴打致死的，显然其死亡的直接责任应由乙方的李某承担，甲方的其他人仅对参与聚众斗殴犯罪承担刑事责任，王某死亡的后果不能归属于作为同伙的甲方的其他人。在【案例7-2 聚众斗殴案】中，一、二审法院就认为，被告人王小平、张洪武、肖铁钢等八人持械聚众斗殴，其行为均已构成聚众斗殴罪。在此过程中，造成被告人张洪武重伤，依照《刑法》第292条第2款的规定，聚众斗殴致人重伤、死亡的，依照本法第234条、第232条的规定定罪处罚。本案在现有证据无法确定是谁致使张洪武重伤情况下，被告人王小平是致伤一方的首要分子，应对全案负责，承担致人重伤后果的法律责任，遂判决被告人王小平犯故意伤害罪，对其他被告人（包括张洪武）均以聚众斗殴罪定罪处罚。在这里，法院仅要求致伤一方的首要分子对全案负责，承担致人重伤后果的法律责任，而没有要求参与斗殴的重伤者张洪武一方的首要分子对结果负责，就等于是承认了聚众斗殴参与者造成己方人员死伤的，无须进行结果归属的结论，不可能要求实施偶然防卫行为的己方人员对结果负责。

（二）偶然防卫无罪说的问题

主张偶然防卫成立无罪的观点，在刑法理论界产生了一定影响。但其结论从司法逻辑或刑法基本立场上看，都有很多值得商榷之处：

（1）偶然防卫无罪说会带来无休止的检验。在行为人有明确犯罪故意的场合，不去考虑其行为本身的危险性，而是去检验被行为人杀害的被害人是否有侵害行为，检验正当防卫的客观条件是否具备，这一做法和认定犯罪的一般逻辑相抵触，会导致无止境的、环节过多的反复检验。偶然防卫与未遂犯有所不同：前者大多是"一对二"的关系（基于故意实施犯罪行为的偶然防卫人、被偶然防卫的侵害者、可能遭受被偶然防卫者攻击的人）；后者是不法侵害者和可能的被害客体"一对一"的关系。按照偶然防卫无罪说的逻辑，针对那些铁证如山的故意杀害行为，根据存疑时有利于被告的原则，还需要去查证被攻击者当时是否为潜在的不法侵害者；在义愤杀人的场合，要检验被杀者当时是否可能作恶。这就会改变目前的司法逻辑,导致没有必要的繁琐检验。即便承认可以进行上述检验,其实也还存在判断上的诸多难题,可能导致明显不合理的结论。在【案例 7-3 以罪制罪案】中,虽然赵某的盗窃行为恰好制止了方某的猥亵行为,如果认为程某的人身法益重于方某的财产法益,似乎就可以认定赵某行为的正当性。但是,按常识判断就能够得出的结论是:一个明明属于盗窃罪(未遂)的行为,如果将其认定为正当防卫,可能与公众的常识、规范直觉相悖。

(2)偶然防卫无罪说存在立法和司法上障碍。从立法规定上看,正如黎宏教授所指出的那样,我国《刑法》第 20 条关于正当防卫的规定使用"为了……免受正在进行的不法侵害"这种主观色彩浓厚的用语。在这种现实背景之下,只要坚持罪刑法定原则,就应当说"成立刑法中的正当防卫可以不考虑行为人主观上是不是具有防卫意识的观点,是勉为其难的"①。因此,认为没有防卫意思的偶然防卫可以成立正当防卫缺乏立法支撑。同时,在中国刑法中,连无限防卫都要附加那么多条件,才有可能成立正当防卫,怎么可能轻易承认偶然防卫场合的无罪?无限防卫场合必须审查防卫人是否明知对方实施的是杀人、绑架、抢劫、强奸等罪,确定其存在防卫意思后,才有可能评价为正当防卫。在偶然防卫的场合,没有防卫意思,仅有犯罪意思,却可以得出正当防卫的结论?从司法上看,强调正当防卫必须存在"防卫的意志",这一立场一直被世界各国审判机构所接受。

(3)无罪说的结论,其实只有站在事后判断的立场才能得出。"只要采取事后判断,在客体不能的场合,客观上就不存在值得保护的客体,也不能肯定法益侵害的危险性。同样的,在偶然防卫的场合,如果采取事后判断的标准,在任何意义上都不能肯定违法性。"②但是,张明楷教授一方面坚持偶然防卫不可罚说;另一方面,在区分不能犯和未遂犯,判断行为的危险以确定是否成立犯罪未遂时,却又采取事前判断的立场③,其方法论存在不一致的地方。按照事前判断的逻辑,难以得出偶然防卫不成立未遂的结论。

---

① 黎宏:《刑法总论问题思考》(第 2 版),中国人民大学出版社 2016 年版,第 304 页。
② 〔日〕井田良:《犯罪论の现在と目的的行为论》,成文堂 1995 年版,第 135 页。
③ 参见张明楷:《刑法学》(第 5 版),法律出版社 2016 年版,第 358 页。

(4)对偶然防卫的定性与对象不能犯的处理无法一体地进行思考。在偶然防卫的场合,其针对的是规范不保护的行为客体。这和虽是故意犯罪但对象偶然不存在的不能犯情形,在客观上是相同的。对形式上是不能犯,但行为对象只是偶然不存在的情形,只要能够确定对象并非必然的或者始终不存在的,就应该以未遂犯处理,这是思考对象不能犯时的应有逻辑。例如,甲使用枪击方法杀害被害人,朝客厅开枪,但被害人已经在1分钟前外出看电影,被害人只是偶然不存在,但其随时都有回来的可能性,不能认为行为人系不可罚的不能犯,而应以未遂犯处理。对偶然防卫的处理,其实也应秉持这一思路。在【案例7-1 射杀救人案】中,丙对甲实施杀害行为时,被杀害的甲碰巧正准备射杀他人,甲的生命在这里不受法律所保护,等于是被杀害的对象"偶然不存在",丙的行为当然有成立犯罪未遂的余地。这说明,偶然防卫的情形存在与可罚的对象不能犯未遂相类似的地方。偶然防卫无罪说明显和区分不能犯与未遂犯的一般理论不协调、不平衡。对此,西田典之教授也持相同的观点,其指出:偶然防卫确实缺乏结果无价值,但是,也可能认为其存在发生结果的危险。这一点可以与不能犯作平行考虑。例如,不知道对方是尸体,以为对方还活着而开枪,事后鉴定表明,当时对方已经死亡的,该行为也具有未遂的可罚性。① 必须承认,在【案例7-1 射杀救人案】中,丙对甲实施偶然防卫的那一刻,甲有杀害他人的可能性,但也不能否认甲有放弃杀害故意的可能性。如果在行为当时,甲不实施杀害他人的行为存在一定盖然性,那么,丙偶然防卫发生法益侵害结果的危险性也存在,认定其为未遂犯也就完全合理。

(5)偶然防卫无罪说与处理打击错误的判断逻辑不符。在【案例7-5 子弹偏离案】中,按照偶然防卫无罪说的逻辑,即只要结果好就什么都好说,难以认定甲的行为违法,最终结局是甲不仅不需要对丙的死亡负责,其对乙的杀人未遂也可以不成立,因为不能将甲保护乙生命的行为认定为违法行为。但是,无论是按照处理打击错误的具体符合说还是法定符合说,甲对乙的杀人未遂都应该是成立的。

(6)偶然防卫无罪说无法合理解释"双重偶然防卫"的情形。在【案例7-6 "对向"偶然防卫案】中,甲乙都具有杀意,也都实施了侵害对方生命

---

① 参见〔日〕西田典之:《日本刑法总论》(第2版),王昭武等译,法律出版社2013年版,第144页。

的不法行为,但均对来自对方的客观危险一无所知。如果主张防卫时不需要防卫意思,那么,甲乙双方就都是在对方实施不法侵害之时进行反击、防卫,都满足正当防卫的客观要件,也都是正当防卫。但是,悖论在于:众所周知,正当防卫不是不法侵害,针对正当防卫这一合法行为不能进行正当防卫。如此一来,甲乙双方的行为又都成了不法行为。因此,坚持防卫意思不要说,认定偶然防卫行为无罪,就可以得出【案例7-6 "对向"偶然防卫案】中的乙既可以成立正当防卫(针对甲客观上的不法侵害可以防卫),但又不能成立正当防卫(因为甲也是客观上有权进行偶然防卫,其防卫行为合法)的荒谬结论。

三、偶然防卫应当成立犯罪未遂

主张偶然防卫只有行为无价值而没有结果无价值,并没有道理。主讲人认为,偶然防卫当然具有行为无价值,同时也具有结果无价值,即"引起了结果发生的危险"。因此,肯定偶然防卫是犯罪未遂的结论是合理的。

(一) 修正的客观未遂论及其合理性

结果无价值论主张,未遂犯的处罚根据在于发生构成要件结果的客观危险性。即便行为人具有犯罪意思,但如果不存在发生结果的客观危险性,也不能作为未遂犯予以处罚(客观未遂论)。

行为无价值(二元)论认为,规范违反和法益侵害同时决定违法性。除了法益侵害结果之外,行为方式以及行为人的意图、目的等内容也是决定违法性的根据。换言之,不法必须同时考虑以实现结果的目的性为核心的行为无价值和以侵害结果或法益危险为核心的结果无价值。未遂犯中的不法同时与行为的危险和结果的危险有关,未遂犯论就不再是结果无价值论的客观未遂论。由此可见,行为无价值(二元)论在总体上仍然坚持客观违法性,但对传统的客观违法性论(即坚持"判断对象"上的客观性)进行了修正,从而肯定违法性"判断方法"上的客观性,但在"判断对象"上接纳主观要素,因此,是"修正的客观违法性论"。

修正的客观未遂论的核心观点是:①需要考虑结果无价值。即使行为人对结果不能绝对操控,但该结果无论如何还是具有操控可能性的。不管是按照相当因果关系理论,还是进行客观归责的检验,结果都还是由行为人的行为所造成的。结果的发生和纯粹的意外不可同日而语,结果和行为都是行为人的"杰作",都要"算到"行为人头上。这样,不法与行为以及行为人有关,也与结果有关,结果就不是构成要件之外的客观处罚条件。对此,有学者指出:"被禁止的是以侵害法益为目的的行为,因而不能以行为被禁止为由认定结果的发生对不法没有任何意义……认为结果无价值只不过是偶然,也是不合理的看法。当结果无价值作为实现行为危险而与行为无价值相连时,其结果不可能是偶然的。"① 在确定违法性时,是否具有法益侵害性以及结果无价值,需要在行为规范违反性之外单独加以判断。此点在结果犯(既遂犯)中自不待言,因为结果的出现已经表明法益侵害的严重性。结果无价值影响定罪,其不是量刑或刑事政策上的附属考察因素;在危险犯(未遂犯)中,也要作相同理解:因为行为的义务违反决定违法性,但行为一定具有结果指向性。在危险犯中,法益危险也是结果,这个意义上的结果无价值也是违法的组成部分,结果发生是当然的,结果不发生也不是偶然的,其显然受制于行为。这样说来,在刑法学中,至少存在两重意义上的结果无价值:侵害结果(现实结果)意义上的"实害(结果)无价值";以及行为指向未来危险,侧重于积极的一般预防导向的法益保护意义上的"危险(结果)无价值"。在既遂犯的场合,行为无价值、"实害(结果)无价值"同时存在;在未遂犯的场合,具有行为无价值,也具有"危险(结果)无价值"——行为具有危险性,其虽然没有侵害当下具体法益,但具有指向未来的危险。在这个意义上,张明楷教授的批评意见,即未遂犯只有行为无价值而没有结果无价值,行为无价值二元论的未遂论与其基本出发点即行为不法和结果不法同时存在的主张相矛盾②,并没有存在根据。② 修正的客观未遂论要考虑"人的不法性论"。在二元论看来,不法不是纯客观的,因为结果和行为都是行为人的"杰作",结果一定是要"算到"行为人头上的特定法益损害,是由与行为人的意思有关的行为所导致的。肯定不法与人有关,就是要强调:必须普遍地把特定行为人的行动作为一种不值一提、其他人不可再次经历的行动选择来加以看待。为此,修正的客观未遂论承认"人的不法性论",因为只有

---

① 〔韩〕李在祥:《韩国刑法总论》,〔韩〕韩相敦译,中国人民大学出版社2005年版,第100页。
② 参见张明楷:《刑法原理》,商务印书馆2011年版,第115页。

行为人所做的恰恰是他所想做的,才能把结果归责于行为人,否则就可能是意外事件。① 按照修正的客观未遂论:对法益有具体危险,且能够展示行为人侵害法益意思的行为才有成立未遂的余地。按照这一界定,未遂一定是一种指向具体的构成要件结果、法益侵害的行为;该行为揭示了行为人损害法益的意思——对天开枪的行为,不是杀害的行为,有目的性地对人开枪才是行为;行为具有危险性,这种法益危险意义上的结果无价值蕴含在行为中。这个意义上的未遂犯论重视行为,但认为其包含结果发生的具体危险。所以,认定未遂的核心是确定危险判断的标准。

(二) 偶然防卫行为同时具有"行为无价值"和"危险(结果)无价值"

上述分析表明,偶然防卫行为虽然没有造成现实结果意义上的结果无价值。但是,该行为不能说毫无危险。从刑罚积极的一般预防导向的角度看,可以认为其存在值得评价为违法的危险。因此,偶然防卫既具有行为无价值,也具有危险意义上的结果无价值。张明楷教授认为:"二元说除了要求缺乏结果无价值之外,还要求缺乏行为无价值才承认违法阻却事由,如在正当防卫的场合要求防卫意思,于是偶然防卫不成立违法阻却事由。结局,二元论采取了一元的行为无价值论态度。"②但是,这一批评并不准确。二元论的确会同时考虑结果无价值论和行为无价值,法益概念也是行为无价值论的核心范畴。对此,有学者指出,偶然防卫的行为人具有行为无价值,但没有造成规范所反对的实害(死亡)结果,缺乏故意杀人罪既遂的结果无价值,因此,不具有故意杀人罪的不法;但其有故意杀人未遂的结果无价值——从行为时一般人的角度来看,认定行为具有剥夺无辜者生命的危险,因此,应当成立故意杀人罪未遂。③ 这样说来,偶然防卫不成立违法阻却事由,是因为在行为无价值之外,还存在结果的无价值,所以,二元论没有采取一元的行为无价值论的态度。此外,如果定罪是根据某种能够自洽的理论所得出的结论,犯罪范围的大小就不能成为反过来检验行为无价值论或者结果无价值论是否具有合理性的依据。

偶然防卫是否能够成立未遂,取决于人们对于犯罪未遂中危险的判断采取何种标准。如果认为不法是刑法所要禁止、预防的行为模式,那

---

① 参见许玉秀:《当代刑法思潮》,中国民主法制出版社2005年版,第34页。
② 张明楷:《刑法的基本立场》,中国法制出版社2002年版,第174页。
③ 参见陈璇:《刑法中社会相当性理论研究》,法律出版社2010年版,第100页。

么,在现实上,没有造成利益侵害但是存在危险性的行为,也需要赋予其不法性。对此,应当根据判断具体危险是否存在的标准进行检验。

1. 立足于事前的一般人基准

危险的判断,分为事前(ex ante)和事后(ex post)判断两种。两者的最大差别在于对判断基础资料或判断基础事实的采集、运用不同。事前(行为时)的判断是以行为人实施某种行为时,一般人认识到的事实(特殊情况下包括行为人的特别认知)为判断的事实基准,危害行为实施完毕后的事态、状态等不能作为判断资料。事后的判断,则将所有相关联的事实都纳入判断范围,根据所谓的科学法则进行判断。

对未遂犯的判断,应当立足于事前的一般人标准,而非事后的科学判断。例如,为杀害他人而将硫黄置于被害人的饭菜中,按照事后的科学法则,因为摄入硫黄不可能造成死亡,不能成立故意杀人罪的未遂;但是,按照事前的一般人经验法则,应当肯定一般人能够感觉到的紧迫危险,可以成立杀人未遂。对此,罗克辛教授明确指出:"从事前的角度进行观察,仅当一个未遂真实地创设了一个不被允许的风险,也就是该未遂是危险的,才可能被处罚。"[①]韦塞尔斯教授也主张:"对危险的判断,要考虑行为时所存在的各种情况,并要对事态的可能发展趋势做出预估。在这里,其实必须假定存在一个'客观的观察者',由其从行为时(ex ante)的视角,依据相关的普遍性经验上的知识(以及特殊情况下行为人所可能拥有的特殊认知),对行为当时所实际存在的具体情况进行分析,对由此构成的危险进行评估。"[②]

在偶然防卫的场合,无论从一般人还是行为人的角度,只要是从行为时出发,就可以认为行为存在导致法益侵害的危险,符合犯罪未遂的特征。以偶然防卫开枪导致不法侵害者死亡为例,按照一般人的危险感觉,开枪行为极其危险;且开枪所杀害的是一个人。换言之,在犯罪未遂的场合,行为人的犯罪计划如果不受干扰地继续进行,就会直接导致整个犯罪构成要件的实现。从理性旁观者的角度看,开枪行为必将震撼人心,一般都会认为被害人会有生命危险。"由于无法否定枪击行为的危险性,所以

---

① 〔德〕克劳斯·罗克辛:《刑事政策与刑法体系》,蔡桂生译,中国人民大学出版社2011年版,第76页。

② 〔德〕约翰内斯·韦塞尔斯:《德国刑法总论》,李昌珂译,法律出版社2008年版,第170页。

是普通未遂。"①"根据行为人的计划和相关的犯罪行为要件的种类,特别是有可能从这样的情况中产生出对于'开始'的构成要件的接近性和对于所要求的'直接性关系'的间接证据(Indiz),即由行为人启动的原因序列,依照他对行为进程的预想,应该是无停顿地……汇入本来的构成要件行为之中,形成的后果是:从他的角度看所侵犯客体已经在具体地受到危险(konkret gefährdet)。"②

换言之,偶然防卫行为所杀害的人,从事后看,是法律不保护的人,系争死亡结果法律不反对,行为没有造成法益实害。但是,如果坚持危险判断的具体危险说,站在行为时考虑一般人的感受,就可以认为杀害行为具有导致他人死亡的危险,应当成立犯罪未遂。在这里,至关重要的是,相关法益侵害从事后、从形式上看,确实没有危险。但是,需要考虑的是,从一般人和行为人的角度看,法益是否直接受到紧迫威胁?对类似行为是否需要从规范上加以禁止?如果这一点可以肯定,承认偶然防卫成立犯罪未遂就具有合理性。

2. 评估行为再次重演的危险性

按照行为无价值二元论的逻辑,立足于事前的一般人基准而得出危险是否存在的判断之后,还应当用"对类似行为如果再次实施,结果是否能够发生,规范是否能够容忍"这种意义上的假定判断进行检验,以确定行为和规范的抵触程度,回应积极的一般预防的要求。也就是说,某次具有一定危险性的行为,虽然并未导致结果发生,仅仅从事后反过去看,结果发生的危险性也极小,但是,这次结果没有发生纯属偶然,该行为如果再次重演,结果发生的概率是极高的,就有必要认定该行为违反规范,具有危险性,从而禁止该行为,将其树立为"反面的"样板,不允许其他人在未来效仿,从而维护规范的有效性,以防止法益在未来受到侵害。例如,甲与邻居丙有仇,基于杀害的意思,唆使丙的儿子乙(3 岁小孩)用手去抓从墙上电源插座中伸出的裸露电线。及时赶来的丙将电线从乙的手中夺下,将乙抱走。事后查明该房间的 5 个插座都有电,但就是该电线外露的插座无电。对于甲的行为,也应该肯定其成立故意杀人罪的未遂犯(间接

---

① 林东茂:《刑法综览》(修订 5 版),中国人民大学出版社 2009 年版,第 159 页。
② 〔德〕约翰内斯·韦塞尔斯:《德国刑法总论》,李昌珂译,法律出版社 2008 年版,第 342 页。

正犯),因为无论是考虑事前的一般人标准,还是按照积极一般预防的需要,都应该肯定该行为的高度危险性——如果类型行为再次重演,就不会有运气这么好的被害人!这样说来,未遂判断实际上是对行为时的事态如何进一步演化、发展的"事前"预言——如果根据行为时的具体情形,站在理性的立场,认为完成犯罪是有可能的,未遂就应该成立。反之,如果缺乏这种可能性,危险就应该被排除,就不应该成立未遂犯。

在偶然防卫的场合,虽然行为人"碰巧"没有造成规范所反对的侵害后果(例如,在【案例 7-1 射杀救人案】中,被告人丙开枪打死的是一个正准备杀人的罪犯),规范所不允许的结果没有发生,客观构成要件没有完全具备,不成立犯罪既遂。但是,基于犯罪意思实施危害行为这一行为模式仍然必须被禁止。"如果这样的行为模式不被禁止与处罚,谁也不敢保证,相同的行为模式在下一次也不会造成伤亡。基于如此的道理,刑法并不是只有处罚既遂犯罪,而是也处罚未遂犯罪。"①

四、结　　论

就一般人的事前判断而言,偶然防卫行为明显存在危险性;对实际被打击的客体之外的其他客体而言,偶然防卫行为也存在客观危险。因此,不能将偶然防卫行为作为无罪处理。

处理偶然防卫的合理思路是:在出现针对正当防卫条件的认识错误时,行为没有造成规范所不允许的实害结果,不具有故意杀人罪既遂的(实害)结果无价值,但是有未遂的危险(结果)无价值,因此,不能阻却违法,应当成立犯罪未遂。②例如,在【案例 7-1 射杀救人案】中,丙在主观上有完整的杀害意思,虽然丙打死甲的结果是规范所不反对的(因为丙挽救了无辜的第三人乙),其行为客观上没有造成规范所反对的死亡后果,但存在一般人所认同和感受到的危险,且其行为模式若再次实施,发生实害结果的危险性极高,因此,成立犯罪未遂是理所当然的。

关于偶然防卫应当成立未遂犯的前述思考方向,不是仅仅对【案例

---

① 黄荣坚:《基础刑法学》(上),元照出版有限公司 2012 年版,第 170 页。
② 参见〔德〕乌尔斯·金德霍伊泽尔:《刑法总论教科书》,蔡桂生译,北京大学出版社 2015 年版,第 284 页。

7-1 射杀救人案】这样的教学案例有用,其对于指导实务上处理案件也有实际意义。例如,在多个被告人共同实施抢劫、绑架、聚众斗殴、驾车"碰瓷"的场合,罪犯实施暴力行为指向被侵害法益,但行为仅导致同伙死亡的,其实都类似于偶然防卫的情形——被告人故意实施侵害行为,但偶然阻止了同伙的犯罪行为。按照被害人自我答责的法理,可以认为罪犯没有实现法所反对的危险,不需要对同伙的死亡负责,不存在结果无价值。但是,不能认为罪犯的行为对在场的其他无辜者没有危险。此时,该侵害者明显存在成立犯罪未遂的可能性。在【案例 7-4 驾车"碰瓷"案】中,针对大货车司机而言,被告人的行为应当构成敲诈勒索罪(预备),因为贺某等共同犯罪人主观上试图通过制造交通事故向对方勒索钱财,但由于"碰瓷"的客观后果出乎他们的预料,事后均未来得及向大货车司机提出敲诈要求和具体数额,属于尚未着手实施勒索行为。针对曹某的死亡而言,可以认为贺某等人构成以危险方法危害公共安全罪(既遂),但死亡结果不能"算到"被告人头上(类似于只能承认被告人对于曹某的杀人未遂),由贺某等多人实施的犯罪行为所引发的同伙死亡结果不属于实现了法所禁止的危险,死亡结果是曹某"咎由自取"。贺某等人选择车流量较大的时间段,在主要交通干道上通过"碰瓷"的方法向他人勒索钱财,可能侵害不特定多数人的生命、健康、重大公私财产的安全(如造成多辆车的连续追尾或者路人伤亡等),所有行为人(包括曹某)主观上对于这种危害后果至少持一种放任态度,客观上实施了"碰瓷"行为。因此,曹某属于参与危害极其严重的犯罪的行为人之一,同伙将其撞死的行为客观上符合偶然防卫的条件。但因为同伙在主观上没有防卫意思,不能阻却违法,应以犯罪未遂论处。总而言之,本案被告人同时构成敲诈勒索(预备)、以危险方法危害公共安全罪的想象竞合犯,但无须对曹某的死亡这一现实结果负责。

我最后想说的一句话是:偶然防卫的问题牵一发而动全身,刑法立场不同,分析进路不同,结论不同,其中值得深入讨论的问题还非常多,所以请各位今后对这个课题继续予以关注。不过,因为时间的关系,我不得不结束这一课了。

第八讲　犯罪中止的自动性

【案例8-1　催泪抢劫案】

2004年7月20日,被告人陈某谊、陈某协、陈某邦等三人商量采用不法手段获取财物,并准备了一瓶催泪器。22日晚22时30分许,被告人陈某谊等三人窜至深圳市罗湖区罗沙路桥下人行道,见被害人何某路过。三被告人随即一字排开迎面走上去,被告人陈某协用随身携带的催泪气体喷向被害人的眼睛企图劫取财物。被害人大叫"你们要干什么,我是派出所的"。三被告人见状随即逃跑。被害人当场将被告人陈某邦抓获。问题:本案三名被告人能否以犯罪中止进行辩解?

【案例8-2　骗门抢劫案】

被告人程小强于某日20时许携带绳子、手套等作案工具至浙江省宁波市北仑区小港街道某小区被害人甲的暂住房,假借楼下漏水为由进入屋内后,采取暴力手段控制被害人,并用绳子将其捆住,向其索要钱财。其间,被告人程小强穿上被害人的运动鞋清理了作案现场。22时28分许,被告人程小强胁迫被害人打电话给被害人之父乙,让其想办法筹钱。乙遂向公安机关报案。公安机关电话联系被害人甲后,被告人程小强心生"害怕",遂强迫被害人与其达成"和解",携带作案工具并穿着被害人的运动鞋逃离现场。案发后,被告人程小强的家属代为赔偿被害人损失2 000元,被害人也对被告人表示谅解。问题:被告人程小强的行为是否成立犯罪中止?

【案例8-3　抢劫杀人案(一)】

被告人李官荣在抢走被害人的财物后,用绳子猛勒被害人脖子致其昏迷。被告人李官荣以为被害人已经死亡，便将其扔到汽车后备箱中。在发现被害人没死时，被告人李官荣先后用石头砸被害人的头部，用小剪刀刺其喉部、手臂致其再次昏迷。之后，被告人李官荣唯恐被害人没死，又购买了1把水果刀，捅刺被害人的腹部，因刀柄折断而未能得逞。被告人李官荣认为被害人"命大"，最终放弃了杀人的想法，并送被害人就医。被害人亦由此保住了性命。问题：被告人李官荣能否成立犯罪中止？

这一讲要讨论一下犯罪中止认定上的一个关键问题。长期以来，很多人认为只要行为人基于其意思把犯罪停下来就成立中止，主讲人原来也是这样理解，但是，在看了实践中的一些判决以后，我的立场有了一些转变，主张对中止犯的成立范围还要进一步限缩，即对中止犯的自动性添加规范性要求。这样的结论想必和我的规范违反说立场与重视体系性思考有关。

我国《刑法》第24条规定，在犯罪过程中，自动放弃犯罪或者自动有效地防止犯罪结果发生的，是犯罪中止。对于中止犯，没有造成损害的，应当免除处罚；造成损害的，应当减轻处罚。中止犯能否成立，其判断的核心问题是中止自动性。

对于中止自动性的判断，传统上侧重于心理考察的主观说在很多时候能够得出妥当结论，我国司法实务在总体上也采用此说。[①] 但如果将犯罪中止立法的政策考量（刑罚预防目的）融入到自动性判断过程中，就会发现：对行为人中止的内心意思，仅进行心理分析是不够的，还应该进行规范判断，从而将"刑罚目的的责任减少说"和"规范主观说"进行一体化理解。

一、中止自动性的多数说及其不足

（一）关于中止自动性的争论

我国刑法学上的通说认为，犯罪中止的自动性具有以下两方面的含义：一是犯罪分子自认为能够完成犯罪。这是成立犯罪中止的自动性的

---

① 参见陈兴良：《教义刑法学》，中国人民大学出版社2010年版，第615页。

前提条件;二是犯罪分子基于本人意愿而放弃犯罪。这是成立犯罪中止的自动性的实质条件。① 如何理解犯罪中止的"基于己意",通常存在三种主张:

1. 主观说

该说认为,犯罪中止的成立需要考虑,基于行为人本人的认识,犯罪是否有可能达到既遂;行为人所认识到的事实,是否足以对犯罪停止动机的形成产生影响。如果行为人认为客观障碍完全不存在,继续实施犯罪完全可行,但基于本人的意愿放弃犯罪的,就是中止。如果客观障碍实际上并不存在,但行为人误以为存在而停止犯罪的,则是未遂。至于行为人是否基于伦理上的悔悟而停止犯罪,以及是否有绝对抛弃犯罪的意思,均非所问。行为人只要因为某种理由而自行决定停止犯罪,就成立中止犯。② 主观说虽然也会涉及外部障碍的有无问题,但是,在判断步骤上仍以行为人本人的主观判断为准。法兰克公式——"欲达目的而不能,是犯罪未遂;能达目的而不欲,是犯罪中止",就是对主观说的准确概括。

2. 限定主观说

该说强调,行为人仅仅在依照否定自己行为价值的规范意识而中止时,才能成立中止犯。根据这种主张,行为人必须基于规范意识觉醒或广义的后悔等内部的、主观上的动机而停止犯罪,才有成立犯罪中止的余地。③

3. 客观说

此说主张:"在外部事实障碍和行为人的中止行为同时存在的场合,就要以行为人本人的情况为基础,以一般人的立场为标准,判断该种程度的事实障碍是否会导致行为人放弃犯罪。如果得出肯定结论的话,就是犯罪未遂;如果得出否定结论的话,就是犯罪中止。"④ 例如,甲欲杀乙,乙呼救并逃走。甲追赶,但在发现事情已经惊动四邻时,弃刀向警方投案的,不能成立中止。再如,罪犯到银行抢劫,在告知银行职员自己要抢劫之后,银行职员完全不理会他,罪犯在柜台前站了5分钟以后,只好自行

---

① 参见陈兴良:《刑法学》,复旦大学出版社2003年版,第183页。
② 参见阮齐林:《刑法学》(第3版),中国政法大学出版社2011年版,第160页。
③ 参见王昭武:《论中止犯的性质及其对成立要件的制约》,载《清华法学》2013年第5期,第83页。
④ 黎宏:《刑法学总论》(第2版),法律出版社2016年版,第249页。

离去,客观说认为,根据一般社会经验,银行内部有比较严密的安保系统和应急系统,这些都是犯罪继续实施的障碍。银行职员并不会因为一般的暴力威胁而有所畏惧,犯罪人因此而离去的,只能成立未遂。

在上述三种学说中,限定主观说的问题是显而易见的:一方面,其将伦理观念过多运用到刑法规范判断中,会人为缩小中止犯的成立范围,不能及时有效地鼓励有犯罪意思并着手预备、实行者迅速回归社会,对于法益的保护也没有实益。另一方面,根据我国《刑法》第24条的规定,行为人只要"自动放弃犯罪"或者"自动有效地防止犯罪结果发生"的,就是犯罪中止。这里的"自动",只要求行为人基于本人的意思而放弃犯罪或者防止犯罪结果发生,其未将停止犯罪的动机限定为广义的后悔。所以,限定主观说与刑法规定并不相符。

客观说的问题则在于:①对中止自动性进行所谓的客观判断,会带来方法论上的问题。在判断是否基于本人的意思而停止犯罪时,不考虑行为人本人的决意,却将引起中止的情况在"一般社会经验"是否会产生强制性影响作为标准,混淆了主、客观之间的界限。张明楷教授对此指出,根据一般经验判断行为人自己的意志,或者说根据事实的客观性质决定行为人主观上有无任意性,是方法论的错误。①②多大程度上的外部障碍才足以导致未遂?即便肯定外部障碍会影响内心意思,但我们是否能够准确区分外部障碍和内心意思?这些都是实务上的难题。由此可能出现的结局是,有时候仅有相对轻微的障碍阻止犯罪,也被认为是未遂——例如,甲着手强奸妇女乙,被害人愤怒地看了被告人一眼,甲慌乱之下逃离现场的,按照客观说也有成立未遂犯的余地。③客观判断的对象究竟为何,其实并不明确。例如,甲计划杀害乙,以刀刺中乙胸部,顿见鲜血涌出,心生恐惧而中止其犯行。在整个过程中,究竟哪一部分是客观评价的对象?如果以恐惧为中止犯行的动机,则形成恐惧的事实,即鲜血涌出的外部事实及其认识,依一般经验自客观上判断其对于杀人的意思是否具有强制影响。因此,鲜血涌出的外部事实及其认识,就是经验判断的对象。但目睹这一事实的反应如何,因人而异。屠夫、外科医生、胆小者、胆大心狠者对此的反应,可能完全不同。这样一来,"所谓一般之经验,无异

---

① 参见张明楷:《未遂犯论》,法律出版社1997年版,第371页。

以一人之经验,视为平均之标准,其判断自难期公允妥当"①。换言之,即便客观说借助于"一般社会经验"等概念来区分中止和未遂,将因为存在一般社会经验、社会通常观念上所认可的障碍而停止犯罪的情形作为未遂犯,但由于"一般社会经验"的含义并不清楚,客观说所得出的结论也可能因判断者的个体差异而有所不同。

(二) 主观说的问题点

我国目前的多数说认为,在中止自动性的判断上,应当坚持主观说。②确实,以法兰克公式为代表的主观说考虑了个人选择自由对中止自动性的影响,标准上简洁明快;如果考虑到中止犯责任减少的实际情况,对于中止自动性的判断,坚持主观说基本上就是合理的。行为人认识到他可能将已经开始的犯罪进行到底却决定停止,即便其动机上并没有广义的后悔,也可以成立中止。

但是,目前在我国刑法学中成为多数说的主观说,对于中止自动性仅仅进行心理学上的判断,只考虑放弃犯罪者本人的内心意思、动机,这种立场存在以下问题:①对中止自动性的判断不全面,可能过于扩大中止犯的成立范围。按照主观说,可能会得出以下结论:只要停止犯罪是被告人自己决定的,只要行为人有停止犯罪的内心动机,就能够成立中止。即便行为人对于犯罪的不再实施本就"极不情愿",也具有中止自动性。例如,罪犯深夜潜入超市盗窃,该场所并无监控设备,但行为人误将烟雾报警器看作摄像头而自己决定离开的,也认为行为人成立中止。但是,对类似离开犯罪现场的行为奖励被告人,符合刑罚目的吗?其实,给予其奖励既不能防止其将来再犯,也没有为民众树立一个好的榜样。②中止自动性的心理学标准并不明确,因而可能导致结论具有偶然性。例如,行为人在遭受一定程度的外在压力后停止犯罪的,心理学主观说就必须确定,该外在事实所产生的压力使被害人自愿还是不自愿地选择停止犯罪。但要从心理学上测量外力强制的程度,事实上是不可能的,自愿和不自愿的心理态度之间并不像尺子一样有一个明确的刻度。所以,实务上对杀人犯、强奸犯发现被掐住脖子的被害人面部严重变形而心生恐惧、逃离现场的情形,有认定为未遂,也有认定为中止,这是心理学主观说难以解释清楚的。

---

① 甘添贵:《刑法之重要理念》,瑞兴图书股份有限公司1996年版,第138页。
② 参见王作富主编:《刑法学》,中国人民大学出版社2011年版,第116页。

③仅仅依靠行为人停止犯罪的内心意思来决定是否成立中止,存在过于依赖被告人口供的缺陷。这点对处于法治建设进程中的中国而言需要特别警惕。我国学者一般认为,犯罪中止的自动性是以犯罪分子自认为有可能将犯罪进行到底为前提的,是其主观认识状态,不以客观情况为转移。① 但是,如果将中止自动性判断完全定位于行为人的主观认识,势必导致行为人的口供或说法左右司法结论的局面,难以杜绝刑讯逼供。例如,对听到警报声而离开盗窃现场的情形,如果盗窃犯声称自己因为害怕被抓捕而未能继续犯罪的,按照主观说,应定性为犯罪未遂;如果犯罪人声称是为了保险起见而(主动)停止犯罪的,就构成犯罪中止。这恰恰是西田典之教授所批评的,基于功利主义考虑的、依赖于被告人说法的纯主观说的当然结论。② 实际上,对任意性的判断,行为人的所思所想只是判断的基础或参考资料。规范上必须结合案件事实,进一步考察在作出停止犯罪的决定时,外在事实障碍和行为人内心意志之间的比例关系。最后,才能由此得出结论——其主观选择不是被外部事实所逼迫的,外部事实的存在对被告人没有形成心理压力,停止、放弃犯罪仍然是行为人本人的意愿。如此,中止自动性就不是"不以客观情况为转移",而必须在与客观事实的比较、评价中规范性地加以讨论。只要采用中止自动性主观说的规范判断,在许多情况下,被告人怎么想的这种口供或者说法就变得不重要。即使在某些特殊情形下,被告人什么都没有想就停止犯罪的,规范上也可能认为其系基于己意中止犯罪。④在很多特殊情形下,不能准确区分未遂和中止。一般认为,在故意杀人过程中,如果杀错了对象而中途停止杀害行为的,是未遂;没有杀错对象而中途停止犯罪的,是中止。其实,这两种情形都是基于行为人的意思而停止犯罪,在处理上存在差别的理由何在?此外,一般认为,害怕受到刑罚处罚而停止犯罪的,是中止。但为什么"风吹花影动,疑似警察来",就成了未遂?行为人误以为警察到来而停止犯罪,难道不是畏惧刑罚?③

心理学主观说出现上述问题的根源正是在于,传统的主观说只有重视作为心理因素的行为人意思决定,缺乏结合中止犯减免处罚根据的规

---

① 参见陈兴良:《本体刑法学》,中国人民大学出版社2011年版,第414页。
② 参见〔日〕西田典之:《日本刑法总论》(第2版),王昭武、刘明祥译,法律出版社2013年版,第287页。
③ 参见林东茂:《刑法综览》(修订5版),中国人民大学出版社2009年版,第161页。

范判断,使得中止犯减免处罚根据理论成为无用之物,与中止自动性之间形成"两张皮"。为此,接下来需要分析——中止犯减免处罚根据对中止自动性的判断究竟有何制约?对于中止自动性的心理学主观说,究竟要如何规范地进行限制,从而将其建构为"规范主观说"?

二、刑罚的预防目的与中止自动性的规范判断

(一)中止犯减免处罚根据的争论点

对于中止犯减免刑罚根据的看法不同,对中止自动性的判断标准的宽严掌握尺度就会不一。因此,中止犯减免处罚根据能够指导、制约中止自动性的判断。

1. 政策说

该说认为,犯罪中止是基于刑事政策思想而设立的一种刑法制度。在其内部,又可细分为三种学说:①李斯特(Liszt)所倡导的"黄金桥"理论。此说主张,"立法者可以从刑事政策角度出发,在已经犯罪的行为人之间架设一座中止犯罪的黄金桥(eine goldene Bruecke)"①。但是,该理论与现实不符。原本决意犯罪的行为人,真的考虑到刑法规定了中止犯就不再遂行其犯罪的情形,在实务中难有真实案例②;如果对犯罪中止完全不予处罚,可以视作一种奖励。但我国刑法不是不处罚中止犯,而仅仅是必要的减免,通过规定中止犯来使罪犯"回头是岸"的效果有限。②"奖赏说"。该说认为,立法者规定犯罪中止是为了奖励防止结果发生的行为人。但是,这一学说只不过是对法条用语的"同义反复",没有规范地解释刑法问题;同时也不能说明对于既遂犯退赃或犯罪后补偿被害人的,为何不能给予恩惠或奖赏。③刑罚目的说。这一学说主张,中止犯是根据一般预防或特别预防的要求而限制处罚必要性的情形,行为人通过放弃犯罪表明其特殊预防必要性已经降低;公众从行为人放弃犯罪中也能够体会到规范效力。如果中止犯的处罚必要性被弱化,从一般预防的角度看进行预防性处刑的必要性也就降低,刑罚就应该减免。换言之,在

---

① 〔德〕李斯特:《德国刑法教科书》,徐久生译,法律出版社2006年版,第346页。
② 参见〔德〕冈特·施特拉腾韦特、〔德〕洛塔尔·库伦:《刑法总论Ⅰ——犯罪论》,杨萌译,法律出版社2006年版,第272页。

中止的场合,动用刑罚去阻止行为人将来的犯罪行为,去威慑社会一般人,并重新建构被损害的法秩序的必要性已经降低或不存在。① 可以说,刑罚目的说是全面展示中止犯立法刑事政策性考虑的理论。

我国学者一般仅仅在"黄金桥"理论的意义上理解政策说,认为"政策说或许难以直接左右犯罪中止的具体成立条件,但有利于从宏观上放宽犯罪中止的认定"②。不过,如果要全面理解政策说的内容,就不能抛开具有更多详细内容的刑罚目的说。

2. 法律说

法律说中的违法性减少说或者主张,相对于既遂犯,中止犯使"既遂的具体危险性消灭",因而违法性减少;或者认为,故意是违法性要素,事后的中止意思会影响对违法性的评价,从而使得违法性降低。对违法性减少说的批评是:在放弃故意以前的行为所造成的违法结局已然形成,违法性并不会因为行为人中止而减少。中止自动性的主观说可能与违法性减少说结合:行为人放弃作为主观违法要素的故意,就使得违法性减少。因此,中止是否成立,以行为人为基准,考虑其是否放弃犯罪故意。

法律说中的责任减少说,通常站在规范责任论的立场,强调实施犯罪的决意属于责任要素。事后撤回其决意的,使得非难可能性降低。主观说和以规范责任论为基础的责任减少说关系相对密切,因为责任的减少以行为人为基准,根据行为人的主观因素来判断任意性就是合理的。

3. 折中说

中止犯减免处罚根据的政策说、法律说(违法性减少说、责任减少说)都各有其一定的合理性。但单纯采用某一种主张来解释所有复杂问题,都有捉襟见肘之嫌。因此,更容易被多数学者所接受的解释思路是,将政策说和法律说并合起来考虑,肯定它们对中止自动性的判断都有所制约。

4. 主讲人的见解:基于刑罚目的的责任减少说

(1)违法性减少说的不足

我国学者主张,对中止犯之所以减免处罚,是因为其社会危害性或客观危害明显减少。③ 亦有学者认为,从客观方面说行为人放弃犯罪的行为

---

① 参见马克昌:《比较刑法原理》,武汉大学出版社2006年版,第532页。
② 张明楷:《刑法原理》,商务印书馆2011年版,第335页。
③ 参见程红:《中止犯基本问题研究》,中国人民公安大学出版社2007年版,第95页。

使得结果没有发生。和既遂犯相比,中止犯的违法性因此减少。① 但是,认为犯罪中止使违法性减少的说法,可能经不起推敲。

具体理由在于:其一,除非出现违法阻却事由,已经产生的违法性不可能回溯性地减少。其二,违法性是连带的,如果认为中止犯的违法性减少,其减免刑罚效果就应该及于其他参与人。但中止是公认的一身专属的"个人减免刑罚事由"。在共同犯罪的场合,正犯的中止效果不可能及于共犯(教唆犯、帮助犯),肯定违法性减少和中止犯的本质不符,也违背共犯从属性原理。其三,如果像部分结果无价值论者那样,仅肯定故意是责任要素,就更不应该承认违法性减少说。因为只有将未遂犯的故意作为违法要素,才能说中止的决意这一主观要素的出现使得违法性减少。其四,中止犯违法性是否减少不能和既遂犯相比,而应该和未遂犯相比。我国刑法规定对于未遂犯可以比照既遂犯从轻或者减轻处罚(《刑法》第23条第2款规定),但对中止犯可以免除或减轻处罚。因此,未遂犯和中止犯相对于既遂犯,都有一个减轻处罚的问题,但中止犯比未遂犯在法律上所受到的优待更多。这样就特别需要将(在停止犯罪之前已经造成未遂结局的)中止犯和未遂犯进行比较,探讨同样在既遂结果没有发生的情况下,为什么中止犯在没有造成损害的场合是"应当免除处罚",造成损害的是"应当减轻处罚";而未遂犯无论是否造成损害,都只能是"可以"从轻或者减轻处罚。因此,讨论未遂犯处罚时,其参照物是既遂犯——未遂犯处罚比既遂犯处罚来得轻;而在讨论中止犯特殊处罚规定时,其参照物只能是未遂犯,即对法益所造成的客观危险相同时,中止犯何以比未遂犯所享受的宽大处罚程度更多?"任意的中止行为降低了该未遂犯的要罚性与当罚性"②,即在未遂犯的处罚已经较既遂犯为轻的前提下,对中止犯的处罚必要性进一步降低。为了奖励中止,进一步允许刑罚减免。从这个意义上讲,就不能认为中止犯相对于未遂犯降低了违法性。

(2)肯定"基于刑罚预防目的的责任减少说"的理由

应该看到,在中止犯的场合,行为人基于任意性、自动性而实施中止行为的,其责任确实有所减轻。考虑到责任是和刑罚紧密联系的概念,因

---

① 参见曲新久:《刑法学》,中国政法大学出版社2012年版,第151页。
② 〔日〕松原芳博:《刑法总论重要问题》,王昭武译,中国政法大学出版社2014年版,第265页。

为责任减少而减免其刑罚就是合理的。"行为人着手实行犯罪之后自动中止犯罪,说明行为人具有悔改之意,表明其对法的价值已重新开始承认,也表明行为人尚不具有将行为实行终了的对法律敌对的意志。"①同时,除责任减少说之外,从刑罚目的角度来理解中止犯减免处罚根据问题也是必要的。黎宏教授认为:"对于中止犯,立法者有从鼓励罪犯自动放弃的功利考虑的一面。如此说来,将责任减少说和政策说结合起来的综合说的立场是较为妥当的。"②对此,意大利学者也指出,在犯罪达到既遂之前给予行为人奖励,来消除对法益的危险,符合法律秩序的整体利益,有助于实现积极的一般预防;中止行为也排除或减少了特别预防的刑罚目的。同时,由于行为人自由选择了中止行为,虽然迟了一些,但其责任确实被降低,上述观点都具有说明刑罚作用的意义,它们之间是相辅相成的关系,并非水火不容。③

但是,主讲人并不主张将责任减少说和政策说中的黄金桥理论、奖赏理论相合并,而是认为应从刑罚预防目的的角度理解刑事政策,从而采纳基于预防目的的责任减少说。这虽然也是"政策说+责任减少说",但预防的刑罚目的说比通常理解的政策说(黄金桥理论、奖赏理论)含有更为具体的规范内容,且能够作为分析中止自动性的指导形象而存在,制约着中止自动性的判断。林钰雄教授认为,既然刑罚目的的学说已经进入预防理论的时代,那么,从刑法体系一致性的观点看,在中止犯减免处罚的理由的多种学说中,刑罚目的理论(预防理论)更胜一筹。这一学说对中止自动性判断的影响是,"行为人既然有这种出于自发、诚挚而放弃犯罪的行为(或防止结果的努力),从特别预防的角度而言,毋需以处罚行为人作为隔离或矫正手段;从一般预防而言,不予处罚也不至于引发社会大众的效仿"④。

同时,将责任减少说和刑事政策说结合起来还有一个功效:可以有力回应对责任减少说的批评:①批评者认为,按照责任减少说,只要存在基于规范意识的中止行为,即便发生了既遂结果,也理应成为刑罚减免的对象。但

---

① 谢望原:《内地中止犯成立要件与刑事责任根据》,载李圣杰、许恒达编:《犯罪实行理论》,元照出版有限公司2012年版,第386页。
② 黎宏:《刑法学》,法律出版社2012年版,第253页。
③ 参见〔意〕杜里奥·帕多瓦尼:《意大利刑法学原理》(注评版),陈忠林译,中国人民大学出版社2004年版,第276页。
④ 林钰雄:《新刑法总则》,元照出版有限公司2014年版,第385、389页。

基于预防目的的责任减少说会主张,既遂犯预防必要性大,因此不能获得类似于中止犯的特殊待遇。②批评者指出,肯定责任减少等于承认行为人内心的规范意识重要,这会使外部的中止行为失去了意义。对此的回应是,中止行为的外观使民众对规范的信心被恢复,以证明规范本身没有问题。这有助于实现一般预防,中止行为的存在仍然是很重要的。③批评者主张,能够被认定为中止的,势必限于那些基于规范上值得肯定的悔悟等动机,但现行法上并无这一要求。对此的反驳是,如果从预防犯罪的刑罚目的上考虑,中止自动性并不要求规范意识觉醒。对此,后文会进一步加以分析。

(二)中止犯减免处罚根据与自动性判断的规范主观说

由于中止犯的减免根据是"基于预防目的的责任减少",而中止自动性是说明责任减少的重要指标,出于规范责任论的考虑,对责任是不是减少就必须进行规范判断,对中止自动性的判断当然也应该进行规范评价。这样说来,对中止自动性还应该在主观说的基础上进行规范判断,认真考察行为人内心放弃犯罪的意思是否能够被规范地评价为"动机逆转"。尤其是,行为人还未对"欲"与"不欲"作出明确判断就停止犯罪的,按照主观说是无法进行处理的。此种情形更应当在规范上确定行为人的内心是否具备任意性,而不是依据主观说(心理学上的行为人判断)得出结论。对此,罗克辛教授正确地指出,中止是一个特定的刑事政策问题。"中止之中有一个'自愿'的概念,这个概念决定着这种中止是否具有免除刑罚的效果。'自愿'概念是规范性的,准确地说,是要从刑罚目的的理论的角度来解释的。"①按照中止自动性受制于处罚根据(基于预防目的的责任减少说)的主张,对某些责任明显有所减轻,行为人为防止结果无价值的出现也确实做出各种努力,但从一般预防和特别预防的角度看,仍然明显不应该奖励行为人,认定为犯罪中止不利于实现刑罚目的的情形,需要从政策说的角度,否定其单纯靠主观努力就可以决定中止自动性,从而将其行为性质认定为未遂。换言之,根据责任减少说所得出的初步结论,需要结合预防的政策考量再度进行辅助性检验。②"基于己意"并不是仅仅由行为人的内心想法来决定的。如果停止犯罪的行为明显无助于恢复公众

---

① 〔德〕克劳斯·罗克辛:《刑事政策与刑法体系》,蔡桂生译,中国人民大学出版社2011年版,第45页。
② 类似的观点,参见张鹏:《中止犯自动性研究》,法律出版社2013年版,第64页。

对规范的信任感,不能证实规范的有效性,就仍然难以肯定中止自动性,由心理学主观说所得出的结论最终也会被规范判断所否定。

如果充分评估中止犯减免处罚根据的刑罚目的说对自动性判断的影响,在我国刑法学中,就应该提倡"规范主观说"①,以确定值得奖励的责任减少是否存在,从而肯定自动性,并与传统的心理学主观说相区别。换言之,如果要肯定中止自动性,就必须同时满足以下两个条件:一方面,行为人在内心作出放弃犯罪或防止结果发生的自由选择,其主观意思足以被评价为一定程度上的责任减少,这是中止自动性判断的心理学尺度;另一方面,将这种意思认定为"基于己意"有助于实现预防目的,这是中止自动性判断的规范维度。唯有上述两个条件同时具备,行为人停止犯罪才能被认定为"己意中止"。换言之,行为人的心理事实能够为自动性判断提供基础事实,但要得出自动性存在的结论,还必须在此前提下进行规范检验。对于责任有所减少、但明显不能满足预防目的要求的停止犯罪行为,规范主观说可以否定其中止自动性,而将其作为未遂犯处罚。

必须指出,规范主观说不同于国内学者所主张的折中说。有论者认为,认定是否基于自动性时,先考察行为人对外部事实是如何认识的,再根据客观标准判断行为人的认识,探讨外部事实对行为人的意志是否产生了强制性影响。如果产生强制性影响的,是未遂犯;反之,则为中止犯。② 亦有论者认为,认定中止自动性要首先采取限定主观说进行判断。在根据限定主观说得出否定结论时,再根据主观说采用法兰克公式进行判断;在根据主观说得出的结论不符合犯罪中止的法律性质,或者难以得出合理结论时,再以客观说为标准进行判断。③ 但是,主讲人不认为主观标准和客观判断之间有先后次序关系,而是认为自动性判断要坚持主观标准。但其核心不在于心理学上的行为人认识,而在于如何进行规范检验,即针对行为人的内心意思如何进一步从规范上确认责任减少和预防必要性降低,进而限定中止犯的成立范围。所以,问题的解决仍然限定在主观说范围内,客观的外部事实只是认识行为人内心动机时需要权衡的因素之一。规范主观说没有先进行主观判断,再做客观判断的步骤。

---

① 山中敬一教授将通常所说的"限定主观说"称为规范主观说,参见〔日〕山中敬一:《刑法概说I》,成文堂2008年版,第179页。但这里不在这一意义上使用"规范主观说"概念。
② 参见张永红:《未遂犯研究》,法律出版社2008年版,第139页。
③ 参见张明楷:《刑法学》(第5版),法律出版社2016年版,第366—368页。

三、中止自动性规范主观说的展开

(一) 规范主观说的基本内容

1. 判断行为人是否基于己意时,必须建构认定行为人"自律"的规范标准

张明楷教授指出,如果仅采取心理学主观说,就会发现很多案件确实难以妥善处理。例如,甲准备开枪杀死乙,警察在100米外喊"住手"的,按心理学主观说就会认为,甲完全可以在警察到来之前开枪打死乙,甲对此也有认识,属于"能达目的而不欲",应当成立犯罪中止。但他认为这一结论很难被人接受,此时,其主张采用客观说认定行为人为未遂犯。再如,在外地打工的A深夜实施抢劫行为,发现被害人B是自己兄弟,就停止抢劫行为的,从客观的或者物理的角度看,A仍然可以继续抢劫其兄弟B的财产而放弃,应当成立中止;但从心理的角度看,A不能继续实施抢劫行为,故属于犯罪未遂。如果认定A的行为属于犯罪中止,则适用法兰克公式即可;但如果认定A的行为属于犯罪未遂,则需要采用客观说。基于此,张明楷教授认为:"在采取主观说不能得出妥当结论时,应考虑客观说的合理内容。因为心理是一种复杂现象,完全从心理意义上认定和评价'自动性',难以得出妥当结论。"①

然而,如果认定中止自动性仅观察特定行为人的内心动机,不平衡考虑外部障碍和内心动机的关系,就不是对主观说的完整理解;在主观说不合理时再借助于客观说的说法,在方法论上明显存在问题。因为中止自动性的客观说是否真正存在,是大可质疑的。理论上之所以认为上述案件难以处理,恰恰是因为主观说放弃了规范判断所造成的。张明楷教授所举的前述两个例子,行为人因为其被抓获的现实危险性较大而停止犯罪的,即便存在自行放弃犯罪的意思,其停止犯罪前后的态度(想杀害、抢劫他人)并没有"逆转",从规范评价的角度看责任减少的程度极其有限,特别是将其认定为中止无助于预防目的的实现,因此,不宜肯定中止自动性。

其实,按照规范主观说的逻辑,对行为人的心理活动与外部事实障碍的关系进行规范衡量,处理好"自律"和"他律"的关系,并不涉及客观说

---

① 张明楷:《刑法原理》,商务印书馆2011年版,第339页。

的运用,仍然停留在主观说内部,只不过是对规范判断加以强调而已。要从规范上肯定行为人存在"自律",就不得不考虑停止犯罪的决断与最初的犯罪计划相比,是否不利于被告人自身利益且具有"反常性"——如果停止犯罪的决定违背其最初犯意,与行为人实施犯罪的价值追求相抵触(例如,故意杀人的实行者因为同情被害人而停止犯罪的),就可以在规范判断上认为其系"反常的决定"。此时,行为人具有自律性,可以成立中止。相反地,如果犯罪人按照最初的犯意行事,在具体实行过程中,发现某种与最初犯罪计划不一致的事实出现(例如,原本想偷珍贵文物,但在未发现该客体,即便可以顺手牵羊窃取被害人巨额现金的场合,也未盗窃该现金),而自行离开现场的,停止犯罪的决断并不是不合理的决定,而是在情理之中的,就难以成立中止。换言之,行为人在没有发现珍贵文物时不对普通财物下手的,停止犯罪的动机并不属于不利于被告人自身利益且反常的决定,并非与行为人的犯罪价值追求目标背道而驰,因此,难以认定行为人具有中止自动性规范判断意义上的"自律性"。

　　将中止自律性理解为行为人是否作出了"一反常态"的不合理决定,就可以发现,自动性是否成立,不在于是否存在外部障碍,而在于行为人的意思选择从规范的角度看是否反常或异常。强奸犯、抢劫犯发现对方是熟人时,因为担心对方控告自己而停止犯罪的,停止犯罪并不反常,是不得已而为之,难以成立中止犯。而在伤害、盗窃或强奸的场合,因被害人喊叫而停止犯罪的,不能一概否定中止自动性。如果被害人的呼叫使罪犯陷入惊恐状态,或害怕呼救引来其他救助者,行为人进而逃离现场的,停止犯罪也并不反常,应该成立犯罪未遂;但被害人的喊叫使罪犯感受到自己行为的不妥当,进而停止犯罪的,则有成立中止犯的余地。例如,被告人在四周漆黑、人迹罕至的地方对被害人着手实施强奸的暴力,但被害人喊叫并极力反抗,并声称如果受到性侵害就要自杀以及母亲会报警,被告人因此惧怕而停止犯罪的,法院认为就当时的情况而言,被告人要继续实施犯罪并无障碍,停止犯罪还是被告人基于主观意愿的选择,因此,认定犯罪中止成立。① 主讲人认为,法院立足于客观说的判决结论是正确的(犯罪继续实施确实有一些障碍,被告人也产生了惧怕心理,但是,案发被抓捕的现实危险并不存在,外在阻碍对被告人的心理压力很小);从规范主观说的角度也可以认为,停止犯

---

① 参见福建省长泰县人民法院(2000)泰刑初字第117号刑事判决书。

罪是基于行为人自己的意思所作出的"反常决定",行为人具有自律性,中止自动性存在。在【案例8-1 催泪抢劫案】中,法院经审理认为:根据本案的事实和证据,三被告人在实施犯罪前已有预谋,并准备了作案工具麻醉喷雾剂,到达作案现场后将麻醉喷雾剂喷向被害人,已经着手实施抢劫罪中的暴力行为,由于被害人向三被告人表明自己是派出所治安人员的身份,三被告人惧怕而未进一步实施暴力和劫取财物的行为。本案三被告人虽然已经着手实施了犯罪,但由于三被告人主观上出于对派出所治安人员的惧怕心理,自动放弃继续犯罪的念头,选择逃跑,其行为符合犯罪中止特征,属犯罪中止,由此判决对三被告人免予刑事处罚。[①] 这一判决从规范主观说的角度看也具有一定合理性,因为被告人一方对被害人形成了人数优势,且携带了凶器,继续实施犯罪具有可能性,在案发现场被抓捕的现实危险较低,外在障碍对被告人的心理压力较小,停止犯罪是基于行为人意思的"反常决定",中止自动性可以成立。

2. 判断是否基于己意时,必须考虑对停止犯罪行为认定为任意性并给予奖励是否有利于犯罪预防

山口厚教授认为,行为人出于消灭危险的意思并且也实现了消灭危险的场合,原则上就成立中止犯。欠缺任意性的,仅是限于诸如中止行为受到强制这种例外情形。在这个意义上,任意性的要件的意义是非常有限的。[②] 但是,一方面,这种观点割裂了中止犯减免处罚根据和任意性之间的紧密关系;另一方面,无论从理论还是实务的角度看,都应该大量存在基于危险消灭的意思且实际消灭危险,但从规范的角度,尤其是预防目的的角度看,行为人值得施加褒奖、特殊恩典的心理状态并不存在的情形,肯定任意性并不合理。因此,"己意中止"必须为责任减少奠定基础,其首先是行为人自由的意思选择。同时,如果并合考虑中止犯减免处罚根据的刑罚预防目的,行为人的意思决定就不是中止自动性的全部内容,中止自动性的确认应该特别考虑规范理论。在很多情况下,对最终结论起决定性作用的,不是心理检验的结果,而是对行为人的态度是不是有一个"一百八十度的大转弯"、行为动机是不是实现了"逆转"的规范评价。

[①] 参见广东省深圳市罗湖区人民法院(2004)深罗法刑初字第1905号刑事判决书。
[②] 参见〔日〕山口厚:《刑法总论》(第2版),付立庆译,中国人民大学出版社2011年版,第290页。

如果考虑预防目的,就会发现根据心理学标准得出的中止自动性结论,在规范判断上可能被否定。对此,罗克辛教授曾经举出多个例子进行深入分析。例如,甲试图杀害其前妻乙及其男友丙。甲首先对丙进行了伤害,但在乙出现时,其放过了丙而追杀乙,导致后者死亡,但丙活了下来。按照心理学标准,甲对丙成立犯罪中止,因为其原本能够杀死丙而自由选择不杀他。但是,从规范评价的角度就应该否定任意性,因为当谋杀另外一个人对行为人来说更重要时,其放弃侵害丙不是一个反常的决定,看不出行为人的态度有变化,其没有从犯罪性目标设定中摆脱出来,不具有自律性,将其行为认定为中止不符合刑罚目的。又如,甲为强奸乙而使用暴力。身体处于弱势的妇女乙对甲说:"不用强来,我们先休息一下再说。"甲就停止了侵害,此后因有路人经过,乙随即呼救,甲逃跑。按照心理学主观说也可以肯定任意性,因为甲不是被迫等待的,而且放弃了立刻发生性行为的强制。但是,从规范的角度看,甲基于其先前的暴力侵害行为继续和乙发生性关系的态度并没有转变,没有出现与具体行为构成的动机不一样的"相反动机"。暂时停止侵害是为了在紧密连接的时间和地点再次实施犯罪,这是行为人精心盘算后的决断,谈不上自动停止犯罪。因此,在多数案件中,按照规范方法认定中止自动性,比心理学方法更为严格,对中止犯的范围限制更多。①

我国学者立足于心理学主观说认为:①发现对方是熟人而放弃抢劫犯罪的,担心日后被告发或抓捕而停止犯罪的情形等,因为行为人中止犯罪的内心意思存在,都应该按照中止犯处理;②想实施强奸行为,但发现实施抢劫更符合自己的利益便停止强奸行为的,也成立强奸罪的中止;③发现被害人流血不止,因为恐惧而停止故意伤害的;强奸犯发现妇女来月经而停止侵害的,也都肯定中止自动性。②

但是,在上述情形中,发现对方是熟人而放弃抢劫的行为等有被发现的具体可能性,停止犯罪的自动性按照心理学标准也未必存在。同时,需要考虑将其认定为中止是否会在一般预防或特别预防上带来困难。按照预防目的的要求,上述按照心理学主观说认定为中止的情形,事实上以未

---

① 参见〔德〕克劳斯·罗克辛:《德国刑法学总论》(第2卷),王世洲等译,法律出版社2013年版,第444页。
② 参见张明楷:《刑法原理》,商务印书馆2011年版,第340页。

遂犯处理可能更为合适。

此外,我国实务上对于虽然是自己决定停止犯罪,但行为人误以为有外部障碍而基于己意中止的,也不会认为行为人有中止自动性。例如,行为人盗窃古墓,在挖到保护古墓的木炭层后,误将其当成了树桩,感觉挖错而中途离开的,法院否定犯罪中止的成立。① 司法上的逻辑是,虽然行为人自己停止犯罪,但特别预防的必要性较大的,不应该认定为犯罪中止。对此,有学者指出:"假定一个强盗在他的被害人的钱包中只找到了五美元。他把钱包还给被害人并说:'忘记这件事吧。你比我更需要这钱。'这是一个有效的放弃吗?一个德国的案件认为,由于对战利品没兴趣而导致的阻止,不能否定抢劫未遂的责任。"② 又如,被告人到储蓄所抢劫,看见被害人打电话报警,因惧怕而逃离现场的,律师以犯罪中止辩解,但法院否定了这一辩护意见。③ 对于上述情形否定中止自动性,不是因为行为人没有停止犯罪的意思,而是因为奖励这种行为人对于犯罪预防有负面效果。

有人可能认为,从心理的角度把握中止自动性更有利于保护被害人——只要犯罪行为停下来就要奖赏行为人,这样使行为人在犯罪过程中可以进行权衡,进而放弃犯罪。这种观点貌似持政策说的立场。但是,如果中止犯的范围太宽,行为人在犯罪遂行过程中发现难以得逞就"基于己意"停下来,成立中止进而得到奖赏,就可能诱使行为人一再尝试去实行犯罪,最终使得其犯罪目的得以实现。将中止自动性仅仅界定在行为人基于心理上的自我盘算而停下来,最终既不利于犯罪预防,也不利于保护被害人。

(二)规范主观说的实务运用

1. 中止自动性不要求行为人的规范意识觉醒

有学者认为,任意性要求行为人有支配自身停止犯罪的内心决意,同时,在停止犯罪的那一刻,其还产生了规范意识的觉醒、顿悟,进而自动停

---

① 参见北京市第一中级人民法院(2001)一中刑终字第539号刑事裁定书。
② 〔美〕乔治·P. 弗莱彻:《刑法的基本概念》,蔡爱惠等译,中国政法大学出版社2004年版,第243页。
③ 参见青海省西宁市中级人民法院(2000)宁少刑终字第29号刑事判决书。

止犯罪或自动防止结果的发生。① 因此,中止自动性意味着行为人在自己决定将犯罪停下来的同时,还存在试图"将事态恢复到合法状态或原初状态"的意思。韩国学者将这种中止自动性的规范要求理解为"回归合法性"的意思表示。"回归合法性是指真正放弃敌对法的意思,从内心上向合法性世界复归的情况。换言之,是指欲防止因敌对法的意思而面临危险的法益危害的结果避免意思。其内含有犯行意思的最终放弃。"②

但是,即便强调中止犯减免处罚根据和中止自动性判断的对接,肯定前者对后者的制约,也不意味着行为人必须有规范意识觉醒才能成立中止自动性。一方面,要求行为人具有规范意识与《刑法》第24条的规定不符;另一方面,行为人以阻止结果产生的意思停止犯罪,就是对未遂的无价值和行为人消极影响社会公众法治意识上的重新平衡,使得其处罚力度降低。因为行为人自愿撤回其犯罪意思,说明出于一般预防或者特别预防的理由而对行为人进行处罚的必要性已经减少。行为人撤回犯罪意志,表明"对于惩戒中止犯本人以后不再实施类似犯罪行为和对于警示他人以及对于受损害的法制秩序的重新建立,不再必要"③。基于己意中止,犯罪行为在社会中造成的动摇规范的感觉已经部分地被消除,行为人对于社会大众的法意识的负面影响也得到修复,中止行为本身会给社会带来好的示范,在一定程度上确证了规范的存在和有效。因此,不需要按照未遂犯给予行为人处罚,就能够避免行为人在未来再实施犯罪行为,也能够重新恢复受侵害的法秩序。在中止自动性的规范主观说之上,再附加行为人的规范意识觉醒这一多余的条件,当属画蛇添足之举。④

2. 保留下次犯罪意思的,仍然可能成立中止犯

有学者认为,犯罪中止应该具有彻底性。"彻底性,是指犯罪分子决心

---

① 参见王昭武:《论中止犯的性质及其对成立要件的制约》,载《清华法学》2013年第5期,第85页。松宫孝明教授认为,中止犯减免处罚根据的刑罚预防目的论是以中止行为所表现出来的规范意识的恢复为根据的,因此,对中止自动性也倾向于采用限定主观说,这和王昭武教授是大致相同的见解。参见〔日〕松宫孝明:《刑法总论讲义》(第4版补正版),钱叶六译,中国人民大学出版社2013年版,第185页。
② 〔韩〕金日秀等:《韩国刑法总论》,郑军男译,武汉大学出版社2008年版,第521页。
③ 〔德〕约翰内斯·韦塞尔斯:《德国刑法总论》,李昌珂译,法律出版社2008年版,第361页。
④ 相反的观点,参见王昭武:《论中止犯的性质及其对成立要件的制约》,载《清华法学》2013年第5期,第82页。

今后不再继续实施其已经放弃的犯罪活动。如果犯罪分子认为条件不成熟、时机不到而暂时停止犯罪活动,等待机会以后再继续进行的,这只是犯罪的暂时中断,不构成犯罪中止。"①但是,这一观点是否合理,还值得研究。

主讲人所赞成的规范主观说强调,成立中止自动性必须同时满足以下两个条件:一方面,行为人在内心作出放弃犯罪或防止结果发生的自由选择;另一方面,可以被规范地评价为一定程度上的责任减少,并有助于实现预防目的。按照这一逻辑,行为人主观上把进行中的犯罪停下来,且至少是在本次犯罪中不再保留法敌对意思,才能认定为"已意中止"。这是责任减少说和(特别预防的)刑罚目的的当然要求。

不过,按照规范主观说,本次犯罪停止,但保留下次犯罪的意思的,也还是可以成立中止。对于中止未遂是否还有个别预防的必要性,不应该依照行为人将来是否还会犯罪这个假设来判断,而是要根据行为刑法的一般原理,针对现实上所发生的事实亦即行为人的行为进行分析。由于中止犯在"行为当下"已经重归合法,因此,就其所为的行为来看,并不具有个别预防的必要性。②例如,甲为盗窃而潜入乙家,但发现被害人家里灯火通明就很快离开现场,准备待下次乙家无人时再来窃取的,行为人的欲望通过下次预防机制还可以制止,行为人实现"本次"盗窃计划的欲望已被打消,其"本次"作出停止犯罪的决定与其最初犯罪决意相比较是反计划、不合理的决定,具有反常性,符合自律性的要求,可以成立犯罪中止。反过来,甲着手抢劫乙的财物,被害人假意对行为人说要主动给罪犯钱,让被害人不要着急,甲就停止了侵害,但其很快被赶到的警察抓获的,虽然被告人声称其中止了犯罪,但其犯罪意欲一直存在,本次犯罪预防机制对其失效,行为人明确打算通过这次犯罪行为取得被害人财物,不会将犯罪行为推迟到下次预防机制的产生时点,因此,从规范评价的角度看不能认定其为中止犯。

3. 在实务上,应当根据规范主观说限定中止犯的成立范围

在我国司法实务中,存在根据主观说扩大中止犯成立范围的情形。例如,在"李某强奸案"中,被害人董某租住在被告人李某租住屋的对面。

---

① 曲新久:《刑法学》,中国政法大学出版社 2012 年版,第 148 页。
② 参见王效文:《中止犯减免刑罚之理由》,载李圣杰、许恒达编:《犯罪实行理论》,元照出版有限公司 2012 年版,第 362 页。

某日,李某见被害人董某的房门上插着钥匙即起歹念,持刀开门进入被害人房间提出要与其发生性关系,被害人极力反抗。之后,被害人董某假意答应下午去李某家中与其发生性关系,李某闻听即停止暴力行为,并要求董某不许报警后,回到自己住房。董某随即报警,李某被抓获。实务上,对李某停止犯罪的性质可能会有多种理解:①一种观点认为,被害人下午到行为人家中发生性行为的"替代利益"是行为人李某所希望的,法律要预防被告人取得这种替代利益,因此,从刑罚目的论的角度应该否定中止自动性。②另一种观点是,行为人当时要强奸完全没有障碍,其基于己意停止犯罪,本次法律的预防机制已经发挥作用,只要其停下来就应当给予奖励。李某为强奸而对被害人实施暴力后,在原本可以继续进行性侵害的情况下放弃犯罪的,应该属于责任减少的情形;如果再进一步进行规范评价,就可以认为,李某在主动停止犯罪之后,强奸罪的故意责任就不再存在,因为其所思所想只不过是下午的"两情相悦"而非强奸;即便其"贼心不死",保留着如果下午董某不主动和自己发生性行为,还要对被害人进行性侵害的意思,也需要通过新的犯罪预防机制发挥作用去阻止其在未来再犯罪。就当次犯罪放弃而言,无论是结合心理学标准还是进行规范评价,中止自动性都应该存在。③还有一种观点认为,行为人即便是被哄骗以后才停止犯罪的,但放弃当时的犯罪毕竟还是其主动而为,因此,成立中止;但如果其还保留着下午董某不主动和自己发生性行为,还要对董某进行性侵害的意思,就需要将其认定为犯罪未遂。

从心理学的角度看,李某的行为似乎可以成立中止。在被害人董某承诺下午与被告人发生性关系时,被告人原本可以不停止强奸行为,将犯罪停下来系基于其主观意志,而非其他客观原因所导致,且被告人实际放弃了立刻继续发生性行为的强制。但是,如果将中止自动性的认定和刑罚目的(刑事政策)联系起来,就可以认为:从规范的角度看,甲虽然听从劝告停止了犯罪,但其基于先前的暴力侵害行为和乙发生性关系的态度并没有转变,没有出现与具体行为构成的动机不一样的"相反动机",其内心态度不是反常的决断,不具有自律性,谈不上自动停止了"本次"犯罪。其当时决定停止犯罪的举止没有为公众树立一个好的榜样,不值得用犯罪中止加以奖励,因此,只能成立强奸罪未遂。

值得注意的是,实务上,对某些案件是按照客观说来否定中止自动性。例如,在【案例8-2 骗门抢劫案】中,法院经审理后认为,被告人程小强以非法占有为目的,采取暴力、胁迫手段,入户强行劫取他人财物,其行为构成抢劫罪,依法应予惩处。程小强在其犯罪行为被公安机关发现后畏罪潜逃,系出于意志以外的原因。在此期间虽与被害人达成"和解",但"和解"系胁迫被害人而成,故被告人程小强的行为不能认定为犯罪中止,属犯罪未遂,依法可以比照既遂犯减轻处罚。法院以抢劫罪判处被告人程小强有期徒刑8年,并处罚金8 000元。①

对于本案,法院作出判决的法理依据是:在实施犯罪过程中出现特殊的客观因素,使犯罪人难以继续实施犯罪或者将对其造成紧迫威胁,促使犯罪人心里害怕而停止犯罪的,不能成立犯罪中止。被告人在公安机关掌握其犯罪事实并与被害人取得电话联系的情况下产生害怕心理,其害怕的具体内容是如果不逃离现场将被当场抓获,这是对其继续犯罪的客观实质阻碍因素。② 这明显属于客观说的立场。但如前所述,立足于客观说来区分中止和未遂,难以得出令人信服的结论。

从规范主观说的角度分析本案,其结论应该比客观说的解释更为合理。按照规范主观说,只要行为人是经过理性计算以后停止犯罪的,其决定就不是"反常地"作出的,行为人的人身危险性就仍然存在。按照犯罪中止的规定奖励被告人,既无助于特别预防,也有悖于社会大众的法感情。但是,在本案中,结合主客观事实可以认为,警察并非近在咫尺,被告人被抓捕的客观危险性应当说是比较抽象的,犯罪的停止仍然是被告人基于其意思"反常地"作出的、与其最初犯罪目标相抵触的决定,符合中止自动性的要求。实务上对中止自动性只作事实判断的做法并不妥当。

当然,在中国司法实务中,也出现了对中止自动性进行规范判断的情形。例如,在【案例8-3 抢劫杀人案(一)】中,法院的裁判结论是:"被告人在用绳子猛勒被害人脖子致其昏迷后,发现被害人没死,又先后多次重复实施杀害行为,已造成了伤害后果,其非完全自动放弃杀人的想法。因此,被告人在实施故意杀人犯罪的过程中由于意志以外的原因而未得逞,应认定为犯罪未遂。"③对于本案,按照主观说,似乎可以认为李官荣反复折磨被害人之后,继续实施犯罪直至杀死被害人,在客观的"技术层

---

① 参见浙江省宁波市中级人民法院(2013)浙甬刑二终字第372号刑事裁定书。
② 参见李瑛、曾建东:《因"害怕"而停止的犯罪心态认定》,载《人民法院报》2013年11月14日,第6版。
③ 参见福建省上杭县人民法院(2008)杭刑初字第238号刑事判决书。

面"应该不存在困难,行为人系基于己意停止犯罪,应该认定为犯罪中止。但是,在本案中,虽然行为人停止犯罪,法院也坚持认为"其非完全自动放弃杀人的想法",这显然是在传统的主观说之外考虑了规范性限制——行为人几乎穷尽了他认为可以采取的手段而仍杀不死被害人,在发现被害人"命大"时停止犯罪的,其将犯罪停下来的动机不具有异常性、自律性;在这里,规范对被告人的提示没有发挥作用,将费尽工夫都达不到既遂的犯罪停下来如果在刑法上也要给予奖励,将会使得他人效仿类似行为,无助于一般预防,所以,对李官荣按照犯罪未遂处理就是理所当然的。

顺带一提的是,实务观点(对类似被告人的责任有所减轻但从政策上看不值得奖励,认定为中止犯会向公众传递不良社会信息的情形认定为犯罪未遂)与法学方法论上后果考察的要求相一致。刑法解释离不开"后果考察"。对于后果考察在案件处理中的意义,考夫曼曾经指出,结果取向的法律解释在现代论证理论中扮演一个显著的角色,是传统解决规则以外的一个同样重要的方法。① 如果考虑到刑事政策的需要以及这种解释可能带来的负面社会效果,就有可能基于一般预防的考虑,转而否定部分行为人自己决定放弃犯罪的行为成立中止自动性的结论。因为在很多类似案件中,如果承认中止会使得刑罚效果以及对被害人的保护力度都大打折扣。比如,为抢劫而杀人的,或者为骗保而杀人的,如果肯定只要单纯放弃犯罪就成立中止,行为人就会考虑:如果我成功地把被害人杀死了,就"天遂人愿"且不会有目击证人;即便没有杀死,只要我能够在一定时段停下来,不再实施杀害行为,也可以成立中止。那么,行为人无论是继续实施杀害行为还是停下来,都会从事实上或者法律上"得利",对中止自动性的上述解释在某些场合就一定会带来负面效果。② 同时,还要考虑如果对"单纯放弃"肯定中止,则可能对"失败的未遂"的行为人在处罚上不平衡。例如,基于强奸的意思打被害人一耳光,妇女提出给钱的,行为人停止进一步的性侵害就可以成立中止犯;那么,在另一种情形中,行为人同样打被害人一耳光,但被害妇女逃走的,行为人就因为没法控制被害人的人身而无法成立中止,这会导致在性质上更为恶劣的行为(实施强奸

---

① 参见[德]阿图尔·考夫曼:《法律哲学》(第 2 版),刘幸义等译,法律出版社 2011 年版,第 63 页。
② 参见周光权:《刑法解释方法位阶性的质疑》,载《法学研究》2014 年第 5 期,第 173 页。

暴力之后,还从被害人手中获取财物)在法律上反而得到奖励。因此,即便是行为人自己决定停止犯罪,但如果该意思并不值得奖励,肯定中止无助于取得预防效果的,就没有必要承认其具有自动性。

四、结　　语

犯罪中止作为奖励性规定,其适用条件不能过低,应该限于比较罕见的情形。理论通说和实务上以停止犯罪基于行为人的意思为准来认定犯罪中止,人为扩大了中止犯的成立范围,既不能有效区分中止和未遂,也可能助长逼取口供的司法流弊,更无助于培养被告人及国民的规范意识。

因此,对中止自动性的判断,应当从心理学主观说转向规范主观说。换言之,被告人自己决定不再实施犯罪的心理态度,对"基于己意"的判断只是提供了基础素材。只有从这种停止犯罪的意思和行为中,能够清楚明了地看出行为人的再犯可能性已经降低或者消灭;且该停止行为使民众对规范恢复信心的,才能最终从规范评价的角度认定为"基于己意"。如果法律对那些虽然停止犯罪,但是在犯罪难以推进的前提下作出停止决定的情形,从心理学角度认定为中止,一般人就会认为被告人得到了法律的特殊照顾,从而可能会去效仿被告人,刑罚的预防目的就会落空,犯罪中止的立法主旨也就不可能实现。

需要指出,从规范主观说的角度判断中止自动性,会将目前很多以犯罪中止来处理的情形转而认定为犯罪未遂,中止和未遂的区分也就显得相对容易,这可能会使中止犯的成立范围受到限制。但这不是规范主观说自身的问题,而是过去的实务存在偏差,犯罪中止的范围并不是越大越好。"普通未遂与中止未遂难以分辨清楚的重要原因之一,是学说与实务把中止犯的范围摆得太广了(认为只要自愿停止犯罪就是中止犯),范围太广就显不出核心的判断,就会飘荡。合理而有效的解决,应该是紧缩中止犯的概念。"[①]而限制中止犯适用范围的方法就是肯定规范主观说。唯有如此,才能确保责任论和刑罚论之间的前后一贯性;才能实现中止犯立法的政策目标;才能与法学方法论上的后果考察相一致;才能使刑法上的思考成为价值判断和规范评价,而不是仅仅停留在心理事实的确认和一

---

① 林东茂:《刑法综览》(修订第5版),中国人民大学出版社2009年版,第162页。

般人朴素感觉的层面。

当然,各位也可能认为我将中止犯的成立条件限制较严。但这正好说明这个问题在今后还有很大的研究余地。但因为时间关系,今天的课就只能到此打住了!

第九讲　支配犯与义务犯的区分

——"快播"案定罪理由之探究

【案例9-1 "快播"案】

被告单位快播公司及其直接负责的主管人员王欣、吴铭、张克东、牛文举,提供媒体服务器安装程序及快播播放器让他人发布、搜索、下载、播放淫秽物品,对部分淫秽物品予以缓存,导致大量淫秽视频在网上传播。有关部门查获快播公司托管的服务器4台,对从中提取的近3万个缓存视频文件进行鉴定,认定其中70%的文件属于淫秽视频。问题:从不作为犯的角度论证被告人构成传播淫秽物品牟利罪是否存在不足?

在这一讲,我想结合一个具体的案件讨论一下支配犯(作为犯)与义务犯(不作为犯)的区分逻辑及其对实务的影响。

北京市海淀区人民法院于2016年9月13日对被告单位快播公司及其直接负责的主管人员王欣、吴铭、张克东、牛文举犯罪一案作出一审有罪判决,认定上述被告人构成传播淫秽物品牟利罪。判决理由的论证逻辑是:从客观上看,快播公司负有网络视频信息服务提供者应当承担的网络安全管理义务,且具备承担网络安全管理义务的现实可能,但拒不履行网络安全管理义务;从主观上看,快播公司及各被告人均明知快播网络系统内大量存在淫秽视频并介入了淫秽视频传播活动,仍放任其网络服务系统大量传播淫秽视频这一结果的发生。一审宣判后,部分被告人不服提出上诉。2016年12月15日,北京市第一中级人民法院作出驳回上诉、维持原判的二审判决。①

【案例9-1 "快播"案】因和现代互联网技术相结合而显得较为复杂。讨论快播案,绕不开的问题之一是被告人的行为究竟是作为还是不作为。两审法院的判决显然均以不作为立论,明确指出:快播公司在本案中所表现出的行为属于拒不履行网络安全管理义务的行为,其对于信息网络安全管理义务不是没有履行的现实能力,而是没有切实履行的意愿,因而应当受到刑罚惩处。

我在这一讲中的主要想法是:①快播案被告人实施了两类行为,包括提供媒体服务器安装程序及快播播放器让他人发布、搜索、下载、播放淫秽物品(以下简称"提供播放器行为");缓存淫秽物品(以下简称"缓存行为")。提供播放器行为可能违反了监管义务,似有成立不作为犯的可能;后一类行为即缓存行为则是积极地支配了犯罪进程,属于作为。②对于违反监管义务的不作为,传统上不同学者可能选择从犯罪支配或义务违反的角度进行论证,但从犯罪支配的角度论证不作为犯可能遇到很多难题,因此,从义务犯的角度分析其构成不作为犯更为可取。③在被告人存在属于作为的缓存行为时,法院判决没有对其充分加以评价,而将全案以不作为进行包括性评价,未必是论证判决理由的最佳进路。

一、缓存行为与作为犯

(一) 作为与犯罪事实支配

作为,是指以积极的身体行动促使、推动构成要件结果或者法益侵害危险的发生。作为是实行行为的典型形态。作为犯不仅支配了犯罪结果发生的原因,而且将整个犯罪进程掌握在自己手中,是正犯,也是支配犯。作为和积极的犯罪事实支配可以等而视之。

犯罪事实支配的相关理论在教科书上一般放在共同犯罪这一章节中讨论,认为其是区分狭义共犯与正犯的实质理论。许多人由此会认为,犯罪支配理论只与共犯论有关。但是,既然根据犯罪事实支配的有无可以确定行为人是否成立正犯,那么,在单独犯的场合,行为人是否具有犯罪

---

① 由于一、二审判决的主要理由没有实质性差异,为行文方便,本章中所提到的判决书如无特别交代,均是指一审判决。

支配就决定了其行为是否具有正犯的实行行为性。因此,是否具有犯罪支配,成为论证行为人的行为是否符合客观构成要件的一条重要思路。如果行为人直接地、实质地支配了犯罪进程和危害结果,具有行为支配性,其行为就应该成立正犯,是犯罪的核心角色。

犯罪支配说以限制的正犯概念为基础,坚持构成要件的观念,主张确定谁是正犯谁是共犯需要考虑谁对犯罪进程具有实质性的、事实上的支配。① 在判断犯罪支配时,需要考虑各个行为人对危害结果的贡献方式和大小,主观上对于犯罪的期待和操纵、主导、驾驭程度。凡是以故意的心理操纵、控制着整个犯罪流程,决定性地支配犯罪的角色,就是正犯。正犯具有行为支配性,包括客观上的行为与主观上的犯意均处于支配地位。② 换言之,正犯能够以自己的意思对于其他犯罪人进行命令或者阻止,把犯罪进程、法益侵害范围掌握在自己手上,是犯罪实施过程中的"灵魂人物"。按照罗克辛的说法,如果一个能量投入能够支配结果,或者按照行为人的故意能够支配结果时,就是支配犯(正犯)。③ 狭义的共犯(教唆犯、帮助犯)虽然对于犯罪的实现有加功行为,对法益侵害结果的发生有原因力,但是,其不能以自己的意志控制犯罪进程。无论从主观动机还是客观的行为要素看,共犯与正犯的地位都不相当。犯罪支配的具体类型包括以下三种:①直接正犯的特质在于行为人亲自实施了构成要件行为,因而具有行为支配;②间接正犯的正犯性在于行为人虽未亲自实施构成要件行为,但利用自己的意志力通过他人支配了犯罪的因果流程,因而具有意思支配;③共同正犯的特质则在于行为人通过与其他人在实行过程中的分工合作,有机地支配了犯罪进程,因而具有功能性的犯罪支配。④

(二) 快播公司的缓存行为是作为

对于本案,控方指控被告人实施搜取、缓存行为的证据主要是从北京光通公司查获的 4 台服务器,快播公司负责提供内容数据源,负责远程对

---

① 参见许玉秀:《当代刑法思潮》,中国民主法制出版社 2005 年版,第 574 页以下;周光权:《行为无价值论的中国展开》,法律出版社 2015 年版,第 287 页以下。
② 参见〔日〕井田良:《刑法総論の理論構造》,成文堂 2005 年版,第 297 页。
③ 参见〔德〕克劳斯·罗克辛:《德国刑法学总论》(第 2 卷),王世洲等译,法律出版社 2013 年版,第 492 页。
④ 更为详尽的分析,参见江溯:《犯罪参与体系研究:以单一正犯体系为视角》,中国人民公安大学出版社 2010 年版,第 67 页以下;廖北海:《德国刑法学中的犯罪事实支配理论》,中国人民公安大学出版社 2011 年版,第 61 页以下。

软件系统及系统内容的维护。此后,快播公司为这4台服务器安装了缓存服务器系统软件,并通过账号和密码远程登录进行维护。经鉴定,快播公司及其直接负责的主管人员搜取并缓存大量点击率较高的视频(在案证据证明70%以上是淫秽视频),供用户下载。实质上,这种搜取、缓存行为明显属于陈列、传播淫秽物品的行为,是犯罪支配行为,也是典型的作为。对此,被告人张克东供述:自动缓存的标准是其在设计软件的时候就设定好的。比如其设定,一个视频文件每周点击量达到50次就会自动缓存,但这个标准不是固定不变的,可以根据储存量进行更改。一旦视频达到热门要求,需要进行下载,服务器软件会依据类似快播客户端的方式,向其他快播用户"拉搜"视频数据资源。正是因为快播公司实施了搜取、缓存热门视频的行为,用户才能直接从快播公司的播放器中下载、浏览淫秽视频。这一行为和快播公司先前实施的提供媒体服务器安装程序及快播播放器让他人发布、搜索、下载、播放淫秽物品的行为明显不同。在提供播放器行为中,淫秽视频的上传者和下载者都是用户,快播公司仅仅提供单纯的技术支持,提供下载工具,是淫秽物品传播者、接受者之外的第三人,置身于传播淫秽物品的核心行为之外。但是,在视频文件点播次数达到一定标准后,缓存调度服务器即指令处于适当位置的缓存服务器搜取、存储该视频文件。当用户再次点播该视频时,如果下载速度慢,缓存调度服务器就会提供最佳路径,供用户建立链接,向缓存服务器调取该视频,提高用户下载速度。部分淫秽视频因用户的点播、下载次数较高而被缓存服务器自动存储。此时,快播公司是淫秽物品的直接提供者,其不仅对用户提供技术支持,还将其服务器中贮存、陈列的淫秽物品提供给有特殊要求的客户。判决书仅认为快播公司的"缓存服务器方便、加速了淫秽视频的下载、传播",其实并没有准确评价搜取、缓存行为的实质。缓存服务器的存在以及搜取、缓存行为的实施,等于是快播公司从甲用户手中"收缴"了淫秽视频之后,再以快播公司的名义直接交给随时向其提出需求的乙、丙、丁等不特定的公众用户。

从形式上看,快播公司的搜取、缓存行为似乎和人们一直以来所理解的传播行为无关。但是,一旦进行规范评价,结论就不难得出。其实,网络空间的虚拟世界只不过是现实世界的"折射",在网络空间发生的犯罪往往也可以在现实世界找到影子,因此,处理复杂的网络犯罪时,如果可能进行还原的,需要尽可能将其还原为现实世界的犯罪形态,将传统上处理现实社会犯罪的思路作为处理新型网络犯罪的重要参考。在现实世界里,过去大量发生出租、出售光盘的人传播淫秽物品牟利的案件,本案和这些传统案件相比较,只不过是在方法上更为现代化,更为隐蔽,但其实质并无二致。

与本案相雷同的真实案例是:甲一开始将房子租给乙,供乙出租出售光盘。在发现乙生意火爆后,甲自己也开始干起了同样的业务,且在发现乙出租的某些光盘明显存在问题时,要乙将租得最好的光盘给自己一部分,供甲自己对外出租。刑法究竟要惩罚甲发现乙出租淫秽光盘而不将房子收回的(帮助)行为,还是要惩罚甲后来自己亲自传播淫秽物品的行为?按照快播案的判决逻辑,前一行为(违反房屋管理义务)似乎是重点。但主讲人认为,甲的"拽取"和对外出租行为才是刑法评价的核心。和快播公司一开始仅仅提供播放器大致相同的是,甲刚开始是仅仅向他人出租房屋,为他人的业务行为提供帮助。但事后,在明显感知他人的行为具有不法性时,甲所实施的行为和本案中快播公司的拽取、缓存行为性质完全一样。因此,理应认为甲实施了传播淫秽物品牟利罪的积极行为(作为),本案中,快播公司的行为当然也应该被评价为作为。

(三) 缓存是本案的核心行为

前已述及,本案被告人实施了提供播放器和缓存两种行为。但提供播放器行为和淫秽物品的传播之间存在相当距离,因为淫秽物品的上传者和下载都由用户实施,如果用户之间传输的是通常的视频,快播公司提供播放器和技术服务的行为谈不上具有犯罪性质。因此,快播公司提供播放器以及相关技术支持的行为,在整个传播行为中具有"边缘"性质,不是犯罪的关键行为和核心行为。只有缓存行为才是定罪时特别需要考虑的。

本案被告人的辩解是拽取、缓存行为和提供播放器行为一样,是中性技术行为,因为其仅仅按照用户点击的热门程度进行自动拽取并缓存,并没有特别挑选出哪些是淫秽视频去让用户下载,因此,谈不上拽取、缓存行为具有特殊的犯罪性。但是,这一辩解明显是避重就轻。

第一,从技术运作看,缓存行为是独立的、以作为方式实施的传播淫秽物品行为。快播调度服务器不仅拉拽淫秽视频文件存储在缓存服务器里,而且也向客户端提供缓存服务器里的淫秽视频文件。这让缓存服务器实际上起到了下载、储存、分发淫秽视频的作用。快播公司根据某一视频被点播的次数来决定是否缓存,并且这个次数可能因为网络接入服务商的用户量和提供缓存服务的服务器可用存储空间大小不断进行调整。快播公司并不制作或购买合法的视频资源产品,其以搜索、点击数量决定"缓存"哪些视频的技术特点,决定了其缓存服务器中存储的视频文件包括(而且主要是)被搜索、点击频率较高的淫秽视频的概率极高。"'传播'不是具体的动作,而是动态过程模式……即使快播不是原始视频的提供者,不是观看者,不是播放者,也不具有阻止观看、阻止播放的义务,从其是否使信息实现了多数受众的分享(共享)过程看,它的行为性质符合'传播'行为的本义。"①正是快播公司提供的这种介入了缓存服务器的视频点播服务,以及设立的这种"缓存"技术规则,决定了其实质性介入并亲自实施了淫秽视频的传播行为,使得其行为具有以作为方式"陈列"、传播淫秽物品的性质;通过缓存行为,快播公司将"自己"手中握有的淫秽视频直接给了有需求的用户,而不是让其他任何用户("站长")给有下载需求的客户,从而与快播公司仅提供播放器,坐视他人上传、下载淫秽物品的行为相区别。

　　需要进一步讨论的是:如果从赞同赋予网络服务提供者积极监管义务的立场出发,一般就容易主张,在现代社会,网络缓存服务提供者在知情或被通知后仍然不及时采取删除、封锁措施,不阻止违法信息传播的,应当基于其对监管义务的违反而承担刑事责任,因此,网络服务提供者所能够成立的犯罪基本都是不作为犯。审判实践似乎也倾向于采纳这种立场。顺理成章地,对本案中快播公司实施的拽取、缓存行为,似乎也不应该论以作为行为,理由在于:缓存技术的功能是建立"临时数据调取库",在数据被缓存后,后续的数据调取者会默认从缓存中取得数据,因此,点播视频者取得视频是基于网络技术自动产生的,而不是快播公司"主动地"向用户传的,快播公司没有"传播"淫秽物品的积极作为。②但主讲人认为这种观点值得商榷:缓存,是将需要频繁访问的网络内容存放在离用户较近、访问速度更快的系统中,以提高内容访问速度的一种技术。从不同的用途和应用场景看,缓存大体上可以分为单实体缓存、复制模式和分区模式三种,不同的工作模式各有优缺点,但均顾及了缓存数量、对应

---

　　① 毛玲玲:《传播淫秽物品罪中"传播"行为的性质认定》,载《东方法学》2016年第2期。
　　② 如果单纯从形式上考虑网络缓存技术的特点,似乎会得出相关犯罪成立不作为的结论。但这种立场可能没有坚持规范判断的刑法立场。

的场景和客户需要,着眼于构建一个可伸缩的系统架构。① 确实,通过缓存技术建立的是一个"临时数据调取库",免除了用户从数据源寻找数据之苦,能够自动从缓存中取得数据。但是,主讲人认为,不能因为用户可以基于缓存技术从快播公司自动取得视频(而非快播公司"送货上门")就否认被告人的传播行为。值得注意的是,肯定快播公司实施了传播的作为,并不以其是否"主动地"将淫秽物品"递交"到用户手中为限,而是说其将用户频繁访问的淫秽内容存放在离用户较近、访问速度更快、获取更容易的系统中这一缓存行为自身就是陈列、传播行为,这和现实世界中甲发现乙要到很远的地方去找丙购买淫秽物品时,便从丙手中将淫秽物品取来存放、陈列、展示在甲自己能够控制的场所且任由他人领取的行为性质完全相同。如果说实施缓存行为的快播公司是为了让用户提高内容访问速度,现实世界的甲就是为了让试图取得淫秽物品的乙免除了舟车劳顿之苦,从而更便捷地获得其所希望得到的违法物品。因此,如果肯定缓存和陈列、存放没有差别,就应该肯定快播公司针对不特定用户实施了作为的传播行为,该支配性的作为是否成立,与用户自己来"领取"(自动从缓存中取得数据)还是快播公司"送货上门"完全无关。

问题的关键在于:快播公司作为缓存服务提供者对所管理的存储空间能够实施排他性控制、支配,其能够将违法内容置于其网络存储空间供他人使用,且对数据的违法性质知情,其对淫秽物品的事实性、实质性控制和支配就应该得到确认。被告人手中控制了这些物品,任由他人"各取所需"的,被告人的行为就是传播。在确认其行为的支配性后,快播公司是否有义务删除、撤回有关违法信息,在刑法评价上已然无关紧要。这就如同实务中,在能够认定现实世界里陈列、存放淫秽物品的行为时,传播行为就可以直接被确认,而无须在裁判中进一步交代陈列、存放、传播淫秽物品的人一旦将这些物品放上去,还有撤回的义务,因为其违反了监管、撤回义务,要被论以不作为犯。归结起来讲,在缓存服务者原本已独立控制特定违法信息后,允许其在自己提供的服务空间存在(存储、陈列),并供他人随意取得时,网络服务者的行为已经不再是不作为,而是独立支配违法信息传播进程的作为。本案中,快播公司的行为就是如此。其实,只有考虑"缓存"行为和陈列、展示等"传播"淫秽物品行为的等价

---

① 参见刘如鸿:《关于大规模系统缓存设计的一些考虑》,载《程序员》2009年第7期。

性质,才可以说是坚持了刑法上规范判断和实质判断的方法论。

第二,按照客观归责的法理,未设置任何门槛、没有任何过滤的拽取、缓存行为,使得行为所制造的法益风险升高到值得刑法将其作为正犯处罚的程度。本案中,不仅提供播放器的技术服务规则是快播公司设定,介入视频传播从而拽取、缓存视频的规则也是由快播公司自己设定。快播公司当然可以辩解,用户搜索与点播的频次自动构成该公司提供缓存服务的条件,因此其不能确切知道每次拽取并缓存的视频都具有淫秽性质。但是,快播公司在制定缓存规则时原本可以根据其主观意愿设定条件,在点播、缓存环节采取限制措施,将不良视频过滤掉。而快播公司并未设置任何门槛、没有采取任何过滤措施,不断实施拽取、缓存行为供有需求的用户直接从快播公司存放、陈列的视频中下载、浏览,应当被评价为通过作为的方式,使行为所制造的风险升高到值得被以正犯(而非帮助犯)处罚的程度。

第三,缓存行为与被告人的主观意思相匹配。快播公司的拽取、缓存行为按照一定的技术标准自动进行,但将其评价为传播淫秽物品牟利罪的作为是否有客观归罪的嫌疑?按照行为无价值(二元)论立场,对行为不法性质的判断不能离开行为人的主观意思,不法总是由客观不法和主观不法所共同决定的。

犯罪事实支配说重视利用因果经过来实现结果的意思,故意的有无是正犯性的决定性基础,这在考虑以下事例时变得更明确。甲将一把小刀交给乙,命令其伤害丙,而刀刃上涂有剧毒。如果甲事先知道刀上有毒一事,对丙具有杀害故意,甲成立故意杀人罪的(间接)正犯;如果甲不知此事,只有伤害的故意,就只是故意伤害罪的教唆犯。即使在因果性、危险性这点上完全相同,这一行为也因为对结果发生存在的故意不同而决定了支配性的有无。如果是这样,正犯性的有无是构成要件该当性,即类型的违法的问题,在一个不将故意作为违法要素的体系中,不能顺当地采取犯罪事实支配说。在此可以明确的是,犯罪事实支配说是通过使行为人放弃故意、停止规范违反,来保护法益的刑法理论,也就是说,它只是行为无价值论在共犯论中的别称而已。[①]

---

① 参见〔日〕井田良:《変革の時代における理論刑法学》,庆应义塾大学出版会2007年版,第124页。

犯罪事实支配说把由客观方面和主观方面的要件所组成的行为支配概念，发展成了在正犯与参与者之间进行划分的指导原则。"犯罪事实支配"概念在这个意义上，指的是"由故意所包容的对构成要件符合性的发生过程把握在手"①。

在本案中，缓存行为的不法性和行为人对于物品淫秽性质以及行为不法性的认识紧密相关。根据快播公司员工的证言，结合本案被告人的供述等众多言词证据均能证明，王欣、吴铭、张克东、牛文举不仅已经知道快播网络服务系统传播淫秽视频，而且已经知道快播公司的行为导致淫秽视频在互联网上大量传播的事实。证据还显示，王欣、张克东、牛文举对于缓存服务器实质上介入淫秽视频传播均已知晓，王欣、张克东对于介入传播的具体技术原理更有深入研究。快播公司再次接受处罚后作出整改，而且先后两次整改的内容实际上都是针对快播公司传播淫秽视频这一事实，此时快播公司的经营者、管理者仍然坚称对淫秽物品的存在"不知情"，显然与案件事实不符。在这种认识支配下的搜取、缓存行为，属于作为而非不作为的不法性质是不可否认的。

二、提供播放器行为与不作为犯

提供软件，让用户相互之间可以传输视频（包括淫秽视频以及通常的视频），而快播公司对此原本可以予以制止但坐视不管，这是不作为。但是，如何论证这一不作为的犯罪性，有（排他性）支配说和义务违反说两种思考进路。

（一）分析不作为犯的（排他性）支配的路径及其问题

犯罪支配性原理是否可以同时解释作为犯和不作为犯，一直是一个有争议的问题。

运用支配性原理对不作为犯进行解释的权威学者是许乃曼教授。他认为，支配性原理不仅可以解释作为犯，而且可以解释不作为犯。无论是作为犯还是不作为犯，行为的实质都是存在"结果原因的支配"关系，只不过作为犯是通过其身体动静对结果发生的原因以及整个犯罪有支配，不

---

① 〔德〕约翰内斯·韦塞尔斯：《德国刑法总论》，李昌珂译，法律出版社 2008 年版，第 289 页。

作为犯是对法益无助性的支配。这样一来,现实的"对于结果的原因有支配"是所有犯罪的正犯准则。"作为犯行为人的身体动作只有在具有行为支配力时才能被视为引起结果的原因,而在不作为犯中,不作为犯行为人的保证人地位必须对整体事件进程的关键性部分具有现实的支配力,才能认定不作为与结果之间具有与作为犯相类似的联系。"[1]不作为犯成立正犯的理由在于保证人"对于法益的保护支配"或者"控制了一个社会领域意义上的事件支配",包括对关键的结果原因的支配(包括负有监管义务的保证人地位,如控制危险的物体、人员或设备形成的保证人地位)、对陷入困境的法益的支配(包括危险共同体、生活共同体以及承担保护无助法益的保证人地位),这些支配和作为犯中的支配是同等性质的,都可以被归结为"对于结果的原因有支配"[2]。许乃曼教授试图由此建构一个能够统摄义务违反和犯罪支配的上位概念。

但是,各位试想一下,用犯罪支配原理来解释不作为犯的做法一定会饱受批评:

(1)什么是对结果发生的原因有支配并不明确。在不作为的场合,与其说是行为人支配了结果发生的原因,还不如说什么都没有做的不作为者仅有纯粹的、潜在的"支配可能性",仅具有某种假定性和结果避免可能性,而现实地看行为人其实什么都没有支配。

(2)比如在【案例9-1 "快播"案】中,支配结果的原因是播放器软件用户的上传行为。如果把上传软件不删除或不限制他人使用的行为也视为是支配了结果,在实务上会导致范围不当的追溯。例如,搜索网站提供检索、下载的软件,在其软件被他人用于下载侵权音乐作品时,不能认为该搜索网站支配了侵犯著作权的犯罪行为;同理,对移动通讯公司提供通讯服务的行为,也不能认定为是以不作为的方式支配了电信诈骗的结果。

(3)许乃曼所说的法益保护义务以及危险源管理义务的判断,最后还是要回到行为人是否违反规范或者职责所要求的义务的判断上。

---

[1] 〔德〕许乃曼:《所谓不纯正不作为犯或者以不作为实施之犯罪》,王莹译,载陈泽宪主编:《刑事法前沿》(第6卷),中国人民公安大学出版社2012年版,第161页。

[2] 〔德〕许乃曼:《在莱比锡和维也纳刑法注释书中所呈现出来刑法修正后的德语区刑法学》,载许玉秀、陈志辉合编:《不移不惑献身法与正义——许乃曼教授刑事法论文选辑》,新学林出版股份有限公司2006年版,第342页。

（4）最为重要的是，"对结果的原因有支配"其实包括了不同类型的所谓"支配"，用词相同，意思迥异。其中，作为犯的支配是事实性、物理性的身体支配；在不作为犯中，如果一定要说存在"支配"，其也只不过是规范性的保护支配，这种支配不是一个经验的存在，而是规范的归属，是给义务违反披上一个支配的外衣。其实，对不作为犯论以正犯性的根据不是支配，而是拥有特定社会地位和被赋予特定社会期待的人违背其职责义务要求。对此，何庆仁博士指出：身份犯、不作为犯等义务犯中，特别的社会地位不是保护性支配的前提，而是塑造特别义务的基础。"特别社会领域不同于一般社会领域之处，在于它对某些人提出了特别的积极要求，行为人只要进入该领域，就必须依要求行事。换言之，该领域中的特别社会地位产生的不是支配而是特别义务，行为人居于该特别地位就承担起相应的特别义务，当其违反了义务之时，该领域的机能力就排他性地被行为人所损害，故而在正犯性的判断上，是通过有犯罪支配的作为、无犯罪支配的作为还是不作为违反义务，对于特别社会地位的要求来说都是一样的，都应该是正犯。因此，在义务犯或者保证人身份犯赖以存在的特别社会领域中，决定性的不是存在论意义上的犯罪支配，而是机能论的义务违反。"①

（5）回到本案，如果从犯罪支配的角度切入不作为犯，就可能认为不作为犯都应成立帮助犯，从而绕不开中性业务行为的定性问题。曾根威彦教授认为，作为犯对结果具有支配性，不作为犯同样具有这种性质。不作为者是可以制止正犯的犯罪行为的唯一之人，其具有广义的排他性支配。但这种支配仅决定了正犯是否可罚，并不决定其究竟成立正犯还是共犯。正犯行为与结果发生直接的因果关系，具有强烈的原因力，因此，"不得侵害法益"的刑法规范是第一次性地向作为者发出的；正犯背后的不作为者狭义的排他性支配由此被排除，其对结果的发生仅有间接的因果关系，原因力较弱，不作为者因为没有遵守规范、未制止他人的作为而第二次性地、补充性地承担法益保护的任务，对其以帮助犯论处就是合适的。② 按照曾根威彦教授的逻辑推演下去，快播公司应该成立帮助犯，因为其在知道他人实施犯罪行为后仍然不去除其为正犯提供的便利条件。

---

① 何庆仁：《义务犯研究》，中国人民大学出版社2010年版，第67页。
② 参见〔日〕曾根威彦：《刑法総論》（第4版），成文堂2008年版，第252页。

但是,也会有人反对,认为他人上传淫秽视频,快播公司只是提供软件使他人的视频能够被其他人下载。在整个行为实施环节中,淫秽视频的上传、下载才是核心行为,实施者都是快播公司之外的"他人",快播公司的行为只是使得他人的行为更容易实施,这在外观上似乎是帮助行为。对于这种中性业务行为是否能够成立帮助犯,有学者始终持反对说,认为即便行为人明知正犯实施危害行为,提供中性业务的行为人也不成立帮助犯,快播案判决书中关于"'站长'的发布、用户的搜索、用户点对点的文件传输、快播缓存与加速服务,这些关键环节离开快播公司的调度服务器都不可能实现",从而快播公司就应该成立正犯(而不是帮助犯)的说法,未必有十足的理由。

当然,从行为支配性的角度讨论不作为犯在本案中无法绕开中性业务行为的争议问题,并不意味着本案被告人的行为一定是不值得处罚的行为。相反,主讲人主张,快播公司在本案中比一般的中性业务行为明显走得更远,其提供播放器的行为也应该被认定为正犯行为,而不能以中性业务行为无罪进行辩解。对此,在后文中将做出进一步分析。

(二) 讨论不作为犯的义务违反(义务犯)的思路及其合理性

罗克辛教授认为,由于犯罪事实支配是现实的支配,是存在论、事实论意义上的支配,不能涵盖所有正犯类型,其适用范围是有限的,尤其在纯正身份犯、不作为犯领域,犯罪支配理论并不适用。在区分作为犯和不作为犯时,罗克辛引入了功能性的规范视角即义务犯(Pflichtdelikte)理论。义务犯的实质根据在于对行为人所承担的社会角色和规范义务的违反,其不法内涵是通过特定的不履行积极行为义务表现出来的,因此,违反特定义务的人成为整个犯罪的核心角色和关键人物,其对特定义务的有意识违反奠定了正犯性。① 按照这一逻辑,对违反个人的社会角色及其背后的义务而言,行为人是否物理性地以身体动静支配了结果并不重要。例如,负有监管公司财产职责的人员是擅离职守导致财物被盗,还是伙同他人窃取该公司财物,对职务侵占罪的正犯性并无影响,其实行行为的外在形式对定罪无关紧要;铁路扳道工没有按时扳道从而导致事故的,其之前是以作为的方式外出,还是喝醉了,还是在宿舍和别人打架,对于案件

---

① 对此更为详尽的分析,参见何庆仁:《义务犯研究》,中国人民大学出版社2010年版,第11页以下。

定性没有丝毫影响，不作为的认定总是和一项积极义务联系在一起，对这种义务的违反决定着行为的不法性。

应该认为，无论是不作为还是作为，都与法益风险有关。作为，是行为制造并实现了法益风险；不作为，是本该避免的法益风险没有被避免。因此，结合客观归责论的解释路径也可以清晰看出，作为犯是以积极制造法益风险的方式支配了犯罪进程和法益侵害结果，评价的重心在于行为人做了不该做的事情；不作为犯则主要体现为违背义务导致原本可以不发生的结果发生了，评价的重点在于行为人如果稍做努力履行义务结果就能够避免。这样看来，作为是存在论意义上的不法判断；不作为是规范论意义上的不法评价。前者涉及一项原本就不应该实施的行动支配；后者仅事关规范对什么都没有做的行为人的评价态度。

就本案快播公司提供播放器行为而言，和犯罪支配行为将符合构成要件的事件流程掌握在手中不同，因为以不作为方式构成犯罪的主体正好什么也没有控制，只是具有将事件流程抓在手中的可能性。快播公司既没有上传淫秽物品，也没有下载淫秽物品，其不是支配了流程，而仅仅是违反了监管义务，其不存在和传播淫秽物品的作为一样的犯罪事实支配性。

从义务犯的角度切入快播公司的播放器提供行为，对判决理由的论证而言有一个益处：所有的义务犯都是正犯，从而不存在讨论快播公司是否成立中性业务行为的帮助这一问题。义务犯对主体资格等有限制，因此，没有在规范上承担这种义务的人不能成立正犯。例如，证券公司工作人员甲指使非受托者乙使用客户资金的，乙由于不具有特定身份，不具有正犯资格，不能构成刑法第185条之一所规定的背信运用受托财产罪的正犯。甲当然也不能构成该罪的教唆犯，而只能构成间接正犯。乙即便形式上"支配"整个犯罪过程，但也只能成立该罪的帮助犯。"本来是排序上靠前的行为支配这个标准，在义务犯的情况中是退次于违背特别的义务这个标准之后的。"[①]在身份犯中，只有具有特定义务的人才可能成为正犯。如果不具备资格的人（Extraneus）在负有特定义务之人（Intraneus）的策动下，实施了符合构成要件要求的行为，他虽然可能"支配"了犯罪，但

[①]〔德〕约翰内斯·韦塞尔斯：《德国刑法总论》，李昌珂译，法律出版社2008年版，第286页。

因为缺乏必要的资格,因而不是正犯。同时,负有特定义务之人在此也不能因为教唆而承担责任,因为成立教唆犯的前提是,他人是正犯。① 就义务犯不能成立狭义共犯这一点而言,不作为犯和身份犯毫无二致。因为正犯是案件的核心角色,该核心人物在支配犯中是支配者,在义务犯中则是有特定义务者。不作为犯因为不存在犯罪支配,仅违反义务这一点就足以奠定正犯性,不作为的狭义共犯原则上没有存在空间。前述认为不作为犯都应该成立帮助犯的学者(如曾根威彦)实际上是将支配犯中物理上"支配"的内容套用到义务犯中,认为作为犯有直接的原因力,不作为犯仅有间接的原因力。但是,不作为犯原本就没有任何自然意义上、物理上的原因力,不作为和结果之间的因果关系原本就是和作为犯不同的,二者的等价性并不体现在对结果的因果关系和自然原因力上,而是体现在归责理由的实质相同上。

本案的一审法院判决似乎也赞同义务犯理论,从而将播放器提供行为评价为义务违反行为。判决书明确指出,中立的帮助行为是以帮助犯为视角在共同犯罪中讨论中立性对于定罪量刑的影响,辩方以行为的中立性来否定快播公司及各被告人责任的意见,不应采纳。如果采用支配性原理,快播公司单纯提供播放器的行为难以被认定为是正犯行为,而只有从违反网络安全监管义务的角度,才能主张被告人违背义务就是正犯,从而没有中性业务行为的余地。

主讲人认为,在本案中,中性业务行为无罪的辩解不能成立,提供播放器行为已经具有不法性,理由在于:

(1)行为人在多次接受处罚后,已经积极认识到提供工具的行为是犯罪实现的一部分,或者对犯罪实现具有直接性。提供播放器会作为违法犯罪的工具,行为人对此有认识,在此基础上再继续提供播放器的,不能否定其行为的不法性。

(2)行为人通过"调整"职业行为的方式补充了主行为的缺陷或排除障碍。为尽力消除用户违法上传、下载所可能遇到的障碍,本案被告人实施了规范上并非合理期待发生的业务活动或行为事实,例如,将原有的完整视频文件存储变为多台服务器的碎片化存储。这一行为已经不是中性

---

① 参见〔德〕冈特·施特拉滕韦特、〔德〕洛塔尔·库伦:《刑法总论Ⅰ》,杨萌译,法律出版社2006年版,第297页。

业务行为。这和药店的工作人员在卖药过程中,遇到有人来咨询从甲种感冒药中是否可以提取毒品成分时,建议顾客买乙种感冒药一样,该行为就不能主张中性行为,而是不法行为。

(3)快播公司的行为明显升高了法益风险,远远超过了中性业务行为的程度。这就如同甲一开始把菜刀卖给乙属于中性业务行为,但在发现乙就在甲的眼前杀害被害人丙时,如果甲仍然不阻止乙杀人或者不将菜刀收回,甲的行为就明显升高了被害人死亡的风险。在这里可以假定的是:甲收回或者不提供菜刀,杀人犯乙前往其他地方购买杀人工具,被害人脱离危险的可能性是完全存在的。而上述这些分析进路,都是从义务犯的角度切入的,即快播公司的行为违背义务,应当成立正犯,而不能以中性业务行为无罪来辩解,也不需要讨论其是否成立帮助犯。

需要指出,肯定义务犯理论,将违反义务的身份犯、不作为犯以正犯论处,并不意味着对其都要处以支配犯的正犯或主犯之刑。在行为人即便履行义务但要避免结果也存在一定困难,或者他人的支配行为特别危险等场合,可以认为义务犯虽是正犯,但其对整个犯罪的贡献有限,从而在量刑上处以"从犯"之刑,即对义务犯的正犯可以考虑在(支配犯的)帮助犯的限度内予以处罚,这一点在原本就没有规定正犯和狭义共犯,仅区分主犯和从犯的中国刑法中更容易得到实现。否则,就可能带来处理上的不平衡。例如,甲擅离职守,没有保管好枪支,乙得到该枪支以后用于杀人,什么都没有做但有特殊义务的甲成为正犯;丙主动将枪支递给杀人犯丁,丁持枪杀害他人,比前述甲做得更多的丙只能成立帮助犯。如果认为义务犯的正犯无论何时都比支配犯的帮助犯判得重,那么,等于是说在前述案例中,什么都没有做的甲比相对而言做得更多的丁处刑要重。应该认为,义务犯虽然因为违背义务成为正犯,但对没有保管好枪支者的不作为在危险性上应当评价为仅相当于将枪支递给他人的作为,从而实现量刑均衡。

三、对法院判决理由的评价

(一)判决书采用的是不作为犯(义务犯)的论证逻辑

本案法院判决的核心理由是,快播公司出于牟利目的,在提供技术服务时,明知自己的技术服务被他人利用传播淫秽视频和成为大量淫秽视频的加速传播工具,自己有义务、有能力阻止而不阻止,不履行安全管理义务,放任他人利用快播网络大量传播淫秽视频,应当承担刑事责任。这明显是不作为犯的论证逻辑,因为不作为犯的实质在于违反保证人义务,而快播公司恰好违背了监管职责和义务,因此其属于以不作为方式实施的犯罪。尤其从一审判决书"判决理由"部分依次使用的各个小标题中不难看出①,竭力论证不作为犯的成立是判决的全部着力点。特别值得注意的是,一审判决在论证被告人的客观行为时,以"快播公司负有网络视频信息服务提供者应当承担的网络安全管理义务"为论证起点,中间穿插讨论犯罪主观要件后,再分析"快播公司具备承担网络安全管理义务的现实可能但拒不履行网络安全管理义务",从而形成客观构成要件的闭环构造,法院判决对不作为犯逻辑的倚重由此可见一斑。

当然,可能有学者会认为,法院判决也承认了被告人支配行为、作为行为的存在。对此,还值得进一步辨析。

(1)在否定中性业务行为的帮助部分,法院判决是否承认了作为犯?法院判决指出:"客观上,快播公司非但不加监管,反而通过有条件的存储、调取方式提供网络支持,为用户上传、搜索、点播淫秽视频提供便利,致使淫秽视频大量传播。"这似乎采用的是作为犯的论证方式。但是,判决书关于快播公司拽取、缓存行为不法性的论证,以及将这一定性为对淫秽物品的陈列等都是从属于其违反监管义务这一判断前提的,是在该段落中紧接着"行为人不履行义务就是正犯行为"这一主题后面附带讨论的,将拽取、缓存行为作为能够履行监管义务而没有履行的一部分内容。根据上述判决,总体上可以认为,法院并没有顾及快播公司两种行为的区分,将两种行为同视,笼统地称其为"实行行为",而且侧重于从义务违反的角度论证其判决的正当性。

(2)能否认为快播公司提供播放器的行为就是实施了作为的正犯行为?快播公司在网络空间提供播放器是不是作为?或者一旦用户利用播

---

① 一审判决第四部分对判决理由的论证分别使用的小标题是:①快播公司负有网络视频信息服务提供者应当承担的网络安全管理义务;②快播公司及各被告人均明知快播网络系统内大量存在淫秽视频并介入了淫秽视频传播活动;③快播公司及各被告人放任其网络服务系统大量传播淫秽视频属于间接故意;④快播公司具备承担网络安全管理义务的现实可能但拒不履行网络安全管理义务;⑤快播公司及各被告人的行为具有非法牟利目的;⑥本案既不适用"技术中立"的责任豁免也不属于"中立的帮助行为";⑦快播公司以牟利为目的放任淫秽视频大量传播的行为构成传播淫秽物品牟利罪的单位犯罪。

放器上传、下载淫秽物品,快播公司就是作为?这需要回到传播淫秽物品牟利罪的构成要件行为上来分析。在以支配方式实施该行为时,传播是指将自己实际控制的淫秽物品通过自己的行为不法提供给他人。但在上传者、下载者都是他人时,快播公司只是其中的间接参与者,其行为按照支配犯或(作为的)共同正犯的理论,都不是能够以作为方式独立支配结果原因和犯罪进程的人。快播公司提供播放器的行为,就如同甲家里有一台电影放映机,乙借用甲的机器播放淫秽物品,丙等周围群众数十人自愿来观看,即便甲对乙的播放行为知情,或者放映行为就在甲家门口,也不能认为甲有传播淫秽物品犯罪的支配行为,如果不考虑中性业务行为的争论,其至多有成立帮助犯的可能。但是,按照共犯从属性的原理,如果不处罚正犯乙,要处罚提供放映机的甲就成为问题。在快播案中,单纯针对提供播放器一节,如果从作为的角度切入,明显会遇到其并未实施传播淫秽物品牟利罪的正犯行为,且真正上传者难以查明等难题。

当然,也有学者会认为,快播公司的行为存在作为和不作为的结合,因此从不作为切入似乎也没有问题。确实,在行为仅造成一个侵害结果的场合,可能存在作为和不作为的"结合"。对于本案,似乎也能够认可"快播公司拉拽淫秽视频文件存储在缓存器之后,就有义务防止用户观看该视频,但快播公司却同时向用户提供缓存服务器里的淫秽视频文件,所以该案属于以作为和不作为方式结合实施的方式传播淫秽物品"①,但在实务上,如果作为的支配性是可以确定的,其实应该重点讨论的是支配问题,没有必要再去讨论行为人是否有防止作为所造成的结果的义务。换言之,即便存在针对同一个结果的所谓作为和不作为的"结合",对不作为的讨论也基本是可以忽略的。例如,在作为的故意杀人未遂成立时,没有必要把事后的不作为视为分析重点,去讨论逃离杀人现场的被告人还有无救助义务。

(二) 相对合适的说理方式是将定罪切入点定位于作为犯(支配犯)

应该说,本案中快播公司确实有违背义务的行为,立足于不作为论证其犯罪性可能也是一种思路。但是,其未必是最佳路径。前面的论述已然表明,本案被告人的行为核心是作为,即便认为其除了作为之外,还有不作为,在定罪理由的论证上也不能将全部"宝"押在不作为上,不能认为

---

① 张明楷:《快播案定罪量刑的简要分析》,载《人民法院报》2016年9月14日,第3版。

对不作为的讨论就可以"毕其功于一役"。

（1）优先讨论作为（支配行为）有很多优点。虽然从规范论的角度看，就法益侵害而言，作为的犯罪支配与不作为的义务违反的危害性并无差别，也谈不上作为的支配犯在操纵结果方面一定比不作为的义务违反的贡献要大；作为者的犯罪支配也不能阻断、吸收不作为者的义务违反。因此，在行为出现作为和不作为的结合时，先讨论作为还是不作为原本是无所谓的。但是，在支配行为和义务违反同时存在时，先讨论作为似乎更好。许玉秀教授指出：作为犯操控法益侵害的因果流程是可以从物理上检验的，作为行为是实际存在的；不作为犯未实施的结果防止行为和法益受害之间的因果流程，无法进行科学的、物理上的检验，完全是一种想象和假定，这种想象关系的评价基础只不过是"可能性"。① 从刑法方法论上看，事实的、经验的、存在论上的判断应当优先，因为其更为直观，更为不易变化，对其所作的判断更容易达成共识，因此，一个被告人如果存在作为和不作为的竞合或结合，更适宜先从作为的角度切入，讨论作为犯是否成立。

归结起来讲，义务犯的成立需要太多推论，其因果关系的判断采用的是假定的条件说（如果快播公司履行监管义务，淫秽物品得以传播的事实"十之八九"不会发生），其判断大量涉及价值论和规范论，达成共识并非没有难度。因此，径直从不作为犯的角度切入论证被告人有罪，存在说理上的难度，也有一定的论证风险。而作为的判断是存在论、事实性判断，判断上简单易行，不容易出错。对此，林钰雄教授指出："由于不作为行为乃作为的补充形态，因此，只要招致构成要件该当（结果）的行为是作为方式，此时不作为就退居其次，直接论以作为犯。"②按照这一逻辑，本案法院的论证思路就存在疑问。

（2）全案证据主要支撑快播公司拽取、缓存淫秽视频的支配犯（作为犯）的定罪结论，没有证据证明不履行监管义务的不作为造成何种具体的危害后果。在本案中，即便认可不作为的成立，但要认定提供播放器的被告人违背网络安全监管义务，对用户上传的淫秽视频不审查、不过滤的不作为究竟造成了多少淫秽视频的传播，结合在案证据进行判断存在困难。判决书

---

① 参见许玉秀：《当代刑法思潮》，中国民主法制出版社2005年版，第582页。
② 林钰雄：《新刑法总则》，元照出版有限公司2014年版，第524页。

也坦陈:"快播公司放任淫秽视频传播的直接获利数额难以认定……现有证据没有证明快播公司经营的网络平台通过传播淫秽视频直接收取费用,不能区分快播公司现有营业收入中具体有哪些属于传播淫秽视频所得,哪些是合法经营所得。"其实,在本案中,不仅仅是对快播公司放任淫秽视频的直接获利数额难以认定,就连对快播公司通过其提供的播放器放任他人传播了多少部淫秽视频也没有办法查明,没有相关证据支撑定罪结论。而在案证据恰恰能够证实其通过拽取、缓存的作为方式传播淫秽视频的最低数额(即北京光通公司服务器中存储的 2 万余部淫秽视频)。在全案证据足以支撑作为犯、支配犯的成立时,舍近求远去论证不作为犯、义务犯的成立逻辑,在方法论上未必是合适的。

还需要指出的是,由于法院判决并未认可起诉书中被告人传播淫秽物品牟利情节特别严重的指控意见,而仅认定情节严重,那么,就本案法院对量刑情节的认定及刑期确定量刑而言,在定罪上如果完全不考虑不履行监管义务的不作为这一环节,而只对拽取、缓存行为的实行行为性、正犯性进行论证,认定被告人服务器中缓存的 2 万余部淫秽视频属于传播的淫秽物品,也完全可以满足法院对被告人判刑不宜太重的量刑期待。

(3)在《中华人民共和国刑法修正案(九)》(以下简称《刑法修正案(九)》)规定拒不履行网络安全管理义务罪之前,行政法上的义务能否自动成为快播公司刑法上的作为义务并非不言自明。如果从不作为的角度切入本案,难以回避的问题是行政法上的义务是否当然地能够成为刑法上的作为义务。有学者指出,我国现存的法律法规对网络服务提供者规定了一种一般性、积极性的监管义务,且义务范围不明确,责任条款缺乏体系性。这可能会导致网络服务提供者在不知所措中触犯了法律红线,也会在无形之中压制网络服务提供者自由经营的空间,从而使得网络用户自由沟通信息的权利受到影响。① 因此,网络服务提供者所承担的一般性网络安全管理义务很难直接作为刑法上作为义务的法律依据。

本案判决在论证被告人具有作为义务时,引用了大量行政法规。由此可见,法院认为行政法上的义务和作为义务是相同的。但是,也完全可以认为,这些行政法规仅仅是行政处罚的依据。例如,根据《计算机信息

---

① 参见王华伟:《网络服务提供者的刑法责任比较研究》,载《环球法律评论》2016 年第 4 期。

网络国际互联网安全保护管理办法》第 21 条,有关部门可以对快播公司给予行政处罚警告,并责令其立即整改;南山广电局认定快播公司在没有取得《信息网络传播视听节目许可证》的情况下,擅自从事互联网视听节目服务,且提供的视听节目含有诱导未成年人违法犯罪和渲染暴力、色情、赌博、恐怖活动的内容,其行为违反了《互联网视听节目服务管理规定》第 7 条、第 16 条第(七)项的规定,故对快播公司罚款 2 万元。这些行政处罚都于法有据。但法院引述上述对快播公司的行政处罚,其实仅能说明其有行政法上的义务,但其刑法上的义务源自何处?其他法律上的义务,在没有刑法分则的明确规定上升为刑法上的义务之前,要成为刑法上的义务,必须回到行为人是否有法益保护义务和危险源管理义务上来,而不能仅仅作形式上的判断,不宜将其他法律上的义务性规定直接作为论证刑法上保证人义务的根据。否则,会带来很多不合理的结论。例如,婚姻法上规定夫妻有相互忠诚的义务。丈夫很早就发现妻子红杏出墙,但为维护支离破碎的家庭而隐忍不发的,如果妻子被判重婚罪,按保证人义务判断的形式说,因为婚姻法上有义务性规定引申出丈夫发现对方不忠诚时必须予以制止,其保持沉默的行为助长了他人的犯罪行为,因此,丈夫似也可以成立重婚罪(帮助犯)。对此,应当认为,刑法之外的其他法律、行政法规上的义务不能自动成为决定刑法中正犯(义务犯)的标准,因为刑法之外的其他法律、行政法规并不以保护法益为其规范目的,刑法上的义务只应该从自己的法益保护任务中独立产生。按照许乃曼教授的说法,直接将其他法律领域的义务视为刑法义务来源,无异于倒退回到了 20 世纪之初的形式法律义务理论时期。① 确实,如果行政法上的义务和刑法上的义务不作区分,就可能出现实务上认定不作为犯时过于形式化的倾向。例如,根据《北京市房屋租赁管理若干规定》第 18 条的规定,出租人有权对承租人使用房屋的情况进行监督。出租人不得向无身份证明的人出租房屋;不得以出租房屋的方式为非法生产经营活动提供便利条件;发现承租人利用出租房屋有犯罪活动嫌疑的,应当及时向公安机关报告。其第 19 条规定,承租人应当配合出租人进行房屋出租登记;不得擅自改变承租房屋的规划设计用途,不得利用租赁房屋从事非法生产、加工、储

---

① 参见〔德〕许乃曼:《德国不作为犯学理的现况》,陈志辉译,载陈兴良主编:《刑事法评论》(第 13 卷),中国政法大学出版社 2003 年版,第 391 页以下。

存、经营爆炸性、毒害性、放射性、腐蚀性物质或者传染病病原体等危险物质和其他违法活动,不得损害公共利益或者妨碍他人正常工作、生活。第35条第(三)项规定,违反本规定第18条第1款规定,出租人向无身份证明的人出租房屋,或者发现承租人利用出租房屋有犯罪活动嫌疑,不向公安机关报告的,处200元以上500元以下罚款。同条第(四)项规定,违反本规定第19条规定,承租人使用租赁房屋时损害公共利益或者妨碍他人正常工作、生活的,处警告,并责令改正;逾期拒不改正的,处200元以上500元以下罚款。① 问题是,出租人发现他人利用该出租屋组织卖淫而不管的,如果将上述行政法规规定的义务作为刑法上的保证人义务,再结合本案法院判决的逻辑,和本案中提供播放器的快播公司地位大致相同的该房东就可能成立组织卖淫罪的不作为犯和正犯。但这样的认定逻辑和结论都是大可商榷的。

众所周知,网络服务者不履行法律、行政法规规定的信息网络安全管理义务,经监管部门责令采取改正措施而拒不改正,致使违法信息大量传播的,构成《刑法修正案(九)》第28条规定拒不履行网络安全管理义务罪。按照这一规定,要肯定网络服务者刑法上的监管义务是毫无疑问的。但如果没有刑法上的这一明确规定,将行政法规上的义务直接套用到保证人义务中来支撑判决理由,就难免受到质疑。而判决中"快播公司负有网络视频信息服务提供者应当承担的网络安全管理义务",以及"快播公司具备承担网络安全管理义务的现实可能但拒不履行网络安全管理义务"的表述,与《刑法修正案(九)》第28条的用语高度一致。当然,这样的判决论证方法,如果在刑法上的作为义务(而非行政法上的义务)能够得到确认时,原本是没有问题的。但根据指控,本案行为发生在2007年12月至2013年11月之间,而《刑法修正案(九)》是2015年8月制定的,判决确定的义务来源令人生疑,从判决书的行文上,可能受到的质疑是:本案判决从实质上看,是否属于把拒不履行网络安全管理义务罪的法律规定溯及既往,用来论证2015年8月之前行为的违法性?主讲人认为,这样的质疑并非空穴来风。

综上所述,在本案被告人的行为中存在典型的作为,对其不作为的认

---

① 参见《北京市房屋租赁管理若干规定》(2011年5月5日北京市人民政府第231号令修改)。

定却存在一定难题时,在定罪理由的论证上最为合理的方式是:论证被告人以作为、支配方式实施的拽取、缓存淫秽物品然后供用户下载的行为是本案的构成要件行为(传播行为),且在该部分证据能够查清(淫秽视频2万余部)的情况下,对被告人直接评价为作为犯。至于被告人对提供播放器不履行监管义务,放任他人上传视频的行为,在定罪上可以不予评价,在他人借助于这一播放器所上传、下载的淫秽物品数量无法查清的情况下,至多将该违反监管义务的行为视作量刑情节看待,进行从重处罚。换言之,本案被告人是否违反网络安全监管义务,对定罪无关紧要,单是其拽取、缓存淫秽视频供他人下载的行为,就可以对其以传播淫秽物品牟利罪论处。

四、结　　论

在剩下的一点时间里,我想做一个小结。

互联网的发展和运用对传统犯罪理论与实务认定提出很多挑战,对此,中国刑法学必须积极地给予回应。"快播"案引发的很多法律难题,值得在今后从不作为犯、义务犯、共同犯罪、故意、目的犯等不同侧面切入进行深入研究。对于本案的处理,主讲人同意法院的定罪结论,而且认为一审判决是近年来实务中比较难得的说理较为透彻的法律文书。

与复杂技术相关联的犯罪的认定,在行为人具有牟利或非法占有目的时,必须对行为进行实质的规范判断。在很多场合,网络空间的虚拟世界只不过是现实世界的"水中倒影",网络空间的犯罪往往是现实世界犯罪的折射,因此,在处理复杂的网络犯罪时,如果有可能,需要尽可能将其还原为现实世界中的犯罪,将传统上处理现实社会犯罪的思路作为处理新型网络犯罪的重要参考。在本案中,快播公司拽取、缓存淫秽物品的行为,和现实世界里贮存、陈列、传播淫秽物品的作为行为并无二致。

在现代社会,网络服务提供者被赋予很多监管义务,尤其是在收到删除通知后,仍然不删除有关违法信息,不阻止结果发生的,可能构成刑事不法。因此,理论上有观点认为,网络服务提供者所成立的基本是不作为犯罪。但是,在缓存服务者原本已独立控制特定违法信息后,允许其在自己提供的服务空间存在(存储、陈列),并供他人随意取得时,网络服务者的行为已经不再是不作为,而是独立支配违法信息传播进程的作为。本案快播公司的行为就是如此。

在被告人同时存在典型的作为和可能违反义务的不作为,且所造成的是不同的结果时,存在作为和不作为的"竞合"的问题;但在方法论上,应当将事实的、经验的、存在论上的判断置于优先判断地位,实务上要认真研判行为人是否对犯罪进程具有支配和控制。"不管怎样,积极的作为都属于更严重的行为方式。"①这样一来,不作为犯、义务犯的判断就都可以不考虑,尤其在义务确定存疑、后果难以认定时,就更应该如此。如果一定要分析不作为,也应当是退而求其次的,因为直接从不作为切入判断犯罪是否成立会面对更多的难题。就本案而言,以不作为立论得出的定罪结论,无论从义务来源,还是犯罪数额确定的角度看,都存在值得商榷之处,所以,对全案以不作为犯立论就应当慎之又慎。

在网络犯罪中,中性业务行为是否成立帮助犯似有讨论余地,但在《刑法修正案(九)》第28条规定拒不履行网络安全管理义务罪之后,其适用空间应受到大幅度限制,多数情况下被告人以此作为辩护事由的,均难以得到支持。同时,在行为人负有特定义务的场合,如果肯定义务犯的法理,其形式上是中性业务行为的情形,也应当成立正犯,因而无须讨论帮助犯是否成立的问题。

这节课就讲到这里。

---

① 〔德〕乌尔斯·金德霍伊泽尔:《刑法总论教科书》,蔡桂生译,北京大学出版社2015年版,第359页。

第十讲　毒品犯罪的死刑适用限制

【案例 10-1　贩毒死刑案】

2013 年 6 月 11 日晚 22 时许,凌文宽驾驶一辆雷克萨斯牌越野车到崇左市龙州县的中越边境,从越南人"阿远"(另案处理)处,以每块 8 万元人民币的价格赊购毒品海洛因 98 块,并独自驾车运回南宁市交给梁建雄存放于其租住房内。

2013 年 6 月 12 日上午 9 时许,在凌文宽的指使下,梁建雄驾驶马自达牌轿车将 98 块毒品运至南宁市江南区一小区后加油站附近,以每块 8.5 万元人民币的价格赊销给被告人闭智强。闭智强拿到毒品后指使被告人梁志光驾驶丰田牌轿车在前探路,其则驾驶搭载 98 块毒品海洛因的雷克萨斯牌轿车在后行驶,二人从南宁出发经茂名前往佛山。到达佛山后,闭智强将 98 块毒品海洛因出售,并获毒资 526 万元人民币。闭智强驾车返回南宁后,将其中的 500 万元人民币现金交给凌文宽一方。

2013 年 6 月 21 日,凌文宽驾驶马自达轿车与梁建雄一起前往崇左购买毒品。凌文宽让梁建雄在崇左市区下车等待自己,后独自驾车前往中越边境,并再次从越南人"阿远"处赊购到 280 块毒品海洛因。当日 23 时 57 分,凌文宽在驾车返回崇左的途中怀疑遭到跟踪,便打电话叫被告人凌云志前来接应。凌云志随即驾驶五菱面包车赶到响水镇附近汇合。碰面后,凌文宽指使凌云志驾驶装有毒品海洛因的马自达轿车先返回大新再绕行天等、隆安等地前往南宁。凌文宽则驾驶五菱面包车到崇左市区接上梁建雄后,直接返回南宁。

广西壮族自治区南宁市中级人民法院一审以贩卖、运输毒品罪分别判处被告人凌文宽死刑,剥夺政治权利终身,并处没收个人全部财产;判处被告人凌云志、梁建雄死刑,缓期二年执行,剥夺政治权利终身,并处没收个人全部财产。以贩卖、运输毒品罪判处被告人闭智强死刑,缓期二年执行,剥夺政治权利终身,并处没收个人全部财产;以非法持有枪支罪,判处被告人闭智强有期徒刑一年。决定执行死刑,缓期二年执行,剥夺政治权利终身,并处没收个人全部财产。以运输毒品罪判处被告人梁志光无期徒刑,剥夺政治权利终身,并处没收个人全部财产。① 问题:对被告人凌文宽是否必须适用死刑?

【案例10-2 辨认抓捕案】

广东省高级人民法院认定,被告人许立强因运输、制造毒品罪归案后主动交代了同案犯李廷霖的绰号以及案发前使用的两个香港电话号码,公安机关根据两个香港号码查知李廷霖的真实姓名等个人信息并调取到李的照片,经许立强辨认确认照片后采取边控措施将李廷霖抓获归案,后李廷霖因参与本案中的第三宗犯罪而于2010年10月被惠州市中级人民法院判定构成运输、制造毒品罪。按最高人民法院《关于处理自首和立功若干具体问题的意见》第5条第2款"犯罪分子提供同案犯姓名、住址、体貌特征等基本情况,或者提供犯罪前、犯罪中掌握、使用的同案犯联络方式、藏匿地址,司法机关据此抓捕同案犯的,不能认定协助司法机关抓捕同案犯"的规定,虽然许立强在抓捕李廷霖方面起到关键作用,但不能认定为协助司法机关抓捕同案犯,其行为不构成重大立功。对许立强以运输、制造毒品罪判处死刑。② 问题:法院认定被告人许立强不构成重大立功的判断是否准确?

【案例10-3 共谋贩毒案】

2008年2月至2009年1月,被告人刘光普、凌万春共谋从广东省深圳市购买毒品运到惠州市贩卖牟利,并雇用同案犯邓

---

① 关于本案的具体报道,参见广西壮族自治区南宁市中级人民法院官方网站(http://nnzy.chinacourt.org/article/detail/2015/06/id/1655623.shtml),访问日期:2018年2月11日。
② 参见广东省高级人民法院(2011)粤高法刑二终字第45号刑事判决书。

福良、周作财(均另案处理,已判刑)将从深圳市刘三多、江青林(均另案处理)、"顶哥"(在逃)等处购买的"冰毒"(甲基苯丙胺)、"麻古"(甲基苯丙胺)、"摇头丸"(亚甲二氧基甲基苯丙胺)、"K粉"(氯胺酮)、"Y仔"(硝甲西泮)等毒品运到惠州市出售给同案犯张晓春、张满江(均已判刑)等人。

江西省南昌铁路运输中级人民法院认为,被告人凌万春、刘光普是所涉毒品的出资者、所有者,系毒品犯罪的主犯,对二人均判处死刑。被告人上诉后,江西省高级人民法院裁定驳回上诉,维持原判,并依法报请最高人民法院核准。

最高人民法院经复核认为,被告人刘光普、凌万春为谋取非法利益,纠集他人贩卖甲基苯丙胺、亚甲二氧基甲基苯丙胺、氯胺酮、咖啡因、麻黄素、硝甲西泮等毒品,二被告人的行为均构成贩卖毒品罪,鉴于凌万春在贩卖毒品共同犯罪中的地位、作用次于刘光普,对凌万春判处死刑,可不立即执行,裁定核准对被告人刘光普的死刑,改判凌万春死刑,缓期二年执行。① 问题:最高人民法院对凌万春的改判是否妥当?

【案例10-4 受邀贩毒案】

2002年12月至2003年2月,被告人韦武全、韦红坚先后3次从福建省石狮市乘车到广东省普宁市,在普宁市一家茶馆、兰花大酒店1106号客房,经韦红坚检验海洛因质量后,韦武全以每克人民币150元至200元的价格,共向被告人黄德全购买海洛因570克。二被告人携带购买的海洛因返回石狮市后,韦武全单独或通过他人将购买的海洛因贩卖给吸毒人员。

2003年3月1日,被告人韦武全、韦红坚再次到广东省普宁市,在普宁市兰花大酒店815号客房,由韦红坚检验海洛因质量后,韦武全以每克人民币150元的价格,向被告人黄德全购买海洛因250克。二被告人携带购买的海洛因返回石狮市途中,韦红坚利用自己保管毒品之机,藏匿其中的海洛因63克。回到石狮市

---

① 参见最高人民法院刑事审判第一、二、三、四、五庭编:《刑事审判参考》(总第87集),法律出版社2013年版,第74页以下。

后,韦武全到魏良河的租住处,以每克人民币280元的价格,向魏良河、沈洪丰出售海洛因10克。韦红坚将私自藏匿的63克海洛因寄存于魏良河处。同年3月2日,公安机关从韦武全的租住处查获尚未贩卖的海洛因共计430克。同年3月4日,被告人韦武全协助公安机关到广东省普宁市抓获被告人黄德全。

泉州市中级人民法院认为,被告人黄德全贩卖海洛因820克,被告人韦武全、韦红坚贩卖、运输海洛因820克,被告人黄德全的行为构成贩卖毒品罪,被告人韦武全、韦红坚的行为构成贩卖、运输毒品罪。被告人韦武全归案后,协助公安机关抓获被告人黄德全,具有重大立功表现。遂判处被告人黄德全、韦红坚死刑,判处被告人韦武全死刑,缓期2年执行,剥夺政治权利终身,并处没收个人全部财产。被告人上诉后,福建省高级人民法院裁定驳回上诉,维持原判。

最高人民法院复核认为:被告人韦红坚受毒品货主邀约参与贩毒,在共同犯罪中的地位和作用较小,对其判处死刑,可不立即执行。依法核准对被告人黄德全的死刑裁判;撤销一、二审法院对被告人韦红坚的死刑裁判,以贩卖、运输毒品罪改判被告人韦红坚死刑,缓期二年执行。① 问题:最高人民法院对韦红坚贩卖、运输毒品罪的改判是否合理?

今天我们要讨论死刑适用问题。限制死刑,尽量少适用死刑,是大势所趋。因此,讲一讲毒品犯罪的死刑适用限制问题很有现实意义。

在以往的司法实践中,人民法院曾经对一些运输毒品的犯罪人适用死刑。但是,近年来,只要有证据表明被告人系受雇运输毒品,或者虽无明确证据证实其受雇于他人,但在案证据不能排除被告人受他人雇佣、指使而运输毒品的,基本上不对运输者判处死刑立即执行。② 因此,目前毒

---

① 参见最高人民法院刑事审判第一、二、三、四、五庭编:《刑事审判参考》(总第46集),法律出版社2006年版,第51页以下。

② 此外,需要注意的是,在《中华人民共和国刑法修正案(八)》立法过程中,众多专家呼吁废除"运输毒品罪"的死刑,也说明运输毒品罪的危害性是有限的,与制造毒品等其他毒品犯罪相比,被告人的人身危险性也相对较小。在司法实践中,对运输毒品罪判处死刑的情况也越来越少,这也说明国家对毒品犯罪的死刑政策正在逐步发生改变。因此,无论是理论界还是实务界都认为,原则上运输毒品罪是罪不当诛的。

品犯罪的死刑适用"大户"主要集中在走私、制造、贩卖毒品罪中。基于限制死刑适用的基本立场,这一讲要对毒品犯罪在哪些情况下应尽量不适用死刑进行详尽探讨。

一、死刑适用的限制:一般性讨论

《刑法》第48条规定,死刑只适用于罪行极其严重的犯罪分子。

关于死刑适用对象,1979年《刑法》规定的是"罪大恶极"的犯罪分子。"罪大",是指犯罪性质和后果极其严重,给社会造成的损失特别巨大,是犯罪的客观危害的体现;"恶极",是指犯罪分子的主观恶性和人身危险性特别大,是罪犯的一种主观心理,通常表现为犯罪分子蓄意实施严重罪行,丧尽良知,不思悔改,极端蔑视法制、仇视社会。1997年《刑法》将"罪大恶极"修改为"罪行极其严重",强调客观上的危害对死刑适用的决定性意义,防止"恶极"的主观判断在死刑适用条件中所占的比重过大,犯罪分子仅因"恶极"就同时被认定为"罪大"的情形发生。因此,不能认为修订后《刑法》第48条"罪行极其严重"的规定与1979年《刑法》的"罪大恶极"的意思相同。不过,也有学者主张,罪行极其严重是死刑适用的一般标准。由于《刑法》第48条同时规定了死刑适用的标准和死刑执行的方式(死刑立即执行和缓期2年执行),而执行方式的区分主要取决于犯罪分子的不同情况。那么,对《刑法》第48条中罪行极其严重的犯罪分子,应该将"罪行极其严重"与"犯罪分子"这两个用语分别理解。罪行极其严重,是指客观上的危害特别严重,这是死刑适用的一般标准;而犯罪分子,则是对行为人的主观恶性的考察,其决定死刑立即执行还是缓期执行。由此可见,适用死刑的条件是"罪大",而决定死刑是否立即执行的条件是犯罪分子是否"恶极"。[1] 在这个意义上,也可以认为,修订前后的《刑法》关于死刑适用对象的规定没有实质差别。

对本条中罪行极其严重的理解,必须结合具体罪名来进行,而不能仅仅作抽象判断。例如,在目前被判处死刑的案件中,故意杀人罪的死刑适用率相对较高,判处死刑的"罪行极其严重"标准往往被表述为杀人"手

---

[1] 参见储槐植:《死刑司法控制:完整解读刑法第四十八条》,载《中外法学》2012年第5期。

段特别残忍"。对此,实务上通常将其正确地理解为:在杀害过程中,行为人蓄意使用特别残忍手段反复折磨被害人,致使其在死亡之前处于肉体与精神的极度痛苦状态的情形。如果受害人在死亡过程中并未遭受这种痛苦,就不宜理解为犯罪分子"杀人手段特别残忍"。例如,在部分杀人案件中,犯罪分子杀人后又分尸的,由于分尸的对象已非"人",而是不能感受痛苦的尸体,该杀害行为就不能认定为手段特别残忍,对罪犯也就不宜认定为故意杀人罪行极其严重,依法不能适用死刑。① 对毒品犯罪的死刑适用,也需要结合有关罪名及案件的具体情况进行讨论。

二、限制毒品犯罪死刑的政策思路

(一) 宽严相济刑事政策与限制毒品犯罪死刑

1. 宽严相济刑事政策改变了一味"从严"处理毒品犯罪案件的局面

宽严相济刑事政策是我国的一项基本刑事政策,在如今的刑事审判活动中得到了较好运用和贯彻。最高人民法院颁布的《关于贯彻宽严相济刑事政策的若干意见》第 1 条规定:"贯彻宽严相济刑事政策,要根据犯罪的具体情况,实行区别对待,做到该宽则宽,当严则严,宽严相济,罚当其罪,打击和孤立极少数,教育、感化和挽救大多数,最大限度地减少社会对立面,促进社会和谐稳定,维护国家长治久安。"该意见第 29 条进一步规定:"要准确理解和严格执行'保留死刑,严格控制和慎重适用死刑'的政策。对于罪行极其严重的犯罪分子,论罪应当判处死刑的,要坚决依法判处死刑。要依法严格控制死刑的适用,统一死刑案件的裁判标准,确保死刑只适用于极少数罪行极其严重的犯罪分子。拟判处死刑的具体案件定罪或者量刑的证据必须确实、充分,得出唯一结论。对于罪行极其严重,但只要是依法可不立即执行的,就不应当判处死刑立即执行。"由此可见,尽管毒品犯罪有一定的社会危害性,但是对于毒品犯罪不能再一味"从严"处罚,而是要根据具体案件的不同情况进行区别化处理,这样才能实现宽严相济刑事政策的效果,真正做到罚当其罪、罪刑均衡,实现司法公正,从而成功地化解社会矛盾,维护社会的和谐稳定。

---

① 参见陈兴良:《故意杀人罪的手段残忍及其死刑裁量——以刑事指导案例为对象的研究》,载《法学研究》2013 年第 4 期。

2. 宽严相济刑事政策要求"严格控制、慎用死刑"

最高人民法院《全国法院毒品犯罪审判工作座谈会纪要》（2015年5月18日发布）指出："应当全面、准确贯彻宽严相济刑事政策，体现区别对待，做到罚当其罪，量刑时综合考虑毒品数量、犯罪性质、情节、危害后果、被告人的主观恶性、人身危险性及当地的禁毒形势等因素，严格审慎地决定死刑适用，确保死刑只适用于极少数罪行极其严重的犯罪分子。"在实践中，只要毒品犯罪分子的犯罪行为并未造成严重危害结果的，其行为就还称不上"极其严重"，根据宽严相济刑事政策的要求，就不应该适用死刑。例如，对贩毒分子刚刚收到托运的毒品，还未进行处理和贩卖时就被公安机关抓获，毒品并没有流出到市场上，事实上也绝对不可能再流向社会，国家的毒品管制制度和社会管理秩序都没有遭受实际损害。因此，其并未造成严重的危害结果，即便毒品数量巨大，也可以考虑不适用死刑。

（二）对司法解释规定的"可以判处死刑"的肯定性条件要进行一一比对

最高人民法院的相关司法解释规定，毒品犯罪行为虽达到判处死刑的数量标准，但具有自首、立功等从宽处罚情节的，可以不判处死刑。这是从否定面对死刑适用进行限制。同时，有关司法解释也从肯定面对可以适用死刑的条件作出了规定。《全国部分法院审理毒品犯罪案件工作座谈会纪要》（2008年12月1日发布）明确规定："具有下列情形之一的，可以判处被告人死刑：（1）具有毒品犯罪集团首要分子、武装掩护毒品犯罪、暴力抗拒检查、拘留或者逮捕、参与有组织的国际贩毒活动等严重情节的；（2）毒品数量达到实际掌握的死刑数量标准，并具有毒品再犯、累犯，利用、教唆未成年人走私、贩卖、运输、制造毒品，或者向未成年人出售毒品等法定从重处罚情节的；（3）毒品数量达到实际掌握的死刑数量标准，并具有多次走私、贩卖、运输、制造毒品，向多人贩毒，在毒品犯罪中诱使、容留多人吸毒，在戒毒监管场所贩毒，国家工作人员利用职务便利实施毒品犯罪，或者职业犯、惯犯、主犯等情节的；（4）毒品数量达到实际掌握的死刑数量标准，并具有其他从重处罚情节的；（5）毒品数量超过实际掌握的死刑数量标准，且没有法定、酌定从轻处罚情节的。"上述规定，指明了实务中死刑适用的方向，被告人如不符合上述条件的，原则上不能对其适用死刑立即执行。

应当指出,对于前述五项"可以判处被告人死刑"的肯定性条件,也应当结合具体案件的案情,逐条进行比对,使得司法判断更加精细化,死刑适用更加慎重,而不能仅仅凭感觉作出可以适用死刑的笼统判断。例如,在【案例10-1 贩毒死刑案】中,通过仔细比对就不难发现,被告人凌文宽的行为不符合上述五项可以适用死刑立即执行中的任何一个条件:①凌文宽不具有毒品犯罪集团首要分子、武装掩护毒品犯罪、暴力抗拒检查、拘留或者逮捕、参与有组织的国际贩毒活动等严重情节;②凌文宽不具有毒品再犯、累犯,利用、教唆未成年人走私、贩卖、运输、制造毒品,或者向未成年人出售毒品等法定从重处罚情节;③凌文宽被控贩卖、运输毒品的事实只有两起,不符合"多次"(3次以上)走私、贩卖、运输、制造毒品,向多人贩毒,在毒品犯罪中诱使、容留多人吸毒,在戒毒监管场所贩毒,国家工作人员利用职务便利实施毒品犯罪,或者职业犯、惯犯、主犯等情节的规定;④凌文宽不具有其他从重处罚情节。因此,对被告人凌文宽判处死刑,缓期2年执行也未尝不可。

三、对毒品犯罪不宜判处死刑的情形

(一)自首、立功与限制死刑

《全国部分法院审理毒品犯罪案件工作座谈会纪要》(2008年12月1日发布)更为明确地指出:"审理毒品犯罪案件,应当切实贯彻宽严相济的刑事政策……毒品数量是毒品犯罪案件量刑的重要情节,但不是唯一情节。对被告人量刑时,特别是在考虑是否适用死刑时,应当综合考虑毒品数量、犯罪情节、危害后果、被告人的主观恶性、人身危险性以及当地禁毒形势等各种因素,做到区别对待……对虽然已达到实际掌握的判处死刑的毒品数量标准,但是具有法定、酌定从宽处罚情节的被告人,可以不判处死刑。"其中,该座谈会纪要明确规定了毒品数量达到实际掌握的死刑数量标准,即"具有自首、立功等法定从宽处罚情节的,可以不判处被告人死刑立即执行"。

对自首、立功的罪犯尽量不判处死刑,这一立场在多数案件中都能够得到贯彻。例如,在"杨永保等走私毒品案"中,一、二审法院均以走私毒品罪判处被告人杨永保死刑。最高人民法院经复核后认为,被告人仅因形迹可疑被公安机关盘问后即如实交代罪行,应当认定为自首。对杨永保判处死刑,可不立即执行,遂改判死刑,缓期2年执行。① 这一改判明显是合适的。

但是,必须看到,实践中还存在一种情形——因被告人毒品犯罪数量大,而对其自首甚至是重大立功情节在量刑时完全不予考虑,仍然判处死刑立即执行。在这种情况下,法院对被告人判处死刑立即执行的主要理由是——因为被告人贩卖、运输的毒品数量特别巨大,即便其成立重大立功,也属于"功不足以抵罪"。其实,这是明显不妥当的。法院在处理刑事案件尤其是判断毒品犯罪数量时,不能只算对被告人不利的这一面,而必须统筹兼顾、综合判断。按照前述座谈会纪要的精神,对具有"一般立功"表现等法定从宽处罚情节的,就不宜判处被告人死刑立即执行。按照当然解释和比例原则,对有"重大立功表现"的被告人就更不宜判处死刑立即执行。在部分案件中,被告人重大立功使司法机关从其他毒品罪犯处追缴了大量毒品,却被简单地说被告人"功不足以抵罪"。此一做法对量刑情节的评价是不全面的。此时,判处被告人死刑立即执行,明显是将毒品数量作为毒品犯罪案件量刑的唯一情节,并未综合考虑被告人的主观恶性、人身危险性,没有做到区别对待,和前述司法解释的精神相悖。

此外,在毒品犯罪案件中,对立功条件把控过严,或者片面理解司法解释精神的现象也比较突出。在【案例 10-2　辨认抓捕案】中,应当认为被告人许立强具有"协助司法机关抓捕其他犯罪嫌疑人"的立功行为,二审判决结论对此予以否认明显不当。对于许立强是否属于"协助司法机关抓捕其他犯罪嫌疑人"的立功行为,不应适用《关于处理自首和立功若干具体问题的意见》第 5 条第 2 款的规定,而应适用第 1 款的规定。《关于处理自首和立功若干具体问题的意见》第 5 条第 5 款的规定,"按照司法机关的安排,当场指认、辨认其他犯罪嫌疑人(包括同案犯)",使司法机关抓获其他犯罪嫌疑人的,应当属于"协助司法机关抓捕其他犯罪嫌疑人"的立功行为之一。与此司法解释的表述或精神实质相同的规范依据还有:最高人民法院 2000 年的《全国法院审理毒品犯罪案件工作座谈会纪要》第 4 条规定:"认定被告人是否构成该项立功,应当根据被告人在公安机关抓获同案犯中是否确实起到了协助作用。如经被告人当场指认、辨认抓获了同案犯……应认定为立功。"2008 年的《全国部分法院审

---

① 参见最高人民法院刑事审判第一庭、第二庭编:《刑事审判参考》(总第 12 集),法律出版社 2001 年版,第 13 页以下。

理毒品犯罪案件工作座谈会纪要》第 7 条规定:"共同犯罪中同案犯的基本情况,包括同案犯姓名、住址、体貌特征、联络方式等信息,属于被告人应当供述的范围。公安机关根据被告人供述抓获同案犯的,不应认定其有立功表现。被告人在公安机关抓获同案犯过程中确实起到协助作用的,例如,经被告人现场指认、辨认抓获了同案犯……属于协助司法机关抓获同案犯,应认定为立功。"从这几个规定来看,司法解释是要对"协助司法机关抓捕其他犯罪嫌疑人(包括同案犯)"这种立功表现的具体范围进行明确和限缩,即如果被告人的"协助"本应属于履行应当如实供述义务的,就不构成立功。但是,在被告人的所作所为明显超过供述内容时,仍可能认定为立功。因此,上述司法解释明确将"当场指认、辨认"区别于"应当如实供述内容",并规定据此抓获同案犯的,属于具有立功表现。其实,构成立功的"辨认"并不要求一定是当场或现场辨认,其中的"当场"只构成对"指认"的限定。指认,一般需要当场进行;而辨认则不一定需要当场进行。按一般的学理解释,辨认是在公安、司法人员的主持下,由证人、被害人或者犯罪嫌疑人对与案件有关的物品、无名尸体、犯罪场所或者犯罪嫌疑人进行识别、确认的一种活动。对犯罪嫌疑人的辨认可分为直接面对面的辨认和照片辨认等,而且司法实践中的照片辨认更为常见。[①] 本案中,许立强对李廷霖的照片辨认行为,不应当属于该款所规定的"提供同案犯体貌特征"的行为,而是履行如实供述义务之外的辨认,其行为符合"协助司法机关抓捕犯罪嫌疑人(包括同案犯)",应当认定为立功行为。如果被告人许立强的立功得以认定,对其适用死刑缓期 2 年执行也是可以考虑的处理方案。

(二) 从犯

1. 在毒品犯罪中,需要区分主从犯

按照《刑法》第 27 条第 2 款的规定,对于从犯,应当从轻、减轻处罚或者免除处罚。因此,在认定毒品犯罪时需要区分主从犯。在实务中,一般将在共同犯罪中起意贩毒、为主出资、毒品所有者以及其他起主要作用的认定为主犯;在共同犯罪中起次要或者辅助作用,例如,受他人指使实施毒品犯罪的,一般应认定为从犯。在存在多名主犯的犯罪案件中,要准确

[①] 参见周光权:《协助抓捕同案犯型立功的认定》,载《国家检察官学院学报》2012 年第 4 期。

认定共犯的地位和作用,确定罪责轻重。对于地位和作用相对较小、可杀可不杀的从犯,即便对其判处死刑,亦可不立即执行。

对于主从犯的确定,需要结合案件具体情况尽可能进行区分。但是,我国司法实务的现状是在裁判文书中对主从犯基本不作区分,即便偶尔作出区分,其标准究竟为何也并不明确,由此导致法律文书说理不透彻。在【案例10-3 共谋贩毒案】中,被告人刘光普、凌万春共同实施了共谋行为,并雇用他人购买毒品然后出售。一、二审判决均认为二人系出资者、所有者,是毒品犯罪的主犯;最高人民法院复核后认为凌万春在贩卖毒品共同犯罪中的地位、作用要次于刘光普,由此进行改判。这一改判结论可以接受,但作为最高人民法院的裁判文书,如果能够对凌万春成为从犯的事实和理由作进一步交代,可能就更能够达到指导下级法院准确适用毒品犯罪死刑的效果。在有关的分析文章中,承办法官指出:凌万春始终辩解在贩毒过程中没有出资行为,侦查机关也无法获取更多证据证实凌万春、刘光普共同贩卖毒品最初毒资的来源,故认定凌万春出资的证据不够充分。在同一起犯罪中应当严格控制死刑,在判处地位、作用更大的刘光普立即执行死刑的基础上,对同案犯凌万春判处死刑,可不立即执行。① 但是,未在不予核准死刑的裁判文书中载明这些重要信息的现状亟待改变。

2. 从犯的具体判定

在认定毒品犯罪时,具有下列情形的,通常应当认定为从犯:①不是雇主或货主的。即便是积极联系货源、完成毒品交易的人,如果不是雇主或货主(毒品控制者),而是受雇于他人实施毒品犯罪的,通常应认定为从犯。在【案例10-4 受邀贩毒案】中,被告人韦红坚供述是为了免费吸食毒品和不用还欠韦武全的2 000余元债务,应毒品货主韦武全的邀约为其检验毒品质量,并携带从广东购买的毒品与韦武全一起返回福建。主犯和从犯是相对的概念,从一、二审认定的事实看,被告人黄德全是毒品的卖主,被告人韦武全是毒品的买主,被告人韦红坚只是为韦武全检验毒品质量,并携带购买的海洛因与韦武全一起返回福建省石狮市。韦红坚既不是贩毒犯意的提起者,也不是出资者和毒品的所有者,在共同犯罪中不是处于主犯的地位,在购买毒品的犯罪过程中起的是次要和辅助作用,

---

① 参见最高人民法院刑事审判第一、二、三、四、五庭编:《刑事审判参考》(总第87集),法律出版社2013年版,第78页。

应认定为从犯。一、二审法院不认定其为从犯是值得商榷的,最高人民法院对其判处死刑,可不立即执行的裁定具有合理性。② 未出资的。出资是走私、贩卖毒品罪手段行为中的关键行为。与其他共同犯罪人相比,出资对毒品交易的最终实现作用明显要大。实务中,对参与走私、贩卖毒品犯罪但并未出资的人通常不适用死刑。③ 仅实施居间介绍行为的。个别犯罪人帮助购买毒品的人联系贩毒者,这种居间介绍行为,在司法实践中通常被作为从犯来处理。从体系解释的角度看,立法上凡是对居间介绍犯罪行为,即便单独作出规定,也会处罚很轻。例如,对居间介绍贿赂的行为,《刑法》第 392 条规定为 3 年以下有期徒刑,而受贿罪和行贿罪的法定最高刑分别为死刑、无期徒刑。这说明在立法者看来,居间介绍行为是情节很轻、作用很小的犯罪。如果刑法不规定介绍贿赂罪,对居间介绍者或者认定为受贿罪的从犯,或者认定为行贿罪的从犯,而不可能认定为行贿或者受贿罪的主犯。刑法虽未将介绍毒品交易行为单独规定为犯罪,但将其认定为相应毒品交易犯罪的从犯,则和居间介绍行为的真实作用是相符的。《全国部分法院审理毒品犯罪案件工作座谈会纪要》(2008 年 12 月 1 日发布)规定:"明知他人实施毒品犯罪而为其居间介绍、代购代卖的,无论是否牟利,都应以相关毒品犯罪的共犯论处。"但在案件的实际处理中,绝大多数案件并没有将毒品中介人员作犯罪论处,而是交由公安机关给予治安处罚。将介绍行为认定为毒品犯罪的从犯,有以前的生效判决可资借鉴:在"马盛坚等贩卖毒品案"中,被告人马盛坚、罗家排在得知王子富可以出卖毒品的情况下,积极居间介绍为其联系寻找买家;被告人胡泽川受马盛坚委托之后找到购毒者"亚龙",在明知"亚龙"为贩卖毒品而准备购买毒品的情况下,积极从中帮助其购买毒品。马盛坚、罗家排、胡泽川共同促成了王子富和"亚龙"的见面,在买卖双方确定毒品交易价格、数量、定金支付、交易时间、地点时亦在场。其后,三被告人还共同携带"亚龙"交付的购毒资金按时前往约定的交易地点协助进行毒品交易。本案一、二审法院皆因被告人不是毒品买卖的当事人,仅是居间、撮合他人进行毒品买卖,在贩卖毒品共同犯罪中起辅助作用而认定三被告人构成贩卖毒品罪,但系从犯,并据此决定减轻处罚。① ④ 犯罪参与程度

---

① 最高人民法院刑事审判第一、二、三、四、五庭编:《中国刑事审判指导案例》(第 4 卷,妨害社会管理秩序罪),法律出版社 2009 年版,第 204 页。

有限的。在部分毒品犯罪案件中,被告人甲并未参与毒品贩卖、运输,其只负责联络和汇款这两项事宜。具体的毒品贩卖、运输过程由被告人乙实际参与和操作,从路线的制定到托运以及取货等一系列事件都由乙完成,甲并没有参与,也不清楚具体的过程。甲在运输毒品中所起的作用就不是决定性的、不是主要的,不能将甲认定为主犯。

3. 对毒品犯罪的教唆犯,也可以按照从犯处罚

《刑法》第29条第1款规定,对于教唆犯应当按照其在共同犯罪中所起的作用处罚。换言之,教唆犯如果在共同犯罪中起次要作用的,也可以成为从犯。

在今天的刑法学界,逐步成为通说的刑法客观主义赞成共犯从属性说,认为实行行为对于构成要件结果的形成具有根本性影响。但是,对于犯罪的发生只有间接关系的狭义共犯(教唆犯、帮助犯)的行为本身并不能成为独立的犯罪,他们没有实施正犯意义上的实行行为,并无独立的犯罪性和可罚性,其犯罪性和可罚性都隶属于正犯,依赖于实行行为,无实行犯即无可罚的共犯。刑法分则中规定的每个罪的构成要件是以实行行为为模式设计的,教唆犯、帮助犯的犯罪性较低,所以,必须从属于实行行为。共犯从属性说以正犯的行为为中心,使共犯依附于正犯而成立,这就严格地限制了共犯的构成条件,在一定程度上正确地揭示了正犯与共犯的关系,因而具有合理性。按照共犯从属性说的观点,即便被教唆者着手实行,出谋划策、提起犯意的人对法益的侵害也相对间接,其危害性要小于着手实行的正犯。因此,基于共犯从属性说的立场,将绝大多数提起犯意的人认定为从犯是有其合理性的。

就毒品犯罪而言,在犯罪成立与否的评价以及作用判断上,实行犯是整个犯罪的关键人物,是犯罪的核心角色;作为教唆犯的造意者,必须通过实行犯的行为才能造成法益侵害。与实行犯的作用相比,造意者处于边缘地位,对法益的侵害相对间接。最高人民法院《全国法院审理毒品犯罪案件工作座谈会纪要》(2000年4月4日发布,现已失效)中就毒品案件共同犯罪问题作出了规定:"要正确区分主犯和从犯。在共同犯罪中起意贩毒、为主出资、毒品所有者以及其他起主要作用的是主犯;在共同犯罪中起次要或者辅助作用的是从犯。"这容易给人留下一种"凡是起意教唆就都应认定为主犯"的感觉,但是,如果完整地理解司法解释的意思,就知道其有所限定,即"在共同犯罪中起意贩毒"且"起主要作用的",才是

主犯;"在共同犯罪中起意贩毒"但不是"起主要作用的",可以成立从犯。《全国部分法院审理毒品犯罪案件工作座谈会纪要》(2008年12月1日发布)再次强调了这一点:"区分主犯和从犯,应当以各共同犯罪人在毒品共同犯罪中的地位和作用为根据。要从犯意提起、具体行为分工、出资和实际分得毒赃多少以及共犯之间相互关系等方面,比较各个共同犯罪人在共同犯罪中的地位和作用。在毒品共同犯罪中,为主出资者、毒品所有者或者起意、策划、纠集、组织、雇佣、指使他人参与犯罪以及其他起主要作用的是主犯;起次要或者辅助作用的是从犯。"因此,在个别案件中,将教唆毒品犯罪,但在整个犯罪中起次要作用的人认定为从犯,对其不适用死刑也是合理的。

4. 自首、立功等情节

需要提及,在共同犯罪中主犯因为具有自首、立功等情节而比从犯判刑更轻的情形并不罕见。在毒品涉案数量巨大的案件中,并不是必须对某一被告人判处死刑立即执行;自首、立功等从宽处罚情节是"刑罚及于一身"的从宽处罚情节,只能对具有这一情节的被告人适用。如果共同犯罪中的主犯具有自首、立功情节的,对其从宽处罚,判处其比没有这一特殊量刑情节的其他主犯甚至从犯更轻的刑罚,也属于正常情况。因此,在个别案件中,对主犯判处比从犯更轻的刑罚,也完全符合量刑的基本原理。

(三) 毒品数量大不是适用死刑的绝对理由

在毒品数量大的场合,应尽可能区分主从犯进而限制死刑适用。《全国法院审理毒品犯罪案件工作座谈会纪要》(2000年4月4日发布,现已失效)关于毒品案件共同犯罪问题中明确指出:"共同犯罪中能分清主从犯的,不能因为涉案的毒品数量特别巨大,就一律将被告人认定为主犯并判处重刑甚至死刑。"《全国部分法院审理毒品犯罪案件工作座谈会纪要》(2008年12月1日发布)也对此进行重申:"共同犯罪中能分清主从犯的,不能因为涉案的毒品数量特别巨大,就不分主从犯而一律将被告人认定为主犯或者实际上都按主犯处罚,一律判处重刑甚至死刑。"因此,在有些案件中,被告人处于从犯地位,不能因涉案毒品数量巨大而被认定成主犯,更不能对其适用死刑。真正应该对毒品数量巨大的犯罪负责的是在共同犯罪中起意贩毒、为主出资以及作为毒品所有者的主犯,而不是参与程度相对有限的从犯。

在毒品数量大的场合,应尽量考虑从宽处罚情节进而限制死刑适用。毒品数量是毒品犯罪案件量刑的重要情节,但不是唯一情节。对被告人量刑时,特别是在考虑是否适用死刑时,应该综合考虑毒品数量、犯罪情节、危害后果、被告人的主观恶性、人身危险性以及当地禁毒形势等各种因素,做到区别对待。对毒品犯罪数量已经达到实际掌握的适用死刑标准,但具有酌定从轻处罚情节的被告人判处死刑立即执行应当慎重,不能仅因毒品犯罪数量大就无视从轻处罚情节的存在。例如,对归案后主动交代贩毒事实和同案犯,包括公安机关原未掌握的部分重要犯罪线索和事实,对查清全案犯罪事实、固定重要证据起到重要作用的被告人,可以对其判处死刑,但不立即执行。

在毒品数量大的场合,应考虑毒品纯度进而限制死刑适用。《刑法》第357条第2款规定,毒品的数量以查证属实的走私、贩卖、运输、制造、非法持有毒品的数量计算,不以纯度折算。有观点据此认为:因为存在这一明确规定,那么,在判处死刑的毒品犯罪案件中,就不应再按纯度折算。只要在查获的毒品中,检出了毒品成分,不管含量多少、纯度高低,只要达到判处死刑的数量标准,就可以判处死刑。对于并不适用死刑的毒品犯罪案件,严格遵照《刑法》第357条第2款的规定是不存在问题的。但对于可能判处死刑的案件,机械地执行这一规定,可能失之过严,因为毒品纯度对行为的社会危害性会有重大影响,在适用死刑时不能不考虑到这一点。因此,在查获的毒品数量很大但含量极少的场合,如果要对被告人适用死刑,就必须考虑按纯度折算后其毒品数量是否还能够达到判处死刑的标准。正因为如此,最高人民法院在《关于全国法院审理毒品犯罪案件工作座谈会纪要》(2000年4月4日发布,现已失效)中指出:"根据刑法的规定,对于毒品的数量不以纯度折算。但对于查获的毒品有证据证明大量掺假,经鉴定查明毒品含量极少,确有大量掺假成分的,在处刑时应酌情考虑。特别是掺假之后毒品的数量才达到判处死刑的标准的,对被告人可不判处死刑立即执行。"根据这一规定可以得出结论:行为人在对毒品掺假后,其数量才达到判处死刑的标准的,对被告人一般不判处死刑立即执行。目前,最高人民法院在复核死刑过程中,基本上也是按照这一要求对毒品纯度有限这类案件的死刑适用进行严格掌握。

关于死刑的司法限制,值得讨论的问题还非常多。关于这方面的其他问题,看来只有留待今后的课程再讨论了!

第十一讲 援引法定刑的适用

——马乐"老鼠仓"案

【案例 11-1 马乐"老鼠仓"案】

2011年3月9日至2013年5月30日期间,被告人马乐担任博时基金管理有限公司旗下的博时精选股票证券投资经理,全权负责投资基金投资股票市场,掌握了博时精选股票证券投资基金交易的标的股票、交易时间和交易数量等未公开信息。马乐在任职期间利用其掌控的上述未公开信息,从事与该信息相关的证券交易活动,操作自己控制的"金某""严某甲""严某乙"三个股票账户,通过临时购买的不记名神州行电话卡下单,先于、同期或稍晚于其管理的"博时精选"基金账户买卖相同股票76只,累计成交金额人民币10.5亿余元,非法获利人民币1 800余万元。

广东省深圳市中级人民法院于2014年3月24日以(2014)深中法刑二初字第27号刑事判决,认定被告人马乐犯利用未公开信息交易罪,判处有期徒刑三年,缓刑五年,并处罚金人民币1 884万元,违法所得予以追缴,上缴国库。

宣判后,深圳市人民检察院以原判适用法律错误,量刑明显不当为由提出抗诉,广东省人民检察院支持抗诉。广东省高级人民法院经依法公开开庭审理,于2014年10月20日以(2014)粤高法刑二终字第137号刑事裁定,驳回抗诉,维持原判。

裁判发生法律效力后,广东省人民检察院认为生效裁判确有错误,提请最高人民检察院按照审判监督程序提出抗诉。最高人民检察院于2014年12月8日以高检审刑抗〔2014〕1号刑事抗诉书向最高人民法院提出抗诉。

2015年12月11日,最高人民法院在广东省深圳市最高人民法院第一巡回法庭对最高人民检察院提起抗诉的马乐利用未公开信息交易案作出再审终审判决,撤销广东省高级人民法院和深圳市中级人民法院判处马乐有期徒刑三年、缓刑五年的原审裁定、判决,认定马乐利用未公开信息交易犯罪"情节特别严重",鉴于其有自首、退赃、认罪悔罪态度好、原判罚金刑已全部履行等情节,可予减轻处罚,改判马乐有期徒刑三年,并处罚金人民币1 913万元;违法所得人民币19 120 246.98元依法予以追缴,上缴国库。①

问题:对被告人马乐的行为,究竟应该适用《刑法》第180条第1款还是第4款?

这一讲是量刑问题。我们经常批评实务上重定罪轻量刑。但是,说实话,理论上对量刑的研讨也很不够。量刑的问题很复杂,值得用很多次课程去讨论。今天,我先讲讲援引法定刑的适用问题。

我的讲课要从马乐"老鼠仓"案谈起。这个案件在我国刑事司法史上开创了若干个"第一"——第一个由最高人民检察院向最高人民法院仅就法律适用问题提出抗诉的案件;第一个由最高人民检察院提出抗诉的"老鼠仓"案件;第一个由最高人民法院直接开庭审理、最高人民检察院派员出庭履行职务的刑事抗诉案件;第一个由三级检察机关接力抗诉且最终得以改判的经济犯罪案件。一般公众可能会认为,被告人最终只被改判为3年实刑的案件,很难归入"大案"或"要案"的范畴,最高人民法院、最高人民检察院似乎没有必要对马乐案"大动干戈"。但是,本案的抗诉及其改判事关交易公平和社会正义,意义不可低估。

一、本案的争论焦点

(一) 基本犯罪事实:控、辩、审三方均予认可

广东省高级人民法院二审、最高人民法院再审所查明的事实和采信

---

① 参见最高人民法院(2015)刑抗字第1号刑事判决书。

的证据与广东省深圳市中级人民法院相同。① 对此,接力提出抗诉的三级检察机关以及辩护方都予以认可。因此,本案的抗诉不是"事实抗诉",而是"法律抗诉"(适用法律错误导致量刑畸轻)。

(二) 争论焦点:援引法定刑的适用

本案争论的核心问题是《刑法》第180条第1款和第4款的关系,即援引法定刑的适用问题。

1. 一、二审法院的立场

《刑法》第180条第4款规定,证券交易所、期货交易所等金融机构从业人员以及有关监管部门或者行业协会的工作人员,利用未公开信息交易,"情节严重"的,依照第1款的规定处罚,因此,该款并未对利用未公开信息交易罪规定"情节特别严重"的情形;而根据《刑法》第180条第1款的规定,情节严重的,处5年以下有期徒刑或者拘役。以此为前提,对具有自首、认罪态度良好、积极退赃、确有悔罪表现情节的被告人减轻处罚后适用缓刑并无不当。

2. 抗诉机关的主张

(1)《刑法》第180条第1款规定的内幕交易、泄露内幕信息罪存在"情节严重"和"情节特别严重"两种情形和两个量刑档次;该条第4款规定,利用未公开信息交易情节严重的,依照第1款的规定处罚。从刑法设置上来说,同一法条的不同款项在处罚上应该有一个协调性,这种处罚的参照不可能只是部分参照,应该是全部参照。

(2) 利用未公开信息交易罪与内幕交易、泄露内幕信息罪的违法与责任程度相当,法定刑亦应相当。本案中,马乐的证券交易成交额为10.5亿余元,获利1 800余万元,应认定其犯罪"情节特别严重",而非"情节严重",因此,对被告人马乐适用缓刑明显不当,属于适用法律确有错误,对类似案件的处理会产生重大误导,应当依法纠正。

(三) 延伸的问题:存疑时有利于被告

被告人马乐的辩护人提出,《刑法》第180条第4款未明文规定利用

---

① 唯一的差异是被告人马乐的非法获利数额,一审认定其为人民币18 833 374.74元,最高人民法院根据其再审中依职权调取的中国证券监督管理委员会深圳监管局出具的《深圳证监局关于马乐利用未公开信息交易案的复函》,认定非法获利数额应为人民币19 120 246.98元。

未公开信息交易罪有"情节特别严重"的情形,在对其是否包含了第 1 款的情节特别严重情形存在争议的情况下,应当作有利于被告人的解释。从存疑时有利于被告的司法理念来看,一、二审裁判对法律的理解是正确的。这就引申出存疑时有利于被告原则是否可以适用于本案的问题。

因此,对本案如何处理,从刑法学的角度切入,从表面上看仅仅是一个量刑问题,但其背后涉及对罪刑法定原则、罪刑相适应原则、存疑时有利于被告原则、刑法解释方法的理解和运用,而非仅关涉判处被告人有期徒刑 3 年还是 5 年,或者能不能适用缓刑的问题。

二、本案的抗诉主张符合法理

在本案中,抗诉机关的主张是:援引法定刑,必须全部援引,而不是部分援引。这一观点在法理上有充分依据。

我国立法对援引法定刑的规定相对特殊。例如,《刑法》第 180 条第 1 款规定:"证券、期货交易内幕信息的知情人员或者非法获取证券、期货交易内幕信息的人员,在涉及证券的发行,证券、期货交易或者其他对证券、期货交易价格有重大影响的信息尚未公开前,买入或者卖出该证券,或者从事与该内幕信息有关的期货交易,或者泄露该信息,或者明示、暗示他人从事上述交易活动,情节严重的,处五年以下有期徒刑或者拘役,并处或者单处违法所得一倍以上五倍以下罚金;情节特别严重的,处五年以上十年以下有期徒刑,并处违法所得一倍以上五倍以下罚金。"该条第 4 款规定:"证券交易所、期货交易所、证券公司、期货经纪公司、基金管理公司、商业银行、保险公司等金融机构的从业人员以及有关监管部门或者行业协会的工作人员,利用因职务便利获取的内幕信息以外的其他未公开的信息,违反规定,从事与该信息相关的证券、期货交易活动,或者明示、暗示他人从事相关交易活动,情节严重的,依照第一款的规定处罚。"简言之,按照《刑法》第 180 条第 1 款的规定,犯内幕交易、泄露内幕信息罪,情节严重的,处 5 年以下有期徒刑;情节特别严重的,处 5 年以上 10 年以下有期徒刑。按照《刑法》第 180 条第 4 款的规定,犯利用未公开信息交易罪,"情节严重的,依照第一款的规定处罚"。由此带来的问题是,《刑法》第 180 条第 4 款中"情节严重的,依照第一款的规定处罚",是根据犯罪行为的不同情形,分别依照第 1 款"情节严重"和"情节特别严重"两个量刑档次处罚？还是仅有"情节严重"一个量刑档次？即是全部援引还是部分援引？这是困扰司法界的一个争议问题。①

对于被告人马乐所犯利用未公开信息交易罪，一、二审判决的核心理由是：利用未公开信息交易罪是情节犯，"情节严重"是入罪标准，但同时也是量刑依据，该罪只有一个量刑标准即情节严重。情节严重和情节特别严重是并列关系，如果把"情节严重"理解为包含情节严重和情节特别严重两档，势必会出现刑法语义的混乱，从而违反罪刑法定原则。但是，上述一、二审法院的主张是不合理的。法定刑的援引必须是全面援引，而非仅援引最低档的法定刑。因此，对触犯《刑法》第180条第4款规定的犯罪分子，应当视其犯罪情节的不同来决定是参照第1款的情节严重量刑档次还是情节特别严重量刑档次。主要理由是：

首先，《刑法》第180条第1款中情节严重既是内幕交易罪、泄露内幕信息罪的犯罪构成要件（表示该罪是情节犯），又是适用第一档法定刑（处5年以下有期徒刑或拘役）的前提。第4款利用未公开信息交易罪采用了同条援引前款法定刑的立法技术，前段关于犯罪构成的规定与第1款相同，在描述行为方式后，规定情节严重为犯罪构成要件，明确该罪情节犯的属性，排除将情节未达到严重程度的行为作为处罚对象②，因此，这里的"情节严重"主要起的是限定处罚范围的提示作用，并不能认为其对情节特别严重情形的量刑问题也同时进行了规范。在利用未公开信息交易情节严重的情况下，关于量刑问题，整体指向了该条第1款，即"依照第一款的规定处罚"。对此，最高人民法院的再审判决书中评述得非常准确：本条款中"情节严重"并不兼具量刑条款的性质，刑法条文中大量存在"情节严重"兼具定罪条款及量刑条款性质的情形，但无一例外均在其后列明了具体的法定刑，《刑法》第180条第4款中"情节严重"之后，并未列明具体的法定刑，而是参照内幕交易、泄露内幕信息罪的法定刑，因此，本款中的"情节严重"仅具有定罪条款的性质，而不具有量刑条款的性质。

其次，从文义解释的角度看，《刑法》第180条第4款在其处罚规定中，明确规定"依照第一款的规定处罚"，而并未使用"依照第一款中'情

---

① 存在相同适用难题的法定刑援引的类似规定还有很多，包括《刑法》第168条第1款、第2款，第285条第2款、第3款，第286条的前3款，第300条第1款、第2款等。
② 参见张明楷：《论援引法定刑的适用》，载《人民法院报》2014年11月12日，第6版。

节严重'的量刑规定处罚"的表述。因此,《刑法》第 180 条第 4 款援引的应当是第 1 款的全部量刑规定。从体系解释的角度看,也可以得出相同结论。体系解释"并不是单纯地孤立观察某个法规范,而是要观察这个规范和其他规范的关联,这个规范和其他法律规范都是共同被规定在某个特定法领域中,就此而言,它们共同形成一个'体系'"①。体系解释不仅仅是指目标文本与该文本所在条文中的其他款项的协调,还包括与分则其他条款、与总则中其他条款的一致。如果将《刑法》第 180 条第 4 款援引法定刑的文本置于整个分则中考察,参照其他类似条文,基于整个刑法援引法定刑的规则,自然就应得出全部援引的结论。② 上述从文义解释和体系解释角度出发对《刑法》第 180 条第 4 款所作的理解,并不违反罪刑法定原则。③

再次,从立法技术上看,《刑法》第 180 条第 4 款的表述方式有特殊考虑。《刑法》第 180 条第 4 款规定,利用未公开信息进行交易,"情节严重的,依照第一款的规定处罚",而未分别就情节严重、情节特别严重作出处刑规定,该表述方式有助于减少法条的重复表述,使法条更简洁,富有美感,不至于太烦琐、冗长。换言之,在刑法分则条文规定援引法定刑时,只要就基本构成要件作出表述即可,没有必要同时规定基本构成要件与加重处罚规定,否则就无法达到减少法条表述的目的。

最后,利用未公开信息交易罪之所以要视情形全面援引内幕交易、泄露内幕信息罪的两档法定刑,是因为两罪的客观危害和主观责任都大致相当。④ 本案辩护人认为,利用未公开信息交易罪和内幕交易、泄露内幕信息罪在信息范围和危害程度等方面存在重大差异,内幕交易对股票市场价格必然造成直接重大影响;利用未公开信息交易对股票价格影响小,信息重要性低,可能不会造成危害,只有一个量刑档次符合罪刑相适应。但是,这一主张并不合理。"立法者为美化法典,精简法条,避免重复,经常使用'准用'之立法技术,就某项问题,不直自处为规定,而间接借用他

---

① 〔德〕英格博格·普珀:《法学思维小学堂》,蔡圣伟译,北京大学出版社 2011 年版,第 56 页。
② 参见叶良芳等:《论理解释对文理解释的校验功能:"两高"指导性案例马乐利用未公开信息交易案评释》,载《中国刑事法杂志》2018 年第 1 期。
③ 参见周光权:《刑法各论》(第 3 版),中国人民大学出版社 2016 年版,第 4 页。
④ 对此更为深入的分析,参见孙谦:《援引法定刑的刑法解释——以马乐利用未公开信息从事交易抗诉案为例》,载《法学研究》2016 年第 1 期。

项规定。为解决准用规定之解释适用问题,必须探究准用事项及被准用条文之目的、功能、性质之异同,而决定其适用范围及限度,此非为单纯逻辑推理,而是利益衡量、价值判断问题。"[1] 从实质评价和价值判断角度看,利用未公开信息交易罪与内幕交易、泄露内幕信息罪的主要差别仅在于证券行政管理法律、法规上所确定的信息范围有所不同,其通过信息的未公开性和价格影响性获利的本质相同,均严重破坏金融管理秩序,损害公众投资利益。刑法将两罪放在第 180 条中分两款予以规定,亦是对两罪客观违法和责任程度相当的确认,因此,才具备援引的基础,如果只截取情节严重部分的法定刑进行援引,势必违反罪刑相适应原则,使刑法的规范保护目的落空,无助于保护广大证券投资者的利益,违反法益保护原理。

基于上述理解,在没有关于利用未公开信息交易罪"情节特别严重"认定标准的专门规定的情况下,最高人民法院考虑到刑法规定利用未公开信息交易罪是参照内幕交易、泄露内幕信息罪的规定处罚,而《关于办理内幕交易、泄露内幕信息刑事案件具体应用法律若干问题的解释》将成交额 250 万元以上、获利 75 万元以上等情形认定为内幕交易、泄露内幕信息罪"情节特别严重"的标准,利用未公开信息交易罪也应当遵循相同的标准。马乐利用未公开信息进行交易活动,累计成交额达人民币 10.5 亿余元,非法获利人民币达 1 912 万余元,已远远超过上述标准,且在案发时属全国查获的该类犯罪数额最大者,将其犯罪情节认定为"情节特别严重"是妥当的。

三、对最高人民法院再审判决的评析

最高人民法院的再审判决书几乎全面认同了最高人民检察院的上述抗诉理由,肯定援引法定刑应当是全面援引而非部分参照。因此,最高人民法院对本案的再审判决书是一个说理很充分的法律文书。

对于最高人民法院的再审判决,还有以下三点值得在这里分析一下。

(一)再审改判凸显了最高人民法院的担当和坚守

在马乐案之前,已经有多个判决明确认为《刑法》第 180 条第 4 款只

---

[1] 王泽鉴:《民法学说与判例研究》(重排合订本),北京大学出版社 2015 年版,第 95 页。

是对第 1 款的部分援引。从《中华人民共和国刑法修正案(七)》(以下简称《刑法修正案(七)》)实施以来对利用未公开信息交易犯罪的处罚情况看,几乎所有的案件中行为人仅被判处缓刑,在马乐案被最高人民法院改判前,尚无一例被认定为"情节特别严重"。正是这种法律适用的不统一,导致司法实践中大量"老鼠仓"犯罪案件被错误地适用刑罚,处罚畸轻在客观上也助长了"老鼠仓"犯罪案件频发,犯罪数额不断攀升,社会危害愈来愈严重,甚至到了影响金融秩序稳定的程度。

马乐利用未公开信息交易案再审获得改判,凸显了最高人民法院对法治立场的坚守。在马乐案办理过程中,三级检察机关依法充分履行刑事审判监督职责,全面细致审查事实证据,准确把握抗诉标准和条件,准确分析裁判适用法律错误,深入研究法律适用问题,提出了明确的抗诉意见和理由,在二审维持原判的情况下,坚持接力抗诉,"一抗到底"。从一审到最高人民法院再审改判将近两年,三级检察机关坚持在法律适用问题上严格按立法精神解释法律,坚守不让个案的错误判决误导司法实践底线,保证了法律统一正确适用,通过履行法定职责推进具体法治,很值得嘉许。最高人民法院对此高度认同,就本案进行改判,通过对这个具体案件的审理,明确相关法律适用问题,统一法律适用标准,对今后各级法院审理此类案件具有指导意义。

(二) 最高人民法院的再审判决事关交易公平和社会正义

最高人民法院对本案进行改判,纠正下级法院对法律适用的不当理解,有助于维护交易公平和社会正义。《刑法修正案(七)》增设利用未公开信息交易罪的基本主旨是,在我国基金、证券、期货等领域中,利用未公开信息交易的行为比较多发,行为人利用公众投入的巨额资金作后盾,以提前买入或者提前卖出的手段获得巨额非法利益,知晓内幕信息或其他未公开信息的人永远处于易于得利的交易地位,从而将风险与损失转嫁到其他投资者,不仅对其任职单位的财产利益造成损害,而且严重破坏了公开、公正、公平的证券市场原则,严重损害客户投资者或处于信息弱势的散户利益,严重损害金融行业信誉,影响投资者对金融机构的信任,进而对资产管理和基金、证券、期货市场的健康发展产生严重影响。为此,立法上将利用未公开信息交易罪与内幕交易、泄露内幕信息罪规定在同一法条中,并规定利用未公开信息交易罪参照内幕交易、泄露内幕信息罪的法定刑,这说明两罪的违法与责任程度是相当的。因此,对利用未公开信息交易罪情节特别严重的行为,在审判实践上不降格处理,才能发挥刑罚的一般预防效果,震慑可能的交易投机者,才能对市场交易的公平和公正给予有力保障,也才能顾及客户投资者或信息弱势的散户利益,平等保护金融管理秩序和公众投资者利益。本案的改判虽改变不了2015年下半年"千股跌停"、散户投资者损失惨重的局面,但从长远看,势必有益于维护国家金融秩序,促进交易公平,推动金融市场健康发展,维护社会正义。

最高人民法院、最高人民检察院在处理本案上的诸多创举,确实超越了对某个具体法律统一适用的意义;最高人民法院、最高人民检察院如何在未来充分发挥各自职能共同维护法律的权威和尊严,也很值得我们期待。

这样说来,个案的背后是社会正义。本案的抗诉和改判,不仅与个体化的被告人马乐、张乐、李乐有关,也与投资者、社会公众的利益、社会的良性发展息息相关。其实,只有法律无所不在的守护,我们在经济生活和社会生活中才不会总是处于弱势和不利,免于陷入焦虑和不安。从这个角度讲,《中国法律评论》等期刊及机构将马乐利用未公开信息交易抗诉案遴选为"2015年中国十大影响性诉讼"有极为充分的理由。

(三)最高人民法院对"存疑时有利于被告原则"不适用于本案的说理还有待深化

本案辩护人认为,在对《刑法》第180条第4款是否包含了第1款中的"情节特别严重"情形存在争议的情况下,应当作有利于被告人的解释。对这种主张,理论上也有少数人赞同,认为在事实认定并无疑问,但刑法适用出现难以解决的疑难问题时,也应当作出有利于被告人的选择,其主要理由是:由于法律不完善以及解释方法的有限性,在法律适用上总会有难以解决的疑问,此时如果不作有利于被告人的考虑,就是将法律规范指示不明、法律不完善的后果全部转嫁给了被告人,不利于保障人权。[①] 但是,这一主张是对存疑时有利于被告原则的误解。存疑时有利于被告的核心意思是:司法上如果尽其所能也仍然无法排除对关键事实的怀疑时,

---

① 参见叶良芳:《罪刑法定的司法实现——以刑法解释的正当性为中心》,载赵秉志主编:《刑法论丛》(第32卷),法律出版社2013年版,第123页;时延安:《试论存疑有利于被告原则》,载《云南大学学报》(法学版)2003第1期,第39页。

就应该作出有利于被告人的结论,禁止在刑事程序中运用没有被完全证明的事实对被告人产生不利后果。① 因此,这一原则只能适用于事实认定有疑问的场合,刑法适用不能一味追求有利于被告的结局,在对法律规范的解释方面如果存在难题,法院不应选择对被告人最为有利的解释,而应选择"正确的解释"②。换言之,如何进行刑法解释,不能受制于法律效果对于被告有利与否,而是取决于应如何正确地解释所涉及的规范,即对于解释具决定性的观点。"正确的解释结果当然可能对被告人不利,但这和罪疑唯轻原则之间没有任何的矛盾,没有在单纯的法律适用不明的情形一定要优先适用较轻的构成要件的道理。"③因此,最高人民法院在判决书对律师关于本案应适用存疑有利于被告的辩护理由予以驳回是理所当然的。不过,其说理还有待进一步补充。

最高人民法院在再审判决书指出:法条没有写明不等于法律有漏洞,只要能够将有争议的法条文义进行合理解释,并进行适用,就可以消除法条的疑问。《刑法》第 180 条第 4 款虽然没有明确表述"情节特别严重",但是,根据本罪设立的立法目的、法条文义及立法技术,可以认为其包含"情节特别严重"的情形和量刑档次。法条没有重复表述,不等同于法律没有明确规定。《刑法》第 180 条第 4 款援引法定刑的目的是为了避免法条文字表述重复,并不属于法律规定不明确的情形。在法律已有明确规定的情况下,应当适用该法律规定,不属于所谓的存疑情形。最高人民法院的这一说法完全正确,是法律解释的当然结论。

但是,对与存疑时有利于被告原则有关的更为重要的内容,在最高人民法院再审判决书里并未做进一步交代:存疑时有利于被告原则的射程是有限的,仅与事实认定有关,而与法律适用无关。换言之,如果司法机关在法定范围内,想尽办法也仍然无法排除对关键事实的怀疑时,就应该作出有利于被告人的结论,禁止在刑事程序中运用没有被完全证明的事实对被告人产生不利后果。这主要是因为证明案件事实是一个非常复杂的"回溯思考"过程,受人类认识活动的局限性,有时在法定时间内难以查

---

① 参见林钰雄:《刑事诉讼法》(上册),中国人民大学出版社 2005 年版,第 21 页。
② 〔德〕汉斯·海因里希·耶赛克、〔德〕托马斯·魏根特:《德国刑法教科书》,徐久生译,中国法制出版社 2001 年出版,第 190 页。
③ 蔡圣伟:《论罪疑唯轻原则之本质及其适用》,载陈泽宪主编:《刑事法前沿》(第 2 卷),中国人民公安大学出版社 2005 年版,第 246 页。

清案件事实甚至永远难以查清,这就会导致"存疑"。但为保障被告人权利,侦查、起诉机关在践行调查活动时不能不受期限和手段的限制,由此就必须作出有利于被告人的认定。既然存疑时有利于被告原则只能适用于事实认定有疑问的场合,那么,刑法解释及适用就不能一味追求有利于被告。解释结论只要准确、合理,即便对被告人不利,也应该适用。就本案来讲,其案件事实清楚,对援引法定刑的疑问实际上是对利用未公开信息交易罪量刑幅度的两种不同观点。在事实并无争议和疑问的场合,应当完全排斥存疑时有利于被告原则的适用。如果最高人民法院在再审判决书中能够就此展开必要的论述,这个判决书就堪称完美了。

这一讲就到这里。

第十二讲　金融管控与非法经营罪的界限

【案例12-1　POS机套现案】

自2010年起,被告人童君奎以从事经营活动为名,先后成立多家商户向民生银行等金融机构申领了17台固定或无线移动POS终端机具。后私自将该POS机拿到澳门使用,供他人刷卡的金额累计人民币6.5亿余元。自2011年3月至同年10月,被告人童君奎为范某、潘某乙等持借记卡的自然人提供POS机刷卡业务,套现共计7 216余万元,并按谈好的汇率兑换成相应的港币现钞,交给刷卡人。上述刷卡资金都入账到相关POS机绑定的被告人童君奎民生银行账户,入账后即以网银转账方式将资金转入其他账户。问题:能否认定被告人童君奎构成非法经营罪?

【案例12-2　高利放贷案】

被告人王石宾原系永州市公安局副局长兼冷水滩区分局局长,自2001年5月至2006年6月1日间,其以3%至10%不等的月利率,借款给屈国春、李海林、许献忠、颜正龙等十余人(上述借款人员绝大部分均有参与赌博或开设赌场的违法犯罪记录),非法获利1 750余万元。被告人王石宾还利用其身份,对不能如期支付利息款的借款人员采取威胁、恐吓等手段追索债务。问题:能否认定被告人王石宾构成非法经营罪?

【案例12-3　"地下钱庄"案】

被告人黄光裕于2007年9月至11月间,在国家外汇管理局规定的交易场所外将人民币8亿元直接或通过恒益祥公司转入盛丰源公司和深圳市迈健凯电子科技有限公司等单位账户,经由郑晓微(已判刑)等人控制的"地下钱庄",私自兑购并在香港收取了港币8.33亿余元(折合美元1.05亿余元)。黄光裕因此被认定为非法经营罪,被判处有期徒刑8年,并处没收个人部分财产2亿元。① 问题:法院对非法经营罪的判决是否具有合理性?

【案例12-4 "蚂蚁花呗"案】

2014年下半年,重庆市阿里巴巴小额贷款有限公司(有权在全国范围内开展办理各项贷款、票据贴现、资产转让业务)开发的小额信贷产品"蚂蚁花呗"上线运营,其特点是用户在淘宝、天猫和部分外部商家消费时,可选择由"蚂蚁花呗"先行垫付货款,在规定的还款日之前偿还欠款无需支付利息及其他费用,但其不具备直接提取现金的功能。

2015年7月,被告人杜某与他人共谋串通淘宝用户,在淘宝网上店铺虚构商品交易,利用"蚂蚁花呗"套现,并从中收取手续费。其具体做法是:杜某等人向杜某民等人购得可以使用"蚂蚁花呗"支付的淘宝店铺后,通过中介人员将店铺的链接发送给意图套现的淘宝用户,淘宝用户则根据其套现的金额点击链接购买同等价值的商品,同时申请由"蚂蚁花呗"代为支付货款。杜某所掌控的淘宝店铺的支付宝账户在收到货款后,淘宝用户在无真实商品交易的情况下即在购物页面确认收货随即再申请退货,杜某等人扣除7%~10%的手续费后,将剩余的款项转入淘宝用户的支付宝账户。被告人杜某共虚构交易2 500余笔,利用"蚂蚁花呗"套取470万余元,非法获利6 000余元。问题:杜某的行为是否构成(非法从事支付结算业务型)非法经营罪?②

这一讲想讨论一下"口袋罪"的限制适用问题。刑法学界有一个共识:非法经营罪在实践中确实定得有点多了,法律适用有点滥了。但是,对如何限制"口袋罪"的适用这一问题,又不能抽象地去讲,建构一些具体

---

① 参见北京市第二中级人民法院(2010)二中刑初字第689号刑事判决书;北京市高级人民法院(2010)高刑终字第363号刑事判决书。
② 参见重庆市江北区人民法院(2017)渝0105刑初817号刑事判决书。

判断规则是比较重要的。

非法经营罪,是指未经许可经营专营、专卖物品或其他限制买卖的物品,买卖进出口许可证、进出口原产地证明以及其他法律、行政法规规定的经营许可证或者批准文件,未经国家有关主管部门批准,非法经营证券、期货或者保险业务,以及从事其他非法经营活动,扰乱市场秩序,情节严重的行为。在司法实践中,基于我国实行严格的金融管控的现实,经常会出现将违反金融管理法规的违法行为直接认定非法经营罪的情形,这一讲就结合有关案件对这类行为的定罪妥当性问题进行分析。

一、罪刑法定原则对非法经营罪认定的具体约束

我国《刑法》第3条规定,法律明文规定为犯罪行为的,依照法律定罪处刑;法律没有明文规定为犯罪行为的,不得定罪处刑。据此,定罪处罚都应以刑事法律的明文规定为前提。如果法律中并未将某种行为规定为犯罪,那么即使其具有严重社会危害性,也不能被定罪处罚。

众所周知,非法经营罪在我国现行刑法中仍然有"口袋罪"之嫌,其法律规范较为抽象,犯罪行为的种类繁多,且司法解释中不断将更多的不法行为囊括于其中,实践中的定罪冲动存在本能扩张倾向。① 但是,根据《刑法》第225条的规定,任何行为如果要被认定为非法经营罪,都必须以行为"违反国家规定"为前提。如果国家并没有对本案所涉及的特定行为作出过规定,那么即使某种经营行为并不常见,也不存在"违反国家规定"的问题,相关指控就不能成立,这是罪刑法定原则的题中之意。

《刑法》第96条明确规定:"本法所称违反国家规定,是指违反全国人民代表大会及其常务委员会制定的法律和决定,国务院制定的行政法规、规定的行政措施、发布的决定和命令。"在认定非法经营罪时,司法机关必须查明行为人究竟违反了何种具体的国家规定,不能只是抽象地说被告人的行为违反了某一空泛的、倡导性的或者一般性禁止的国家规定,而必须具体说明被告人的行为违反了具有实体内容的规定。否则,就意味着司法机关擅自取消了刑法分则条文中关于"违反国家规定"的内容,势必

---

① 参见陈兴良:《刑法的明确性问题:以〈刑法〉第225条第4项为例的分析》,载《中国法学》2011年第4期。

使本罪沦为"口袋罪"。

（一）被告人违反了哪一项具体的"国家规定"，应当由控方承担说服责任

在个别案件中，公诉机关在提出指控时，并没有提供必要的规范依据去阐明被告人的行为究竟违反了哪一项具体的国家规定。此一做法并未承担法定的说服责任，该指控不能成立。

在这里需要指出的是，在我国刑法中，凡是犯罪构成的客观要件对"违反国家规定""谋取不正当利益"有规定的场合，控方必须阐明被告人的行为究竟错在何处，违反了国家的哪一个法律规范。如果不能做这种阐明的，就属于控方并未充分履行指控犯罪的证明义务。例如，《刑法》第389条规定，为谋取不正当利益，给予国家工作人员以财物的，是行贿罪。那么，如何理解和界定"谋取不正当利益"，相关司法解释中作出了明确的规定。在1999年最高人民法院、最高人民检察院颁布的《关于在办理受贿犯罪大要案的同时要严肃查处严重行贿犯罪分子的通知》中第2条规定，"谋取不正当利益"是指谋取违反法律、法规、国家政策和国务院各部门规章规定的利益，以及要求国家工作人员或者有关单位提供违反法律、法规、国家政策和国务院各部门规章规定的帮助或者方便条件。而在2008年最高人民法院、最高人民检察院制定的《关于办理商业贿赂刑事案件适用法律若干问题的意见》第9条规定，"谋取不正当利益"，是指行贿人谋取违反法律、法规、规章或者政策规定的利益，或者要求对方违反法律、法规、规章、政策、行业规范的规定提供帮助或者方便条件。在2013年1月1日生效的最高人民法院、最高人民检察院《关于办理行贿刑事案件具体应用法律若干问题的解释》第12条规定，行贿犯罪中的"谋取不正当利益"，是指行贿人谋取的利益违反法律、法规、规章、政策规定，或者要求国家工作人员违反法律、法规、规章、政策、行业规范的规定，为自己提供帮助或者方便条件。通过以上司法解释的列举，可以发现，对于不正当利益的范围，上述司法解释通过列举行为人谋取的利益所违反的规范性文件的范围加以明确。只有谋取的利益违反特定的规范性文件时，才构成刑法中的"不正当利益"。那么，在司法实践中，公诉人指控行为人犯行贿罪，也必须以相关的规范性文件中对于案件所涉及的利益问题作出明确规定为前提；如果没有相关问题的规范性文件，或者规范性文件未对案件所涉及的利益问题作出规定，就不可能存在谋取不正当利益的问题，行为人的行为当然不能被认定构成行贿罪。与此类似,不能指控被告人违反具体的相关国家规定的,当然不能得出被告人构成非法经营罪的结论。

(二) 行为人违反的国家规定必须有具体的、实质的内容

基于罪刑法定明确性的要求,刑法规范要向所有人发出规范指引,明确行为罪与非罪之间的界限,其规范的内容就必须具体,指向就必须明确,否则国民会无所适从。在【案例 12-1 POS 机套现案】中,一审判决认定被告人违反了国务院颁布的《非法金融机构和非法金融业务活动取缔办法》第 5 条的规定,即未经中国人民银行依法批准,任何单位和个人不得擅自设立金融机构或者擅自从事金融业务活动。该判决进一步认为,被告人违反该第 5 条,实施了"非法金融业务活动",因而应当取缔并定罪处罚。但是,该规定第 4 条对何为"非法金融业务活动"有明确规定,是指未经中国人民银行批准,擅自从事的下列活动:①非法吸收公众存款或者变相吸收公众存款;②未经依法批准,以任何名义向社会不特定对象进行的非法集资;③非法发放贷款、办理结算、票据贴现、资金拆借、信托投资、金融租赁、融资担保、外汇买卖;④中国人民银行认定的其他非法金融业务活动。一审判决进一步引用最高人民法院、最高人民检察院《关于办理妨害信用卡管理刑事案件具体应用法律若干问题的解释》第 7 条的规定,认定被告人使用 POS 机以虚构交易的方式刷卡套现,向信用卡持卡人直接支付现金,依照《刑法》第 225 条第(四)项的规定构成非法经营罪。从这一裁判理由中可以看出,一审法院显然认为本案被告人的行为并不符合《非法金融机构和非法金融业务活动取缔办法》第 4 条前三项的规定,而属于第(四)项"中国人民银行认定的其他非法金融业务活动"。[①]但是,中国人民银行迄今为止并无任何部门规章认定利用 POS 机套现行为属于"其他非法金融业务活动"。从这个意义上讲,一审判决只是空洞地、笼统地主张被告人违反了"不得擅自从事金融业务活动"的"一般性禁止"规定,但是,其具体实施了何种非法金融业务活动,具体违反了哪一项有实体性内容的国家规定,并没有作出明确交代,难以由此认定被告人违反具体的国家规定。如果不是具体地指出被告人违反了哪一条具有实体内容的国家规定,而只是抽象地指出被告人违反了国家规定,非法经营罪的范围势必会很广,在某种程度上,已经是以部门规章或司法解释取代

---

① 参见浙江省宁波市江东区人民法院(2013)甬东刑初字第 100 号刑事判决书。

法律位阶很高的"国家规定"。例如,沿街兜售食品、电话推销保险理财产品,都可以认为行为人违反了相关抽象的、一般性禁止的规定,从而构成非法经营罪。而这样的结论,明显和非法经营罪的立法精神相悖。进一步讲,一审法院认定被告人的行为属于《非法金融机构和非法金融业务活动取缔办法》第4条第(四)项"中国人民银行认定的其他非法金融业务活动",再从最高人民法院、最高人民检察院《关于办理妨害信用卡管理刑事案件具体应用法律若干问题的解释》第7条的规定中寻找规范依据,也仍然存在缺陷,因为某一国家规定要成为定罪依据指引就必须明确;同时,司法解释的位阶性明显达不到《刑法》第96条关于国家规定的要求,不属于直接可以作为定罪理由的国家规定。司法解释将利用 POS 机套现的行为认定为非法经营罪,明显缺乏"国家规定"这一前提条件。①

对于【案例12-2　高利放贷案】,可以认为,发放高利贷的行为没有违反国家规定,不属于《刑法》第225条第(四)项"其他严重扰乱市场秩序的非法经营行为"。② 由于本罪是破坏市场经济秩序罪,对某一行为存在禁止其实施的国家规定,其实质是国家要通过这一规定来维持市场准入秩序。"市场准入秩序作为市场经济秩序中非常有限的一方面,与市场竞争秩序、市场交易秩序、市场管理秩序等多方面的内容构成了'市场经济秩序',因此,以扰乱市场准入秩序为本质的非法经营罪,显然不能成为整个破坏社会主义市场经济秩序罪的堵截性构成要件。"③《刑法》第225条将"其他严重扰乱市场秩序的非法经营行为"作为兜底条款,其必须以侵害市场准入秩序,违反相关明确的国家规定为前提。规范民间高利贷行为的法律文件主要有三个:1998年国务院《非法金融机构和非法金融业务活动取缔办法》、2001年中国人民银行办公厅《关于以高利贷形式向社会不特定对象出借资金行为法律性质问题的批复》以及2002年中国人民银行《关于取缔地下钱庄及打击高利贷行为的通知》。然而,根据《刑法》第96条的规定,能够作为《刑法》第225条中所指的"国家规定"的,

---

① 参见张明楷:《刑法学》(第5版),法律出版社2016年版,第840页。
② 在户某等三人通过发放高利贷牟利,此后为索要高利贷非法拘禁他人一案中,公诉机关一开始同时指控了两罪,但后来撤回了对非法经营罪的指控,法院也仅仅对非法拘禁罪作出判决。参见上海市嘉定区人民法院(2009)嘉刑初字第799号刑事判决书。这说明有关司法机关并不认为被告人的行为违反国家规定。
③ 郑勇:《非法经营罪的扩张:原因及其对策》,载《中国刑事法杂志》2018年第1期。

只有1998年国务院《非法金融机构和非法金融业务活动取缔办法》,但其对民间高利贷行为并没有作出明确规定,既没有指出民间高利贷行为的法律性质及法律后果,也没有足以支撑公诉机关定罪结论的具体内容。其实,高利贷属于民间借贷行为中的"畸形儿",但法律对于民间借贷并不禁止,并未建立民间借贷方面的市场准入秩序,将民间高利贷视为非法经营罪,缺乏成立该罪的行政法上的前置法依据——明确违反特定、具体的国家法律或行政法规。虽然2003年最高人民法院刑二庭《关于涂汉江非法从事金融业务行为性质认定的复函》中指出:涂汉江向他人非法发放高息贷款的行为,属于从事非法金融活动,属于《刑法》第225条第(四)项所列的"其他严重扰乱市场秩序的非法经营行为"。但是,最高人民法院刑二庭作为最高审判机关的内设机构,并不具有发布司法解释的资格,其所作出的批复仅仅是对具体个案的指导意见,并不具有司法解释所具有的普遍效力和适用性。在最高人民法院关于非法经营罪的近20个司法解释中,尚未有司法解释明确规定发放民间高利贷构成犯罪。特别值得注意的是,最高人民法院2011年4月8日发布的《关于准确理解和适用刑法中"国家规定"的有关问题的通知》(法〔2011〕155号)中规定:"各级人民法院审理非法经营犯罪案件,要依法严格把握刑法第二百二十五条第(四)项的适用范围。对被告人的行为是否属于刑法第二百二十五条第(四)项规定的'其他严重扰乱市场秩序的非法经营行为',有关司法解释未作明确规定的,应当作为法律适用问题,逐级向最高人民法院请示。"这一司法解释说明,地方人民法院无权擅自将某种行为判定为"其他严重扰乱市场秩序的非法经营行为",而应将有关判断难题作为法律适用问题,逐级向最高人民法院请示。换言之,根据最高人民法院相关文件精神,对于案件涉及违反国家规定的情形时,认定上要严格依照法律、行政法规的规定进行,对违反地方性法规、部门规章的行为不得认定为违反国家规定;对被告人的行为是否违反国家规定存在争议的,应作为法律适用问题逐级向最高人民法院请示。而原审法院并未将本案的法律适用问题逐级上报,违反了法定程序。

其实,对发放高利贷行为而言,最高人民法院2011年4月8日发布的《关于准确理解和适用刑法中"国家规定"的有关问题的通知》已经否定了2003年最高人民法院刑二庭《关于涂汉江非法从事金融业务行为性质认定的复函》,在审判实践中不宜再将发放高利贷行为认定为非法经营罪。在"曾继安非法经营罪、敲诈勒索罪、彭志飞非法经营案"中，法院就采纳了律师对非法经营罪的无罪辩护意见，而仅对被告人在索要高利贷过程中涉及强迫交易行为的部分定罪处罚。① 应该说，这一判决准确理解了刑法第 225 条的规定以及最高人民法院《关于准确理解和适用刑法中"国家规定"的有关问题的通知》的精神，值得充分肯定。

但是，在【案例 12-2 高利放贷案】中，湖南省高级人民法院对于被告人的申诉经审查后认为："自 2001 年 5 月至 2006 年 6 月 1 日间，以 3% 至 10% 不等的月利率，借款给屈国春、李海林、许献忠、颜正龙等十余人，非法获利 1 750 余万元。上述借款人员绝大部分均有参与赌博或开设赌场的违法犯罪记录。你利用担任永州市公安局副局长兼冷水滩区分局局长的身份，对不能如期支付利息款的借款人员采取威胁、恐吓等手段追索债务，以达到牟取暴利的目的。你的上述行为属于严重扰乱金融市场秩序的非法经营行为。虽然我国立法机关和最高司法机关当前未明确高利借贷行为是《刑法》第 225 条规定的'其他严重扰乱市场经营的非法经营行为'，但并不能据此推定高利借贷行为就不属于非法经营行为。当前民间自愿高利借贷的行为时有发生，刑法只能将侵害正常金融秩序中最严重的行为作为犯罪予以惩处。你利用公职权力，大肆发放高利贷，时间长，次数多，人员广，非法获利数额特别巨大，情节特别严重，你的行为已严重扰乱市场金融秩序，应根据《刑法》第 225 条的有关规定，以非法经营罪追究刑事责任。"据此，驳回了王石宾的申诉。②

在本案中，法院认为王石宾构成犯罪的理由大致有：①被告人利用其公安人员的身份，对不能如期支付利息款的借款人员采取威胁、恐吓等手段追索债务；②借款人员绝大部分均有参与赌博或开设赌场的违法犯罪记录；③被告人发放高利贷时间长，次数多，人员广，非法获利数额特别巨大。法院据此推定被告人发放高利贷的行为属于非法经营。在驳回申诉的理由中，法院还针对王石宾提到的其他再审无罪案件进行比较，进一步阐明：在其他案件中，被告人系"以其自有合法资金放贷，放贷对象单一，次数少，亦并非以高利放贷为主业，其行为没有扰乱市场金融秩序，不能以非法经营罪定罪处罚"，因此，再审宣告无罪。而王石宾的行为并不符

---

① 参见四川省内江市中级人民法院(2017)川 1002 刑初 249 号刑事判决书。
② 参见湖南省高级人民法院(2015)湘高法刑监字第 123 号刑事驳回申诉通知书。

合这些特征,故应当区别处理。仔细分析不难发现,法院驳回被告人王石宾申诉的逻辑明显自相矛盾,甚至存在根本性缺陷。问题的关键是发放高利贷行为的性质究竟是什么? 如果发放高利贷行为本身就违反国家规定,那么,被告人是否以自有合法资金放贷,放贷对象是否单一,次数多或者少,是否以高利放贷为主业,都不是否定非法经营罪行为性质的理由,凡是发放高利贷的案件都不应该宣告为无罪。如果类似行为原本就不违反非法经营罪中的国家规定,那么,被告人对不能如期支付利息款的借款人员采取威胁、恐吓等手段追索债务的,只能针对其非法拘禁等罪定罪处罚;借款人利用高利贷资金参与赌博或开设赌场的,只能对借款人进行处理,与发放高利贷的人无关,不能将发放高利贷行为后续所诱发的违法犯罪"倒果为因"地作为对发放行为定罪的理由,相关边缘事实无法强化对王石宾定罪的合法性。

二、实质判断与非法买卖外汇的限制解释

我国对外汇买卖实行严格管制。最高人民法院《关于审理骗购外汇、非法买卖外汇刑事案件具体应用法律若干问题的解释》(1998年8月28日发布)第3条规定,在外汇指定银行和中国外汇交易中心及其分中心以外买卖外汇,扰乱金融市场秩序的,按照《刑法》第225条第(三)项的规定定罪处罚。此后,1998年12月29日全国人大常委会《关于惩治骗购外汇、逃汇和非法买卖外汇犯罪的决定》第4条规定,在国家规定的交易场所以外非法买卖外汇,扰乱市场秩序,情节严重的,依照《刑法》第225条的规定定罪处罚。由此可见,我国刑法将"在国家规定的交易场所以外非法买卖外汇"作为非法经营行为之一来加以规定。但是,这并不是说只要行为人形式上有外汇交易行为就构成本罪,还必须在其交易行为足以被评价为"经营"时才能得出有罪结论。

经营,是指可能反复地、继续地通过提供商品或服务进行营利的活动。因此,某一行为必须与市场交易中的"买卖"有关联,才能被评价为一种经营行为。非法经营行为与普通商品买卖,从外观上看并没有区别,即通过买卖期货、证券、保险、外汇等业务或商品获取利益。与通常的经营行为不同的是,非法经营行为是就国家管控的特殊业务或商品进行反复的、继续的交易和营业。

(一) 经营行为一定与牟利目的相关联

按照行为无价值(二元)论,故意以及非法占有目的、牟利目的等,都属于与行为有关的主观构成要件要素和违法要素。此点在非法经营行为的判断中显得更为重要。虽然《刑法》第 225 条在构成要件中并未明示该罪成立以"非法牟利为目的"作为条件之一,但是,既然本罪是经营型犯罪,其客观构成要件行为只能是非法的经营行为;与此相对应,行为人主观上应当具有牟利目的——通过交易活动换取利益回报,就是不言而喻的。没有这一目的的行为根本不可能是经营行为,只不过在刑法条文中没有必要对这一目的加以赘述而已。① 具有这一特定目的的行为人才能实施买卖期货、证券、保险、外汇等国家管控的特殊业务或商品的"经营"行为。而在【案例 12-3 "地下钱庄"案】中,被告人以不当方式单纯兑换或"买进"港币,并没有实施"先买后卖""为卖而买"或"低买高卖"的行为,其主观上是为了清偿赌债,并没有牟利目的。

(二) "买进卖出"或者"为卖而买"的行为,才能被评价为经营外汇行为

从《刑法》第 225 条第(二)项"买卖"进出口证、进出口原产地证明以及其他法律、行政法规规定的经营许可证或者批准文件,进而构成非法经营罪的规定中,可以看出非法经营罪中的"经营"行为必须是基于非法牟利的意思,"买进且卖出",或者至少是"为卖出而买进"的行为。② 因此,单纯购买,然后持有、使用进出口证、进出口原产地证明以及其他法律、行政法规规定的经营许可证或者批准文件的行为,不构成非法经营罪(但可能成立买卖国家机关证件罪)。此外,国家机关工作人员利用职权为他人非法提供上述经营许可证或批准文件,不涉及买卖的,只能以滥用职权罪论处,也不构成非法经营罪。

此外,从《刑法》第 225 条设置罚金刑的规定也可以得出相同结论。该条规定犯非法经营罪的,"并处或者单处违法所得一倍以上五倍以下罚

---

① 参见陈兴良:《非法买卖外汇行为的刑法评价——黄光裕案与刘汉案的对比分析》,载陈兴良主编:《刑事法判解》(总第 17 卷),人民法院出版社 2015 年版,第 98 页以下。

② 行为危害公共安全或社会管理秩序,不具有牟利目的的犯罪(例如,《刑法》第 280 条第 1 款的买卖国家机关证件罪,《刑法》第 125 条第 1 款的非法买卖枪支、弹药、爆炸物罪)中的"买卖",可能包括单纯的购买、出卖两种行为。这与具有破坏市场经济秩序(且间接侵犯财产法益的)非法经营罪中"买卖"内涵和外延都不一致。

金"。从法条规定看,构成本罪适用罚金刑以"违法所得"为计算根据。如果没有"违法所得"即无从适用罚金刑。如此可以推论,《刑法》第225条所规定的非法经营行为,应以获取违法所得为客观特征。就非法经营特定国家管制的商品或批准文件这种非法经营方式来看,只有通过"买与卖"形成违法所得,才能认为其属于非法经营罪的实行行为。单纯购买许可证或为抵债而从他人手中购买特殊商品的清偿债务、消费行为,都不可能形成违法所得。

按照主观解释(历史解释)的要求,对非法买卖外汇中的"买卖",也必须被理解为既买且卖、低买高卖或为卖而买的情形。只有这样解释,才符合非法经营罪的规范保护目的。从立法沿革上看,1998年12月29日全国人大常委会颁布的《关于惩治骗购外汇、逃汇和非法买卖外汇犯罪的决定》第4条第1款规定,在国家规定的交易场所以外非法买卖外汇,扰乱市场秩序,情节严重的,依照《刑法》第225条的规定定罪处罚。该决定制定的背景是1998年发生亚洲金融危机,一些不法分子千方百计骗购外汇,非法截留、转移和买卖外汇,活动十分猖獗,发案数量激增,涉案金额巨大。刑法在当时所意欲规制的,应当限定为通过低买高卖的方式,赚取差价营利的行为。换言之,非法买卖外汇的"买卖"要被理解为是一种"经营行为",就必须基于不法营利的意思,"买进且卖出"外汇,或者至少是"为卖出而买进"的行为。由此可以得出结论,通过地下钱庄清偿境外债务的行为不构成非法经营罪。

在【案例12-3 "地下钱庄"案】中,被告人只是按照其赌厅经纪人的指示将人民币汇入指定"地下钱庄"账户,而后所有的清偿活动都由其经纪人与"地下钱庄"来负责办理,黄光裕本人并未直接取得汇兑后的港币。从民事法律关系角度看,"地下钱庄"与赌厅具有长期的合作关系,而黄光裕实际上是受赌厅的指示,将人民币汇入"地下钱庄"。因此,"地下钱庄"可以视为赌厅在内地收款的代理人,而非黄光裕的代理人;黄光裕将人民币交给"地下钱庄",即可以认为其债务履行完毕。从这个意义上讲,黄光裕是以人民币的形式清偿债务,"地下钱庄"的汇兑行为是为赌厅取得港币提供服务。因而,应当认定具有牟利目的的"地下钱庄"非法从事资金结算业务,构成非法经营罪,而不能认定黄光裕从事了非法汇兑行为。在这里,与为了牟利的甲未经许可非法出售香烟,有消费需求的乙前去购买香烟时,只能认定前者构成非法经营罪相同的道理是:被告人黄光裕仅仅属于具有"消费需求"的人,不能认定其行为是经营行为。如果对这种行为也能够认定为非法经营罪,势必将本罪处罚范围无限扩大:例如,甲与乙等人到国外旅游时,甲因为自己所携带的外币数量较少,就向乙借数额足够大的外币,回国后用人民币还债的,对甲似乎也应以非法经营罪论处。但这样的定罪结论明显不合适。而甲在这里所实施的行为和黄光裕的行为性质完全相同。

由此看来,对于【案例12-3 "地下钱庄"案】,法院认为被告人的行为是"变相买卖外汇"(即"被告人黄光裕违反国家外汇管理制度,在国家规定的交易场所以外非法买卖外汇,破坏国家金融管理法规,扰乱金融市场秩序,其行为已构成非法经营罪,且数额特别巨大,情节特别严重")[①]的判决结论是对非法经营罪中"经营"行为的误解。将变相买卖外汇作为"非法买卖外汇"的一种形式,如果要认定其构成非法经营罪,客观上需要考虑行为是否足以被评价为具有"经营"性质;主观上要考虑行为人的牟利目的。换言之,"变相买卖外汇"必须同时具备牟利目的,并通过既买且卖、低买高卖或为卖而买的"倒卖"行为之一获取不法利益时,才有成立本罪的可能。

对非法买卖外汇的宽泛理解,在【案例12-3 "地下钱庄"案】中被肯定。但是,在"刘汉组织、领导黑社会性质组织等案"中则被否定。刘汉被指控于2001年12月至2010年6月,为归还境外赌债通过汉龙集团及其控制的相关公司,将资金转入另案处理的范荣彰控制的公司账户,范荣彰后通过地下钱庄将5亿多元人民币兑换成港币为刘汉还债。对于上述行为,一审判决认定刘汉构成非法经营罪。后经上诉,二审判决以刘汉没有牟利目的,不属于经营行为为由改判非法经营罪不能成立。[②] 主讲人认为,在"刘汉组织、领导黑社会性质组织等案"中,二审法院对非法经营罪的认识是准确的,值得充分肯定。

三、体系解释与使用POS机为借记卡持有人套现的定罪

最高人民法院、最高人民检察院《关于办理妨害信用卡管理刑事案件

[①] 北京市第二中级人民法院(2010)二中刑初字第689号刑事判决书。

[②] 对此的详细报道,参见《刘汉刘维上诉案维持死刑判决》,载《新京报》2014年8月8日,A21版。

具体应用法律若干问题的解释》(2009年12月3日发布)第7条第1款规定,违反国家规定,使用销售点终端机具(POS机)等方法,以虚构交易、虚开价格、现金退货等方式向信用卡持有人直接支付现金,情节严重的,应当依据《刑法》第225条的规定,以非法经营罪定罪处罚。在实践中出现的问题是:①前述司法解释中规定的信用卡是否不包括借记卡?②利用信用卡刷卡套现的,应当适用《刑法》第225条第(三)项还是第(四)项的规定?对此,需要结合刑法上的体系解释方法进行思考。

(一)利用POS机刷信用卡套现与利用POS机刷借记卡是否有差别

在实践中没有疑问的是:利用POS机刷信用卡套现的,应当按照前述司法解释第7条的规定以非法经营罪定罪处罚。例如,被告人殷某伙同他人,在2014年3月至7月间,使用其申领的7台POS机,虚构交易为信用卡持卡人套取现金300余万元,法院以非法经营罪对被告人判处有期徒刑2年。[1] 法院对本案的判决是正确的,因为使用POS机进行结算必须建立在真实的交易之上,如果虚构交易使用POS机为信用卡的持卡人进行透支,套取银行资金,其行为不仅违反了POS机使用管理规定,而且严重危及银行资金安全,情节严重的,构成非法经营罪,应当依法追究其刑事责任。

但是,利用POS机刷借记卡套现的,能否适用最高人民法院、最高人民检察院《关于办理妨害信用卡管理刑事案件具体应用法律若干问题的解释》第7条的规定,则存在争议。在【案例12-1 POS机套现案】中,一审法院按照前述解释的规定,认为童君奎使用POS机以虚构交易的方式刷卡套现,向信用卡持卡人直接支付现金的行为,根据《刑法》第225条第(四)项的规定构成非法经营罪,遂判处其有期徒刑8年,并处没收财产人民币40万元。在二审阶段,其辩护人提出,童君奎使用POS机刷卡套现的行为不属于"擅自从事金融业务活动",不能按最高人民法院、最高人民检察院《关于办理妨害信用卡管理刑事案件具体应用法律若干问题的解释》第7条的规定作出判决。因为适用该条规定必须同时具备违反国家规定以及实施虚构交易、虚开价格、现金退货等方式向信用卡持卡人直接支付现金两个条件,且该条规定中的信用卡仅限于具有透支功能的银行卡。而涉案的银行卡均为借记卡,不属于司法解释第7条所规定的信

---

[1] 参见北京市丰台区人民法院(2015)丰刑初字第855号刑事判决书。

用卡。对于上述辩护意见,检察人员的出庭意见认为,根据全国人大常委会《关于〈中华人民共和国刑法〉有关信用卡规定的解释》的规定,涉案的借记卡属刑法所规定的信用卡,且上诉人童君奎提供 POS 机以虚构交易的方式向信用卡持卡人直接支付现金,属《刑法》及相关司法解释所规定的非法经营罪,且系情节特别严重。

对此,二审法院经审理后认为,最高人民法院、最高人民检察院《关于办理妨害信用卡管理刑事案件具体应用法律若干问题的解释》第 7 条惩处的是利用信用卡套现行为,即行为人使用 POS 机,通过虚构交易等方式,在未发生真实商品交易的情况下,变相将信用卡的"授信额度"转化为现金,支付给信用卡持卡人的行为。而涉案的银行卡均为借记卡,不属于上述司法解释第 7 条所规定的信用卡,故出庭检察员认为涉案借记卡属于《刑法》所规定的信用卡,并认为童君奎违反国家规定,使用 POS 机向信用卡持卡人刷卡套现行为构成非法经营罪的意见依据不足,不予采纳。原判属适用法律错误,二审予以纠正。上诉人童君奎及其辩护人就此提出的意见符合法律规定,二审予以采纳。①

二审法院据此改变了裁判理由,即认定被告人童君奎的行为违反了国务院《非法金融和非法金融业务活动取缔办法》第 5 条的规定,系未经中国人民银行依法批准,擅自从事金融业务活动,在没有真实交易的情况下,将他人的刷卡资金兑换成港币并支付给持卡人,并从中获利,其实施的资金支付结算行为属未经批准从事非法金融活动,构成《刑法》第 225 条第(三)项所规定的"未经国家有关主管部门批准非法从事资金支付结算业务"型非法经营罪,裁定驳回上诉,维持原判。

本案二审判决明确指出,利用 POS 机刷借记卡套现的,不能适用最高人民法院、最高人民检察院《关于办理妨害信用卡管理刑事案件具体应用法律若干问题的解释》(2009 年 12 月 3 日发布)第 7 条的规定,"原判属适用法律错误"。但是,究竟是一审还是二审判决结论更为合理,有必要进一步讨论。

(二)利用 POS 机为借记卡持有人套现行为的体系性思考

最高人民法院、最高人民检察院《关于办理妨害信用卡管理刑事案件具体应用法律若干问题的解释》第 7 条的规定有两个要求:一是违反国家

---

① 参见浙江省宁波市中级人民法院(2013)浙甬刑二终字第 601 号刑事裁定书。

规定;二是实施了上述司法解释中所规定的特定手段行为。这两个条件必须同时具备,才有成立非法经营罪的可能性。因此,在司法解释中,明显不是将所有使用POS机套现的行为都纳入非法经营罪的制裁范围,而仅仅对部分违反国家规定的套现行为进行规制。

何谓"信用卡",原本就有广义和狭义之分。广义的信用卡包含借记卡;狭义的信用卡仅指可以透支的电子支付卡。全国人大常委会2004年12月关于信用卡的解释采用了广义的信用卡概念。但是,这不意味着信用卡概念在所有条文、所有犯罪中都只有一个含义,都仅指广义的信用卡。其实,全国人大常委会的立法解释只是提示,为了周延地保护金融机构、持卡人的利益,需要对信用卡作扩大解释。但是,在利用借记卡实施某种犯罪存在困难时,此时的信用卡可能仅指具有透支功能的电子支付卡(狭义的信用卡)。例如,《刑法》第196条信用卡诈骗罪中,实施恶意透支行为的构成本罪。而恶意透支时使用的信用卡,仅指具有透支功能的电子支付卡(狭义的信用卡),因为不具有透支功能的借记卡事实上无法透支,既不可能实现行为人恶意透支的犯罪意图,也不会侵害银行利益。《刑法》第196条中冒用他人"信用卡"指的是广义的信用卡(包括借记卡);但恶意透支时,其中的信用卡指的是狭义的信用卡(不包括借记卡)。同样,《关于办理妨害信用卡管理刑事案件具体应用法律若干问题的解释》第7条规定的利用POS机为信用卡套现中的"信用卡",也应该仅指具有透支功能的电子支付卡(狭义的信用卡),不包括借记卡。如此区分的主要理由在于:

一方面,需要对行为的法益侵害性进行体系性考察。只有在持卡人使用具有透支功能的电子支付卡(狭义的信用卡)在POS机上套现、透支时,金融机构的资金安全才存在无法收回的风险。如果持卡人用其借记卡在行为人的POS机上刷卡时,为银行带来的风险有限,因为其无论在哪里刷卡,都是消费其本人已经存在借记卡中的资金,不会造成银行资金风险。利用POS机为狭义的、具有透支功能的信用卡套现,实质上是一种欺骗银行的行为,行为人擅自将信用卡的"消费信贷功能"(透支功能)改变为现金贷款,使发卡机构无法判断持卡人的正常资信状况和信用卡的资金用途。与此同时,POS机刷卡套现行为也催生了职业刷卡套现人这一职业。套现人利用申请来的商业银行POS机,在没有发生实际交易的情况下,为(狭义的)信用卡持卡人非法套取现金,从中收取远远高于银行交易手续费的"套现手续费",且可能有使金融机构无法收回被透支的金钱的风险,因此,其行为是非法的。但是,如果是利用POS机为借记卡套现,上述危害都不会存在:刷卡人不能透支,其消费的是自己的资金,不会使银行对此发生误判;刷卡人在人工柜台、ATM机上都可以刷卡取钱,其个人愿意支付单独的费用到POS机上刷卡套现,是其个人自由选择的结果,不会损害银行以及其他第三人的利益,也不会使金融机构陷入无法收回被透支款项的风险。

另一方面,是对司法解释不同条款规定的协调理解的当然结论。最高人民法院、最高人民检察院《关于办理妨害信用卡管理刑事案件具体应用法律若干问题的解释》第7条第3款规定:"持卡人以非法占有为目的,采用上述方式(——指利用POS机套现,引者注)恶意透支,应当追究刑事责任的,依照刑法第一百九十六条的规定,以信用卡诈骗罪定罪处罚。"这说明,司法解释的打击重点是利用POS机为(狭义的)信用卡持有人套现,使其恶意透支得逞的人。换言之,刑法对利用POS机为(狭义的)信用卡持有人套现的人和恶意透支者都要定罪,只不过其罪名不同。因此,将该司法解释第7条第1款、第3款联系起来看,规范目的究竟是什么就非常清楚了。司法解释第7条第3款明显具有限制第1款适用范围的效果,脱离第3款来理解第1款,任意扩大第1款非法经营罪的处罚范围,明显是不合适的。

因此,体系地理解司法解释第7条,就可以认为其分为两种情况:①使用POS机方法以虚构交易、虚开价格、现金退货等方式向"具有透支功能的(狭义的)信用卡"持卡人直接支付现金的,行为是"违反国家规定"的,应当依据《刑法》第225条的规定,以非法经营罪定罪处罚。②使用POS机向借记卡持卡人直接支付现金的,即便行为人以虚构交易、虚开价格、现金退货等方式实施,也应该认为其不属于司法解释的处罚对象。如此解释,和法律精神相一致,也可以保护金融机构的资金安全,不会造成处罚漏洞。因此,在【案例12-1 POS机套现案】中,二审法院否定利用POS机为借记卡套现可以适用司法解释第7条规定的理由更为合理。

(三)体系性地分析商业银行的资金结算行为和各种套现行为,不能否定利用POS机套现的非法资金结算性质

【案例12-1 POS机套现案】的二审法院依照《刑法》第225条第(三)项以被告人童某非法从事资金支付结算业务为由,维持了一审的定罪结论和刑期,但改变了定罪理由。不过,利用POS机套现行为是否属于"非法从事支付结算业务",在理论上一直有争议。

1."非法从事资金支付结算业务"的规定主要是为了规制"地下钱庄"

"非法从事资金支付结算业务",是指不具有法定从事资金支付结算业务资格,非法为他人办理境内外大额资金转移、非法为他人套现、分散提取现金等支付结算业务的行为。可以看出,非法资金支付结算业务以非法转移资金本身为核心。2009年《中华人民共和国刑法修正案(七)》(以下简称《刑法修正案(七)》)在非法经营罪第(三)项中增加"非法从事资金支付结算业务的"规定,主要是针对近年来一些"地下钱庄"的非法活动而在刑事立法上作出的回应。"地下钱庄",是指一种特殊的非法金融组织,是对在金融机构以外非法从事金融业务的组织或个人的俗称,主要指以公开或半公开的寄卖、典当行、担保公司等为掩护,专门从事资金筹集、高利放贷、票据贴现、融资担保等非法金融业务,其主要利润来源是高额手续费和利息。"地下钱庄"主要实施以下金融活动:非法买卖外汇,跨境汇兑,非法吸收存款、放贷,非法从事境内资金转移、分散、提取现金等活动。从实际业务操作流程看,"地下钱庄"所从事的非法资金支付结算业务很少使用票据和信用卡,跨境汇兑是"地下钱庄"最常见的支付结算业务。

2.利用POS机为借记卡套现行为属于"非法从事资金支付结算业务"

我国对资金支付结算业务采取资格审批制度。根据《支付结算办法》第6条规定,"银行是支付结算和资金清算的中介机构。未经中国人民银行批准的非银行金融机构和其他单位不得作为中介机构经营支付结算业务。但法律、行政法规另有规定的除外。"本罪中的"非法从事资金支付结算业务",就是指在未经金融业监督机构批准或不符合"法律、行政法规另有规定"的情况下,擅自从事资金支付结算业务。

有学者认为,利用POS机刷卡(包括信用卡和借记卡)套现的,不属于支付结算行为。因为POS机商户其实并不具备支付结算以及非法转移资金的地位,其没有能力也没有资格进行结算,当然就不可能成为"非法从事资金支付结算业务"的主体。[①] 还有观点认为,支付结算有广义和狭义之分。广义的支付结算,是指为完成资金在不同当事人之间的转移,在

---

① 参见叶良芳:《将信用卡套现入罪是司法"造法"》,载《法学》2010年第9期。

社会经济活动中,相关经济主体使用现金、票据、银行卡、汇兑、托收收款、委托承付等结算方式进行的经济行为,包括货币给付和资金清算。这种支付结算包括两大类,即现金结算和银行转账结算。其中的"银行转账结算"就构成了狭义的支付结算。1997 年中国人民银行《支付结算办法》第 3 条规定:"本办法所称支付结算是指单位、个人在社会经济活动中使用票据、信用卡和汇兑、托收承付、委托收款等结算方式进行货币给付及其资金清算的行为。"这里的"支付结算"是狭义范畴,在支付结算活动中,只有商业银行才是支付结算的主体。单位和个人即便能够履行给付货币和资金的义务,也并不具备承担支付结算的法律地位和主体资格。在利用 POS 机套现的案件中,借记卡持卡人找到被告人之后,后者提供 POS 机为其刷卡,此时,发卡银行认可这笔交易,并将持卡人借记卡内的资金支付给特约商户,商户在拿到银行回款后,扣除其与持卡人事先约定的手续费后将现金支付给持卡人。"在整个交易过程中,表面上的交易双方即持卡人和商户只是'收款人'和'付款人'的角色,身处交易背后、依托资金结算体系的商业银行才是这笔交易真正的'结算方'。"[1]资金本身存在持卡人账户中,持卡人对银行享有债权,该资金由持卡人享有,并依据其持有的银行卡向银行主张权利,银行结算出多少钱,被告人就得按照该结算付多少钱给持卡人,因此,不存在非法资金被刷卡的商户所转移的问题,对刷卡商户也难以认定为"地下钱庄"。换言之,POS 机商户自始至终未从事资金结算,只是因为借记卡的取现功能把这三方连在了一起,促成了这一笔名为消费实为套现的行为,而商业银行才是真正看不见的"结算之手",只有其才能通过数据终端进行结算,被告人无法实施这一具有特定内容的行为,不能构成非法从事资金结算业务。认定 POS 商户构成非法经营罪,等于视其为"地下钱庄",这有类推解释刑法的嫌疑。

但是,上述否定刷卡套现行为资金结算性质的理由并不充分。根据 1997 年《支付结算办法》第 3 条的规定,支付结算是指单位、个人在社会经济活动中使用票据、信用卡和汇兑、托收承付、委托收款等结算方式,进行货币给付及资金清算的行为。按支付方式,支付结算分为现金结算和转账结算两种形式。现金结算是收付款双方直接使用现金收付款项的货

---

[1] 叶国平:《POS 机商户帮助套现构成非法经营罪的质疑》,载中国法院网(http://www.chinacourt.org/article/detail/2013/02/id/896364.shtml),访问日期:2018 年 3 月 9 日。

币收付行为;转账结算是指通过金融机构将款项从付款人存款账户划转到收款人存款账户的货币支付行为。POS 机作为商场、超市等商品销售或服务单位经常使用的一种销售点终端结算设备,其只能用于申领单位自身经营业务范围内的结算业务,不能代为其他单位和个人进行结算,更不得使用 POS 机为自己或他人套取银行资金。因此,对利用 POS 机套现应当定性为通过一定的结算方式进行货币给付。

在司法实践中,除了"地下钱庄"的非法业务之外,其他一些非法从事资金支付结算业务行为在性质上与利用 POS 机套现行为相当,因此,也被涵摄到《刑法修正案(七)》关于非法从事资金结算的规定当中。例如,在【案例 12-4 "蚂蚁花呗"案】中,对于辩护人提出杜某的行为不属于非法从事支付结算业务,其行为不构成犯罪的辩护意见,法院认为,根据中国人民银行《支付结算办法》第 3 条的规定,支付结算是指单位、个人在社会经济活动中使用票据、信用卡和汇兑、托收承付、委托收款等结算方式进行货币给付及其资金结算的行为,银行是支付结算和资金清算的中介结构。根据国务院《非法金融机构和非法金融业务活动取缔办法》第 5 条的规定,未经中国人民银行依法批准,任何单位和个人不得擅自从事金融业务活动。杜某在没有真实交易的情况下,通过虚构交易,将重庆市阿里巴巴小额贷款公司的资金直接支付给淘宝用户并从中获利,系未经国家有关主管部门批准非法从事资金支付结算业务的行为,符合我国《刑法》第 225 条第(三)项所规定非法经营罪的构成要件,遂认定杜某犯非法经营罪,判处其有期徒刑 2 年 6 个月,并处罚金人民币 3 万元。①

3.《刑法修正案(七)》"非法从事资金支付结算业务"的规定与最高人民法院、最高人民检察院《关于办理妨害信用卡管理刑事案件具体应用法律若干问题的解释》第 7 条的关系问题

应当认为,利用 POS 机为信用卡套现的,确实属于最高人民法院、最高人民检察院《关于办理妨害信用卡管理刑事案件具体应用法律若干问题的解释》第 7 条所意欲规制的情形,可以适用《刑法》第 225 条第(四)项的规定定罪处罚。但是,利用 POS 机为借记卡套现的,不能适用这一规定,而应适用《刑法修正案(七)》"非法从事资金支付结算业务"的规定。这样一来,很容易给人以对套现行为要区别不同情形寻找不同规范依据

---

① 参见重庆市江北区人民法院(2017)渝 0105 刑初 817 号刑事判决书。

的结论。其实,如果认为利用POS机为借记卡套现是非法从事资金支付结算业务,利用POS机为信用卡套现当然也属于非法从事资金支付结算业务,因此,在《刑法修正案(七)》颁布之后,在判决书中根据《刑法》第225条第(四)项对虚构交易使用POS机进行结算、套现(无论是利用POS机为信用卡还是借记卡持有人套现)的行为以非法经营罪论处的做法都并不妥当。《刑法》第225条第(四)项属于"不得已而用之"的兜底性规定,在《刑法修正案(七)》明确增加"非法从事资金支付结算业务的"规定,已经对该种行为的性质在非法经营罪第(三)项中作出明确规定之后,就应当直接引用该项,而不能再引述第(四)项规定。换言之,最高人民法院、最高人民检察院《关于办理妨害信用卡管理刑事案件具体应用法律若干问题的解释》第7条的规定既缺乏"国家规定"的支撑,也已被"非法从事资金支付结算业务的"规定所涵盖,因而在实务中已然没有适用空间。

关于非法经营罪的认定,可能还涉及其他很多问题,好在我们今后还可以进行更深入的讨论。今天的课就上到这里。

第十三讲　非法转让、倒卖土地使用权罪

【案例 13-1　股权转让案(一)】

被告人朱某甲、吴某夫妇于 2003 年共同出资成立浙江省义乌市某化妆品公司,分别占有 60%、40%的股份,公司由朱某甲实际经营。后公司出资取得 3 000 余亩工业用地使用权,但因资金原因一直未开发。2009 年 8 月,朱某甲、吴某夫妇假借股权转让之名,将公司土地以 330 万元的价格转让给杨某甲,并到工商部门办理股权变更登记。法院认定被告人朱某甲、吴某构成非法倒卖土地使用权罪,均判处其有期徒刑 2 年 6 个月,缓刑 3 年。①

【案例 13-2　股权转让案(二)】

安徽芜湖市南湖大酒店以出让的方式取得国有土地使用权,其合同约定必须支付全部土地出让金并且要完成开发投资总额的 25%以上投资以后才能进行转让,后章菊芳在没有进行投资、没有完全支付土地出让金的情况下,将该宗土地使用权以股权转让形式非法转让给他人,牟利归章菊芳个人所有,法院认定其构成非法转让土地使用权罪。②

【案例 13-3　合作开发案】

由犯罪嫌疑人黄某担任总经理的甲房地产开发有限公司于 2004 年 3 月 22 日成立,成立后以出让方式取得某市 1 760 亩国有土地的使用权,规划开发建筑面积 240 万平方米,总居住户数

---

① 参见浙江省义乌市人民法院(2014)金义刑初字第 2867 号刑事判决书。
② 参见安徽省芜湖市中级人民法院(2009)芜中刑终字第 178 号刑事裁定书。

为2万户,规划总居住人口为2万人。因资金问题及开发期限要求,甲公司自2008年后开始就各个项目与他人签订《合作开发协议》《承包经营协议》等名称不同但实质为"合作开发"的合同,并根据合同约定履行。侦查机关于2017年9月13日以涉嫌非法转让、倒卖土地使用权罪将黄某予以刑事拘留。能否认定其构成非法转让土地使用权罪?

这一讲我要和各位讨论一下非法转让、倒卖土地使用权罪。这个罪名,在大学教育的课堂里一般不会特别讲到,但是从全国范围来看,有不少开发商、投资人"栽"在了这个罪名上,而且有的案件是否真能定罪很值得质疑。因此,本罪虽说是"小罪名",但背后有大文章。各位且听我娓娓道来。

我国《刑法》第228条规定,以牟利为目的,违反土地管理法规,非法转让、倒卖土地使用权,情节严重的,构成非法转让、倒卖土地使用权罪。要正确适用本罪,涉及如何理解本罪的实行行为、以股权转让为名的土地使用权转让行为的定性、合作开发房地产与非法转让土地使用权的关系等问题,值得仔细研究。

一、本罪的构成特征

(一) 客观特征

本罪从客观方面看表现为违反土地管理法规,非法转让、倒卖土地使用权,情节严重的行为。

违反土地管理法规是构成本罪的前提。根据2001年8月31日全国人大常委会《关于〈中华人民共和国刑法〉第二百二十八条、第三百四十二条、第四百一十条的解释》的规定,这里的"违反土地管理法规",是指违反土地管理法、森林法、草原法等法律以及有关行政法规中关于土地管理的规定。按照土地管理法规,土地使用权的享有和转让是由国家法律、法规明确规定的,不能作为一种商品进行随意买卖。任何单位和个人不得侵占、买卖或者以其他形式非法转让土地;国有土地和集体所有的土地的使用权可以依法转让;依法改变土地使用权的,必须向县级以上人民政府土地管理部门申请办理土地使用权变更登记手续。具体而言,《土地管理法》第 56 条规定:"建设单位使用国有土地的,应当按照土地使用权出让等有偿合同的约定或者土地使用权划拨批准文件的规定使用土地;确需改变该幅土地建设用途的,应当经有关人民政府土地行政主管部门同意,报请批准用地的人民政府批准。其中,在城市规划区内改变土地用途的,在报批前,应当先经有关城市规划行政部门同意。"其他相关规定还有很多,例如,《城镇国有土地使用权出让和转让暂行条例》第 4 条规定:"依照本条例的规定取得土地使用权的土地使用者,其使用权在使用年限内可以转让、出租、抵押或者用于其他经济活动,合法权益受到保护。"又如,《土地管理法实施条例》第 6 条第 2 款规定:"依法改变土地用途的,必须持批准文件,向土地所在地的县级以上人民政府土地行政主管部门提出土地变更申请,由原土地登记机关依法进行变更登记。"这些都是认定本罪的重要规范依据。

本罪的实行行为是法律、行政法规严格禁止的非法转让、倒卖土地使用权的行为。其中,"非法转让土地使用权",是指将依法管理和持有的土地使用权,违反法律、法规的有关规定,擅自转让给他人的行为。这里的"土地使用权"是指依法对土地享有使用的权利。"非法倒卖土地使用权",是指违反法律、法规的规定,将土地使用权进行倒卖,从而进行牟利的行为。

在实践中,非法转让、倒卖土地使用权的实行行为主要表现为以下情形。

(1)将农村集体土地直接出租、出售的。具体包括以下情形:①将农村土地作为宅基地出售的[1];②把农村集体土地非法直接变卖的[2];③农民将本人承包经营的责任田转让给他人用于房地产开发的[3];④将集体土地租赁给他人投资办厂的[4]。上述行为均构成本罪,因为《土地管理法》第 63 条明确规定:"农民集体所有的土地的使用权不得出让、转让或者出租于非农业建设。"符合法律规定的用地者在取得集体土地使用权后非法

---

[1] 参见河南省新野市人民法院(2014)新少刑初字第 13 号刑事判决书;河南省南阳市中级人民法院(2008)南刑二终字第 158 号刑事裁定书。
[2] 参见广东省吴川市人民法院(2014)湛吴法刑初字第 34 号刑事判决书;湖南省常宁市人民法院(2009)常刑初字第 333 号刑事判决书。
[3] 参见河南省杞县人民法院(2013)杞刑初字第 545 号刑事判决书。
[4] 参见河南省南召县人民法院(2013)南召刑初字第 149 号刑事判决书。

转让、倒卖给他人的,其行为显然具有违法性。对于获得或购买农村集体土地开发别墅或其他小产权房出售的一方,实践中有以非法经营罪定罪的先例。①

在实务中,对涉及农村土地的转让、倒卖行为,通常都会被认定为非法,从而成立本罪。例如,在"黄某等非法转让、倒卖土地使用权案"中,法院经审理查明,被告人黄某、黄某强、罗某于2011年10月至2012年1月担任村委会组成人员期间,未经当地国土资源部门批准,以所在东笋村四组的名义与阳圩镇里圩村中锦屯村民签订一份转让土地合同协议书,将本组集体所有位于"边少坡"(地名)10亩耕地以每亩12万元共计120万元转让给阳圩镇里圩村中锦屯25户村民建房,且已收取了中锦屯15户村民购地定金15万元和平整场地费5万元。经百色市国土资源勘测所实地勘测,东笋村四组非法转让土地面积为10.3655亩。法院判决被告人构成本罪。②

但是,也有少数判决对涉及农村土地的转让、倒卖行为得出无罪结论。例如,在"马某、王某非法转让、倒卖土地使用权罪再审案"中,马某、王某在不具备房地产开发资质,未取得工商营业执照、土地使用权证、建设规划许可证的情况下,共同出资65万元,与7户村民签订土地转让合同书,收购耕地6.19亩,并在此土地上修建两栋5层共计90套商品房。案发前,被告人销售60套,获利90万元。法院一审判处两名被告人各有期徒刑3年,罚金30万元,二审维持原判,后被告人申诉,法院经再审宣告两名被告人无罪。③ 法院再审认为被告人的行为无罪的理由是:最高人民法院《关于个人违法建房出售行为如何适用法律问题的答复》(法〔2010〕395号)指出:"在农村宅基地、责任田上违法建房出售如何处理的问题,涉及面广,法律、政策性强。据了解,有关部门正在研究制定政策意见和处理办法,在相关文件出台前,不宜以犯罪追究有关人员的刑事责任。"④

(2)擅自改变城市土地用途出售的。例如,以修建教学科研配套设施、教职工宿舍、老年大学等名义获得土地使用权,但擅自改变土地用途,

---

① 参见北京市高级人民法院(2014)高刑终字第141号刑事裁定书。
② 参见广西壮族自治区百色市右江区人民法院(2013)右刑初字第102号刑事判决书。
③ 参见安徽省亳州市中级人民法院(2014)亳刑再终字第3号刑事判决书。
④ 最高人民法院《关于个人违法建房出售行为如何适用法律问题的答复》(法〔2010〕395号)。

修建住房后出售牟利的,构成本罪。①

(3)合法获批土地后,直接出售的。例如,实务上认为,被告人为投资办厂获批土地,后因为无力继续建厂而将土地使用权转让的,应以本罪定罪。②

(4)直接转手倒卖城市土地的。例如,被告人易长征,原任江西省瑞金市国土资源局党组书记、局长。2003年11月至2007年2月,被告人易长征伙同张强、钟友星、陈小军等人非法倒卖瑞金市金象湖镇画龙岗原解放双语学校34亩土地。易长征从中获利150万元。2004年10月至2006年10月,被告人易长征伙同曾本榆、朱永红等人非法倒卖瑞金市象湖镇岗背村碰丘小组沙子岗6亩多土地。易长征从中获利40余万元。法院认定易长征构成本罪。③

非法转让土地使用权的接受者原则上不构成本罪,但是,其接受土地使用权后违反土地管理法规,非法占用耕地、林地改作他用,造成耕地、林地大量毁坏的,可能构成非法占用农用地罪。

非法转让、倒卖土地使用权的行为,必须情节严重的,才构成犯罪。对非法倒卖、转让土地使用权构成犯罪的,处3年以下有期徒刑或者拘役,并处或者单处非法转让、倒卖土地使用权价额5%以上20%以下罚金;情节特别严重的,处3年以上7年以下有期徒刑,并处非法转让、倒卖土地使用权价额5%以上20%以下罚金。

对"情节严重""情节特别严重"的标准,刑法条文中并无具体规定,一般主要是指非法转让、倒卖土地面积大、非法牟利多、使大量耕地被破坏,造成其他严重后果和恶劣影响等。2010年5月7日最高人民检察院、公安部《关于公安机关管辖的刑事犯罪立案追诉标准的规定(二)》第80条规定,非法转让、倒卖土地使用权,涉嫌下列情形之一的,属于"情节严重",应予立案追诉:①非法转让、倒卖基本农田5亩以上的;②非法转让、倒卖基本农田以外的耕地10亩以上的;③非法转让、倒卖其他土地20亩以上的;④违法所得数额在50万元以上的;⑤虽未达到上述数额标准,但

---

① 参见福建省福鼎市人民法院(2013)福刑初字第28号刑事判决书。
② 参见浙江省金华市中级人民法院(2013)金刑二终字第354号刑事裁定书;浙江省东阳市人民法院(2013)东刑初字第609号刑事判决书;广东省阳江市中级人民法院(2014)阳中法刑二终字第25号刑事裁定书。
③ 参见江西省赣州市中级人民法院(2009)赣中刑二初字第10号刑事判决书。

因非法转让、倒卖土地使用权受过行政处罚,又非法转让、倒卖土地的;⑥其他情节严重的情形。此外,根据2000年6月19日最高人民法院《关于审理破坏土地资源刑事案件具体应用法律若干问题的解释》第2条的规定,有下列情形之一的,属于"情节特别严重":①非法转让、倒卖基本农田10亩以上的;②非法转让、倒卖基本农田以外的耕地20亩以上的;③非法转让、倒卖其他土地40亩以上的;④非法获利100万元以上的;⑤非法转让、倒卖土地接近上述数量标准并具有其他恶劣情节,如造成严重后果等。

(二) 主观特征

本罪在主观方面是故意。同时,行为人还具有通过非法倒卖、转让土地使用权牟取不法利益的目的。

二、本罪认定的特殊问题Ⅰ:股权转让与土地使用权转让、倒卖

对通过股权转让实现土地使用权转让的情形,在多个地方都有启动刑事程序追诉的情形。公诉机关通常会指控被告人以非法牟利为目的,违反土地管理法规,以所谓股权转让的形式掩盖非法转让、倒卖土地使用权的实质,应以非法转让、倒卖土地使用权罪追究其刑事责任。但是,这种处理方式是否妥当,值得思考。

这里所提出的核心问题是:对"以股权转让方式转让土地"的情形,能否认定行为人系"以股权转让为名,变相违规转让土地使用权",从而论以非法倒卖土地使用权罪?

对【案例13-1 股权转让案(一)】【案例13-2 股权转让案(二)】这类"以股权转让方式转让土地"的情形,实务中能否认定行为人系"以股权转让为名,变相违规转让土地使用权"一直存在争议。相对合理的基本观点是:在处理刑事案件时,必须认真考虑民事审判的通行观点。民事上认为,即便股权转让的目的是转让土地使用权,股权转让合同的内容和形式也没有违反法律法规的强制性规定,应当认定股权转让合同合法有效。因此,在刑事上就不能无视民法立场和公司法律制度,将《公司法》《合同法》明确允许的股权交易行为认定为实现所谓非法目的的"形式",对于以股权转让方式转让土地使用权的行为不能认定为非法转让、倒卖

土地使用权罪,本罪的适用范围必须严格限定为股权转让之外的、行政法规上严格禁止的非法转让、倒卖土地使用权的行为。换言之,以土地使用权为内容的股权转让行为合法,不应将其作为犯罪处理。主要理由在于:

(一) 将股权转让视为土地使用权非法转让不符合基本法理

(1)根据我国《公司法》第27条的规定,土地使用权是和知识产权等财产的性质相同的"非货币财产",其可以用于出资,当然就可以用转让股权方式转让该土地使用权。《公司法》第71条第1款则规定,"有限责任公司的股东之间可以相互转让其全部或者部分股权"。因此,以转让股权方式转让土地使用权益,从股权转让的角度看,完全符合我国《公司法》《土地管理法》等相关法律的规定,因为形式上转让土地使用权的行为,实质上只不过是转让了公司的非货币财产。即使是股权的价值、价格受公司享有的土地使用权的影响,此类股权转让在《公司法》上也是允许的。

(2)股权转让并不引起特定主体名下土地使用权的转让。因为股权转让不影响土地使用权主体的变更,土地使用权的享有者仍然是特定的;部分股东转让部分股权前后,享有该土地使用权的合法主体都是该公司。因此,从物权流转的角度分析,这一交易模式并没有真正实现土地使用权主体的变更,当然也不存在违反土地流转等方面的法律法规的可能。[①]

(3)事实上,房地产企业和非房地产企业大量存在包含土地使用权益的股权转移的情况(股市上每天都在进行股权转移,包括房地产企业与非房地产企业涉及土地权益的股权转移,其行为完全合法)。如果对类似行为作为犯罪追究,就使股权转让行为存在严重的不安全性和不可预期性,从而严重损害市场交易秩序,不利于市场经济的发展。

(二) 实践中以"未投资开发就进行股权转让"作为定罪理由并不具有说服力

在部分被定罪的非法转让、倒卖土地使用权案件中,公诉机关往往以被告人在取得土地使用权后,未进行投资或实际开发利用即转手倒卖作为指控的主要理由。公诉机关的依据是《城市房地产管理法》第39条第1款的规定,即以出让方式取得土地使用权的,转让房地产时,应当符合"完成开发投资总额的25%以上"这一条件。

---

① 类似的观点,参见彭文华、刘德法:《论非法倒卖、转让土地使用权罪》,载《法学家》2001年第5期。

但是,这一规定不能成为对被告人定罪的依据,理由在于:①该规定是对转让房地产的限制,但是,转让公司股权和转让房地产在商法上完全是不同的概念。《城市房地产管理法》第39条不能用来限制股权转让,没有完成投资开发总额的25%以上的,股权转让行为仍然合法有效。②实务中,一些股权转让行为得到工商行政管理部门的认可,当然就应该是合法的股权转让行为。③在最高人民法院的前述多个民事判决中均已经认可,土地转让时投资未达到投资总额的25%,仅造成合同标的物瑕疵,而不影响合同的效力。对此,在"刘某非法倒卖土地使用权无罪案"中,法院对刘某未投资开发就以股权转让形式"将土地使用权从甲公司彻底变更到乙公司"的行为认定为无罪,法院的主要理由也是:土地转让时投资未达到投资总额的25%,虽然合同标的物存在瑕疵,但不影响合同的效力,股权转让行为合法有效。① 对该无罪判决,检察机关提出抗诉,但被二审法院驳回。

既然对未投资开发就以股权转让形式"将土地使用权从甲公司彻底变更到乙公司"的行为,个别法院都能够认定为无罪,那么,对仅进行股权转让,并未彻底实现土地使用权主体变更的行为,实务上就更应该认定为无罪。

(三) 法秩序统一性原理需要在认定本罪时特别予以考虑

有学者认为,名义上是入股或转让股权,但其背后涉及土地转让的,都应以非法转让土地的犯罪论处。② 这种观点粗看起来合理,但没有考虑法秩序统一性原理。

刑法对于犯罪的认定,"理应考虑民法的权利关系以作出界定,仅从刑法独立性的立场出发进行考虑的见解是不妥当的"③。这主要是因为刑法是保障法,是"第二次法",需要动用刑法来定罪处刑的行为,一定是违反其他法律,且其他法律的处理难以和行为的危害性相当,难以达到预防效果的情形。按照这一逻辑,在处理刑民交叉案件时,非常重要的一点就是:某种行为,如果不违反民事、行政法律法规,就不可能构成犯罪。刑法上关于犯罪的认定,以民事上构成违约或者侵权、行政上违反行政管理

---

① 参见内蒙古呼和浩特市(2012)赛刑初字第40号刑事判决书。
② 参见邹清平:《非法转让倒卖土地使用权罪探析》,载《法学评论》2007年第4期。
③ 〔日〕佐伯仁志等:《刑法和民法的对话》,于改之、张小宁译,北京大学出版社2012年版,第59页。

法规为前提。换言之,不能将民事上、行政法上合法的行为,在刑法上作为犯罪处理,否则,就违反了法秩序的统一性。对此,罗克辛教授明确指出:对于一个行为的合法性或者违法性,必须在所有的法律领域中统一地加以确定。在刑法中,民法性或者公法性的许可能够排除行为的违法性。如果将得到其他法律许可的行为作为犯罪处理,会造成令人难以接受的价值矛盾,也违背将刑法作为社会政策的最后手段性的这种辅助性。这种法秩序统一性的原理必须得到全面承认。①

法秩序统一性原理与刑法体系解释的方法具有内在一致性:法秩序统一性要求,通过文义解释所得出的结论要接受体系解释的检验。体系解释是要将个别的法律观念放到整个法律秩序中去考察规范的内在关联,使得解释符合"无矛盾的要求"(das Postulat der Widerspruchsfreiheit)②。对于个别案件的处理,实务上如果仅仅采用文义解释方法,而不以体系解释或目的解释去反向检验文义解释的结论,就可能出现将文义解释变为"望文生义"、把办案子变成"查字典"的不当情形。

就涉及股权的土地转让而言,民事审判上没有争议地认为,即便股权转让的目的是转让土地使用权,股权转让合同的内容和形式也没有违反法律法规的强制性规定,应当认定股权转让合同合法有效。对此,最高人民法院(2004)民一终字第 68 号民事判决书、最高人民法院(2007)民二终字第 219 号民事判决书、最高人民法院(2013)民一终字第 138 号民事判决书都予以认可。因此,在民事审判的通行观点认定以土地使用权为内容的股权转让合法的前提下,如果对同一行为在刑事上认定为犯罪,就是将民事上合法的行为在刑法上以犯罪论处,违反法秩序统一性的基本原理。刑事上不能无视民法立场和公司法律制度,将《公司法》《合同法》明确允许的股权交易行为认定为实现所谓非法目的的"形式"。对于以股权转让方式转让土地使用权的行为,不能认定为非法转让、倒卖土地使用权罪。本罪的适用范围必须严格限定为股权转让之外的、行政法规上严格禁止的非法转让、倒卖土地使用权的行为。

特别需要指出的是,在最高人民法院(2013)民一终字第 138 号民事

---

① 参见〔德〕克劳斯·罗克辛:《德国刑法学总论》(第 1 卷),王世洲译,法律出版社 2005 年版,第 397 页。
② 〔德〕英格博格·普珀:《法学思维小学堂》,蔡圣伟译,元照出版有限公司 2010 年版,第 78 页。

判决书中,针对一方当事人提出合同相对方以股权转让的形式掩盖非法转让土地使用权目的的说法,最高人民法院在判决书明确予以回应:"公司股权转让与作为公司资产的土地使用权转让为两个独立的法律关系,现行法律并无效力性强制性规定禁止房地产项目公司以股权转让形式实现土地使用权或房地产项目转让的目的。"

由此看来,以股权转让名义进行的土地转让行为是平等主体之间意思表示真实的交易,在《公司法》以及民事审判实践上都完全合法,不应当以犯罪论处。对前述【案例13-1 股权转让案(一)】【案例13-2 股权转让案(二)】这一类行为定罪,可能违反法秩序统一性原理,也与本罪的犯罪构成要件不符。

需要指出的是,上述分析并不是要否定非法转让、倒卖土地使用权罪的适用可能性,而只是主张要对"非法转让、倒卖"的文义进行限制解释,以限缩本罪的适用范围。

三、本罪认定的特殊问题Ⅱ:合作建房与
非法转让、倒卖土地使用权

实践中有大量合作建房纠纷,部分拥有土地使用权的主体被指控成立本罪。

在这里比较重要的问题是:一方面,被告人是否确实不参与经营管理、不承担风险?另一方面,即便认为被告人不参与经营管理、不承担风险,其行为的对应后果首先是合同无效。在此之外,是否还有认定被告人构成犯罪的必要。

例如,在"被告人彭某被控非法转让土地使用权案"中,检察机关指控:被告人彭某注册成立的新余流星花园房地产开发公司以其未开发的238.82亩土地作为投资,和姚某、廖某等人"合作建房",但被告单位和被告人均不参与经营管理、不承担风险,仅收取固定收益(1.9亿余元),相关合作协议按照最高人民法院《关于审理涉及国有土地使用权合同纠纷案件适用法律问题的解释》第24条的精神,属于土地使用权转让合同,其行为构成非法转让土地使用权罪。[①] 但是,对类似合作建房发生纠纷的案

---

① 参见江西省新余市望城工矿区检察院(2017)余望检公诉刑诉37号起诉书。

件,在认定其行为性质时一定要十分慎重,不能轻易得出有罪结论。

(一) 被告人是否不承担经营风险,只收取固定收益

按照最高人民法院《关于审理涉及国有土地使用权合同纠纷案件适用法律问题的解释》第 24 条的规定,合作开发房地产合同约定提供土地使用权的当事人不承担经营风险,只收取固定收益的,应当认定为土地使用权转让合同。

但是,实践中很多案件的情形和这一规定的内容并不完全一致。一方面,是否承担经营风险,与是否参与经营管理有关。一般而言,凡是参与经营管理的,就实际承担了一定经营风险。在市场经济活动中,经营管理是一个广义的概念,包括产品或商品的开发、生产、销售、营业等活动以及在此过程中实施的相关协调行为。如果参与合作建房的出资方实施的行为是提供资金并主要承担建设、施工任务,但与之配套的办理施工建设过程中的相关手续,协调与政府相关部门及购房者的各种复杂关系,缴纳水电费、行政事业性收费等相关建设费用等工作,都由拥有土地使用权的单位承担,同时被告单位还实际承担了一些公共配套设施建设任务,这些行为都是经营管理行为的一部分。如果这些行为不实施,合作开发方的相关建设行为无法顺利进行,对被告单位也就存在经营风险。另一方面,被告人作为土地使用权主体其经营风险还在于,如果出资合作方的工程质量不合格、不能按期交房等,相关违约责任应当由被告单位承担。因此,不能认为被告人没有经营风险。

在前述"被告人彭某被控非法转让土地使用权案"中,被告单位在与姚某、廖谋的合作中,其先行收取的保证金其实都低于收益(所以,才有后续的补偿和再支付的行为),这也说明对被告单位和出资合作方一开始签订的合作协议,难以直接认定为土地出让行为。

(二) 即便被告人不承担经营风险,只收取固定收益,也未必能够得出有罪结论

更进一步讲,即便认为被告人不参与经营管理、不承担风险,其行为的对应后果也应当是合同无效。按照最高人民法院《关于审理涉及国有土地使用权合同纠纷案件适用法律问题的解释》第 24 条的精神,提供土地使用权的当事人只收取固定收益的,相关合同认定为土地使用权转让合同。该解释第 11 条进一步规定,土地使用权转让合同未经有批准权的人民政府批准的,合同无效。因此,提供土地使用权的被告人不参与经营管理、不承担风险的,其行为的对应后果是合同无效,而不是直接导致相关行为构成犯罪。从相关裁判文书中可以看到,司法实务对于合作建房一方只提供土地使用权,收取固定收益,由另一方投资建设的,都是以合同纠纷处理,认定为合同无效。例如,在青海省高级人民法院二审的"天峻县永兴汽车修理福利有限公司与晁洪生国有土地使用权转让合同纠纷案"中,法院认定晁洪生无法提交政府土地主管部门的批准文件,因此土地使用权转让合同无效①;在湖南法院网上也刊载了《名为合作建房,实为土地转让》的文章,对类似行为也是以合同无效进行处理。② 上述处理方式,是办理以合作建房名义转让土地使用权案件的通行思路,在实践中,大多数并未由公安机关出面以刑事犯罪的名义对当事人进行处理。

个别实务人员可能会认为,对以合作建房名义转让土地使用权的案件,只有当事人双方有纠纷的,才能按照民事途径处理,而本案不属于这种情形。对此,需要明确:最高人民法院《关于审理涉及国有土地使用权合同纠纷案件适用法律问题的解释》第24条、第11条的规定表明了,对这种名为合作建房,实为土地转让的行为,在民事上按照无效合同处理即可。司法解释并未明确规定"人民法院审理合作开发房地产合同纠纷,一旦发现'实为土地使用权转让'时,就应当中止审理,将案件移送司法机关作为犯罪进行侦查"。既然法院在发现这种行为后,不需要移送侦查机关,而可以由法院继续进行审理,就说明最高人民法院认可,对这种行为的处理无须进入刑事领域,其行为的性质仍然停留在民事领域。

最高人民法院《关于在审理经济纠纷案件中涉及经济犯罪嫌疑若干问题的规定》第11条规定:"人民法院作为经济纠纷受理的案件,经审理认为不属经济纠纷而有犯罪嫌疑的,应当驳回起诉,将有关材料移送公安机关或检察机关。"如果最高人民法院认为"以合作建房名义转让土地使用权"的案件有犯罪嫌疑,其在《关于审理涉及国有土地使用权合同纠纷案件适用法律问题的解释》第24条中就应该进一步规定,对不承担经营风险只收取固定收益的土地使用权转让合同纠纷"应当驳回起诉,将有关

---

① 参见青海省高级人民法院(2015)青民一终字第114号民事判决书。
② 参见郭祥社:《名为合作建房 实为土地转让》,载湖南法院网(hunanfy.chinacourt.org/article/detail/2015/03/id/1565430.shtml),访问日期:2018年2月9日。

材料移送公安机关或检察机关"。但是,司法解释并未采取这种处理思路,其不认为当事人的行为性质有犯罪嫌疑。

(三) 对合作建房中非法转让、倒卖土地使用权罪的认定,要考虑刑法谦抑性

刑法必须具有谦抑性,其不是万能的。刑法和其他法律一起共同对法益实施保护,对侵害合法权益的行为,并不都需要刑法介入,不能将治理社会、调节社会冲突的所有任务都转移到刑法上。

对涉及合作建房的土地使用权转让、倒卖行为,在民事上认定合同无效,再按照国有土地管理行政法律、法规对当事人进行处罚,或要求双方重新办理土地使用权变更手续,都是处理案件的可行路径。在依照民法和行政法规足以处理本案时,刑法必须保持克制和谦抑。这是由刑罚的严厉性所决定的,刑法是国家法律手段中破坏性最强的一种,其可能间接甚至直接地对刑法本身应当保护的利益产生危害。所以,只有在民事、行政等法律对法益的保护不充分,国家、社会或者个人以其他手段无法有效地保护该利益,而只有通过刑罚才能有效保护的情况下,才能将刑法作为最后手段来加以使用。必须要考虑用刑法保护法益是不是唯一合理的手段,刑法必须有限制地、谨慎地适用,它只能在不得已的情况下和尽可能小的范围内将违法活动和违法者作为自己的关注对象,借此来保持刑法的宽容性,以有效防止刑罚权的滥用。

按照上述逻辑分析案件就会发现,在实践中对几乎所有貌似非法转让土地使用权的合作建房案件都难以认定为本罪。这里再结合【案例 13-3 合作开发案】作进一步分析。要认定黄某构成非法转让、倒卖土地使用权罪,首先就必须论证甲公司与他人以《房产合作开发协议书》《承包经营协议》等类似名义签订的房地产开发项目合同属于实质上的土地使用权转让合同。而按照最高人民法院《关于审理涉及国有土地使用权合同纠纷案件适用法律问题的解释》第 24 条的规定,行为人在取得国有土地使用权后私自与他人合作开发房地产,不承担任何经营风险却只收取固定收益的,才能认定为土地使用权转让合同。

但是,在本案中,无论从事实上还是法理上,认定黄某构成本罪都存在一定障碍:①应当认定甲公司承担了经营风险。从对外关系看,甲公司是法律上对外经营风险的承担主体,销售手续的最终完成,还是依靠甲公司办理。在法律上的土地使用权主体和房屋所有权主体均为甲公司的前

提下,无论《合作协议》等合同如何约定加重乙方的责任、减轻甲方的责任,这些责任约定都属于内部责任约定,仅在协议双方当事人内部发生效力。能够对外承担责任的主体只能是作为土地使用权主体的甲公司;从内部合作关系上看,甲公司也必须承担部分法律责任与经营风险。例如,工程发生安全、质量事故时,甲公司当然要承担所有责任。由于甲公司的原因而没能按约定办理好房产证和土地使用证,甲公司自然要承担由此产生的全部经济损失。②甲公司按照房产合作开发合同收取的利益均非固定收益。所谓的固定收益,应当是不承担任何风险却收取确定收益,即"旱涝保收"。也只有如此理解,才能明白为何最高人民法院的做法,即将合作开发房地产合同中提供土地使用权的当事人不承担经营风险却收取固定利益的,应认定为土地使用权转让合同。当行为人没有任何风险地以土地使用权来换取确定收益时,尽管名义上是"合作开发房产",但是实质上已经相当于将土地使用权出卖于他人,因而有认定为土地使用权转让合同的余地。但是,在本案中,甲公司与他人合作开发房产合同中约定的收益均非固定收益,而是根据开发项目后的"最终利润"按照合作协议的约定进行分配。很清楚的是,在项目合作开发之前,谁也无法预料项目最终是否会有盈利以及盈利多少,因此,不能将项目完成后暨阳公司的实际所得收益直接认定为固定收益。尤其是在项目亏损即税后净利润为零的情况下,甲公司将不会得到任何收益。这说明甲公司要面对一定的经营风险。③甲公司实质性地参与了与他人合作开发房产项目的经营管理。例如,甲公司要对乙方的整个建设过程进行质量监督,要负责办理乙方开发项目所具备的合法文件,以及乙方开发、销售中所需文件和手续,甲公司财务部对乙方的财务进行指导和监督。由此可见,甲公司需要负责办理合作开发房产施工建设过程中的相关配套手续,并严格监管房产的质量和项目财务状况。这些显然都是合作开发房产项目经营管理行为的一部分,并且是非常重要的环节。④退一步讲,即便认定甲公司没有参与合作开发房产的经营管理、未承担相应的经营风险却收取固定的收益,但该行为也不符合刑法上非法转让、倒卖土地使用权罪的构成要件与规范目的,不应认定黄某构成本罪。

根据《刑法》第228条的规定,非法转让、倒卖土地使用权罪的构成要件属于空白构成要件,本罪的认定必须参照相关的土地管理法律法规的规定,但甲公司的行为并未违反土地管理法规。必须注意的是,在相关土地管理法规中,土地使用权转让从来都不是被完全禁止的。通常只要符合国有土地使用权出让合同的相关约定及立法相关规定,相关当事人就可以自由转让土地使用权。1990年颁布的《城镇国有土地使用权出让和转让暂行条例》(以下简称《条例》)是关于土地使用权转让的较早规定,《条例》第19条禁止土地使用权转让的前提条件是相关当事人未按土地使用权出让合同规定的期限和条件投资开发、利用土地。《城市房地产管理法》第39条对于房地产交易阶段的土地使用权转让条件则作了明确规定:按照出让合同约定已经支付全部土地使用权出让金,并取得土地使用权证书;按照出让合同约定进行投资开发,属于房屋建设工程的,完成开发投资总额的25%以上,属于成片开发土地的,形成工业用地或者其他建设用地条件。转让房地产时房屋已经建成的,还应当持有房屋所有权证书。2005年最高人民法院《关于审理涉及国有土地使用权合同纠纷案件适用法律问题的解释》则集中针对司法实践中发生的土地使用权出让、转让、合作开发纠纷如何处理进行了规定。该司法解释也从侧面印证了相关土地管理法规从来都不是要完全禁止土地使用权的转让,而仅仅是规范土地使用权转让。2017年1月国土资源部经党中央、国务院同意印发的《关于完善建设用地使用权转让、出租、抵押二级市场的试点方案》(以下简称《试点方案》)则明确表明了当前我国对土地二级市场土地使用权流转的鼓励态度,《试点方案》在试点政策措施部分明确指出:"以出让方式取得的建设用地使用权转让的,在符合法律法规规定和出让合同约定的前提下,应保障其交易自由;原出让合同对转让条件另有约定的,从其约定。"实际上,能够发生土地使用权转让的情形包括两种:一种是发生在房地产开发阶段的土地使用权转让,本案就属于这种情况;另一种是发生在房地产交易阶段,根据"房地一体"的物权法原理,土地使用权随着房屋买卖而发生转移。在我国目前的相关土地管理法规中,仅有关于房地产交易阶段土地使用权转让条件的规定,即《城市房地产管理法》第39条,而房地产开发阶段的土地使用权转让条件则没有明确规定。在相关立法没有明确规定的情况下,根据民法中"法无禁止即自由"的原理,应当认为只要不违反原来的国有土地使用权出让合同的相关约定,土地使用权主体就有权利进行自由转让。而即便将《城市房地产管理法》第39条的转让条件适用于房地产开发阶段的土地使用权转让,本案中甲公司通过出让方式获得的1760亩国有土地使用权中的绝大部分,均由其自己开发建设,实质上完全符合《城市房地产管理法》第 39 条规定的转让条件。因此,即便认为甲公司与他人签订的合作开发房地产合同本质上就是土地使用权转让,也不能将黄某的行为认定为非法转让、倒卖土地使用权罪,因为甲公司的转让并不违反土地管理法规。

在这里,实际上涉及非法转让、倒卖土地使用权罪的规范目的问题。对于以出让方式获得的土地使用权,之所以对转让行为施以一定的限制,其主要目的应在于防止相关开发商从倒卖土地使用权的差价中获取暴利,从而变相炒作提高房地产价格,严重扰乱房地产交易市场的经济秩序。这一点从前述《试点方案》的相关规定也可以明显看出,《试点方案》在第四部分即加强监测监管部分明确指出:"完善土地二级市场的价格形成、监测、指导、监督机制,防止交易价格异常波动,维护市场平稳运行。交易主体应当如实申报交易价格,不得瞒报或者作不实申报。申报价格低于基准地价或标定地价一定比例的,政府可行使优先购买权;高于基准地价或标定地价一定比例的,政府可依法依规实施交易管制。"而非法转让、倒卖土地使用权罪规定在破坏社会主义市场经济秩序罪章,因此,认定非法转让、倒卖土地使用权罪便离不开本罪的规范目的。在本案中,即便认定甲公司的操作模式属于土地使用权转让行为,但其获益也并非是从倒手转让土地使用权的差价中获取暴利,而是基于房地产开发后的利润中获利,因而并没有扰乱房地产交易市场的秩序。因此,不应认定黄某的行为构成非法转让、倒卖土地使用权罪。

四、土地使用权转让行为得到有关部门认可的,不宜定罪

这里的有关部门,在实践中主要包括国土资源管理部门、工商行政管理部门以及作出生效民事判决的人民法院。经过这些部门在有关审批文件、裁判文书中认可的股权转让,即便其涉及转让土地使用权问题,也不宜再对行为人定罪。

1. 经国土资源管理部门认可的土地转让行为不构成本罪

例如,在"某甲被控非法倒卖土地使用权无罪案"中,湖南省岳阳市岳阳楼区人民法院于 2011 年 6 月 27 日作出(2011)楼刑二初字第 61 号刑事判决,认定原审被告人某甲犯非法吸收公众存款罪、非法倒卖土地使用权罪,数罪并罚。

原审认定非法倒卖土地使用权罪的事实是:2002年1月,被告人某甲以"岳阳市成功中学筹备组"的名义向岳阳市人民政府提出申请,请求批准创办"岳阳市成功中学"。2002年2月5日,岳阳市教育局作出批复,同意筹建"岳阳市成功中学"。之后,被告人某甲以岳阳市成功中学的名义在原岳阳市岳阳县康王乡新华村征地104.6亩。2003年2月,岳阳市教育局因"岳阳市成功中学筹建组"筹建超期,作出了《关于撤销"关于同意筹建岳阳市成功中学的批复"的通知》。

2005年11月28日,岳阳市成功中学取得了该土地的《国有土地使用权证》,该证记载内容为:岳阳市成功中学为土地使用权人,地类(用途)为教育用地,使用权类型为国有出让,终止日期2055年11月28日,使用权面积69739平方米(104.6亩)。2005年12月27日,岳阳市人民政府作出《关于同意将岳阳县康王乡等三个乡镇划归岳阳楼区管辖的批复》,将岳阳县康王乡等三个乡划归岳阳楼区管辖。2006年5月,被告人某甲以该土地及第一期工程建设投资与岳阳市第一中学合作创办岳阳市弘毅新华中学。

为筹集建校资金,被告人某甲陆续向宋某某借取了大量资金。为了结与宋某某之间479万余元债权债务,被告人某甲在2008年12月擅自代表岳阳市弘毅新华中学与宋某某实际所有的岳阳市新金诚房地产开发有限公司(以下简称"新金诚房产公司")签订了《土地使用权转让合同》,将土地使用权人为岳阳市成功中学,面积为69739平方米土地中的24533平方米(36.79亩)土地使用权,以每亩16万元的价格转让给新金诚房产公司,用于抵偿其所欠宋某某的债务。被告人某甲委托宋某某帮助办理土地使用权转让手续。

被告人某甲及宋某某在明知因行政区划变更,该宗土地已不属于岳阳县国土资源局管辖,教育用地未经批准不得改变用途的情况下,通过将《土地使用权转让合同》转让方改为岳阳市成功中学、将合同签订日期提前至2005年等手段,向岳阳县国土资源局提出土地使用权转让登记申请。被告人某甲以576万元的价格将36亩土地使用权转让给新金诚房产公司。岳阳县国土资源局违规将被告人某甲作为办学投资的该36亩学校教育用地变更为新金诚房产公司为土地使用权人的住宅用地,并向新金诚房产公司颁发了日期为2005年12月20日的《国有土地使用权证》。

对于一审判决,原审被告人提出上诉。后岳阳市中级人民法院于

2011年10月14日以原审判决认定事实不清、证据不足发回湖南省岳阳市岳阳楼区人民法院重新审判。

岳阳市岳阳楼区人民法院于2012年12月19日作出(2012)楼刑一初字第155号刑事判决,认定被告人某甲仅犯非法吸收公众存款罪,对非法倒卖土地使用权罪未再予以认定。

一审法院对某甲的非法倒卖土地使用权作无罪处理的主要理由是:被告人某甲作为实际的土地使用权人,在取得土地使用权证后,依照程序办理了相关手续,在交纳了土地转让规费后,在原土地登记机关办理了土地使用权变更登记。换言之,其转让土地使用权的行为取得了政府职能部门的审查与批准,符合我国土地管理法规的相关规定。至于被告人某甲将《土地使用权转让合同》签订日期提前,也都取得了国土管理部门的默认。对于岳阳县国土资源局是否有权受理并办理涉案土地使用权的转让申请,应是该部门依职权审查的法定职责,即使该部门越权办理,其产生的后果应由该部门承担而不应由被告人某甲承担。本案被告人某甲作为岳阳市成功中学的实际投资人在岳阳市成功中学取得了土地使用权后,是通过土地行政主管部门审核批准对涉案土地使用权进行转让、变更的,并由土地行政主管部门核发了《国有土地使用权证》。因此,被告人某甲的行为不符合非法转让土地使用权罪和非法倒卖土地使用权罪的构成条件。对这一不予定罪的结论,二审判决予以认可。①

之所以认为经国土资源管理部门认可的土地转让行为不构成本罪,是因为这背后存在无罪的法理依据:法令行为阻却违法性。如果行为人依据法律的明确,得到从事公务活动的有关部门许可的,行为的违法性就不存在。法令行为如果要构成正当化事由,必须具备如下要件:作出决定的一方有法律上赋予的权限,有从事公务活动的身份与资格;公务人员主观上有正当行使权力的意思;公务人员客观上遵守了法律规定,并未滥用权力。在实务中,由于作出决定的国土资源管理部门有法律上赋予的权限,从事审批活动的人有合法从事公务活动的身份与资格,且主观上有正当行使权力的意思,客观上遵守了法律规定,不存在滥用权力的情形,经其认可的土地转让行为当然具有合法性。

此外,在部分案件中,两个民事主体转让以土地使用权为主要内容的

---

① 参见湖南省岳阳市中级人民法院(2013)岳中刑二终字第15号刑事判决书。

公司股权后,该股权转让行为很快得到工商行政管理部门的登记认可,成为合法的股权转让行为(例如,前述的"刘某非法倒卖土地使用权无罪案"就是如此)。而在股权转让行为被工商行政管理部门批准的情形下,刑事上就不宜再认定行为人的行为构成本罪。对此,应该认可政府有关部门执行职务这一法令行为的合法性。

2. 经法院生效民事判决认可的股权转让行为,不宜认定为本罪

在个别案件中,公司股权转让后,受让方在和其他人发生经济纠纷后提起民事诉讼,法院通过民事判决确认了以土地使用权转让为内容的股权转让合法。例如,上饶市中级人民法院在审理股权转让纠纷过程中,作出(2012)上饶中院二初字第17号民事判决书,明确认定涉及土地使用权的股权转让行为合法、有效。① 在股权转让的合法性得到法院民事判决认可之后,在后续的基层法院审理的刑事判决中如果认定被告人有罪,就会出现"下级法院否定上级法院判决"的情形,可能会引起舆论关注。对此,司法机关需要预估相关风险,从而使得案件处理的社会效果和法律效果相统一。

在法院通过民事判决确认以土地使用权转让为内容的股权转让合法的情形下,难以对被告人论以非法转让、倒卖土地使用权罪,比较重要的理由就是:在行为得到民事判决认可的情形下,难以确定被告人的违法性认识。

在定罪过程中,对故意、过失作出判断之后,要进一步分析违法性认识是否存在,此时就需要考虑:对绝大多数犯罪而言,确认行为人对于犯罪事实有认识,也就可以进一步推定其具有违法性认识。例如,对抢劫罪犯而言,只要行为人认识到自己是在使用暴力,压制被害人反抗,然后强行劫取他人的财物,就可以判断其存在抢劫的故意,由此自然也可以进一步推断其认识到抢劫他人财物行为的违法性。此外,行为人虽然不像传统自然犯中那样,具有明确的违法性认识,但是根据行为人对于犯罪事实的认识程度、经历、一贯表现、受教育程度、性格、人格等情况综合判断,足以认定其具备违法性认识的可能性,就可以看出行为人反规范的态度,进而判断其具有故意责任。这一主张充分考虑了作为责任本质的非难可能性的根据,即既然行为人可能认识到自己行为的违法性,那么就可以期待

---

① 参见上饶市中级人民法院(2012)上饶中院二初字第17号民事判决书。

其在认识违法性之后形成反对动机，达成实施合法行为的决意，对行为人追究故意责任就是理所当然的。

但是，在例外的特殊情况下，被告人的违法性认识可能性是不存在的。不具有违法性认识的例外、特殊情况是：①由于通讯不发达、所处地区过于偏僻等原因，行为人不知法律的存在。②由于国家相关法律宣传、行政管理职能部门的懈怠，行为人对自己的行为是否违反特定领域的行政、经济法规，完全没有意识。③刑法规范突然改变。④法律规范体系完全不同的外国人进入中国时间过短，对自己的行为可能违反法规范一无所知。⑤知道刑法规范的存在，但由于法规之间有抵触，错误解释刑法，误以为自己的行为合法。⑥从值得信赖的权威机构（如人民法院）那里获得值得信赖的信息，或者阅读以前法院作出的判决，根据相关结论，认为自己的行为合法。① ⑦行为人知道，他人以前曾经实施类似行为并没有得到刑罚的否定性评价，从而坚信自己的行为合法。行为人缺乏违法性认识，责任故意仍然存在，但是，责任要件要素不齐备，犯罪不能成立。

和自然犯不同，非法转让、倒卖土地使用权罪属于行政犯、法定犯，其违法性认识错误是否可以避免就需要特别讨论。在法定犯领域，因为行政法规数量多，变化快，被害人经常以不了解相关法律作为辩护理由。但是，欠缺违法性认识、错误不能避免的辩解在多数情况下并不能成立，主要理由是：①行为人对自己行为是否为行政法律规范所反对有疑虑时，就负有查明规范的义务，不能以自己的揣测来主张存在难以避免的错误。②多数行政和经济领域的从业者了解规范的能力强、途径与机会多，其具有违法性认识可能性。③违法性认识，不以刑罚可罚性认识为必要，行为人只要认识到自己的举止可能产生民事或者行政法上的处罚效果，就具有违法性认识。当然，如果由于法规突变，某一行政犯的违法性认识错误确实难以避免的，就阻却故意、过失。但是，在以土地使用权为内容但涉及股权转让的案件中，如果法院通过民事判决确认以土地使用权转让为内容的股权转让合法的，就应该认为——既然法院民事判决都认可股权转让的合法性，要求被告人特别地认识到自己的行为违法就是强人所难。

---

① 不是从国家机关而是从律师、税务代理人等中介组织人员处或非国家权威机关处得到一些信息，从而认为自己的行为合法，但实质上违反法规范的，不能认为欠缺违法性认识可能性。

我国刑法学长期以来认为行为人有无违法性认识不重要,由此导致违法性认识错误理论不发达。但是,违法性认识错误论是检验犯罪论正确与否以及是否能够实现正义的试金石。违法性认识错误对于刑事责任究竟有何种程度的影响?按照我国刑法学的通说,通常会得出基本无影响、被告人有罪的结论。这种观点会导致错误论问题被人为简单化,不能回应实践中复杂的案件所提出的各种问题。合理的解决方案应当认为,在违法性认识错误不可避免的场合,难以确定被告人的非难可能性,从而得出其没有责任的结论。在法院通过民事判决确认以土地使用权转让为内容的股权转让合法的情形下,被告人的违法性认识错误不可避免,因此不能认定其构成非法转让、倒卖土地使用权罪。

这一讲讨论的是一个具体罪名的适用,但是所涉及的问题还是比较多的,只能就此打住了。

第十四讲　死者的占有与犯罪认定

【案例14-1　抢劫杀人案（二）】

被告人赵某与董某共谋实施"丢包诈骗"，并物色到刚从农村信用社取款600余元的被害人杜某甲。董某假意丢包，赵某随即捡起后诱骗杜某甲至一偏僻处分钱，随后董某以失主身份赶来要求还钱，并要求杜某甲拿出自己身上的钱来证明清白，杜某甲产生警觉而拒绝。赵某、董某见骗技被识破，遂采取持刀捅刺、捆绑和勒颈等方式对杜某甲实施抢劫，尔后逃离现场。当天下午，杜某甲被当地村民发现时已经死亡（死因为窒息死亡）。问题：对赵某、董某应当如何处理？

【案例14-2　杀人盗窃案】

2000年9月，被告人李春林到被害人刘立军承包经营的速递公司打工，并与刘立军共同租住在北京市东城区花园东巷3号。同年11月，刘立军以人民币2万元将速递公司的经营权转包给李春林。因刘立军多次向李春林催要转包费，李无钱支付，遂起意杀死刘立军。2001年1月21日6时许，被告人李春林趁刘立军熟睡之机，持斧头猛砍刘的头部和颈部，将刘的颈右侧动脉及静脉切断，致刘因失血性休克合并颅脑损伤而死亡。后又将死者身上的1 800元人民币和旅行包内一工商银行活期存折连同灵通卡（存有人民币1万元）及其密码纸、西门子移动电话、充电器等款物拿走。李春林用灵通卡分3次从自动取款机上将存折内1万元人民币取出后，购买了电视机、移动电话、毛毯等物。问题：对李春林取得被害人财物的行为应当如何定性？

【案例14-3 拾金有昧案】
甲驾驶一辆水泥罐车在某十字路口处闯红灯撞向乙驾驶的小轿车,发生致乙死亡的交通事故。甲将车停在车祸现场并前往交警队报案。被告人聂某得知该路口发生车祸后,赶到现场看热闹。后聂某发现死者乙小轿车副驾驶室座位上有一沓现金(2万元),遂将其盗走。问题:能否认定聂某构成盗窃罪?

在这一讲,我想和各位讨论一下取得死者财物的定罪问题。许多人会认为这个问题很简单,因为"人死不能复生",死了也就真的是"一了百了"了,他占有、控制财物的意思和能力自然都没有了,对取得死者财物的行为一概定侵占罪不是很自然的吗?可是,实践中对取得死者财物的行为在多数情况下定盗窃罪的现实说明问题真的没有那么简单,实务上似乎更愿意把死者当成"一息尚存"的人看待。这说明讨论死者的占有对于犯罪界限的确定有现实意义。

根据我国《刑法》第270条的规定,侵占罪,是指行为人将接受他人委托,代他人保管,从而业已形成占有事实的财物,以及遗忘物、埋藏物擅自转归自己所有的行为。如果在财物所有人尚对财物享有占有权时,试图以不法方法非法占有该财物,则可能构成盗窃。也就是说,将自己占有的财物变为自己不法所有,从而侵犯所有权,是侵占罪的本质特征;而将他人占有的财物变为自己占有,破坏对财物原有的占有关系,建立新的占有关系,则是盗窃罪的基本特征,盗窃罪具有侵犯占有权的性质。区别盗窃罪和侵占罪,最为关键的问题就是:确定财物究竟由谁占有。

占有的主体是人,人死亡后,对财物的事实支配状态是否就立即消失?在杀害他人之后,起意取得财物的行为,如何处理?第三人在被害人死亡不久之后,取得其财物的,是盗窃还是侵占?围绕死者占有的这些问题,在理论和司法实务上一直有争议,并非不言自明,很值得研究。

与死者的占有有关的案件主要包括以下三种情况:

(1)基于夺取财物的意思,杀人后取得财物的。在这种情况下,行为人应当构成抢劫罪。这主要是因为行为人主观上具有抢劫的故意,客观上实施了杀害这种最为极端的抢劫罪中的暴力行为,成立抢劫罪,符合主客观相统一的定罪原则。行为人着手实施杀害行为,就意味着侵害被害人生前占有的行为开始出现。即便取得财物的行为是在被害人死亡之后,该取得行为也只不过是侵害生前占有行为所产生的结果而已,因此,以杀人作为夺取财物的暴力手段,是侵害死者生前占有的行为,既与被害人的继承人的占有无关,也与死者的占有问题无关。对此,我国司法实务也加以肯定。例如,2001年5月最高人民法院《关于抢劫过程中故意杀人案件如何定罪问题的批复》就指出:"行为人为劫取财物而预谋故意杀人或者在劫取财物过程中,为制服被害人反抗而故意杀人的,以抢劫罪定罪处罚。"在【案例14-1 抢劫杀人案(二)】中,法院就认为被告人赵某和董某"以非法占有为目的,诈骗不成即采取暴力手段劫取财物,并致被害人死亡的行为均已构成抢劫罪",判处赵某无期徒刑,判处董某有期徒刑10年。①

(2)行为人出于报复泄愤或其他动机,杀害他人或伤害他人致死之后,产生不法取得他人财物的意思,拿走死者财物的(以下简称"行为人取得死者财物"),则有侵占罪说、盗窃罪说、抢劫罪说的争议。② 在我国审判实践中,对类似故意杀人后再临时起意取财的案件,几乎"清一色"地将取财行为定性为盗窃罪,并将其与故意杀人罪并罚。

(3)偶然经过现场的第三人从死者身上取得财物的(以下简称"第三人取得死者财物"),国外多数说是(脱离占有物)侵占罪,我国司法实务的通常做法则是认定为盗窃罪。对上述案件如何合理处理,值得探讨。以下主要对存在较大争议的"行为人取得死者财物""第三人取得死者财物"的定性问题进行研究。

一、侵占罪说

死者占有否定说通常认为,对"行为人取得死者财物""第三人取得死者财物"这两种情况,都应该没有区别地成立(脱离占有物)侵占罪。

(一)占有意思的重要性

占有,是指主体对财物事实上的支配状态,不仅包括物理范围内的支配,而且包括一般社会观念认可的财物支配状态。既然占有是事实上对

---

① 参见四川省高级人民法院(2013)川刑终字第788号刑事裁定书;类似判决还包括黑龙江省哈尔滨市中级人民法院(2014)哈刑二初字第42号刑事判决书等。

② 当然,由于杀人行为不是夺取财物的手段,所以赞成抢劫罪说的人很少。

财物的占据、支配,其成立就要求占有行为符合客观要素(支配财物的客观事实)和主观要素(主观上支配财物的意思)。占有意思是否存在,占有关系是否成立,对于区分盗窃罪、侵占罪以及其他犯罪都是至关重要的。

死者占有否定说认为,虽然自罗马法以来,占有就包括客观要素——占有体素(corpore possidere)和主观要素——占有心素(animus possidendi)两项内容,且占有体素通常具有决定性意义,但是,占有心素的作用也是不可忽视的。在罗马法上,占有心素要求在取得占有时,自然人必须具备行为能力。在一些特殊情况下,占有心素独立于占有体素发挥着保持占有的作用,例如:对于逃跑的奴隶的占有,被俘军人对物的占有,等等。① 根据这种传统观念,既然在取得占有时,行为人必须具备占有意思,必须具备行为能力,那么,就不能承认婴幼儿、精神病人、法人团体的占有。基于同样的道理,无论因为何种原因死亡的人,也不应该再具有占有的心素,因而也不能肯定其对财物的占有。

(二) 成立(脱离占有物)侵占罪的理由

在日本,多数学者否认死者的占有。按照山口厚教授的说法,死者不能作为权利主体;承认死者占有的各种修正说在占有丧失的时间点上不明确;死者的占有是虚拟的,在判断上靠感觉,容易导致司法恣意。② 由于日本刑法中脱离占有物侵占罪的对象包括"其他脱离占有的他人财物",因此,即便否定死者的占有,对不法取得死者财物的行为,也能够按照脱离占有物侵占罪论处。有学者认为,占有的主体因为死亡而不再存在,对财物的占有消失。杀害被害人后取得其财物的,无论取得财物者是杀害者还是第三人,无论其时间经过、取得财物的场合如何,都不存在对占有的侵害,只能成立脱离占有物侵占罪。③

根据死者占有否认说,人死亡之后,事实上不可能再支配财物,该财物属于脱离占有物,行为人或者第三人取得其财物的,只能构成脱离占有物侵占罪。我国部分学者一方面承认死者不继续占有财物的观点,但又提出了一些批评意见:"问题是死者不继续占有的财物,并不一定就是脱

---

① 参见黄风编著:《罗马法词典》,法律出版社2002年版,第32页。
② 参见〔日〕山口厚:《刑法各论》(第2版),有斐阁2010年版,第183页。
③ 参见〔日〕大谷实:《刑法講義各論》(新版第2版),成文堂2007年版,第199页。

离占有物。比如,在旅馆房间内杀害被害人后,被害人生前随身携带的物品,应该属于旅馆的管理者占有,行为人杀害被害人后产生占有财物的意思并拿走了财物,这虽然不存在侵害'死者占有'的问题,但却侵害了旅馆管理者对财物的占有,应该定为盗窃罪。"①

主讲人认为,这种批评意见并没有切中要害,混淆了死者的占有和"第三人的占有"(占有交替)这两个基本上不搭界的问题。占有的交替,是指被害者虽然丧失占有,但由于第三人对于特定场所有支配的权利和事实上支配的能力,财物很快由被害者以外的第三者占有的场合。对这种占有关系加以侵害的,也构成盗窃罪。例如顾客遗忘于银行、旅客遗忘于旅馆、消费者遗忘于浴室内的财物,均属于银行、旅馆或浴室主人之占有物。即使银行职员、旅馆内工作人员或浴室主人未意识到财物存在的,也不能认为是无人占有的遗失物。在此意义上,对特定场所内的财物采取第三者占有说或者"双重控制说"是有道理的,所有人的控制丧失以后,特定场所内的有关人员被认为有概括、抽象、持续的占有意识,占有、支配关系也在事实上存在。② 那么,乘客遗忘财物在出租车上,司机无所察觉,新的乘客将前一客人遗忘的财物拿走,也应成立盗窃罪。否认死者的占有,并不能否认第三人的占有;在承认第三人占有的场合,也不能得出死者有占有权的结论。用第三人占有的理论去评判死者占有的相关学说是否正确,似乎并无意义。

对于死者的占有,我国台湾地区学者持否定说的立场,主要理由是死者没有占有意思。取得占有要有占有意思,维持占有也要有占有意思,在公园凳子上躺着的人,对落在身上的小鸟没有占有意思,但将小鸟关在笼子里就有占有的意思。如果对缺乏占有意思的死者也肯定其占有,会使得占有概念过于规范化、观念化。③ 还有学者指出:脱离本人持有支配力所及范围的财物,是脱离持有物,能够成为侵占脱离持有之物罪。但是,如果财物还在本人监视之中,行为人将其取走的,视情形成立盗窃罪或者抢夺罪。而要判断某种财物是否脱离本人的持有,必须综合法律见解与

---

① 刘明祥:《财产罪比较研究》,中国政法大学出版社2001年版,第60页。
② 参见王作富:《中国刑法研究》,中国人民大学出版社1988年版,第607页。不过,也有学者对此提出异议,认为特定场所之人(财物的第二重控制人)必须要有明确的占有意思,占有关系才能成立。
③ 参见陈子平:《刑法各论》(上)(第2版),元照出版有限公司2015年版,第389页。

社会日常生活的一般观点而为判断。例如,在车祸发生之际,机动车完好,但驾驶者死亡的,在法律上该机动车由其继承人继承,从而成为所有权人。但是,在通常因车祸出现意外时,极少有继承人在车祸现场,从而对该机动车进行持有的事实出现,该机动车为脱离本人持有之物。行为人路过车祸现场,见四下无人,将该车开走的,应当成立侵占脱离持有之物罪。但如果被继承人对于该机动车已经形成持有事实,行为人则应当成立盗窃罪。①

二、盗窃罪说

有为数不少的学者认为,"行为人取得死者财物""第三人取得死者财物"这两种情况都有成立盗窃罪的余地。但是,解释的理由并不相同。

(一) 死者占有说

死者占有说认为,脱离占有物侵占罪说否定了死者本身对财物的占有,并不是很妥当。因为在特殊情形下,死者占有的观念值得肯定,被害者死后对财物的占有继续进行,对行为人利用被害人死亡的状态取得财物的一连串行为,应当作整体把握。日本判例就曾经指出:强奸后为防止罪行败露而杀害被害人,在掩埋尸体时发现手表,将其拿走的,应当成立盗窃罪。② 日本的司法实务通常认为,行为人利用自己的杀害行为使他人对财物脱离占有,从而取得该财物的,有必要对其前后一系列行为作整体的考察,从而承认死者的占有,认定行为人构成盗窃罪。占有意思对占有的成立与否无关紧要,死者丧失占有究竟是基于何种原因可能更为重要,由此,死者的占有被得到肯定。

但是,该说明显不合理,因为一旦承认这种占有,行为人杀害被害人一年之后,怀疑其随身携带有价值高昂的财物,而挖坟掘墓的,也成立盗窃罪;第三人在被害人死后,从其尸体处取得财物的,无论被害人死亡时间多长,都是盗窃。因此,肯定盗窃罪的死者占有说是少数说,小野清一郎教授即持这种少数说。

---

① 参见林山田:《刑法各罪论》(上),北京大学出版社2012年版,第311页。
② 参见日本最高裁判所昭和四十一年4月8日判决(刑集20卷4号,第207页)。

（二）死者的生前占有说

死者的生前占有说是非常有力的学说。该说认为，应当否认死者的占有，但要肯定死者生前的占有受到了侵害。因此，如果夺取财物的行为和杀害行为在时间、场所上非常接近（杀害与财物的夺取几乎同时），行为人就应当成立盗窃罪。例如，团藤重光教授认为，对行为人导致被害人死亡前后的一系列行为，必须联系起来加以考察。行为人导致被害人死亡的行为，和被害人死亡的时间、空间条件十分接近，行为人利用自己的行为迫使被害人丧失占有，从而取得财物的，具有窃取的性质，因而应当成立盗窃罪。① 这与单纯利用被害人对财物丧失占有的情况取得财物并不相同。前田雅英教授则指出，要有限地保护死者的生前占有，特别地将其限定在取得财物行为"与杀害同时"的范围内加以评价，即行为人几乎在杀害被害人的同时，就产生了取得财物的意思，并实施了不法取得行为的，可以肯定盗窃罪的成立。取得财物行为是否"与杀害同时"，时间间隔的长短并不是唯一考虑的条件，杀害场所、遗置尸体的场所等样态需要实质地加以考虑。② 但对第三者拿走死者财物的，前田雅英教授指出，应当区分"行为人取得死者财物"和"第三人取得死者财物"的法律后果，除了对第三人于隐蔽处亲眼看到被害人被他人杀死继而迅速前去取财的行为可以认定为盗窃罪之外（但这种案例几乎看不到），对第三人取得死者财物的行为原则上应认定为脱离占有物侵占罪，从而与通说立场保持一致。③

（三）继承人占有说

继承人占有说则主张，行为人并非出于夺取财物的意思导致被害人死亡后，产生窃取财物的故意的，由于他人死亡后其继承人便占有该财物，行为人仍然属于窃取他人占有的财物，因而构成盗窃罪。

但是，占有是对财物实际进行支配的事实，没有这种支配，难言占有。例如，被害人单独外出时因车祸死亡的，其并不知情且远离现场的亲属虽然享有民法上的继承权，但在刑法意义上对财物并不具有事实上的占有。

---

① 参见〔日〕团藤重光：《刑法綱要各論》（第3版），创文社1990年版，第572页。
② 参见〔日〕前田雅英：《刑法各論講義》（第6版），东京大学出版会2015年版，第170页。
③ 参见〔日〕前田雅英：《刑法各論講義》（第6版），东京大学出版会2015年版，第171页。

需要特别指出的是,除上述观点外,还有一些折中的看法。有学者认为:"第三者在他人死亡之后,立即拿走其生前所携带的财物,构成盗窃罪。因为死者在死后的较短时间内,对怀中之物还能继续占有。但如果经过了很长时间,尸体已经腐烂不能辨认是何人,其所携带之物就成为脱离占有物,第三人拿走这种财物的,就构成脱离占有物侵占罪。"① 亦有学者认为,"行为人取得死者财物"的,应该成立盗窃罪;而"第三人取得死者财物"的,则应成立侵占罪。对两者进行区别处理,主要的考虑是,死者不是由第三人所杀害,并不存在第三人利用先前的侵害行为夺取财物的问题。在这种场合,死者的占有不需要特别的保护。对此,进行质疑的观点则认为,占有是一个客观的、事实的概念,死者的占有对杀害者存在,对第三者不存在,这难以进行解释。

三、主讲人的见解:死者"生前占有的有限延续说"

(一) 中国刑法学说见解

对于"行为人取得死者财物""第三人取得死者财物"这两种情形究竟应该如何处理,在我国学者之间也存在争议,大致有以下观点:

1. 无罪说

认为死者身上的财物不属于任何人占有,我国现行刑法对取得无人占有的财物的行为,并未作出明确规定,所以,应当作无罪处理。有学者明确指出:"在日本等设有脱离占有物侵占罪的国家,自然应该定此罪名。不过,在我国由于刑法没有规定这种罪名,对这种行为就不能单独定罪,只能作为杀人罪的情节之一,量刑时酌情处理。"②

2. 盗窃罪说

我国刑法学界的通说认为,故意杀人之后,临时见财起意,取走死者身上财物,数额较大的,应以故意杀人罪与盗窃罪数罪并罚。③ 亦有学者认为:"如果本无抢劫之意,基于其他动机故意伤害或杀死他人后,临时起意,顺手牵羊拿走他人财物的,应以故意伤害罪或者故意杀人罪与盗窃罪

---

① 〔日〕阿部纯二等编:《刑法基本讲座》(第5卷),法学书院1993年版,第80页。
② 刘明祥:《财产罪比较研究》,中国政法大学出版社2001年版,第61页。
③ 参见高铭暄、马克昌主编:《刑法学》(下编),中国法制出版社1999年版,第894页。

实行并罚。"①张明楷教授认为,在我国,如果将侵占罪中的"遗忘物"作狭义理解,又采取死者占有否定说,对上述两种行为就难以认定为犯罪。这可能不合适。对此,解决的方法有两种:一是将遗忘物作实质意义的解释,从而将上述两种行为认定为侵占罪。但将死者身上或身边的财物解释为遗忘物,能否被国民接受,还值得研究。二是肯定死者的占有,对上述行为认定为盗窃罪。这种解释容易被国民接受。但是,既然财物的占有者已经死亡,其就不可能在客观上继续支配财物,也不可能再有支配财物的意思。而且,死者身边或者身上的财物,不管相对于先前的杀害者,还是相对于无关的第三者,性质都应是相同的。所以,肯定死者的占有也存在疑问。张明楷教授在其第二版教科书中倾向于肯定死者的占有,将"行为人取得死者财物""第三人取得死者财物"这两种情形都认定为盗窃罪。② 但在第5版教科书中作了修改,其特别强调应将遗忘物作规范意义的解释,将死者身上或者身边的财物归入"遗忘物",且国民现在应当能够接受这种规范解释结论,进而否定死者的占有,主张对上述行为认定为侵占罪。③

3. 抢劫罪说

我国个别学者持抢劫罪说,认为:"杀人以后,见财起意,又将其财物拿走的,对此应该以故意杀人罪和抢劫罪实行数罪并罚,因为行为人基于杀人的故意,实施杀人的行为,构成故意杀人罪,后又基于非法占有被害人财物的故意,实施了抢劫行为,构成抢劫罪。"④但是,这种观点明显将杀害行为同时评价为故意杀人罪、抢劫罪的实行行为,属于典型的"一事两头沾",并不合理。其实,类似抢劫罪说的观点,在日本也有学者赞成,其理由是:因为杀害行为导致被害人陷入不能反抗的状态,行为人利用这种状态夺取被害人所持财物的,应当成立抢劫罪。⑤ 但是,只有极个别人赞成前述见解,其主要缺陷在于,没有考虑抢劫罪的实行行为性,抢劫罪的暴力、胁迫必须是危害程度很高的威胁被害人人身权利的行为,利用某种状态取得被害人财物的,与危害程度很高的抢劫罪的实行行为,并不相当。

---

① 王作富主编:《刑法》(第6版),中国人民大学出版社2016年版,第410页。
② 参见张明楷:《刑法学》(第2版),法律出版社2003年版,第768页。
③ 参见张明楷:《刑法学》(第5版),法律出版社2016年版,第947页。
④ 赵秉志主编:《侵犯财产罪》,中国人民公安大学出版社1999年版,第99页。
⑤ 参见〔日〕藤木英雄:《刑法講義各論》,弘文堂1976年版,第302页。

(二) 主讲人的观点

首先需要说明的是,在死者生前居住、使用的房屋中实施侵害行为,导致被害人死亡后,临时起意取财,并实际取得财物的,由于刑法上承认与死者共同居住的人对住宅内的财物有概括的支配、占有意思,行为人取得财物的行为就是对死者以外的他人对该房屋内财物"概括的占有"的侵害,当然应该成立盗窃罪。但这与死者的占有问题无关。实践中成为问题的,实际上是杀害等行为发生在被害人住宅等场所之外,且其他继承人的概括的占有从事实判断的角度看并不存在的情形。

对于财物的占有,必须坚持客观上的占有行为和主观上的占有意思同在的原则。以此为前提,有必要强调以下诸点:

其一,承认"死者生前占有的有限延续说"的主要理由在于:①从法益侵害(结果无价值)上看,盗窃和侵占都是非法取得他人财物。但盗窃罪的行为无价值表现在针对他人的事实性支配,排除他人对财物的占有;侵占罪则不存在这一点。两罪的违法性差异也在于此。因此,只要在一般民众的观念中,存在通过排除他人的占有而取得财物的行为无价值,就应该被评价为盗窃。在死亡时间很短的场合,行为人或者第三人取得死者财物的,在一般人的观念中,仍然会肯定财物处于他人支配范围内,盗窃的行为无价值仍然存在。②占有意思在开始控制财物时很重要,但是,"在通过客观化而已经成立占有状态的情况下,占有意思的存在与否并不重要。也就是说,支配意思的存在虽然在界定占有的'成立'与否时不可缺少,但是,在占有的'继续'是否存在时则并不重要"。在占有主体一开始有支配意思,但其死亡后财物才被夺取的,也可以肯定盗窃罪的成立。①

其二,"死者生前占有的有限延续说"既不是无限制地肯定死者的占有,也不是一般性地肯定继承人的占有。

从主观上说,占有只要求他人对其事实上支配的财物具有概括的、抽象的支配意识,既包括明确的支配意识,也包括潜在的支配意识。占有意思对事实的支配的认定起补充作用。从主体上说,占有必须是他人占有,而不是无人占有,也不是行为人自己占有。死者不可能有占有的意思,事实上,也不可能成为财物的支配者。对于死者的占有,不能进行肯定,否

---

① 参见〔日〕野村稔:《刑法における占有の意義》,载阿部纯二等编:《刑法基本講座》(第5卷),法学书院1993年版,第80页。

则,就难以保持占有概念的一致性。此外,从民法上讲,被害人死亡时,其财物已经由继承人享有所有权。但民法上的继承,不等于刑法意义上的占有。刑法上的占有以自然人事实上能够对财物行使占有支配为前提。有观点认为,占有人死后生前占有的财物就转移至其继承人占有。① 但是,远离案发现场的继承人根本不会马上意识到该财物的存在并产生利用性保管意思,当然不可能形成占有。也就是说,既然该财物并不在继承人的利用过程当中,在继承人没有现实地支配该财物时,肯定其占有将会使刑法上的占有概念空洞化、观念化。

我国有学者认为,财产罪的保护法益首先是所有权和其他本权,其次才是占有。在"第三人取得死者财物"的场合,该行为人的行为侵害了死者继承人的财产所有权,应构成盗窃罪。② 但是,这种见解值得商榷。刑法并不抽象地保护所有权,否则侵占埋藏物的行为都一律能够成立盗窃罪,因为侵占者取得的埋藏物虽无人实际占有,但其所有权属于国家。此外,这种观点最明显的漏洞在于,如果该死者没有继承人或者无法确定,甚至继承人事后明确表示放弃继承权的,就无法定盗窃罪,将对被告人的定罪与否与继承人(案外第三人)的存在或态度挂钩,并不符合犯罪行为是"犯罪人的行为"这一基本原理。

其三,行为人本人取得死者财物的场合,应当针对实施杀害等行为的行为人这一特定角色,有条件地承认"死者生前占有的延续"。

行为人实施故意伤害导致被害人死亡、故意杀害被害人、交通肇事引起被害人死亡之后,立即起意,从被害人尸体上夺取财物的,必须在一定程度上承认占有意思、占有事实的相对性,缓和占有概念,承认死者"生前的占有"在一定限度内继续存在,从而肯定占有,得出取得财物的行为人构成盗窃罪的结论。此结论承认死者生前的占有,在其死亡后极其短的时间内还值得继续受到刑法保护,不应当受到行为人侵害。其出发点在于——被害人在死亡之前,对其所持或者能够支配的财物存在占有;被害人的死亡由行为人引起,行为人与被害人之间存在特定的侵害和被侵害关系。由此,直接导致被害人死亡的行为人取得被害人财物的,才有可能构成盗窃罪。

---

① 参见黑静洁:《论死者的占有》,载《时代法学》2012年第2期。
② 参见井厚亮:《第三人从死亡现场取财构成何罪》,载《中国政法大学学报》2012年第1期。

这样说,等于是在极其严格的限制条件下承认死者"虽死犹生"。

对此,我国审判实务予以认可。在【案例 14-2 杀人盗窃案】中,法院认为,被告人李春林为图私利故意非法剥夺他人生命,致人死亡,并窃取他人财物,数额巨大,其行为已分别构成故意杀人罪和盗窃罪,遂对其以故意杀人罪判处死刑,以盗窃罪判处有期徒刑6年,决定执行死刑。北京市高级人民法院二审维持原判。法院在这里几乎毫无疑问地认为,在故意杀人后临时起意非法占有被害人财物的,应以盗窃罪定罪处罚。在本案中,被告人李春林杀害刘立军后,又将死者身上的1 800元人民币和旅行包内的工商银行活期存折等款物拿走,并用灵通卡分3次从自动取款机上将存折内1万元人民币取出,由于李春林的这一非法占有目的产生于故意杀害刘立军之后,就不能将故意杀人认定为非法占有财物的手段。"李春林取得财物的手段如同从无人在场的他人处拿走财物一样,实际上是一种秘密窃取他人财物的行为。因此,对于这种故意杀人后见财起意,乘机非法占有被害人财物的行为,构成犯罪的,应以盗窃罪定罪处罚。"①但是,在本案中,将对被告人定盗窃罪的理由建立在"李春林取得财物的手段如同从无人在场的他人处拿走财物一样,实际上是一种秘密窃取他人财物的行为"这一点上,并不是很妥当的说理方法。本案如果要定盗窃罪,只能解释为被告人李春林趁刘立军熟睡之机,持斧头猛砍刘立军的头部和颈部致刘立军因失血性休克合并颅脑损伤而死亡后,马上将死者身上的财物取走,由于杀害行为和取财行为在时空上几乎"无缝衔接",可以认为刚死亡的被害人生前的占有还在有限延续。当然,如果杀害行为和取财行为的时间间隔较长,无法实质地得出"生前的占有有限延续"结论的,对被告人的行为只能朝着侵占(遗忘物)罪的方向解释。例如,在本案中,被告人李春林趁刘立军熟睡之机,持斧头猛砍刘立军的头部和颈部致刘立军因失血性休克合并颅脑损伤而死亡,后离开现场。3小时后,被告人又返回现场将死者身上的财物取走的,对被告人就只能以故意杀人罪和侵占(遗忘物)罪数罪并罚。

类似对故意杀人后再起意取财的案件以故意杀人罪和盗窃罪处罚的

---

① 清国:《李春林故意杀人案——为逃避债务故意杀人后又拿走被害人财物的行为如何定性》,载最高人民法院刑事审判第一庭、第二庭编:《刑事审判参考》(总第25辑),法律出版社2002年版,第49页。

做法,在实践中几乎是通常做法。例如,被告人甲到被害人乙家,以自己开车时将他人的猪撞死需要赔偿为借口,向乙借钱。乙知道甲在说谎并对其予以指责。双方为此发生争执、厮打。在厮打过程中,甲用乙家的烟灰缸击打乙的头部,又用斧子、菜刀砍乙的头、颈部,致乙当场死亡。之后,甲进入乙的卧室,搜得人民币5 100元及部分衣物逃离现场,法院对被告人甲的取财行为论以盗窃罪。再比如,被告人丙在某晚酒后到一小型超市,强行以极低价格购买衣服被店主丁拒绝,便产生杀人的想法。在将店主丁杀害后,在店内搜索财物并带走,法院也判决被告人丙的取财行为构成盗窃罪。① 在"曹新平故意杀人、盗窃案"中,法院查明,2014年2月17日晚9时许,被害人万某某打电话让被告人曹新平到平罗县城关镇唐徕湾小区门口接她。曹新平接上万某某后,驾车来到平罗县城关镇阳光城市花园西大门停车场处,双方在车内因琐事发生争吵。在争执过程中,曹新平从车内拿出一根塑料绳绕在万某某脖子上,双手用力勒扯直至万某某没有呼吸。后曹新平将万某某随身佩戴的项链、戒指、耳钉摘下,将万某某的手机关机并取出手机卡,驾车将万某某的尸体扔弃到平罗县城关镇利民市场北门蔬菜大厅门前,怕万某某没有死亡,又捡了一块方形砖朝万某某的头、面部砸打,后驾车逃离,在逃离的路上将万某某的手机、手机卡和勒死万某某的塑料绳丢弃。经鉴定,上述项链、戒指、耳钉共计价值为16 291.67元。次日凌晨6时许,万某某被人发现时已经死亡。对于曹新平的取财行为,辩护人辩称其不构成盗窃罪,其切入点不是死者丧失对财物的占有,而是称被告人是"为了制造谋财害命的假现场"。法院对此予以反驳,认为被告人曹新平实施故意杀人犯罪后取走被害人的项链、戒指、耳钉等财物,其秘密窃取私人财物行为已经完成,又将窃取的财物藏匿在家中隐蔽的地方,具有非法占有的目的,且非法窃取的私人财物数额较大,故该无罪辩护意见不予采纳。由此可见,对类似案件,辩护人、法官都认为被告人的行为侵害占有是不言而喻的,相关判决虽然没有表明法院对死者占有的态度,但事实上法官认同被害人对其财物的生前占有还在"有限延续",其结论具有合理性。

由此可见,在这里,不是一般地肯定死者对财物的占有关系,而是从行为人引起被害人死亡这一特定关系出发,在刑法上有限地承认死者在

---

① 类似判决,参见广东省高级人民法院(2017)粤刑终663号二审刑事裁定书。

生前的占有,从而给予保护。① 由于承认死者的生前占有在其死亡之际还在有限延续,行为人夺取财物的行为就是盗窃罪中的侵害占有的行为。换言之,将取得财物的行为认定为盗窃罪就是合理的。如此解释行为人取得被害人财物的定性问题,与传统的占有概念并不完全一致,但是这种结论能够得到公众认同。在这个意义上,刑法要保护的是一种得到社会一般观念认同的占有。

因此,主讲人与国内多数学者一样,赞成对导致被害人死亡并取得其财物的人定盗窃罪,从而支持司法实务上的通常做法,并为司法裁判提供理论支撑。但是,主讲人的论证理由并不是直接承认死者的占有,而是强调需要保护其"生前的占有",视作其生前占有还在继续,以确保占有概念的统一性。在其生前占有得以有限延续的场合,肯定盗窃罪的成立:①从行为主体上看,取得财物者就是先前侵害被害人的行为人。②从时间上看,取得财物的行为与先前的侵害行为间隔极短,几乎同时存在,即被告人先前的杀害行为和后续的取得财物行为在时间上几乎"连成一线"。杀害行为一结束,取财行为就开始。从行为人的视角出发,可以认为被害人在行为人不法取财时"虽死犹生"。③从空间上看,取得财物与先前的侵害行为几乎在同一场所。

其四,在第三人取得被害人财物的场合,不应该承认死者生前占有的延续,第三人只能成立侵占罪。

有学者认为,杀害者以外的第三者从死亡现场拾取财物的,或行人从因车祸而死亡者身上取得财物的场合,如果考虑到占有概念的绝对性,第三者夺取财物的场合和杀人者杀害他人后取得财物的情形,并没有本质差别,所以仍然可以成立盗窃罪。但是,由于盗窃罪是法定刑较重的犯罪,对第三者定盗窃罪可能失之过严。所以,对这种情况能否解释为是侵占遗忘物的情形,从而适用侵占罪,还有必要作进一步的讨论。②

主讲人认为,对第三人定侵占罪的见解是合理的。在【案例14-3 拾金有昧案】中,聂某本人不是车祸制造者,不能像导致死亡结果的人直接从死者身上取财那样,认为死者的生前占有相对于聂某还在延续,所以,

---

① 参见〔日〕佐伯仁志、〔日〕道垣内弘人:《刑法と民法の対話》,有斐阁2001年版,第174页。
② 参见陈兴良主编:《刑法学》(第3版),复旦大学出版社2016年版,第283页。

聂某不能构成盗窃罪,至多能够朝着侵占罪的方向解释。在这里,主要涉及对遗忘物的扩大解释问题。侵占罪中的"遗忘物",就是指非基于占有人抛弃的意思,偶然丧失占有,现又无人占有之物。我国刑法只规定了侵占遗忘物,而对误取物、误投物、漂流物、飘零物、走散的家畜、盗贼遗失的赃物等未作规定。在民法上,一般将这些财物视做遗失物。主讲人认为,在刑法上也完全可以这样认为,凡非本人抛弃所有之意而脱离其占有之物,都可纳入侵占罪的范畴,即将前述财物视同有主而无人占有之遗失物。这是对刑法中的"遗忘物"概念作扩大的、实质的解释所必然得出的结论。所以,在解释"遗忘物"概念时,一方面,把遗忘物和遗失物等同起来;另一方面,对"遗忘物"一词作扩大解释,以便于对一些疑难案件的处理。张明楷教授也认为:对遗忘物也不能完全作字面意义的理解,而宜理解为"非基于他人本意而脱离他人占有,偶然(即不是基于委托关系)由行为人占有或者占有人不明的财物"。因此,他人由于认识错误而交付给行为人的财物,邮局误投的邮件,楼下飘落的衣物,河流中的漂流物等,只要他人没有放弃所有权的,均属于遗忘物。①

第三人在被害人死亡不久之后,取走死者财物的成立侵占罪。之所以与导致被害人死亡的侵害者作区别处理,主要的考虑是,第三人与死者之间就死亡事实而言,并不存在引起与被引起的关系,故不存在对死者的生前占有还要进行特别保护,以防止第三人侵害的问题。这说明,死者生前占有的有限延续只是在很小的范围内得到肯定。对此,可能进行质疑的观点则认为,占有是一个客观的、事实的概念。死者的占有针对杀害者存在,针对第三者不存在,难以进行解释。但需要承认的是,与通过一定的行为使被害人丧失对财物的占有的加害者相比较,第三人并没有引起被害人对财物的占有状态消失的行为,因此,在占有侵害上并不相同,在定罪上进行区别处理,公众完全可以接受。

各位,讨论死者的占有问题似乎会让我们的心情沉重,但是,研究如何准确认定和惩罚犯罪不就是为了让我们活得更好吗?"生如夏花",唯愿我们能够生活得更自由、更安全、更安心。下课的时间到了,谢谢您的倾听!

---

① 参见张明楷:《刑法学》(第5版),法律出版社2016年版,第970页。

第十五讲　财产占有意思与犯罪界限

【案例 15－1　"捡走拎包"案】

被告人发现被害人坐在某公园的椅子上与他人聊天时将随身携带的拎包放在身边,就暗想如果被害人不小心忘了这个包,就将包拿走。被害人离开椅子时,果真将包忘了。行为人在发现被害人走出 27 米左右时,感到时机已到,就将包拿到旁边的公共厕所里,打开拎包并从中取走现金。被害人在离开现场 200 米远处(2 分钟路程),发现自己忘了拿包,返身回来找,后来在朋友协助下将行为人抓住。问题:本案被害人的占有意思是否还存在,对被告人应该如何定罪?

【案例 15－2　震后取财案】

某地发生大地震时,被害人甲为了避难,将装有现金的保险柜(内装现金 10 万元)从家中搬出,暂时置放于马路边,路过的乙将上述财物拿走。问题:乙构成盗窃罪还是侵占罪?

【案例 15－3　携款潜逃案】

个体工商户甲雇请乙为其经营、看管一个摩托车修理厂,平时的经营、收款都由乙负责,甲一般周末取一次营业收益。某周生意特别好,乙遂于周四下午携带该修理厂的经营所得 5 万元潜逃。问题:乙构成侵占罪还是盗窃罪?

【案例 15－4　搬运工案】

被告人李江系海沪深航空货运服务有限公司驾驶员。2008 年 1 月 12 日下午,被告人李江与另外两名搬运工按照沪深航公司的指令,将一批货物从公司仓库运至上海浦东国际机场。在运输途中,三人经合谋共同从李江驾驶的货车内取出一箱品名为"纪念品"的货物,从该封存箱内窃得30枚梅花鼠年纪念金币(价值共计人民币16万余元)予以瓜分。问题:对于李江的行为应当如何定性?

【案例15-5 丢钱捡钱案】

　　刘某携带用报纸包裹的人民币5万元(共5沓)驾车途经县城附近的开发区五街口时,汽车发生故障,在改乘前来接他的朋友之车时,不慎将该装有5万元人民币的报纸包丢失在车外的马路上。之后,驾驶四轮拖拉机到县城拉水的被告人陈某从此路过,发现位于公路另一侧且已经散开的报纸包和里面成沓的人民币,即减速停车,准备捡拾。由于刹车不灵和惯性作用,拖拉机靠边停下时,已超过报纸包10米左右。这时,付某驾驶一辆三轮车沿路驶来,恰好也发现了该报纸包和成沓的钱,并立即停在了钱堆处进行捡拾。陈某刚从拖拉机上跳下,见此情景赶忙向付某跑来,且边跑边喊:"那是我(丢)的钱!"付回答说:"你(丢)的钱我给你拾呢。"对话间,陈已跑到付跟前,并一把从付手中将其刚拾起来的5沓百元面值的钱全部抓走,随即弃车(拖拉机)离开现场。此情形引起了附近目睹这一情景的姜某的猜疑,遂向公路治安大队报案。问题:陈某是否构成抢夺罪?

这一讲要讨论一下财产犯罪中的占有问题。我们一般认为在认定占有(控制)时需要特别重视占有行为,对这方面的讨论也很多,今天我要讲的是占有的另外一个侧面的问题。

　　在认定盗窃罪、抢夺罪、抢劫罪、故意毁坏财物罪、侵占罪等财产犯罪时,占有关系的有无对判断结论的形成至关重要。在确定占有时,占有意思的价值何在?其与占有行为的关系如何处理?如何确定占有意思?这些都是很值得研究的问题。

一、占有意思的特殊意义

(一)占有意思应作为占有概念的独立构成要素

占有是对财物事实上的管理与支配。对于占有的概念,从民法学角度看,存在客观说、纯粹客观说、主观说的对立。客观说认为,占有在总体上是对于物的事实上的支配力,不须特别的意思,仅须有支配意思即可,而支配意思仅仅是支配事实的一部分而已,并非独立的要素。纯粹客观说认为,占有纯为客观地对于物的事实上的支配,不以占有意思为必要。主观说认为,占有的成立须同时具有占有意思与事实上的支配。至于占有意思的内涵,有人认为须为所有人意思,有人主张须为支配意思,有人则限定必须为自己意思而占有。①

一般认为,与民法上的占有相比,刑法上的占有更具现实性。② 有观点由此主张,占有仅"以事实上支配关系之存在为必要,且以之为足"③。还有观点明确指出,"主观的占有意思并不能为排除他人干涉的状态提供实质依据,更不是刑法认定占有的必备要素"④。

但是,刑法学上的多数说认为,从物理角度考虑事实上的控制与支配关系以及判断占有意思有无等方面,都具有不可替代的作用。⑤ 这与罗马法上认为占有同时包括"体素"与"心素"的观念一脉相承。对此,古罗马法学家保罗曾指出,"我们通过握有和意旨取得占有,而不是单凭意旨或握有取得占有"⑥。威尔泽尔教授认为,"占有有三个要素:一是现实的要素,即事实上支配着财物;二是规范的、社会的要素,即事实上的支配应根据社会生活的原则进行判断;三是精神的要素,即占有的意思"。有学者认为,实际上前两个要素就是占有事实,而后一个要素就是占有意思。⑦

当然,就占有意思与占有事实的重要性而言,刑法学上大多更重视占有事实这一要素,其认为主观上的占有意思,仅仅对认定是否存在客观上

---

① 参见王泽鉴:《民法物权》,三民书局2010年版,第531页。
② 民法上的占有必须是基于为自己的意思、善意、平和及公开进行,强调合法性;同时,在民法上,承认由对财物的事实上统领而形成的直接占有,例如,担保财物占有人、承租人的占有;也肯定因某种法律关系而形成的间接占有,例如,担保财物的原所有人、出租人对财物的占有;承认因盗窃等的占有;否认对违禁品的占有。总体而言,民法上的占有更为观念化、抽象化、社会化、规范化。
③ 吴正顺:《论刑法上物之持有》,载蔡墩铭主编:《刑法分则论文选辑》,五南图书出版公司1984年版,第374页。
④ 白洁:《刑法中占有的认定》,载《政治与法律》2013年第12期。
⑤ 参见黎宏:《论财产犯中的占有》,载《中国法学》2009年第1期。
⑥ 江平、米健:《罗马法基础》,中国政法大学出版社1991年版,第194页。
⑦ 参见张明楷:《外国刑法纲要》,清华大学出版社2007年版,第541页。

的事实性支配有补充作用。① 换言之,似乎只有在客观的支配事实不存在或相对松弛的情况下,主观的支配意思才多少有一些积极意义。

主讲人认为,占有意思相对于占有事实有独立存在价值。没有意识的占有没有任何法律意义。② 甚至可以这样讲:无论在何种场合,都必须重视占有意思的作用,占有意思和占有事实必须同在。即便是对占有持纯粹的客观理论(占有只是单纯的事实支配关系)的学者(如耶林)那里,所谓客观的人对财物的空间控制关系也只不过是占有人意思的反映,占有因符合占有意思的空间支配关系而取得。③ "无占有意思不能构成占有"④。占有意思是否存在,对于区分盗窃罪、侵占罪以及其他犯罪至关重要。

(二) 占有意思的含义

占有意思是指事实地支配财物的愿望或意思,即"占有心素必须通过支配意思(animus domini)或者据为己有的意图(animus sibi habendi)而得到解释"⑤。其内容包括:①主观上的占有意思指对财物进行事实上支配的意欲而不是发生法律上效果的意思,与是否有行为能力无关。所以,年幼者、精神病人也具有占有意思,窃取这些人持有的财物,仍构成盗窃罪。②占有意思并不限于对具体财物的特定的、具体的意思。只要具有以存在于自己支配的场所内的一般财物为对象的概括的、抽象的意思就够了,这样对占有意思的判断通常就不是特别重要,其成为客观的占有状况判断的补充要素。对自己住宅内的一切财物,原则上都具有支配意识而不论主人是否在家或者是否对该财物的存在知情。例如,甲为向乙行贿而将3万元现金塞到乙家沙发下,乙对此毫不知情,当晚这笔钱就被小偷盗走的,也应该承认乙对(其概括地能够支配的)特定场所内财物的占有意思。又如,外出者对塞入其门内的邮递物具有占有意思。再如,商场送货人员将顾客订购的家电放在其门外提前离去,虽然该顾客不在家,但也不

---

① 参见〔日〕山口厚:《刑法各论》,王昭武译,中国人民大学出版社2011年版,第206页;〔日〕大谷实:《刑法各论》,黎宏译,中国人民大学出版社2008年版,第189页;〔日〕西田典之:《日本刑法各论》(第6版),王昭武、刘明祥译,法律出版社2013年版,第142页。
② 参见黎宏:《论财产犯中的占有》,载《中国法学》2009年第1期。
③ 参见〔德〕冯·萨维尼:《论占有》,朱虎、刘智慧译,法律出版社2007年版,第21页。
④ 周光权、李志强:《刑法上的财产占有概念》,载《法律科学》2003年第2期。
⑤ 〔德〕冯·萨维尼:《论占有》,朱虎、刘智慧译,法律出版社2007年版,第79页。

妨碍其对财产享有占有权。此外,继承祖上遗传的房屋,虽对墙体内藏有金条一事完全不知情,装修工偶然发现后取得的,也应肯定房主的占有意思,行为人构成盗窃而非侵占罪。③占有意思不需要占有人一直具有明确的、积极的意思。① 如果通过社会一般观念可以判定占有事实的存在,并且占有者没有积极放弃占有意思的,就可以推定存在"潜在"的占有意思。④占有意思是意识到自己正在控制、保管特定财物的意思。但是,并不要求具有排他性控制该财物的意思。例如,在共同占有中,行为人并不是排他性占有财物,但其占有意思并不能加以否定。⑤在很多场合,占有意思的存在不需要占有人作特别声明,司法上也不需要作特别判断。对一定空间内长期以来有控制权和事实上的支配力,则"推定"其对该范围内的财物都有占有意思,这样一来,对占有意思就不需要在个案中作特别判断。例如,将有故障的汽车敞开门置于路旁,去数公里外寻找修理人员的,其占有的意思非常明显。

(三) 占有意思的推定

在少数特殊情况下,要肯定占有,就应该从规范判断角度承认占有意思的存在。在【案例 15 - 1 "捡走拎包"案】中,日本法院判决被告人构成盗窃罪。其中,一审法院的判决理由是,虽然被害人将本案拎包遗忘于公园椅子上,但被害人只是在短时间内对拎包丧失控制,且该财物距离被害人很近。在这期间,公园里几乎无人通行。被害人不仅对遗忘物场所有明确认识,对有可能拿走拎包的人也能猜得到,实际上也是如此。因此,在被告人拿走财物之时,被害人对财物的实际支配并未丧失,仍然继续保持对财物的占有。二审法院则认为,被告人在被害人离开自己的财物仅仅 27 米之际就拿走被害人的财物,即便考虑到被害人暂时忘记拎包而离开现场的事实,也不能认为被害人失去了对本案拎包的占有,故被告人在本案中的取得行为构成盗窃罪。② 对于本案,日本学者认为,法院直接根据被告人取得财物的行为时的状况,来判断被害人是否丧失占有,进而根据被告人在被害人离开 27 米就拿走被害人财物的事实,肯定行为人侵害了他人的占有,是妥当的判决。这和传统的解决进路不同。传统的

---

① 参见黎宏:《日本刑法精义》,法律出版社 2008 年版,第 412 页;〔日〕大塚仁:《刑法概说》(各论),冯军译,中国人民大学出版社 2003 年版,第 188 页。

② 参见日本最高裁判所平成十六年 8 月 25 日判决(刑集 58 卷 6 号,第 515 页)。

思路是,对于从被害人离开财物的时间点开始直到发现自己遗忘物并回到遗忘场所的全部状况加以综合地检讨,据此判断该财物此时是否仍处于被害人的占有之下。对此,山口厚教授指出,传统思路面临"存疑时有利于被告人"这一刑事裁判原则的拷问。因为"即便是最大限度地考虑被害人与财物之间的时间、距离的隔离的场合,能否肯定被害人对财物的占有?与上述场合相反,在本判例中,在被告人实施取得行为的时点已确定的基础上,直接地采取了以该时点来判断被害人是否丧失占有的判断方法。可以说这种直接判断法才是本来的占有的判断方法。这是因为,只有取得行为之时点被害人是否丧失占有才成为问题,在取得行为实施完毕后,被告人即便又丧失占有,但盗窃罪一旦成立就既遂,也就不可能再说不成立盗窃罪了"①。

有学者认为,在类似案件中,财物与占有人分离的时间、空间距离虽然很短暂,但被害人"暂时忘记拎包",丧失占有意思的事实是存在的,因此,占有的肯定仅仅是着眼于占有的事实:被害人作为占有人对财物的控制、支配仍然有现实可能性。换言之,被害人在现场或者在附近,如果意识到了自己的财物已丧失或被侵夺,在较短时间内,通过逾越极小的空间就能够相对容易地找到自己财物。但是,如果重视占有意思,也可以认为,在被害人外观上丧失占有的极短暂时空条件下,从一般社会观点的角度看,还能够从规范判断的角度推定出被害人的占有意思存在:财物虽然暂时与占有人分离,但是,其随时可能回想起来。因此,时空距离越近,被害人的占有意思越容易被肯定。在这种情况下,因存在能够认识被害人对财物具有占有意思的"外观",行为人可能有"被害人存在占有意思及因此而增强占有的支配"的认识,自然就能广泛承认成立盗窃罪的范围。② 也就是说,在行为人能够认识到被害人对财物具有占有意思的情形下,仍然拿走该财物的行为不能认为是"拾得"遗失物的行为,而是违反被害人的占有意思予以侵夺的行为。此时,规范判断上可以认为,行为人更容易辨识出被害人对于该财物的占有意思。

---

① 〔日〕山口厚:《从新判例看刑法》,付立庆、刘隽译,中国人民大学出版社2009年版,第129页。
② 参见〔日〕前田雅英:《刑法各論講義》(第6版),东京大学出版会2015年版,第165页。

二、占有意思特别重要的情形

对于占有的有无及归属的判断,占有意思与占有事实同等重要,尤其是在事实性支配较弱的情形下,占有意思的作用尤为突出。

(一) 占有人有明确放置财物意思的,占有得以保留

在部分案件中,占有人对财物的事实支配力极弱甚至根本不存在,但如果占有人有明确放置财物意思的,刑法学说也多肯定占有的存在,例如,摄影爱好者甲在野外为拍摄一处美景,因为摄影包太沉,便将此包放在茂密的草丛中后离开。行为人乙偶然发现此包并非法占有的,对乙如何处理?实务上一般会特别重视占有人"有意识地放置行为"是否一下就能够被人看出来:如果乙认为这肯定是谁放在这里的而不会是忘记的,在这种情况下,确认甲占有的可能性就大些。① 通说认为,行为人乙应当成立盗窃罪。②

与这种重视占有意思的案件相同的是【案例 15-2 震后取财案】,被害人甲认识到了财物的存在,并且没有产生抛弃的意思,那么就不能认同该物脱离了其占有,乙的行为理应构成盗窃罪。对此,有见解指出,由于被害人对财物的故意放置,其对该财物仍然具有支配可能性,同时认识到该财物的存在位置,并且没有作出放弃财物的意思,因而并不丧失占有③;亦有论者认为,在行为人认识到被害人存在支配的意思以及由此增强了占有支配时,就应当承认其盗窃故意。④ 当然,对类似案件的处理,也有少数学者持反对观点,认为以财物所有人、占有人没有放弃对财物的占有意思为根据来肯定存在占有,过于重视占有意思,定罪结论并不合适。这种争论也体现在对某些案件的分析上。例如,某辆自行车是比较新的,

---

① 参见〔日〕佐伯仁志、〔日〕道垣内弘人:《刑法与民法的对话》,于改之、张小宁译,北京大学出版社 2012 年版,第 191 页。
② 当然,在被害人存在占有意思,但行为人对此存在认识错误,误认为该财物是遗忘物或脱离占有物而加以取得的,客观上行为似乎符合盗窃罪的构成要件,但其主观上只有侵占的故意,按照处理抽象事实认识错误的通说理论,被告人应当成立侵占罪。但这一定罪结论和肯定被害人的占有并不冲突。
③ 参见〔日〕大塚仁:《刑法概说》(各论),冯军译,中国人民大学出版社 2003 年版,第 188 页。
④ 参见〔日〕曾根威彦:《刑法各論》(第 4 版),弘文堂 2008 年版,第 113 页。

写有被害人名字,但没有上锁。被害人将其放在经常停车的地方。14 个小时后,自行车被行为人骑走。由于日本刑法中的盗窃罪对犯罪数额未作要求,法官判定被告人构成盗窃罪。西田典之教授支持判决结论,认为自行车即便处于被害人的支配领域之外,但依然能够推定被害人的事实上的支配,可以肯定其存在占有,但认为"其主要理由还是基于存在占有意思"①;而大谷实教授则持反对见解,其强调在这种情形下事实上的支配并不明确,判例肯定占有属于"过于重视被害人的占有意思",使这种占有意思对原本不明确的事实上支配起到了过于强烈的补充作用,因此,判决结论并不妥当。②

(二) 占有意思与上下主从者的占有

在具有类似于店主与店员这种上下主从关系的场合,通常仅承认上位者的占有,下位者取得财物的应当成立盗窃罪。在【案例 15 - 3 携款潜逃案】中,乙的占有仅仅属于辅助性占有。店主甲即使不在店中,其员工也未独立占有店内的财物,而被视为按照占有人(即上位者)的意志进行占有。显而易见,虽然此时上位者仅具有占有意思,客观的占有行为实际上是通过其雇员来实现的,但在案件处理时认为占有意思甚至有超越客观的占有事实的意义,对于判断占有归属起着决定性作用。不难看出,此时肯定占有,已经不是重视事实上的控制状态,也不是在承认推定的占有,而是按照社会观念所认同的占有进行判断,将占有概念功能化、规范化。如果不重视占有意思,就难以得出事实上并不握有、控制财物的人还对财物具有占有。换言之,在具有上下主从关系的场合,占有意思几乎一跃成为决定占有的唯一因素。

(三) 占有意思与包装物(封缄物)的占有

在受委托保管、运输封缄物、包装物(箱子、邮件、打包或打捆的财物、集装箱内或其他密封委托运输、传递的财物)的过程中,直接占有包装物,或者损害包装物的锁具或外包装装置,取得包装物里面的内容物的,应当如何处理? 对此,有委托人占有说、受托人占有说和分别占有说的争论。

---

① 〔日〕西田典之:《日本刑法各论》(第 6 版),王昭武、刘明祥译,法律出版社 2013 年版,第 142 页。

② 参见〔日〕大谷实:《刑法各论》(新版第 2 版),黎宏译,中国人民大学出版社 2008 年版,第 189、190 页。

委托人占有说主张,由于委托人对包装物采用上锁、打包、密封等特定措施来确保其占有,根据占有事实判断的支配领域性规则,应当认定整个包装物及其内部财物均由委托人占有。受托人侵占包装物整体或抽取部分内容物的,均构成盗窃。①

受托人占有说认为,整个包装物及其内容物均由受托人占有,受托人侵占包装物整体或抽取内容物,只构成侵占罪。因为整个包装或加锁的财物既已交付受托人保管或运输,其能支配物之全体,自然就支配包装物内之内容物,这是合乎情理的。占有包装物之人,随时可能破坏包装或门锁取出内容物,使之处于可以自由支配占有物内部物品的状态中。② 这种观点重视占有事实,认为其对占有的决定性意义是毋庸置疑的——既然受托人直接控制了整个包装物,其也理所当然地在物理上实质地控制、支配了包装物里面的财物。所以,无论是包装物还是内容物,都只能由接受委托的人占有。

分别占有说则强调,整个包装物归受托人占有,但其包装内之物体,归委托人所有。国外的判例及通说均坚持分别占有说,即针对内容物肯定委托人的占有;而占有整个包装物的,判例则肯定受托人的占有,认为其成立侵占罪。

上述分歧的出现与占有事实、占有意思在学者的心目中孰轻孰重有关。如果认为刑法上的占有应重视占有事实,那么,对于占有的有无及归属的判断当然应优先考虑物理上的握有、控制和支配,受托人占有说就会得到更多人的认同。但是,这种主张的不足也很明显——既然委托人基于其意思"有意识地"对包装物采取了密封措施,就说明委托人很在意内容物及其安全。委托人只是授权受托人按照特定方式保管、运输包装物,而禁止受托人对于内容物进行处置,受托人对于内容物的占有意思就必须加以否定。相对地,委托人占有说则过于重视占有意思,在委托人事实上已经不再对财物整体进行控制、占有财物的情形下,仅因其对包装物采取了封缄措施,保留了占有意思而肯定占有的存在。在以上三种主张中,主讲人认为"分别占有说"相对合理。一方面,如果强调占有概念的事实

---

① 参见〔日〕团藤重光:《刑法綱要各論》(第3版),创文社1990年版,第570页。
② 参见〔日〕阿部纯二等编:《刑法基本講座》(第5卷),法学书院1993年版,第245页。

性，尽量去除其观念性和抽象性，就应该认为受托人因为委托人的信任，在运输过程中事实上占有、控制整个包装物，其对包装物的占有客观上存在，财物处于其事实上的支配之下。另一方面，因为委托人对内容物特别加锁或包装后，对物的支配手段还存在，支配可能性还保留，自然对财物具有现实支配力。委托人通过具体行动和一定措施表明了其对内容物进行占有的强烈愿望和明确意思。并且，一般社会观念也认为，委托人在事实上能够支配内容物，未失去占有意思，占有并不以事实上的管理、管有为必要，委托人对内容物的占有权仍然得以保留。因此，受托人在保管、运送包装物途中，对于整个包装物因运送业务本身而占有，但对包装物内的内容物，仍为委托人所占有，并不能由受托人所自由支配。如果受托人将包装物打开，窃取箱内财物，就与侵占整个包装物有所不同，所以应成立盗窃罪。

　　需要指出的是，在实践中成为问题的，往往都是承运人不法取得内容物的情形，因此，讨论的焦点应当集中在封缄物里面的财物被承运人拿走时如何处理。对此，如果完全否定托运人的占有行为和占有意思，仅承认承运人的占有、控制状态，可能造成轻纵犯罪的后果。在【案例15－4　搬运工案】中，上海市长宁区人民检察院以盗窃罪起诉，一审法院认为，被告人李江身为公司工作人员，伙同他人利用其控制、保管运输途中的货物的职务便利，将公司承运的货物非法占为己有，其行为符合职务侵占罪的犯罪构成，判处其有期徒刑6年。之后，上海市长宁区人民检察院提出抗诉。二审法院认为，本案沪深航公司依据运输合同合法占有任某委托运输的货物，托运人任某对货物用纸箱包装并以胶带封缄客观上仅起到防止货物散落、便于运输的作用，但无法否认托运人任某将货物实际交付沪深航公司的事实。检察机关认为，任某对货物的封存是宣示其仍享有控制权，但这仅仅反映出任某可能仍想控制该货物的主观意愿，因为当事人对动产是否享有控制权是客观状态，并不以当事人的主观心态而发生改变。一般而言，对动产的控制系通过对动产占有的直接控制或者通过对直接占有人的支配、控制而间接控制。沪深航公司在依据运输合同占有该货物时，就取得了该货物的直接控制权；而托运人任某在将货物交付沪深航公司后，也未对沪深航公司的运输进行监督，故任某亦未间接控制该货物。因此，原审被告人李江在履行运输职务的过程中实际合法取得了该货物的控制权。托运人任某未告知沪深航公司箱内物品的品名、数量仅影响到运输费用及运输合同的违约责任,但是,不能由此否认沪深航公司作为承运人实际控制货物的事实,也无法免除承运人保障货物安全的义务。①

本案一、二审法院的判决明确重视了承运人的占有事实,而且其论证大致只能够支撑承运人对包装物整体能够占有、控制这一面向,不能由此得出被告人李江有权取得封缄物内部财物的结论,且判决完全忽略了包装物(封缄物)托运人对内容物的占有意思与占有行为,定性结论未必妥当。本案中托运的货物由托运人封存,沪深航公司及被告人李江均不清楚箱内具体物品、数量,李的职责仅为保证封存箱的完好、不丢失,无权打开封存箱,其对内容物没有占有权,至多只是一个占有辅助者。因此,李江等人在运输途中秘密打开封存箱盗窃其中财物的行为与其自身职权无关,不在其职责权限范围内,其取得财物的行为没有利用职务上的便利,只是利用了工作上的便利,故不符合职务侵占罪的构成要件。同时,从体系解释的角度看,《刑法》第253条第2款规定邮政工作人员私自开拆或者隐匿、毁弃邮件、电报而窃取财物的,依照盗窃罪从重处罚。就此而言,立法肯认,财物一旦属于封缄物,就应当肯定委托人对内容物的占有。承担运送职责的人取得内容物的,构成盗窃罪。本案中,被告人李江所在沪深航公司系货运服务公司,在承运各种货件业务方面与运送邮件的邮政工作人员的职责权限相同,即都无权取得托运人通过封缄、包装等特定行为明确保留占有意思的财物。李江作为货运人员,将其在运输单位货物过程中私自开拆货件并窃取财物的行为认定为盗窃,与上述刑法条款规定所体现的立法精神一致。

对内容物,应肯定托运人的占有。托运人的占有之所以得以保留,是因为其通过封缄、上锁、贴封条等实际行动表明其强烈的占有意愿,占有意思极其明确。只要准确掌握这一点,对封缄物里面的财物被承运人不法取得时如何定性,也就不会出差错。在"程某用煤矸石替换优质煤案"中,合同约定,A公司从B公司购买优质煤之后再卖给D公司。A委托甲运输公司将煤运输到C公司洗煤(合同约定甲公司的运煤车在装货后,由A公司工作人员负责贴封条,但事实上有时并未按照这一要求执行),由C公司洗煤后再运输到D公司。A公司和C公司约定,优质煤如果洗煤

---

① 参见上海市中级人民法院(2008)沪一中刑终字第682号刑事裁定书。

后损耗太大,损失部分由 C 公司承担,C 公司为此在甲公司卸煤时都认真进行监督。而甲公司安排的司机程某在将煤从 B 公司拉出来后,途中到一个废弃矿区用煤矸石替换部分优质煤,再将这些优质煤卖给其他人,程某由此获利 10 万元。程某构成盗窃罪还是侵占罪?

由于 A 公司和甲公司的运输合同上约定,甲公司的运煤车在装满货物后,由 A 公司工作人员负责贴封条,就说明该财物是 A 公司采用特殊措施来加以控制和确保的包装物,A 公司对汽车内的优质煤(内容物)事实上的支配力,货车内装载的优质煤成为包装物的内容物。即便之后并未完全按照这一要求执行,也应当承认 A 公司对内容物的占有,行为人程某应当构成盗窃罪。

有学者认为,分别占有说可能导致罪刑关系的失衡——受托人取得整个包装物,构成性质较轻的侵占罪;只抽取其中一部分财物,反而构成法定刑更重的盗窃罪,最终导致行为人窃取更多财物的,反而判得更轻。[1] 但是,如果认为行为人为获取内容物而侵占整个包装物,只不过是以侵占手段实现了盗窃目的,侵占罪和盗窃罪之间就有竞合(吸收)关系,应以重罪(即盗窃罪)论处。这样一来,对分别占有说可能导致罪刑关系失衡的担心就是多余的。

三、放弃占有的表示与占有意思

在事实上握有财物的人特别表示或声明放弃占有的场合,占有意思不再保留,其握有财物的状态,不具备刑法上占有的全部要素,占有即不存在。换言之,占有意思可能因为占有者对财物的"积极支配的放弃"而改变,即便存在客观的占有状况,也应当否定占有。[2] 对于他人不再具有占有意思的财物的取得行为,不能以盗窃、抢夺等夺取型财产犯罪论处。例如,甲基于抢劫的意思对乙使用暴力,致乙轻微伤。乙从身上掏出一沓15 张 10 元面额的钱递给甲。甲接过数了一下,马上将其扔到甲的脸上,骂乙"打发要饭的?"又打了乙一耳光,然后逃离犯罪现场。甲是否成立抢劫罪既遂? 如果认为抢劫罪的既遂标准是取得(占有),而甲在发现抢得

---

[1] 参见〔日〕川端博:《刑法各論概要》,成文堂 2003 年版,第 157 页。
[2] 参见〔日〕山中敬一:《刑法各論》(第 3 版),成文堂 2015 年版,第 270 页。

的钱太少而马上返还时,骂对方是"打发要饭的"这一行动属于表明其没有占有意思的特别声明,就能够否定占有的主观要素,其握有财物时间很短又缺乏主观占有要素的行为就难以认定为占有、取得,只能成立抢劫罪未遂。对此,有学者认为,占有意思只是在主观上意识到自己正在占有某物。如果对占有某物的状态毫无认识,或者是认识到自己仅是在为他人占有某物,则不具有占有意思。①

实践中的一些案件还涉及在一方明确表示不行使占有权的情形。此时,难以认定握有财物的人存在占有意思,从其手中取得财物的人也就没有侵害他人的占有,故不能成立盗窃罪。

在【案例15-5 丢钱捡钱案】中,某县法院认为,被告人陈某冒名夺取已被他人捡拾的不属于自己的遗失款,且数额巨大,其行为已构成抢夺罪。公诉机关指控的罪名成立。鉴于被告人陈某夺取现金后又与他人私分,犯罪数额可以实际所得认定,加之又能退还所有赃款等情节,量刑时可酌情从轻处罚,遂判决被告人陈某犯抢夺罪,判处有期徒刑3年,缓刑4年,并处罚金人民币2万元整。宣判后,某县人民检察院以原判决事实部分未明确认定陈某从付某手中夺取的现金数额、抢夺5万元应属数额特别巨大依法应在10年以上量刑为由,提出抗诉。在二审裁定尚未送达时,陈某在家中服毒自杀身亡。2003年3月13日,某县人民法院依法裁定终止审理。

对被告人陈某的行为应如何定性,大致有四种分歧意见:

第一种意见认为,陈某的行为构成抢夺罪。理由是,构成侵占他人遗忘物型的侵占罪,其前提必须是行为人先合法持有他人的遗忘物,即自行拾得该遗忘物,进而非法占有该遗忘物,拒不交出的行为。本案中,首先合法持有(拾得)刘某遗失物的是付某。付某虽非这笔巨款的所有人,但当其将钱拾起之后,就成了临时保有或管理者。此时,以非法占有为目的的陈某赶过来乘付某不备之机将钱抢走,应视为抢夺临时合法持有人的财物,符合抢夺罪的构成要件。这就如同甲盗得乙的财物,丙再施暴从甲的手中抢走该财物这类所谓"黑吃黑"案件应定抢劫罪一样。

第二种意见认为,陈某的行为构成诈骗罪。理由是,抢夺罪是非法占有他人所有或保管的财物。本案能否定抢夺罪,关键要看付某拾钱的行

---

① 参见沈志民:《论刑法上的占有及其认定》,载《当代法学》2010年第3期。

为是否可视为对该财物形成临时保管。本案不同于一般的所谓"黑吃黑"案件。在上述的"黑吃黑"案件中,甲有占有、保管其所盗的乙的财物的意思是不言而喻的。丙如果再从甲的手中抢夺或抢劫走该财物,构成抢夺或抢劫罪毫无问题。但本案的特殊性在于——当付某着手拾钱的一刹那,陈某即对其高喊"那是我丢的钱",意在阻止付某捡拾并进而占有该笔钱,同时告知付某,本人才是该笔钱的"主人"(所有人)。尽管这是陈某虚构的谎言,但从付某当时的反应来看,付某对此是信以为真的。付某将钱拾起时对陈某说:"你(丢)的钱我给你拾呢。"很明显,此时付某的主观意思就是在帮陈某拾钱,根本没意识到这笔钱不是陈某的,而是他人的遗失物。当然也就没有将其看做是他人的遗失物,要占有或保管该笔钱的主观意思。这一点从陈某抓走钱时,付某始终未采取任何阻拦或保护措施,即没有任何反对意思,也足以验证。在这种情形下,可以想象,即便陈某不是上前一把抓走付某手中的钱,付某也会愿意将钱"还"给陈的。因此,在本案中即便付某不是主动将钱交给陈某,但也不能仅从陈某抓走钱这一行为表象,就认定其是抢夺行为。换言之,陈某的行为实质上不是抢夺行为,当然也就不构成抢夺罪。陈某以非法占有为目的,虚构事实真相,采用欺骗手段领受他人巨额遗失物的行为,符合诈骗罪的构成要件。

　　第三种意见认为,陈某的行为构成侵占罪。理由是,陈某从付某手中抓走的钱既非陈某本人的,也非付某的,而是刘某丢失的,属于他人的遗失物。这里的遗失物,和刑法上的遗忘物是同一个意思,所以,陈某将他人巨额遗失物非法占为己有,逃回家中藏匿,拒不交出的行为,符合侵占罪的构成要件。

　　第四种意见认为,陈某的行为属于不当得利,不构成犯罪。理由是,①陈某和付某都不是这笔巨款的主人,而同为他人遗失物的发现者,不同的只是付某捡拾到了此款,而陈某还未来得及捡拾。②陈某边跑边喊"这是我的钱",这就等于给付某特别声明:"我要来拿走属于我自己的这笔款,你应该有所准备。"而付某说的"你(丢)的钱我给你拾呢",也足以表明其当时并未处在没有任何准备的状态,因此不具备抢夺罪之乘人不备的行为特征。③付某当时持有刘某遗失的财物并不是受他人的委托而代为保管和管理,因此无保护的责任和义务,其心态也不是认为自己为唯一合法持有人和任何人都无权拿走这钱。因此,陈某从其手中抓钱,其并未表示异议,这就说明陈某并未侵犯付某的合法权利。

刘某遗失的财物是否由拾得人付某占有(第三人的占有)？这是对陈某的行为定性的关键。对于本案,多数观点认为构成抢夺罪,因为行为人陈某乘付某毫不防备之际,夺取财物,符合抢夺罪的构成要件。还有观点认为构成诈骗罪,因为行为人虚构事实,以所有权人自居,骗取他人交付财物。但是,这些观点都没有考虑到诈骗罪、抢夺罪都属于"取得型"财产犯罪,是侵犯他人占有的行为。如果所侵犯的财产不是他人正在占有的财物,就不可能成立抢夺罪或者诈骗罪。

既然刑法上的占有是事实上的支配,其成立就要求占有行为符合客观要素(支配财物的客观事实)和主观要素(主观上支配财物的意思)。占有意思是否存在,对于区分盗窃罪、侵占罪以及其他犯罪有重要价值。在大量案件中,对占有意思进行独立考察的必要性不大。但是,在特殊情形中,对占有意思的独立判断就显得比较重要。尤其是,握有财物的人控制财物的时间很短且缺乏主观占有要素的行为,就难以被认定为占有。在本案中,刘某遗失财物,占有权利在事实上已经丧失。付某虽然有捡拾财物的身体举动,短暂地握有财物,但是没有占有财物的意思。在占有意思不存在的场合,占有本身不可能成立,因为对占有是否存在,必须结合对财物的客观支配要件和支配的意思(即占有的意思)进行综合判断。付某原本就不想占有该财物,陈某刚从拖拉机上跳下,向付某跑去,边跑边喊："那是我(丢)的钱!"付某立即回答说"你(丢)的钱我给你拾呢",这充分说明付某对这5万元钱没有占有意思,反而实实在在地证明了他完全不想也不会对这笔财物行使占有权,自然也就谈不上其占有的财物被陈某抢夺的问题。付某没有占有财物,没有处分财物的意思,自然就没有处分权限和地位,就谈不上受骗以后处分、交付自己占有的财物,诈骗罪的成立也就无从谈起。在本案中,之所以有论者会认为被告人构成抢夺罪或者诈骗罪,与我国刑法学通说历来对财产犯罪中的占有研究不多,尤其对占有意思的重要性的重视不够有关。所以,法院将本案定性为抢夺罪,是值得商榷的;理论上认为被告人构成诈骗罪,也没有仔细考察占有是否存在及其归属问题。

主讲人认为,如果将遗忘物扩大解释为不是基于权利人抛弃的意思,而偶然丧失占有的财物,就可以确定被告人陈某将他人的遗忘物非法占为己有,并且有拒不交出的行为,符合侵占罪的构成要件。在本案中,付某由于对财物没有占有意思,陈某如何从其手中取得财物,对于本案的定性,无关紧要。所以,不能仅仅因为陈某有从其手中夺取财物的行为,就将本案定性为抢夺罪。抢夺罪中交付财物的人,一定是被害人,但付某不是财物占有人,其财物即使被陈某夺走,也谈不上"被害"的问题。所以,陈某从付某手中夺取财物的行为,应当评价为其侵占罪实施中的一个环节,是侵占中的取得行为。虽然夺取行为有一定程度的有形力特征,但有形力系针对财物,该行为以平和手段实施的任何一种变占有为所有的侵占行为在性质上并无根本区别。当然,要认定被告人构成侵占罪,还涉及合理解释遗忘物、拒不交出的问题。

其一,遗失物和遗忘物是否有必要进行区别、能否区别? 如果认为被告人陈某构成侵占罪,就需要进一步解释被告人所侵占的对象究竟为何的问题。《刑法》第 270 条第 2 款规定,将他人的遗忘物非法占有己有,拒不交出的,成立侵占罪。那么,被害人刘某遗失的 5 万元现金能否认定为是遗忘物? 关于遗忘物与遗失物之间是否存在区别的问题,存在两种学说。其中,肯定说认为,二者含义不同,应当进行区分,区分的标准主要是财物遗置人能否回忆起丧失财物的时间、地点等;否定说则认为,遗忘物与遗失物词异义同,没有必要进行区分。

肯定说是以民法学的研究为立论根据的。① 民法上认为,遗失物是非出于遗失人自己的意思而丧失占有,同时又不为其他人占有的非无主财产。遗失人对财物的控制能力已经完全丧失;而遗忘物则是指占有人偶然遗忘于他人的车船、飞机、住宅等特定场所的物品。遗忘人对财物的控制能力并未完全丧失。但是,此处将民法上的区分标准借用到刑法中并不妥当。所以,对遗忘物与遗失物在刑法上不作区分的观点似乎更有道理。把财物遗置的时间、场所、遗置人的记忆能力等作为区分遗忘物、遗失物的标准,既不科学,也不合理。对被告人是否定罪,取决于被害人的记忆能力。如果被害人能够记得遗置的时间、地点,就是遗忘物,被告人就有罪。反之,被告人无罪。这就违反了犯罪是被告人的危害行为的刑法学基本原理。将遗忘物与遗失物等而视之,将会减少认定犯罪的困难,有其实际意义。这样说来,侵占罪中的遗忘物,就是遗失物,是指非基于合法占有人抛弃的意思而偶然丧失占有,现又无人占有之物。在本案中,刘某不是基于本人自愿抛弃的意思,偶然丧失占有的财物,可以认定为是

---

① 参见陈兴良:《规范刑法学》,中国政法大学出版社 2003 年版,第 529 页。

他的遗忘物。被告人陈某侵占该财物的,可以成立侵占罪。

其二,如何理解侵占罪中的"拒不交出"? 如果将被告人的行为认定为侵占罪,有人就会提出,在本案中,被害人刘某并没有向被告人提出返还的要求,被告人就谈不上"拒不交出"的问题,侵占罪的构成要件也就不齐备。因为按照我国刑法,似乎行为人有不法所有的意图还不足以构成侵占罪,还要求行为人要有拒不退还、拒不交出的意思及行为。这就涉及如何理解"拒不交出"的含义问题。一般认为,行为人主观上具有将持有的他人财物非法占为己有的目的,并以所有人的身份对该财物进行非法使用、收益、处分,其行为就已经具有非法性。即使行为人后来在他人的要求下返还或者交出了占有物,也不能改变非法占有的性质。但此时,行为人尚未构成侵占罪,只有在其行为具备拒不交出、拒不退还的特征时,侵占罪的构成要件才算完全齐备。所以,对侵占罪的成立,需要先判断非法占为己有的事实是否存在,之后再进一步判断持有人是否有拒不退还或者交出的意思。

但是,上述观点值得商榷。因为按照前述的认定条件,难以判断以下情况:持有人谎称财物已经遗失或者被盗、隐匿不交的,是否属于拒不退还? 行为人在接受他人保管财物的委托后逃匿的,能否认定为拒不退还?又如,在所有人索要财产前,财产持有人与第三人相勾结已经私分财产,但口头上从不拒绝返还的,是否成立拒不退还? 实质上,如果在理论上把拒不交出解释为从属于非法占为己有的情节,不法取得人基于非法占有目的,占有并实质地控制他人之物就属于拒不退还或者拒不交出,应当成立侵占罪。事实上,非法占为己有与拒不交出之间是包容关系,前者是主要的,能够包容拒不交出,即持有人以所有人自居,对财物加以处分,既表明了其非法占有持有物的意图,也说明了拒不交出事实的存在。[①] 换言之,能够判明是非法占为己有,就足以说明是拒不交出,有前者就一定有后者,后者处于从属地位。拒不交出虽然是侵占罪中构成要件客观方面的内容,但其只是对非法占为己有的强调和进一步说明,是为确认、固定持有人非法占为己有的意图提供充足的依据,并不具有单独的意义,更不要求财物的所有人要有请求退还或要求返还的意思表示,以及行为人须

[①] 更为详尽的分析,参见周光权:《侵占罪认定中的关键问题》,载姜伟主编:《刑事司法指南》(总第 18 集),法律出版社 2004 年版,第 55 页。

有不予交出的行为事实。所以,自从行为人将自己暂时持有的他人财物不法转变为自己所有之时,拒不交出的意思已经比较明显,没有必要再在司法上证明拒不退还、拒不交出情节的存在与否。这既能够适度减轻司法证明的负担,也可以克服证明上的一些难题。在本案中,被告人陈某将他人的遗忘物拿回家中藏匿,非法占有目的非常明显,能够判明是非法占为己有,就足以说明其对他人的财物有拒不交出的意思,客观上有拒不交出的行为,应当成立侵占罪。

好了,这一讲就到这里。

第十六讲　托盘融资业务与合同诈骗罪的界限

【案例16-1　托盘融资案】

2012年4月,孙清涛以其实际控制的龙建公司以及知安公司名义,与国电公司签订三方《钢材购销协议》,约定由知安公司委托国电公司向龙建公司购买钢材,再由国电公司派人到龙建公司指定仓库对照货物仓单实地检查后贴上国电公司的标签,之后铁山库给国电公司提供货权凭证。3个月后,知安公司支付钢材款给国电公司,拿回钢材货权。协议还约定,国电公司获得出借资金6‰的收益。后因孙清涛资金链断裂,无法归还国电公司资金高达3.6亿元。对于本案,北京市第一中级人民法院经审理认为,孙清涛等人以非法占有为目的,在签订履行合同中骗取他人财物,其行为已构成合同诈骗罪,判处孙清涛等7人无期徒刑,判处另一被告人有期徒刑14年。被告人上诉后,二审维持原判。①

【案例16-2　套取资金案】

2006年2月至9月间,被告人彭某某先后成立了安泰公司和南瑞公司,经营酒类销售业务。因经营管理不善,至2012年初濒临破产。为缓解资金压力,被告人彭某某依托环三公司开展托盘业务,于2012年6月至8月间,先后三次以南瑞公司与环三公司签订销售合同、环三公司与鼎众公司签订代理采购合同,而鼎众公司与南瑞公司之间只进行小额或虚假交易的形式,通过鼎众公司

---

① 参见北京市高级人民法院(2015)高刑终字第16号刑事判决书。

总经理林某某（另案处理）的帮忙，将环三公司支付给鼎众公司的大部分货款共计700多万元挪作他用。2012年9月10日、10月16日，被告人彭某某将销售合同约定的货款尾款共计770.04976万元倒转支付给环三公司，制造合同履行完毕假象。

2012年10月17日，为继续套取环三公司资金，被告人彭某某未经林某某同意，私刻鼎众公司印章，并伪造林某某的签名，以鼎众公司名义与环三公司签订CG20120046《代理采购合同》，当日环三公司在收到南瑞公司预付的合同保证金108.82万元后，将合同货款527.05万元转账给鼎众公司，被告人彭某某以银行流水转账为由要求林某某转账，林某某于当日将该款分两次转入被告人彭某某个人账户，被被告人彭某某用于偿还债务及资金周转。2013年4月9日，经环三公司催讨，南瑞公司将50万元通过鼎众公司转还环三公司，扣除合同保证金108.82元，余款368.23万元未能偿还。

被告人彭某某以上述方式于2012年9月11日与环三公司签订了销售合同，让环三公司为南瑞公司与泸州公司做托盘业务。环三公司于当日收到南瑞公司预付的合同保证金112.596万元后，次日将合同货款540.9万元转账给泸州公司。2012年9月12日，被告人彭某某用私刻的环三公司公章和法人代表印章，伪造了环三公司出具的委托付款函给泸州公司，泸州公司于当日将环三公司的货款510.9万元转入被告人彭某某个人账户，被彭某某用于偿还债务。2013年3月8日，环三公司分别与南瑞公司、泸州公司签订补充协议，同意终止合同，由泸州公司退还货款510.9万，并从南瑞公司已支付的合同保证金中扣减67.75万元作为经济损失赔偿。同日，南瑞公司将510.9万元通过泸州公司转还环三公司。

在前述第三项合同到期后，环三公司得知被告人彭某某伪造环三公司委托付款函套取货款并暂时无力按照合同约定支付剩余货款，经环三公司董事长张某某、总经理陈某某同意，2013年2月4日被告人彭某某又以上述方式，让环三公司为南瑞公司与安泰公司做托盘业务。2013年2月5日环三公司在未收到合同保证金的情况下，先将合同货款538.0356万元转账给安泰公司,被告人彭某某收到该款后将其中527.7616万元转入南瑞公司账户,于同月8日从南瑞公司转账113.81928万元给环三公司作为合同保证金。2013年2月5日环三公司转给安泰公司的货款538.0356万元,扣除合同保证金113.81928万元,余款424.21632万元未能偿还。

至2014年6月,南瑞公司尚欠环三公司792.44632万元无法返还。

法院认为,被告人彭某某的行为已构成合同诈骗罪,判处其有期徒刑12年。①

【案例16-3 填补亏损案】

2008年1月至8月,被告人赵甲、潘某某在经营上海百星实业有限公司、无锡北钢钢铁销售有限公司等公司的过程中,通过签订、履行合同骗取被害单位五矿上海浦东贸易有限责任公司、中钢集团上海有限公司等公司共计人民币1.8亿余元。其具体作案方式是:被告人在其公司已资不抵债、无实际履约能力且无钢材库存的情况下,制作虚假库存清单、入库单、提货单,以上海百星实业有限公司名义先后与被害单位签订购销合同,再约定由其控制的其他公司加价回购点托盘贸易方式骗取被害单位财物。上述所得赃款均被用于填补炒卖远期现货、期货亏损、偿还公司债务和被告人赵甲偿还个人赌债及购置房产等。法院认定两名被告人的行为构成合同诈骗罪,遂对赵甲判处有期徒刑13年;判处潘某某有期徒刑5年。②

这一讲主要讨论诈骗犯罪的相关问题,目的是要纠正目前定罪的一些偏差,防止实务上将民事合同纠纷升格为刑事犯罪。

一、问题的提出

"托盘贸易"(又称为"托盘业务")原本是一种真正的贸易形式。这

---

① 参见福建省宁德市蕉城区人民法院(2015)蕉刑初字第236号刑事判决书。
② 上海市第二中级人民法院(2009)沪二中刑初字第76号刑事判决书。

种贸易通常涉及三方主体:甲供货商(卖方)、乙贸易商(买方)、丙托盘方(资金提供方)。乙方因缺乏采购资金,委托托盘方提供融资;托盘方向甲方购买货物并预付货款,再赊销给乙方;甲方按照托盘方的指示向乙方交货;乙方取得货物一段时间后,再向托盘方付款并支付融资利息。这种贸易的主要特征是:存在真实的买卖关系:托盘方使用自有资金向甲方购买货物,其向甲方支付货款,这是第一重买卖关系。托盘方指令甲方将货物提供给乙方,乙方事后通常在最长 6 个月的时间内向托盘方支付该笔资金及其利息。托盘方提供资金的目的是为了确保交易完成并赚取利益,因此,其比较关心货物或者担保是否存在,通常会要求甲方提供真实货物,或要求乙方提供足额担保。甲、乙作为买卖双方通常事先不存在利益关系或关联关系。这种贸易形式由托盘方"一手托两家"。

但是,在实践中,大量最终演化为刑事案件的"托盘贸易",都不过是披着"贸易"外衣的一种融资安排,成为托盘贸易的变体或"假托盘贸易",而非真正的贸易实践。其具体操作形式为:甲供货商(卖方)联合自己能够实际控制的乙贸易商(买方),在没有真实采购和销售需求的情况下,安排乙方委托托盘方去向甲方采购货物,甲方从托盘方收取所谓的货款后挪作他用。在用款周期届满,或者托盘方催收资金时,由甲方直接将资金调配给乙方,再由其付款给托盘方,托盘方回笼资金并获取高额利润。这种"托盘贸易"以贸易之名行"托盘融资"之实,其基本特征是:不存在真实的交易,即便存在所谓的买卖合同,也是徒有其名,不仅合同标的物虚假,参与贸易的三方对货物真实性也并不关心;"买卖"双方这两个合同主体由同一人实际控制,是关联公司或利益共同体,以便操控子虚乌有的贸易。这种贸易的"托盘"具有双重含义:一方面,买卖双方往往就是一个主体(通常是自然人)控制的两个公司,该主体"一手托两家";另一方面,提供资金的托盘方也"一手托两家"。

在实践中,如果因第一种真实的托盘贸易而产生纠纷,当事人双方通常会选择民事途径解决,司法机关也不会将这类买卖合同纠纷认定为犯罪。但是,针对大量虚假的托盘贸易或托盘融资业务,托盘方在资金不能及时回笼时,大多会选择到侦查机关报案。侦查机关通常会以合同诈骗罪立案,此后进入公诉和审判环节,诸多案件都会被认定为犯罪。实践中,出现频率最高的定罪理由主要有以下情形:①卖方的货物、提单、仓单或担保物不存在,存在对托盘方的欺骗;②资金使用者明知自己资不抵债仍与他人签订托盘贸易协议,具有非法占有目的;③被害人一方存在巨大损失,等等。但是,对融资托盘业务以合同诈骗罪定罪处罚是否妥当,相关裁判理由是否站得住脚？实务操作逻辑会映射到哪些案件中？对于类似行为,究竟有哪些处理思路？这些都是值得研究的问题。

二、托盘融资业务的形式与实质

(一) 托盘融资业务的形式

在大量涉及托盘融资业务的案件中,单纯从合同形式上看,双方几乎严丝合缝地按照《合同法》中关于买卖合同的要求来约定商品交易内容:合同标的物明确(实践中,大量案件的合同标的物为钢材、钢卷等);合同主体清晰,即一方作为卖方销售商品、另一方作为买方购买商品,卖方再将商品销售给第三方获取差价。但是,三方当事人之间的合同有名无实。在很多案件中,三方当事人之间甚至开展了数十笔贸易业务,作为上游的供货方往往是确定的,因为其就是托盘方提供的资金的真正使用者。而托盘方根据合同"取得"货物后所谓的销售对象大多不同,但其实这些销售对象又都是供货方的关联企业。因此,托盘融资交易的特点是:供货方和最终接盘的公司具有一体性,供货方(资金使用者)"一手托两家";托盘方提供资金后,其收益一定要确保,而且必须固定,在大量案件中,通常在合同交易额的6%～20%的幅度内收取。这一收益额实际上就是托盘方出借资金(名义上是支付货款)所收取的高额利息。这些特点,决定了托盘融资贸易不可能成为真正的贸易关系,而是贸易合同名义下所进行的融资、借贷活动。

(二) 托盘融资业务的实质

在托盘融资贸易中,托盘方将商品再销售获取"差价",毫无例外地可以折算为融资、借贷的高额利息,因此,这种托盘业务的实质是拆借资金的融资行为。

将这种所谓的托盘贸易认定为融资行为的理由在于:①双方的交易不真实。实践中,与托盘方进行交易的两个公司(买卖关系的上家和下家)之间的所有交易主体都是供货方能够完全有效控制的单位,以便于供货方能够在一定期限内顺利使用该资金(现金或银行承兑汇票),托盘方对其中细节往往知情。②货物提供方、货物购买方需要分别与托盘方签订合同。但在很多案件中,这两份合同由供货方的同一个工作人员分别代表供货方、购货方与托盘方签订,并加盖不同公司的印章,贸易合同完全是形式。在大量案件中,托盘方对此也是知情的。③因为合同约定的交易并不真实存在,各当事方事实上均不查验货物(即使查验也是形式检查),不关心货权、货物转移情况。但是,在案发后,几乎所有的托盘方都主张因为对方货物虚假,自己被对方诈骗。④托盘方通过虚假贸易获取收益,而且收益必须固定。这一事实可以清楚地看出托盘贸易的实质:在所有真正的贸易中,合同主体都必须在竞争激烈的市场中"摸爬滚打""历经风雨",必须敢于承担亏损的风险,而不可能只赚不赔。反之,只有在假贸易、真借款的场合,出借人才会要求确保其本金及利息收益。⑤在少数案件中,托盘方会明确涉案款项是借款而非货款,个别托盘方甚至事后还会和卖方(资金使用方)签订具体还款协议,会特别提到托盘方作为资金出借方主张的仅仅是"借款及利息收益"。

对于托盘融资贸易的性质,我国法律并无明确规定。但是,最高人民法院在"天恒公司与豫玉都公司、科弘公司等企业借贷纠纷案"的判决中,对托盘融资的性质、效力、后果进行了认定。针对这起名为委托购买钢卷的托盘贸易实为借贷的融资纠纷,最高人民法院明确指出:①本案主体之一既是卖家,又是买家,高买低卖,净亏90余万元,是一种以工厂回购形式为自己融资的所谓托盘交易。类似贸易形式名为买卖实为融资,属于企业间借款行为。②托盘融资系采用虚假贸易形式进行的借贷活动,其违反国家强制性金融法规,属于以合法形式掩盖非法目的行为,相关合同均属无效合同。③合同无效后,实际资金使用方应负责返还本金,不足部分由托盘交易的其他参与方按过错程度分担损失。①

最高人民法院的判决充分表明,只要当事人以买卖合同掩盖企业间拆借行为,在合同中约定的货物交易并没有实际发生的,该交易就是虚假交易,合同无效。在这样的交易中,当事人其实并不关心货物买卖、货物是否实际存在,出借人最关注的事项是资金能否及时回笼、高额利息能否得到确保。那么,在刑事审判中,以托盘融资贸易的货物不存在为由,判断用款方成立诈骗罪就缺乏定罪根据。

---

① 参见最高人民法院(2010)民提字第110号民事判决书。

三、托盘融资业务与合同诈骗罪的关系

由此看来,对名义上为买卖合同,看似具有贸易关系,而实质上完全不存在货物买卖、商品交易的行为究竟应当如何处理,在民事上已有定论。但是,值得注意的是,大量法院的刑事判决却认定这种借款合同纠纷的用款方构成合同诈骗罪,使之成为刑事案件的被告人,并因此造成判断上的异化和扭曲。在合同目的并不是货物转移,合同双方事前也都知道没有真实货物转移的情形,为什么在刑法上却一定要用《合同法》中履行买卖合同的标准去衡量当事人的行为举止?对于融资双方在合同上做虚假约定,但事实上谁都不关心的标的物,反而在定罪时无比看重,甚至将其有无作为定罪的核心理由,其道理何在?很显然,刑事裁判上的这种思考逻辑是颇值商榷的。

(一)被告人的行为不具备合同诈骗罪的客观构成要件

合同诈骗罪和诈骗罪之间是法条竞合关系。合同诈骗罪作为特别法条,其必须符合诈骗罪的构成要件。诈骗罪既遂的基本构造是:实施欺诈行为—使他人产生或者继续维持错误认识—他人由此实施处分(或交付)财产行为—行为人获得或者使第三人获得财产—被害人遭受财产损失。按照这一标准,可以认为,几乎所有的托盘融资贸易都不符合合同诈骗罪的客观构造。

1. 被告人不存在利用合同标的进行欺骗的行为

在托盘融资业务中,托盘方能够提供资金并希望获得固定收益,以虚假的供货方名义出现的借款方则需要资金。在目前的大量刑事案件中,托盘方(出借方)大多为资金实力雄厚且闲置资金暂时没有投向的国有企业,其为规避法律对企业资金拆借的限制,而通过虚假贸易合同对民营企业或个人拆借资金。在具体实施托盘融资业务时,国有企业作为中间公司,往往要求委托方自行寻找、提供两家关联公司分别作为上、下游公司,对虚假贸易的主要谋议过程是在国有企业和上游公司之间完成的。之后,上游公司和国有企业之间签订委托采购货物(前几年主要是钢材、矿石等)合同,下游公司再和国有企业签订钢材购销合同。在这个完全"闭环"的交易中,国有企业从中收取相当比例的代理费,其恰好就是资金利息。从货物流转的角度看,由于上下游公司均为委托方(用款方)所实际

控制,托盘方所谓的"倒手转卖货物获取利润"完全就是一个幌子。货物并不实际流转,货权仅仅在名义上有一个从关联公司经过国有企业之后,再到另一个关联公司的流转过程。货物买卖完成之日即为借款合同到期之日。这里的"托盘业务",形式上是代理购货,但并无实际的"购货"行为发生,而仅仅是资金实力较差的企业借助于资金实力雄厚的企业摆脱资金困难,这种短期融资模式在现实经济生活中,很多时候可能会使双方利益共赢:委托方缓解了资金困境,有更多的资金维持经营,能够"撑下去";拥有大量闲置资金的国有企业由此能够获得出借资金的巨额收益。在这种当事双方或三方事前对行为性质认识很清晰,对如何操作以规避法律商议很细致的案件中,显然不存在一方当事人骗取另一方货款的问题。

实践中成为问题的案件,基本都是当事双方长期合作,多次实施托盘融资业务,最终无力还款的情形,对此,公诉机关大多以《刑法》第224条第(三)项规定的"没有实际履行能力,以先履行小额合同或者部分履行合同的方法,诱骗对方当事人继续签订和履行合同"作为被告人实施了欺骗行为的指控依据。例如,在【案例16-1 托盘融资案】中,公诉机关认为,被告人为达到非法获取并占有资金之目的,隐瞒公司无力交付钢材及支付款项的事实,采取将他人货物谎称是自己货物向国电公司出具虚假货权凭证,并用支付小额保证金的手段取得国电公司信任,骗取款项后用于还债而无法归还,实施了利用合同骗取对方款项的行为。确实,存在长期借款关系的托盘交易中,被告人后期的借款行为似乎符合"没有实际履行能力,以先履行小额合同或者部分履行合同的方法,诱骗对方当事人继续签订和履行合同"的规定。但是,问题的关键在于《刑法》第224条第(三)项规定中的"诱骗"二字上:因为存在长期合作的托盘融资、借款关系,出借方根本不需要对方"诱骗",就自愿地、急切地向对方主动出借款项。此时,不能认为对方实施了欺骗行为,委托方的行为不符合合同诈骗罪的客观构成要件。将用款方欠债不能还的事实认定为犯罪属于定性错误。

当然,在极其特殊的情况下,在合同主体多次实施的托盘融资业务中,可能夹杂某一方欺骗对方,进而成立诈骗罪的情形。但并不能由此推论一般的托盘融资业务都可以成立诈骗犯罪。对此,大致有四种情形:①提供虚假担保的。如果双方在托盘融资贸易中约定委托方(用款方)必须提供担保,且该担保物是合同标的物之外的财物时,委托方提供虚假的或自己没有所有权的财物作为担保,进而骗取对方借款的,可以按照《刑法》第 224 条第(二)项的规定,针对其提供虚假担保骗取财物的行为判处合同诈骗罪。从目前发生的案件看,因为提供虚假融资担保而被定罪的案件基本不存在。这在很大程度上是因为出借、使用资金的双方大多存在高度信任关系,在合同中一般并不约定借款行为的担保物。②隐瞒将资金用于违法、犯罪用途的融资、借款行为。在实务中,以将资金投入商业、贸易活动为名,通过托盘融资活动取得对方借款,然后立即将借款用于赌博、购买毒品等违法、犯罪行为,到期无法归还欠款的,合同委托方(借款方)作为融资活动的资金需求者通常会被认定为实施了诈骗行为。但是,从目前处理的大量案件看,因将融资、借贷资金直接用于违法、犯罪活动而被定罪的情形基本不存在。③通过托盘融资业务取得借款后携款潜逃的,按照《刑法》第 224 条第(四)项的规定有成立本罪的可能性。④在多次托盘融资业务中,行为人实施典型的诈骗行为的。在【案例 16 - 2　套取资金案】中,有成立诈骗罪余地的是第二起事实:2012 年 10 月 17 日,为继续套取环三公司资金,被告人彭某某未经林某某同意,私刻鼎众公司印章,并伪造林某某的签名,以鼎众公司名义与环三公司签订 CG20120046《代理采购合同》。当日,环三公司在收到南瑞公司预付的合同保证金 108.82 万元后,将合同货款 527.05 万元转账给鼎众公司。被告人彭某某以银行流水转账为由要求林某某转账,林某某于当日将该款分两次转入被告人彭某某个人账户。被告人彭某某将该款用于债务偿还及资金周转。2013 年 4 月 9 日,经环三公司催讨,南瑞公司将 50 万元通过鼎众公司转还环三公司,扣除合同保证金 108.82 元,余款 368.23 万元未能偿还。这是被告人彭某某在和环三公司长期进行托盘融资交易过程中,实施了伪造下游公司印章和法定代表人签名,进而骗取托盘方资金的情形,可以构成合同诈骗罪。但是,此时,彭某某的犯罪和实务上认定成立合同诈骗罪的情形(即资金出借方、用款方共同商议之后进行托盘融资,最后无力归还)完全不同,属于典型的诈骗行为,而非托盘融资业务过程中的诈骗。

2. 被害人难谓"陷入错误"

在托盘融资业务中,当事双方或三方基于各自的利益考虑从事融资活动,事前对融资的细节,包括巧立何种贸易名目、吸收哪些主体参与贸易"闭环"交易、如何走账、何时还款等都有周密谋议,被害人不可能陷入错误。在大量案件中,出借资金的国有企业明知货权凭证虚假,并未被骗而陷入错误;在个别案件中,被告人能够提供录音、短信等证据,以证明国有企业与其采用虚假钢材购销合同的形式,行企业融资借款之实。通过这些真实存在的情形,可以知道,在托盘融资业务中认定被害人陷入错误,明显与事实和证据相悖。

在这里需要进一步展开论证的是:只要被害人没有陷入错误而处分财物,就很难说是被欺骗。如果在一方当事人向另一方提供财物的时候,对自己的行为及其后果非常清楚,知道对方某些项目虚假,也能够对对方公司的发展前景堪忧有所警觉而没有陷入错误,但仍为谋取更高利润甘冒风险的,司法上一定要说这个提供财物的人被诈骗了,其结论可能是难以令人信服的,也几乎等于是无原则地认同了"刑法家长主义"。

对于刑法家长主义的概念,主要有两种观点。一种观点是:刑法家长主义意味着,国家有责任像家长一样将某些弱势的人当做小孩子加以管束,限制其自由,以防止其被害。例如,传统上有些国家认为自杀行为违法,进而将帮助、教唆自杀的人以犯罪论处,就是根据刑法家长主义否定了自杀者对于生命权的处分自由。[1] 另外一种观点是,国家必须像保护自己的子女一样为相对无助或者弱势的群体提供保护,例如大量承认诈骗罪的成立,以保护受损害的一方(而弱化对其是否被骗的判断),就和刑法家长主义的逻辑相契合。[2]

实务中对托盘融资贸易的用款人定罪,明显贯彻了前述第二种概念中的刑法家长主义立场,等于是将"精打细算"、并无善意、追逐高额利润的资金出借方当作被害人,用刑法手段对其加以保护。这一点在【案例 16-2 套取资金案】中表现得特别明显。在法院判决中载明:在之前的多项托盘融资借款合同到期后,环三公司得知被告人彭某某无力按照合同约定支付剩余"货款",经环三公司董事长张某某、总经理陈某某同意,于 2013 年 2 月 4 日继续与被告人彭某某做托盘业务,甚至在未收到合同保证金的情况下,先将合同货款 538 万余元转账给被告人彭某某所控制的公司,后被告人无力归还此次借款 424 万余元。法院将被害人明知对

---

[1] 参见王钢:《自杀行为违法性之否定》,载《清华法学》2013 年第 3 期。
[2] 参见车浩:《自我决定权与刑法家长主义》,载《中国法学》2012 年第 1 期。

方无还款能力,但仍然愿意通过托盘业务借款的案件事实描述得如此清楚,仍然认为其被对方所欺骗,确实有基于刑法家长主义,架空合同诈骗罪客观构成要件的嫌疑,定罪结论明显不当。

刑法家长主义之所以在 20 世纪 80 年代一度成为欧美刑法学界的热门议题,原因恰恰在于,刑法家长主义意味着可以出于保护弱势当事人自身利益的目的而限制其自主决定的权利以及相对方的行动自由,在传统客观法益侵害或者伤害原则(Harm Principle)之外为法律限制个人自由提供正当化依据。换言之,国家根据家长主义,说某种行为是犯罪,从而限制个人自由,犯罪成立的根据就可以在法益保护之外去寻找。说得通俗一点,按照刑法家长主义的逻辑,对于被害人,国家可以认为"他不行,他需要保护",对于行为人则是"说你不行,行也不行"。因此,刑法家长主义的提出,是由国家权力的膨胀本能所决定的。司法进而产生扩张处罚的愿望,总是希望在规范外寻找处罚的根据。

在刑法学上,应当限制刑法家长主义的适用。主要理由是:一方面,刑法要尽量尊重个人的自主决定权、保障个人自由。在类似于托盘融资贸易这样的案件中,当托盘方自愿将闲置资金提供给他人时,国家不应当非得以"家长"的面目出现去保护借款人。即便其提供资金行为事后被证明有风险,出借人也应该对这样的风险负责,而不是在投资回报率高时承认其是融资行为,在其"血本无归"时将其看作受害者。① 此时,国家有必要尊重某种市场行为参与者的意志自由。要考虑国权与民权的界限,应当在融资、出借行为发生纠纷后,仅仅由民事程序宣告出资行为的性质以及后续处理,要求用款人欠债还钱。刑法的任务在于通过创设构成要件、禁止侵害行为,从而保障公民个人自由发展所必需的条件和社会空间,促进"人的自由发展",而不是过多地干涉公民处理自身事务的自由。② 另一方面,司法上如果固执地坚持刑法家长主义,在当下语境中具有一定负面性。在市场交易领域,国家刑事司法力量介入过多,推行刑法家长主义带有明显的计划经济统制痕迹,与市场经济的逻辑不符;刑法家长主义有其独特的危险性,其会被滥用到与被害人权利有关的广泛领域,从而产生

---

① 与此类似的问题是,行为人将吸收的存款用于生产经营的,似乎不应当构成非法吸收公众存款罪,实践中对本罪使用率过高并不正常。成立该罪,似应以将吸收的资金用于信贷目的为限。

② 参见周光权:《刑法客观主义与方法论》,法律出版社 2013 年版,第 329 页。

刑罚权被滥用的危险;案件处理结局受被害人的干预太大,如果贯彻家长主义得出有罪结论,但被害人事后反悔或者改变说法的,原来的定案结论是不是靠得住就是一个大问题,司法上将很难贯彻刑法客观主义的立场。

3. 被害人需要对损失自担风险

在所有案件中,司法机关都以出借人的资金不能回笼作为损害后果,进而据此得出被告人有罪的结论。但是,即便认为被害人的损失这一结果与被告人的行为之间存在条件关系,也不能在规范判断的层面将损失归责于被告人的行为,不能认为行为实现了法益危险,而应当认为被害人需要自担(出借资金的)风险。

其一,被害人的损失与合同约定的货物是否真正存在无关。在大量案件中,合同标的物是否存在成为对被告人定罪的重要根据。但是,这一判断方法未必正确。在贸易真实的场合,交易双方都要先明确合同标的物是否存在,再签订合同、支付货款,合同标的物是否存在成为合同诈骗罪是否能够成立的重要判断依据。但是,由于托盘融资业务的实质不是进行贸易,双方只是"走"合同、票据、资金,并不真正"走"货,合同标的物本来就是双方约定用来规避金融管控法规的幌子。合同标的物是否存在,对借款、融资合同的成立与否没有影响。因为在借贷关系中,起实质决定作用的是资金使用及本息归还问题,双方对货物是不是真的存在根本不关心,很多出借人也从不派人考察货物存放情况。因此,不能以合同标的物不存在为由,认定行为人有欺骗行为。合同标的物是否存在,在类似案件中不是定罪根据。将货物虚假这一事实作为定罪理由,明显不符合规范保护目的。

当然,在所有案件中,被害单位一旦发现资金无法回笼,首先都会主张对方在合同中约定的货物不存在,司法机关也依循这一逻辑去思考问题。但是,被害人的主张其实是一种单方面的说法,其和在案证据以及客观事实都不符合:作为托盘融资交易的一方,明知订立合同的目的不是为了货物买卖,该货物是否存在就对借款合同能否成立没有影响,自然也就不能要求对方存在真正的货物。在【案例16-1 托盘融资案】中,被害单位国电公司提出,其曾经派人到指定仓库对照货物仓单实地检查货物后贴上国电公司的标签,之后仓库给国电公司提供货权凭证。事后才得知被告人卖给自己的货物不存在,"去查库,发现有一两个库找不到东西,感觉有问题",事前并不明知被告人及其相关公司没有履约能力。公诉机关也认为,唯一可能保障被害单位利益的就是仓单和货物。按照正常业务流程规范,仓单由保管货物的仓库出具,仓库本身应当独立于交易三方,国电公司对于货物进出仓库应当履行严格监管职责,但仓库完全由被告人一方控制,仓单出具和货物流转完全成了"一纸空文",国电公司的损失当然应当由被告人承担。

但是,在根本不是买卖合同的情形下,合同标的物是否存在本身就是托盘方事后想当然的说法。显而易见的道理是:如果作为委托方的资金用款人真的想将合同标的物留给托盘方,其是不可能接收的。因为作为出借人,其真正在乎的是资金的本金及其利息,而不是真的需要货物。在个别案件中,根据相关发票、合同、付款证明、货权转移凭证、仓库流水等,能够组合证据证明涉案托盘融资合同所对应的货物事实上存在,但在委托方用款周期内,托盘方并无任何提取货物的意思和举动。因此,合同约定的标的物不存在,不能成为定罪理由。当然,如果该货物不是买卖合同的标的物,而是该融资、借款合同所约定担保物,货物虚假这一情节可能成为定罪理由,但这与合同标的物虚假完全不是同一个性质的问题。

与此相关,被害人的损失当然就与货物并未真正流转也没有关系。在托盘融资业务中,由于上、下游公司均为委托方所实际控制,因此,货物并不实际流转,货权仅仅在名义上有一个从下游公司到国有企业(托盘方)再到委托方的流转过程。这种业务外观上是代理购货,但事实上并未发生"购货行为",当事三方也明知这一点。因此,以货物并未真正流转作为定罪理由,明显是不恰当的。

其二,损害结果能否归属于被告人的行为,必须考虑客观归责的法理。在托盘融资贸易中,不能仅仅从事实判断的角度考察资金不能回笼这一事实,还应当从法律因果关系(规范判断)的角度考察被害人(托盘方)是否需要对结果自我答责。托盘方明知贸易并不真实存在,明知自己追逐高额利润就有资金可能收不回来的一定风险,却仍然与对方签订合同,这可以说是被害人基于合意的危险接受(自我危殆化、自陷风险或参与自损行为)。此时,基于自由主义的刑法观,危害结果就应当由被害人自我负责,而不能将结果归责给被告人。理由在于:首先,托盘方的决策者心智健全,不能说其无法清楚估计资金出借的利益极其风险。其次,托盘方的决策者未被强制,其拆借资金时具有意思自由。再次,托盘方为谋取高额不法利益而实施虚假交易,当然应当承担相应的风险,"失手"完全符合情理。有多大的利益回报,出借行为就附随着多大的风险,这是基本的市场逻辑。托盘融资业务这种大额资金拆借在很大程度上和投资股市有相似性。"股市有风险、投资须谨慎"背后就是客观归责中被害人自我负责的法理。如同炒股亏损的人不能去控告上市公司诈骗一样,托盘融资业务的出资人也不能将亏损算作对方诈骗犯罪的"作品"。最后,资金使用方对被害人而言不具有优势知识,遭受危险的人对危险的认识不存在认识上或知识上的欠缺。按照罗克辛教授的说法,在自陷危险的场合,如果遭受危险的人与造成危险的人以同样的程度认识到这个风险的,结果就不能归责于行为人。①

(二) 被告人的行为不符合诈骗罪的主观构成要件

1. 认定被告人有诈骗故意存在困难

在个别案件中,用款人事后竭尽全力履行还款义务的行为,也能反过来证明其一开始并无诈骗故意。利用合同欺骗他人的行为人,由于明知自己根本不可能履行合同或全部履行合同,也根本没有履行合同或全部履行合同的意思,在纠纷发生后,行为人往往会想方设法逃避承担责任甚至携款潜逃,使对方无法挽回已遭受的损失,其诈骗故意很容易得以判定。但是,具有履行合同意思的人,在发现自己违约或经对方提出自己违约时,虽然从其自身利益出发可能进行辩解,以减轻自己的责任,但却不会逃避承担责任。在自己违约确定无疑之后,会实施一定承担违约责任的行为。在托盘融资业务中,被告人对该债务一直承认,并不逃避债务,在多数情形下会为履行债务而做出积极行动,借款双方也会为此商讨、确定债务展期、增加或重新设定担保及其他还款计划。

2. 不能简单地根据被告人明知自己亏损仍然借款的事实认定非法占有目的

合同诈骗罪属于诈骗型"取得罪"。这类犯罪的特点是行为人必须具有非法占有目的。合同诈骗罪的主体由于具备非法占有他人财物的目的,行为人一旦非法取得了他人财物的控制权,通常将其全部或大部分任意挥霍,或从事非法活动,偿还他人债务,甚至携款潜逃,根本不打算归还。但是,在托盘融资业务中,涉案资金基本都能够用于委托方的生产经

---

① 参见〔德〕克劳斯·罗克辛:《德国刑法学总论》(第1卷),王世洲译,法律出版社2005年版,第269页。

营,并未被挥霍或非法占为己有,因此,很难确定被告人的非法占有目的。

目前,在实务中存在的倾向是:对于被告人事前已经资不抵债,仍然和他人开展托盘融资业务的,直接认定被告人具有非法占有目的。在【案例 16-2 套取资金案】中,法院认为,被告人彭某某隐瞒没有实际履约能力的真相而骗取他人财物。在【案例 16-3 填补亏损案】中,法院认定被告人赵甲为了填补百星公司从事远期钢铁交易产生的巨额亏损,明知百星公司已资不抵债(净资产为负 1 亿 3 千万余元),且无钢材库存,向五矿浦东隐瞒了公司无实际履约能力的事实而实施诈骗,主观上具有非法占有的目的。

但是,依据上述标准判断非法占有目的存在一定缺陷:①不能认为委托方亏损,就认定其没有履约能力,具有非法占有目的。根据《刑法》第 224 条第(三)项的规定,被告人没有实际履行能力,以先履行小额合同或者部分履行合同的方法,诱骗对方当事人继续签订和履行合同的,的确可以认定其具有非法占有目的。实务中,对行为人明知自己没有履行合同的实际能力,而且也根本不去创造条件履行合同,非法将他人财物占为己有的,应以合同诈骗罪论处。但是,仅以此为根据进行判断,会有失偏颇。因为履行合同能力的有无和大小是受主客观各种因素制约的,并且处于一种随时可变的状态。具体到大量案件中,在签订经济合同时,委托方是否没有还款能力,本身就不容易判断,即便其履约确实存在一定困难,但也不能完全排除其借助于托盘方提供的资金,通过合法经营"扭亏为盈"的可能性。简单地认为公司亏损、没有还款能力就具有非法占有目的,与市场经济的发展规律不符,因为实践中大量出现国有企业明显处于亏损状态而向银行贷款的情形。在这里,显然不能据此认为这些国有企业一律都具有非法占有目的而构成贷款诈骗罪。②借款人公司亏损、资不抵债就不能借款的逻辑,不符合生活常识。如果公司账上有充足的资金,谁还愿意去借利息很高的款项呢?③在大量案件中,很多被告人都是和托盘方长期通过虚假贸易形式进行借款,而且前期大多能够按时付款。按理说,非法占有目的是主观(超过)要素,其必须在行为时就具备。但事实上,大量案件都是用款人后期因资金链断裂无法付款而被认定具有非法占有目的,这明显虚置了此一主观要素,而仅根据借款人公司亏损、资不抵债的事实进行客观归罪。

四、刑法谦抑性与合同诈骗罪的认定

刑法必须具有谦抑性。谦抑性,是指刑罚作为最为严厉的处罚手段,其必须在其他制裁手段的处罚力度明显不充分、不足以保护法益时,才能加以使用。理由在于:一方面,需要法律加以保护的社会利益是多种多样的,其保护手段也是多方面的。刑法并没有保护所有应当保护的社会利益的功能与效力,即刑法不是万能的,刑罚手段具有局限性。刑法和其他法律共同对法益实施保护。对侵害合法权益的行为,并不都需要刑法介入,例如违约行为侵犯他人的财产权,在民法保护已经足够时,刑法就必须保持克制和谦抑。另一方面,刑法的谦抑性由刑罚的严厉性所决定,刑法是国家法律手段中破坏性最强的一种,其可能间接甚至直接地对刑法本身应当保护的利益产生危害。所以,只有在民事、行政等法律对法益的保护不充分,国家、社会或者个人以其他手段无法有效地保护该利益,而只有通过刑罚才能有效保护的情况下,才能将刑罚作为最后手段加以使用。在这个意义上,刑法谦抑性又被称为刑法的辅助性、最后手段性、片断性。

刑法谦抑性不是一句空洞的口号,其必须在具体案件的处理中得到贯彻。在名为贸易实为融资、借贷关系的场合,当事人一方不能及时归还贷款,行为性质属于欠债不还,当事人之间的债权债务关系清晰且始终存在。托盘方作为资金提供方应当通过与委托方协商,或者向法院提起民事诉讼等途径主张其民事权利。将用款方的行为认定为合同诈骗罪,其实质是"通过刑事手段为托盘方追债",明显违反刑法谦抑性、最后手段性,并不妥当。

在实践中,个别以犯罪处理的情形,按照前述最高人民法院的立场,连民事纠纷都不存在,定罪显然不合逻辑,与刑法谦抑性的要求可以说相差"十万八千里"。例如,在【案例 16-2 套取资金案】中,法院认定的第一起事实,即被告人彭某某通过托盘融资业务将环三公司提供的款项共计 700 多万元挪作他用。2012 年 9 月 10 日、10 月 16 日,被告人彭某某将销售合同约定的货款尾款共计 770.04976 万元倒转支付给环三公司。对于被告人履行借款合同、终结民事关系的行为,法院判决认定其"制造合同履行完毕假象"。这一结论不无强词夺理之嫌。此外,法院对该案第三起事实的认定同样存在违反刑法谦抑性的问题。被告人彭某某于2012年9月11日让环三公司为南瑞公司与泸州公司做托盘业务,环三公司次日将合同货款540.9万元转账给泸州公司,泸州公司于当日将环三公司的货款510.9万元转入被告人彭某某个人账户。2013年3月8日,环三公司要求泸州公司退还货款510.9万。同日,南瑞公司将510.9万元通过泸州公司转还环三公司。这其实属于借款合同履行完毕,连民事纠纷都不复存在的情形,没有理由将其作为合同诈骗罪进行处理。

对类似案件,如能对涉案公司以及长期担任公司负责人的被告人不以犯罪处理,使之能够积极投入到妥善处理相关偿还借款债务事宜中,既有助于维护出借人权益,也能够防止公权力不当介入民事领域。因此,对被告人定罪处罚不是处理类似案件的最佳方案。为彻底解决纠纷,刑法必须保持其谦抑性。

最后再说一句:诈骗犯罪的认定在实务中确实是一个令人头疼的问题。实务中法院判决无罪的案件中,(合同)诈骗罪位列第一,这也提示我们在思考和决定类似行为的性质时必须慎之又慎。不过,对这些问题的解决不能指望一次讲课就能够"毕其功于一役",很多难题只能留待今后继续研究。今天的讨论就到这里。

第十七讲　职务侵占罪的实务难题

【案例 17-1　实际控制人案】

四川省凉山州中级人民法院认定,被告人张良宾以非法占有为目的,利用其担任西昌电力实际控制人的职务之便,采取循环倒账、做假账的手段,将西昌电力巨额资金转入张良宾所控制的公司,其行为构成职务侵占等罪,遂以张良宾犯职务侵占罪、虚假出资罪,数罪并罚判处其有期徒刑 18 年。四川省高级人民法院二审维持原判,认定被告人侵占了四川西昌电力公司的财物。

对于张良宾的主体身份,一、二审法院均认定,其虽非西昌电力公司的管理人员,不在该公司任职,但其属于该公司的实际控制人。因为四川立信公司的变更登记申请书以及股东大会决议、债权转股权协议、债权转让协议等均证实张良宾系四川立信实际控制人,而四川立信系朝华科技第一大股东,朝华科技则是西昌电力第一大股东,从而推论出张良宾是西昌电力的实际控制人。[①] 问题:行为人不具有公司管理人员身份时是否能够成为职务侵占罪的主体?

【案例 17-2　盗窃无罪案】

2013 年 8 月 23 日,被告人杨某与仕邦人力公司签订《劳动合同》,约定杨某由仕邦人力公司派往顺丰公司工作,派遣时间从 2013 年 8 月 27 日起至 2016 年 8 月 31 日止,该时间与劳动合同的期限一致。同日,杨某在顺丰公司提供的《员工保密承诺

[①] 参见四川省凉山州中级人民法院(2007)川凉中刑初字第 102 号刑事判决书。

书》《派遣岗位录用条件告知书》《保证书》上签字,后顺丰公司向杨某发出《员工入职通知书》,通知杨某于8月27日到顺丰公司位于四川省双流县公兴镇的成都中转场上班,担任运作员。2013年11月15日凌晨,杨某在顺丰公司的"成都中转场"上夜班,负责快递包裹的分拣工作。凌晨3时许,杨某在分拣快递包裹的过程中,将自己经手分拣的一个外有"M"标志、内有一部小米3TD手机的快递包裹秘密窃走。同月20日,顺丰公司发现托运的包裹丢失,经调取、查看"成都中转场"监控录像,发现被本单位人员杨某窃取,遂于同月26日向公安机关报案。当日下午,杨某被抓获,公安人员从杨某身上搜出被盗的手机,后带杨某前往其暂住地四川省双流县空港4期63栋2单元11号房,从房内查获被盗手机的充电器和发票。经鉴定,被盗手机价值1 999元。杨某归案后如实供述了自己在分拣工作时窃取手机包裹的事实,并赔偿顺丰公司1 999元。

双流县人民法院认为,被告人杨某以非法占有为目的,秘密窃取他人财物,数额较大,其行为已构成盗窃罪。鉴于被告人杨某当庭自愿认罪,且属初犯,被盗财物已追回,可对其从轻处罚,遂判处罚金人民币3 000元。①

对于一审判决,双流县检察院提出抗诉,认为原判对杨某的量刑畸轻,请求二审改判。

成都市中级人民法院经审理认为,原审被告人杨某作为顺丰公司的工作人员,利用经手本单位财物的职务之便,采用盗窃方法侵占本单位价值1 999元的财物,其行为应属职务侵占性质,但因侵占的财物价值未达到职务侵占罪数额较大的定罪起点1万元,依法不应以犯罪论处。据此,宣告被告人杨某无罪。②

问题:被告人杨某的行为性质究竟是盗窃还是职务侵占?

【案例17-3 股权侵占案】

2013年1月18日,被告人林惠荣利用担任金福荣贸易(福

---

① 参见四川省双流县人民法院(2014)双流刑初字第338号刑事判决书。
② 参见成都市中级人民法院(2014)成刑终字第293号刑事判决书。

建)有限公司法定代表人的职务便利,未经股东池某、张某2、游某的同意,伙同林明武伪造《股权转让协议》《关于同意池某股东股权转让的答复》《关于同意张某2股东股权转让的答复》《关于同意游某股东股权转让的答复》等文件,委托漳浦正通企业服务有限公司到漳浦县工商行政管理局办理变更登记,将池某、张某2、游某所持有的金福荣贸易(福建)有限公司计60%的股权变更至林明武名下,非法占有池某、张某2、游某的股权价值计1 847 495.55元。① 问题:林惠荣侵占股权的行为是否构成职务侵占罪?

接下来,我们要讨论的是职务侵占罪的认定问题。我的切入点是三个方面,即在司法实务中,不是公司、企业内部正式职工,不在公司、企业职工名册上的人员能否成为职务侵占罪的主体;如何区分职务侵占行为和盗窃行为;股权能否成为职务侵占罪的行为对象,这些一直都是有争议的问题,参与诉讼各方的认识远未达成一致,所以在这一讲当中深入讨论一下还是很有必要的。

一、职务侵占罪的主体

根据《刑法》第271条的规定,职务侵占罪,是指公司、企业或者其他单位的人员,利用职务上的便利,将本单位财物非法占为己有,数额较大的行为。这一规定容易给人以只有具备公司、企业员工身份的人员才能构成本罪的错觉。实际上,不是公司、企业内部正式职工,不在公司、企业职工名册上的人员,也能成为职务侵占罪的主体。这主要包括公司实际控制人以及虽无公司、企业人员身份但实际承担公司、企业管理职责的人员两大类。

(一) 公司实际控制人可以成为本罪主体

在目前的司法实务中,已经有很多司法机关将某些形式上不具有公司、企业人员身份的人认定为职务侵占罪的主体。例如,公司实际控制人虽不是公司、企业人员,但可以成为职务侵占罪的主体。公司的实际控制

---

① 参见福建省漳州市中级人民法院(2016)闽06刑终254号刑事裁定书。

人,是指虽不是公司的股东,但通过投资关系、协议或者其他安排,能够实际支配公司行为的人。

在【案例17-1 实际控制人案】中,法院根据张良宾是西昌电力实际控制人的角色认定其构成职务侵占罪,明显不是从形式上看其是否具有西昌电力公司人员的身份,因为公司的实际控制人连公司股东都不是,也不可能在公司从事一般的管理事务,其控制公司不是通过参与公司管理,而是通过投资关系、协议或者其他安排,实际支配、控制公司。将实际控制人作为职务侵占罪主体,是从实质上看其是否能够通过自己的影响力实质地不法取得被害单位的财物。

(二) 实际承担公司、企业管理职责的人可以成为本罪主体

虽从事管理活动,但不在公司职工名册上的人员能否成为本罪主体,在实践中的理解不一。在"车某涉嫌职务侵占案"中,车某丈夫李某曾受聘担任某国际传媒有限公司总经理,后侵吞并携带公司财物逃到境外。在丈夫外逃后,车某未经某公司董事会同意,以帮助丈夫打理公司的名义,参与某国际传媒有限公司工作,掌握了公司的银行账款以及相关的财务文件,并通过聘任新会计、开设银行新账号等方式,攫取了公司职权,在外私自设立产品库隐匿公司财物800万元。因车某不在公司员工名册上,某公司董事长赵某向侦查机关就车某的职务侵占行为报案时,有关机关不予受理。主讲人认为,有关部门的做法存在问题。车某以帮助丈夫管理公司的名义进入某国际传媒有限公司从事管理活动,属于事实上以公司负责人的身份行使公司重要职权,直接经手、管理公司财务,对内经营公司、对外代表公司,只有公司管理人员才能实施上述行为,因此,车某实质上符合职务侵占罪中公司、企业人员的主体身份。

职务侵占罪中"职务"的实质,是基于"从事一定业务"而形成的身份、地位。这里的"职务",实际上就是"业务"。业务,是指基于社会生活上的地位而反复、继续实施的事务。公司、企业人员是否具有职务上的便利,其实质在于:行为人是否在公司、企业或者其他单位具有一定职权,从而形成职务上的便利;或者因为实际从事一定业务,而产生的主管、经手、管理单位财物的便利条件。车某所实际从事的业务活动,充分说明其具备职务侵占罪的主体地位。从法律层面看,车某虽没有经过形式上的正式程序任命,但基于其长期、反复、继续以公司负责人身份行使公司重要职权的事实,足以表明其已经从实质上获得公司、企业人员的主体资格。

在我国,按照法律规定取得国家工作人员身份,有相对严格、特别的招录、任用和提拔等严格程序。但与前者不同,成为公司、企业人员却没有严格的任用程序,相对比较灵活,限制较少,并无法律上的特别规定。在正常情况下,出任公司的高层管理人员必须经过一定程序。但是,在个别情况下,如公司管理不规范或者公司原负责人遭到突然的变故时,行为人虽无正式任命身份,但因特殊事由,在其他公司负责人及员工不反对、默认的情况下,以公司名义活动,承担公司管理主要职责的,实际上就是公司、企业人员。因此,能否成为公司、企业人员的关键,并不在于有没有形式上的任命程序,而在于其能否对内、对外以公司的名义开展活动,并将其法律行为所产生的后果归于公司。

实际上,即便是贪污、受贿这些只有国家工作人员才能构成的犯罪,在司法实务中,对国家工作人员身份的判断,也是看实质而不看形式。因此,虽无真实的国家工作人员身份,但使用伪造的人事档案骗取国家工作人员身份,然后收受财物或者贪污的,实践中都会认定其具备特殊主体身份,从而以贪污罪、受贿罪定罪处罚。司法机关不会因为被告人的身份不是真正通过合法程序取得,就否认其主体资格。问题的关键是:要审查行为人是否通过职权行使实际获取了不法利益,而不是仅仅看其是否在形式上齐备主体资格。例如,仅有小学文化程度的农民周叶骗取了江西省吉安地区行署副专员职务,后实施侵吞公共财物、收受贿赂行为,被以受贿罪、贪污罪判处死刑;以伪造的专业证书、干部履历表、入党材料骗取全国特产经济办公室主任等职位的无业人员曹忠武,因贪污211.17万元,受贿135万元等罪名被北京市第一中级人民法院判处死刑。这些案件的处理都说明——是否通过正式的任命程序,是否有真实的、形式上的任职文件,对于国家工作人员身份的取得,并不重要。行为人是否能够实际行使职权,才是决定性的因素(实质说)。对于职务侵占罪中公司、企业人员身份的取得,也应该作相同的理解。在本案中,车某虽然没有经过正式任命,但是,其通过主持公司日常事务,行使公司职权等方式,表明其已经是该公司的高层管理人员,具有职务侵占罪的主体资格。同时,由于在客观行为方面,有足够证据证明其利用职务上的便利侵吞公司财物,数额特别巨大,其构成职务侵占罪,在刑法理论上完全没有问题。

其实,在前述【案例17-1　实际控制人案】中法院将公司实际控制人视作公司、企业人员的做法,值得有关部门在处理类似于"车某涉嫌职务侵占案"的案件时给予充分关注:如果连不是股东、在公司没有名分、根本不实际参与公司生产、经营的实际控制人都可能构成职务侵占罪,那么,类似于犯罪嫌疑人车某这样实际参与公司决策、经营,对财务、人事等重要事项进行管理的人,其行为的社会危害性更大,更应该构成职务侵占罪。否则,就可能放纵犯罪,导致执法上的不平衡,也会侵害公司企业的合法财产,损害公司股东、公司业务相对人的利益。

二、侵占行为:利用职务便利的含义

职务侵占罪的客观要件表现为,是指行为人利用职务上的便利,非法侵占本单位财物,数额较大的行为。盗窃罪和职务侵占罪的区别在于,行为人实施犯罪时是否利用了职务上的便利。利用职务上的便利窃取本单位财物的,不应以盗窃罪论处,而应依照《刑法》第271条第1款的规定以职务侵占罪定罪处罚。

(一)利用职务便利的实质:行为人依工作职责能够占有、控制本单位财物

对于职务侵占罪中的"职务"的内容是否同时包含事务管理以及劳务,一直有争议。有见解认为,这里的职务不包括单纯的劳务性工作,在从事劳务期间取得财物的,只是利用工作便利而非职务便利。亦有观点则认为,两者只存在形式上的差别。主讲人认为,在此区别事务管理、劳务,再由此去区分职务便利和工作便利,其意义都很有限。本罪的职务便利,其实是指对本单位财物的管理(主管)或者保管、经手的便利。

利用管理或者主管的职务便利,在决策、审查、批准、调拨、安排使用、处理单位事务等过程中,将自己所管理的公司、企业的财物非法占为己有的,当然是利用职务便利。此判断在实践中一般不会引起争议。容易产生分歧的是,保管、经手本单位财物的,是否一律属于履行单位职务?将财物非法占为己有的,是否只能认定为利用职务便利的侵占行为?对此,还值得研究。

既然职务侵占罪是行为人利用职务便利,以侵吞、窃取、骗取或其他手段非法占有本单位财物的行为,那么,就不能将这里的"保管、经手"仅仅理解为"握有"单位财物,或者财物仅仅从行为人手中"过一下",而要求行为人对财物有占有、处分权限。这种占有、处分可能包括两种情形:

一是行为人代表单位独立占有、处分财物;二是行为人与单位其他人共同占有、处分单位财物。但是,无论是哪一种情形,不容争议的是,行为人必须存在足以被评价为占有或处分的、完整意义上的行为举止、占有处分意思以及占有处分权限。只有如此,才能认定该行为人有管理、经手财物的职务便利。应将利用职务便利的实质理解为,行为人依工作职责能够占有、控制财物。如果按照单位的工作分工,行为人只是在极短时间里"握有"单位财物,或者单位财物仅仅从行为人手中"过一下"马上又传递给他人,不能认为行为人在代表单位管理、经手财物,也不能认为行为人在履行单位职务。此时,真正对财物有占有处分权限的,只能是单位的负责人或现场管理者,行为人至多是"占有辅助者"。因此,在认定职务侵占罪中利用职务便利的管理、经手时,要将其实质限定在对单位财物具有占有、处分权限上。在"握有"单位财物,或者单位财物仅仅从行为人手中"过一下"时窃取单位财物的,不是利用职务便利,而是单纯利用工作机会窃取他人占有的财物,其实质与利用因工作关系而容易接近单位财物等方便所构成的盗窃罪完全相同,不应当成立职务侵占罪。

在【案例17-2 盗窃无罪案】中,顺丰公司基于快递合同而合法占有、控制托运人交付的涉案财物,并要对财物的丢失承担赔偿责任,涉案财物应视为顺丰公司的财物,其能够成为盗窃罪的对象,也能够成为职务侵占罪的对象。定罪关键在于杨某是否有职务便利。二审法院认为,杨某作为顺丰公司的工作人员,受顺丰公司安排,负责公司快递包裹的分拣工作,具体经手涉案财物,其利用经手财物这一职务上的便利,采用秘密手段将顺丰公司的财物窃为己有,其行为符合职务侵占罪的犯罪行为特征。按照法院的理解,杨某"经手"流水线上分拣的财物成为其职务便利,虽然其具有临时性、暂时性的特点,但仍然属于因工作需要而在一定时间内控制、持有本单位的财物。不过,主讲人认为,在本案中,杨某根据其工作要求,仅仅在极短时间内"握有"财物,或财物仅仅从其手中"过一下",其并无法律意义上占有、控制、持有财物的意思和行为。理由是:一方面,杨某作为分拣员应当迅速、准确地将商品从其储位或其他区位拣取出来,并按一定的方式进行分类、集中,多人流水、共同作业的工作性质决定了其不可能也无须对财物享有独立的占有、处分权限;另一方面,在本案中对定罪至关重要的细节是——杨某分拣货物的全过程必须在公司监控器的监视下进行。被害单位通过监视这一措施表明其对财物的独立占有和控制权。杨某最多属于占有辅助者,其并不是代表单位独立占有、处分流水线上的财物,也谈不上与单位其他作业的同事一起共同占有、处分单位财物。因为监控装置的存在,流水线上的所有分拣人员都对财物没有独立的占有、处分权限。因此,在杨某并不存在完整意义上的占有或处分的行为举止、占有处分意思以及占有处分权限时,不能认为其具有管理、经手本单位财物的职务便利,其行为性质属于在"握有"单位财物,或者单位财物仅仅从其手中"过一下"时,窃取他人财物,与单纯利用工作机会窃取他人占有的财物相同,理应以盗窃罪论处。因此,对【案例 17－2　盗窃无罪案】而言,二审法院以杨某作为顺丰公司工作人员,在顺丰公司的安排下负责顺丰公司快递包裹的分拣工作,具体经手涉案财物,从而具有职务上的便利条件为由,认定其行为性质是职务侵占的观点很值得商榷。

(二)《刑法》第 253 条的射程

对【案例 17－2　盗窃无罪案】定性的另一争论焦点是:对杨某的行为能否参照适用《刑法》第 253 条的规定?《刑法》第 253 条明确规定,邮政工作人员私自开拆或者隐匿、毁弃邮件、电报而窃取财物的,依据盗窃罪的规定定罪从重处罚。那么,快递公司工作人员利用职务上的便利将分拣的快递件中的财物占为己有,能否依据《刑法》第 253 条、第 264 条而以盗窃罪从重定罪量刑?

对于这一点,本案二审法院明显认为,邮政工作人员与快递人员存在本质区别,不能将其扩大解释为包括快递人员在内。快递公司的快递人员利用职务上的便利将分拣的快递件中的财物据为己有,不能按照《刑法》第 253 条、第 264 条的规定以盗窃罪定罪。理由在于:一方面,快递服务业与邮政服务业是并列关系,快递服务和邮政服务存在本质区别。后者本质上属于公益性的公共产品,具有公共服务属性,前者本质上是竞争性的私人产品,适用市场经济竞争规则。因此,邮政服务与快递服务作为两种截然不同的行业,在服务对象、内容、特点、竞争属性等方面都存在较大差异。另一方面,快递公司工作人员不属于邮政工作人员,属于企业人员。不管二者在具体工作内容上多么相似,但根据刑法禁止类推适用和罪刑法定的基本理念,不能将邮政工作人员扩大解释为包括快递人员在内的从事快递服务工作的人员。本案杨某属于快递公司从事分拣工作的人员,不具备邮政工作人员的特殊身份,不能依据《刑法》第 253 条、第 264 条以盗窃罪从重定罪量刑。

但是,二审法院对《刑法》第253条的理解明显存在偏差:①《刑法》第253条的规范目的是否定邮政工作人员对财物的占有、处分权限,不认为其窃取财物是其履行职务过程中利用职务便利所实施的行为。众所周知,邮件属于封缄物、包装物。这种财物的占有权归属历来有争议。有论者认为,无论是包装物整体还是内容物的占有权都归属于委托人(委托人占有说),承运人将包装物整体拿走,或者窃取内容物的,都构成盗窃罪;另有论者认为,无论是包装物整体还是内容物的占有权,都归属于受托人(受托人占有说)。承运人将包装物整体拿走,或者窃取内容物的,都构成(职务)侵占罪;亦有论者主张,包装物整体由受托人占有,内容物的占有权则归属于委托人(分别占有说)。承运人将包装物整体拿走的是侵占罪;窃取内容物的,则构成盗窃罪。《刑法》第253条的规定等于是否定了受托人占有说,认为邮政工作人员将封缄物里的内容物加以窃取的,构成盗窃罪,而不成立职务侵占罪。立法的规范目的是保护他人的占有,在委托人或邮政部门对财物的占有得到承认的场合,否定行为人是在履行职务而管理、经手单位财物。按照二审法院在【案例17-2 盗窃无罪案】中的理解,从形式上说,邮政工作人员的行为也是在保管、经手。但是,立法者在这里明显否定了这种立场,对不享有占有权,对于在极短时间内"握有"财物,或财物仅仅从其手中过手,但其并不在法律意义上占有、控制、持有财物的情形,否定行为人是在履行工作职责,其取得财物不是利用职务便利。②既然《刑法》第253条的规定意在确定封缄物的占有归属,以及对单位工作人员在极短时期内"握有"及"过手"财物是否利用职务便利进行表态,就应该认为其属于注意规定,而非法律拟制。在处理【案例17-2 盗窃无罪案】时参照适用这一规定,就是对体系解释方法论的运用,而没有类推解释的问题。其实,进一步需要考虑的问题是:如果杨某作为顺丰公司员工,其不是在分拣货物的流水线上窃取财物,而是在运送快递过程中拆掉包装物取得内容物,只要承认托运人或顺丰公司通过对货物进行封缄这一行为表明其对内容物进行占有并具有确定无疑的占有意思,杨某并不占有内容物,就应该认为杨某所谓的"保管""经手"快递进行私拆的行为应构成盗窃罪而非职务侵占罪。此时,是否存在《刑法》第253条的规定对案件定性,并无影响。由此可以进一步推论,如果在对货物进行封缄这种相对较"弱"的占有、控制的场合,都能够将私拆"保管""经手"快递的行为定以盗窃罪的话,那么,在顺丰公司通过监控器密切防止其财物在分拣时被盗的"强"占有、控制情形中,也可以将盗取分拣财物行为认定为盗窃罪。③快递服务和邮政服务是否存在本质区别,快递公司工作人员是否属于国家邮政工作人员,对于本案的处理无关紧要。问题的核心在于行为人是否具有占有、处分权限,进而存在职务便利。如果财物只是由行为人"握有"或"过手",单位对财物的取得、分拣及转移过程随时进行监视的,不能认为行为人有职务便利。被告人取得财物的,只是利用了自己与财物空间距离近、拿走比较便利的工作机会而窃取了他人财物,并无成立职务侵占罪的可能性。

三、侵占对象

在实践中成为问题的是,股权能否成为侵占对象?对此,肯定说和否定说的观点可以说是"针尖对麦芒"。

(一) 实务立场:股权能够成为职务侵占对象

在【案例 17-3 股权侵占案】中,法院认定被告人林惠荣利用担任公司执行董事、法定代表人的职务便利,将股东池某、张某2、游某的股权变更至林明武名下,非法占有池某、张某2、游某的股权(价值计184万余元),其行为已构成职务侵占罪,遂判处其有期徒刑7年。对转移公司其他股东股权的案件,在实务中按照本案处理模式定罪的情形占绝大多数,其主要考虑是:

第一,职务侵占罪的对象是财物,对其应作扩大解释,当然包括财产性利益,而股权是典型的财产性利益。"财物"是指一切具有经济价值之物。股权,是指股东基于其出资而在法律上对公司所享有的权利。根据《公司法》第4条的规定,公司股东依法享有资产收益、参与重大决策和选择管理者等权利。股权的核心是财产权(股利分配权、剩余财产分配权),对公司拥有多少股权就意味着股东在公司享有多少财产权。同时,我国法律规定了股权的转让制度。既然股权可转让,就可以根据一定的方法计算出股权的货币价值。如果非法将他人的股权转移到自己名下,使他人在法律上丧失了股权,原股权所有人自然就失去了对其原股权下的财产行使所有、使用、处分和收益的任何一项权利,其财产性利益就会受损。

关于股权属于财物,还有司法解释可以提供支撑。依据最高人民法院、最高人民检察院《关于办理国家出资企业中职务犯罪案件具体应用法律若干问题的意见》第1条的规定,国家工作人员,在国家出资企业改制过程中故意通过低估资产、隐瞒债权、虚设债务、虚构产权交易等方式隐匿公司、企业财产,转为本人持有股份的改制后公司、企业所有,应当依法追究刑事责任的,以贪污罪定罪处罚。既然股权可以成为贪污罪对象,其自然就可以成为职务侵占罪对象。

第二,我国《刑法》并没有将职务侵占罪的客体局限于《物权法》上的财产所有权。我国《物权法》规定,可以依法转让的基金份额、股权等财产性权益也属无形财产;《刑法》第92条规定,公民私人所有的财产包括依法归个人所有的股份、股票、债券和其他财产。股权等无形财产属于公司、企业财产。

第三,股权属于公司的合法财产。按《公司法》的基本原理,股东个人将资产交给公司后,该财产与股东个人脱离,股东个人不再对该财产享有支配权,而公司作为具有虚拟人格的法人实体,对股东的财产享有独立的支配权,因此,侵吞他人股权就是侵占公司财物。

第四,定职务侵占罪有规范依据。公安部经侦局《关于对非法占有他人股权是否构成职务侵占罪问题的工作意见》(2005年6月24日发布)中明确规定:"对于公司股东之间或者被委托人利用职务便利,非法占有公司股东股权的行为,如果能够认定行为人主观上具有非法占有他人财物的目的,则可以对其利用职务便利,非法占有公司管理中的股东股权行为以职务侵占罪论处。"此后,全国人大常委会法制工作委员会《关于公司人员利用职务上的便利采取欺骗等手段非法占有股东股权的行为如何定性处理的批复意见》(2005年12月1日)也指出:"根据《刑法》第九十二条规定,股份属于财产,采用各种非法手段侵吞、占有他人依法享有的股份,构成犯罪的,适用刑法有关侵犯他人财产的犯罪规定。"

(二) 理论分析:不宜将转移股权行为认定为职务侵占罪

主讲人认为,职务侵占罪的行为对象不应包括股权。在实践中,也有极少数案件处理认同这一观点。在"范某转移股权被判无罪案"中,公诉机关指控,2008年7月15日,被告人范某在股东梁某不在场的情况下,与其他股东一起伪造梁某在股东会决议、股权转让协议上的签名,将郑州铝矾土有限公司各股东的股权分别转让给河南盈合企业投资担保有限公司,范某为转让后河南盈合企业投资担保有限公司经理兼执行董事。2010年3月15日,被告人范某代表郑州金丰铝矾土有限公司将采矿权、施工权以 1 400 万元的价格转让给黄某、岳某,黄某、岳某则支付给范某 350 万元先期转让款,该款项被范某占为己有。被告人范某非法侵占梁某股权利益 81.655 万元。法院经审理后认为,职务侵占罪的犯罪对象系本单位财物,"而公诉机关指控侵占的对象系股东股权利益的价值,不是单位财物,不符合职务侵占罪的犯罪对象,范某的行为不符合职务侵占罪的构成要件,不构成职务侵占罪"①。在这方面,实践中难得一见的无罪判决是很值得称道的。

不宜将转移股权行为认定为职务侵占罪的主要理由在于:

(1)职务侵占罪的对象包括财物和财产性利益,股权是财产性利益,其似乎可以成为本罪的行为对象。但是,能够成为职务侵占罪对象的财物还有一个限定,即其必须是"本单位财物"。虽然按照《公司法》原理,股东个人将资产交给公司后,股东个人不再对该财产享有支配权,公司对股东的财产享有独立的支配权,但是,股权说到底还是归属于特定股东即出资者个人的财产权益,其本质上不是抽象的公司财物。无论股东之间的股权如何进行转移,公司的出资总额、财产总量都不会减少,受到损害的只能是特定股东的出资者权益。因此,转移其他股东的股权说到底侵占的也是他人财产,而非本单位财产,行为人的行为不是职务侵占行为。②如果一定要定罪,认定被告人将代为保管的其他股东的股权非法占为己有,适用《刑法》第 270 条的规定,对被告人以侵占罪论处倒是有可能的。

(2)虽然公安部经侦局《关于对非法占有他人股权是否构成职务侵占罪问题的工作意见》中规定非法占有公司股东股权的行为应以职务侵占罪论处,但其位阶性较低,不属于司法解释,不具有法律约束力。而全国人大常委会法制工作委员会《关于公司人员利用职务上的便利采取欺骗等手段非法占有股东股权的行为如何定性处理的批复意见》仅规定"采用各种非法手段侵吞、占有他人依法享有的股份,构成犯罪的,适用刑法有关侵犯他人财产的犯罪规定",并未明确被告人的行为一定构成职务侵占罪,其实,对侵占其他股东股权(而非本单位财物)的行为直接以侵占罪论处,也符合全国人大常委会法制工作委员会《关于公司人员利用职务上

---

① 河南省新密市人民法院(2015)新密刑初字第 161 号刑事判决书。
② 参见熊红文:《股权不能成为职务侵占罪的对象》,载《检察日报》2012 年 3 月 30 日,第 3 版。

的便利采取欺骗等手段非法占有股东股权的行为如何定性处理的批复意见》的精神。

当然,由于《刑法》第270条规定的侵占罪毕竟是自诉案件,其行为性质和民事侵权行为之间就是"一纸之隔",因此,按照刑法谦抑性原则,对于侵占其他股东股权的行为不以犯罪论处,通过民事诉讼加以解决也不失为一种妥当的处理方式。

关于职务侵占罪的认定问题,就先谈到这里。

第十八讲　制作、销售网络外挂软件的定性

——从全国首例制售"黄牛"抢购软件案谈起

【案例18-1　抢购软件案】

　　2014年年初,被告人任景平通过自己建立的针对小米官网手机进行秒杀的QQ群结识了被告人张鹏。后二人商量由张鹏开发一款"黑米"软件用于抢购小米官网手机,进而推广牟利,并商定非法获利五五分成。因使用效果不佳,二人又在网上找到被告人陈思荣帮其做了黑米抢购软件官方网站并出售该软件,并由陈思荣作为该抢购软件销售代理之一。后二人又陆续开发了黑米华为、黑米魅族抢购软件,并在2015年开发了专门针对天猫网站的黑米天猫(淘宝)抢购软件,在其官方网站上大量销售。被告人任景平、张鹏通过出售黑米天猫(淘宝)抢购软件赚取买家抢购成功商品部分差价的方式共非法获利110 708元。被告人陈思荣通过建立"黑米"系列抢购软件销售网站、网站维护、代理销售该抢购软件共非法获利6 500余元。经中国刑事警察学院物证鉴定中心检验,黑米天猫软件为恶意程序。该程序能够以非常规的方式构造网络请求,并发送给淘宝网站服务器,实现模拟用户手动登录淘宝账号,并进行批量下单。同时,该程序还能通过调用第三方打码平台,发送非常规图形验证码,绕过淘宝安全防护系统的人机识别验证机制。此外,该程序还能通过重新拨号的方式更换IP地址,以绕过淘宝安全防火墙对同一IP地址不能频繁发送网络请求的限制。本案被称为全国首例制售"黄牛"抢购软件案。问题:对被告人任景平等人的行为应当如何定性?

【案例18-2　游戏外挂案（一）】

北京某网络技术有限公司开发并运行《天龙八部online》网络游戏。自2013年以来，被告人李某甲多次从他人处购入"天龙八部呼啦圈"外挂软件（该软件可以对《天龙八部online》网络游戏程序进行修改，使其具有自动打怪、自动升级、自动任务、自动副本、屏蔽并进行优化游戏场景等大量功能）开户卡、续费卡共计价值人民币23万余元，并在其开设的淘宝店铺中出售。2013年12月，被告人杨某通过QQ聊天结识被告人李某甲，多次从李某甲处购买价值人民币13万余元的"天龙八部呼啦圈"网络游戏外挂开户卡、续费卡，并销售牟利。

经鉴定，上述二被告人经营的"天龙八部呼啦圈"网络游戏外挂软件中程序的功能必须依附于《天龙八部online》游戏客户端，该软件通过向该游戏客户端进行内存注入代码、修改内存数据等方式，对《天龙八部online》游戏的正常操作流程和正常运行方式造成干扰，属于破坏性程序。问题：对两被告人的行为应当如何定性？

【案例18-3　外挂刷币案】

被告人肖某提供《新惊天动地》的外挂程序，由被告人杨某等人负责使用外挂，刷取游戏币出售，共获利126万余元。问题：对被告人的行为应当如何定性？

【案例18-4　游戏外挂案（二）】

2016年7月至10月，被告人李某私自编写他人研发、运营的《奇迹世界》网络游戏的外挂程序，并通过互联网对外销售共计89人次，非法获利人民币1万余元。经鉴定，该外挂程序避开了《奇迹世界》游戏的计算机信息系统安全保护措施，通过替换、篡改原有程序的方式，实现了干扰、控制《奇迹世界》游戏计算机系统运行过程中原有的节奏和进程的功能，属破坏性程序。问题：李某构成何罪？

这一讲我们进入互联网犯罪专题，在其中我们可以发现存在一些与传统犯罪不同的认定规则。随着信息网络的发展,实践中不时发生制作、出售网络外挂游戏软件的情形。这种不法行为在过去主要是针对网络游戏出现,最近则演化为制售各种抢购、抢票软件。对于这类行为,究竟应该如何定罪,在司法实务中做法不一,有进一步研究的必要。主讲人首先要从全国首例制售"黄牛"抢购软件案谈起,展示实务中的争论,并就如何妥当地对制作、出售网络外挂软件的行为进行定性表明主讲人的见解。

一、对全国首例制售"黄牛"抢购软件案判决的评析

(一)法院裁判结论

对【案例18-1 抢购软件案】,法院认为,被告人任景平、张鹏违反国家规定,提供专门用于侵入、非法控制计算机信息系统的程序、工具,情节特别严重。被告人陈思荣明知被告人任景平、张鹏实施侵入、非法控制计算机信息系统的违法犯罪行为而为二人提供程序、工具,情节严重。三被告人的行为均侵犯了计算机信息系统的安全和管理秩序,其行为均构成提供侵入、非法控制计算机信息系统的程序、工具罪。公诉机关指控的犯罪事实和罪名成立。被告人任景平、张鹏、陈思荣如实供述自己的罪行,自愿认罪,可从轻处罚。被告人陈思荣的犯罪行为系帮助任景平、张鹏的犯罪行为,在共同犯罪中起次要作用,系从犯,应当减轻处罚。三被告人的亲属均代其退缴全部非法所得款,并均主动接受财产刑处罚,均可酌情从轻处罚。遂判决如下:被告人任景平犯提供侵入、非法控制计算机信息系统程序、工具罪,判处有期徒刑3年,缓刑4年,并处罚金人民币3万元;被告人张鹏犯提供侵入、非法控制计算机信息系统程序、工具罪,判处有期徒刑3年,缓刑4年,并处罚金人民币3万元;被告人陈思荣犯提供侵入、非法控制计算机信息系统程序、工具罪,判处有期徒刑2年,缓刑3年,并处罚金人民币1万元。① 一审判决后,被告人没有上诉,检察机关没有抗诉,判决发生法律效力。

(二)本案判决具有合理性

在令人眼花缭乱的网络空间里,衍生出了各种新型的互联网恶意行为。其中,哪些处于法所不禁止的"灰色地带",哪些属于民事侵权行为,

---

① 参见山西省太原市迎泽区人民法院(2017)晋0106刑初583号刑事判决书。

哪些可能构成互联网犯罪,难以进行判断。对制作、提供、销售"黄牛"抢购软件行为的定性就是如此。

按照媒体的说法,本案是全国首例因制售"黄牛"抢购软件而被判刑的案件。我国1997年《刑法》第285条原本仅对涉及国家事务、国防建设、尖端科学技术领域的计算机信息系统进行保护。2009年2月28日全国人大常委会制定的《中华人民共和国刑法修正案(七)》(以下简称《刑法修正案(七)》)第9条在《刑法》第285条中增加两款作为第2款、第3款。其中,第2款规定,违反国家规定,侵入前款规定以外的计算机信息系统或者采用其他技术手段,获取该计算机信息系统中存储、处理或者传输的数据,或者对该计算机信息系统实施非法控制,情节严重的,处3年以下有期徒刑或者拘役,并处或者单处罚金;情节特别严重的,处3年以上7年以下有期徒刑,并处罚金。第3款规定,提供专门用于侵入、非法控制计算机信息系统的程序、工具,或者明知他人实施侵入、非法控制计算机信息系统的违法犯罪行为而为其提供程序、工具,情节严重的,依照前款的规定处罚。本案三名被告人即触犯了《刑法》第285条第3款的规定,构成提供侵入、非法控制计算机信息系统程序、工具罪。

其一,被告人实施了提供侵入、非法控制计算机信息系统程序、工具的实行行为。提供侵入、非法控制计算机信息系统程序、工具罪,是指提供专门用于侵入、非法控制计算机信息系统的程序、工具,或者明知他人实施侵入、非法控制计算机信息系统的违法犯罪行为而为其提供程序、工具,情节严重的行为。这里的"提供",既包括出售等有偿提供,也包括不具有牟利目的的免费提供;既包括直接提供给他人,也包括放置在网络上供他人下载。本罪的实行行为具体包括两种情形:第一,提供专门用于实施侵入、非法控制计算机信息系统的程序、工具,如为他人提供专门用于窃取网上银行账号的"网银木马"程序等;第二,明知他人实施侵入、非法控制计算机信息系统的违法犯罪行为而为其提供程序、工具。行为人所提供的程序、工具本身,既可以用于非法用途,也可以用于合法用途,但行为人在明知程序或工具可能用于非法用途时予以提供的,即属于本罪的实行行为。

本罪的行为对象是专门用于侵入、非法控制计算机信息系统的程序、工具。根据2011年8月1日最高人民法院、最高人民检察院《关于办理危害计算机信息系统安全刑事案件应用法律若干问题的解释》(以下简称

《危害计算机解释》)第 2 条的规定,具有下列情形之一的程序、工具,应当认定为"专门用于侵入、非法控制计算机信息系统的程序、工具":具有避开或者突破计算机信息系统安全保护措施,未经授权或者超越授权获取计算机信息系统数据的功能的;具有避开或者突破计算机信息系统安全保护措施,未经授权或者超越授权对计算机信息系统实施控制的功能的;其他专门设计用于侵入、非法控制计算机信息系统、非法获取计算机信息系统数据的程序、工具。

在本案中,有观点认为,抢购软件只是在进行批量下单,没有侵入、非法控制淘宝网站的计算机系统。但是,如果赞成实质解释论,就可以大致认为:一方面,抢购软件以非常规方式构造网络请求,批量下单的行为,是对他人计算机系统的非法围攻、控制。这和现实社会中招标行为被围标者非法控制类似;另一方面,淘宝计算机系统中包含了安全防护系统的人脸识别验证机制,抢购软件绕过这一机制进入淘宝计算机系统犹如现实世界中绕过主人的防盗门,通过窗户入室一样属于非法侵入住宅行为。因此,可以认为被告人任景平、张鹏违反国家规定,提供了"黄牛"抢购软件这种专门用于侵入、非法控制计算机信息系统的程序、工具;被告人陈思荣明知被告人任景平、张鹏实施侵入、非法控制计算机信息系统的违法犯罪行为,而故意为二人提供程序、工具,三被告人的行为均使得他人开发并正常运转的网站受到其操控,因而构成提供侵入、非法控制计算机信息系统的程序、工具罪,法院对本案的判决符合罪刑法定原则的要求,是完全是正确的。①

其二,被告人的行为达到了情节严重的定罪要求。根据《刑法》第 285 条第 3 款的规定,构成本罪,要求情节严重。对此,可以从行为人所提供程序、工具的数量、具体用途、行为持续的时间、所造成的实际危害后果等方面进行考虑。根据《危害计算机解释》第 3 条的规定,具有下列情形之一的,应当认定为"情节严重":(一)提供能够用于非法获取支付结算、证券交易、期货交易等网络金融服务身份认证信息的专门性程序、工具 5 人次以上的;(二)提供前项以外的专门用于侵入、非法控制计算机信息系统的程序、工具 20 人次以上的;(三)明知他人实施非法获取支付结算、证

---

① 当然,如果固守形式解释论的立场,可能会认为抢购软件无法侵入、控制计算机信息系统,因而会对判决的合理性提出质疑。对此,还值得进一步研究。

券交易、期货交易等网络金融服务身份认证信息的违法犯罪行为而为其提供程序、工具5人次以上的;(四)明知他人实施前述第(三)项以外的侵入、非法控制计算机信息系统的违法犯罪行为而为其提供程序、工具20人次以上的;(五)违法所得5 000元以上或者造成经济损失1万元以上的;(六)其他情节严重的情形。

在本案中,山西省太原市迎泽区人民法院根据《危害计算机解释》第3条第(五)项关于违法所得5 000元以上就属于情节严重的规定,认定被告人构成犯罪,完全符合司法解释的规定。

(三) 本案判决具有标杆意义

1. 必须充分认识提供"黄牛"软件的法益侵害性

提供侵入、非法控制计算机信息系统程序、工具罪是现代互联网社会常见的犯罪,对这种犯罪方式的隐蔽性、专业性以及法益侵害性等特点,公众乃至司法机关的认识并未到位。虽然"黄牛"抢购软件的开发和使用备受争议,但使用"黄牛"抢购软件"秒杀"火车票、抢购商品仅仅被视为一种作弊行为,制作、销售"黄牛"抢购软件在之前并未被定性为一种犯罪行为,制作、销售"黄牛"抢购软件者也不会被追究任何责任,其反而能促使相关平台加大开发投入、提高自身技术应对"黄牛"抢购软件的破坏行为,而这又反过来加剧了各类"黄牛"抢购软件的泛滥。很多人认为,对于这种"作弊"行为没有必要"小题大做"。因此,对于如何认识本罪的犯罪情节或法益侵害后果,有值得进一步讨论的必要。

在本案中,三名被告人的辩护人对起诉书所指控的犯罪事实、涉案的数额、犯罪人所涉嫌罪名等均无异议。但是,在犯罪情节或法益侵害性上,三名被告人的辩护人均提出不同意见。被告人任景平的辩护人提出:任景平提供的软件只是给他人提供一个机会,没有给被害单位造成实际损失;软件的使用范围有限,只是针对天猫,对其他网站没有危害性。此外,该软件在手机上不适用,危害的范围有限,危害的方式较小,该行为与侵入国家机关网站及制作计算机病毒软件有明显区别。被告人张鹏的辩护人的意见是:张鹏制作的软件有别于黑客等软件,只是实现了操作的机动化,并未绕过后台对相关数据进行修改,与黑客程序不同;其行为所造成的危害后果很小,事实上只是获取了交易机会,该软件仅仅是剥夺了其他人的交易机会。但这并不是必然的,而是偶然的,仅仅是让第三人抢到机会购买手机,是否能买上手机不确定。被告人陈思荣的辩护人则主张:

本案的犯罪行为仅影响其他顾客抢购手机,使其可能丧失交易机会,但本案没有造成严重的社会后果。

必须指出,上述主张被告人的行为危害性有限的辩护意见都认为本案没有造成被害人的实际损失,三位辩护律师都提到"该软件仅仅是剥夺了其他人的交易机会",这似乎是将原本属于妨害社会管理秩序罪的本罪作为侵犯财产罪来加以看待,明显对本罪的社会危害性认识不足,因而难以成立。在正常的抢购过程中,普通用户都是通过点击浏览器或者手机客户端上的按钮来完成操作;但在本案中,三名被告人所提供的"黑米"系列抢购软件是通过直接向服务器发送任务完成抢购,该行为的法益侵害性具体表现在:

(1)"黄牛"的抢购行为扰乱了正常的商品销售秩序和互联网管理秩序,破坏了公平竞争的环境。从理论上讲,促销抢购对每个参与者都是公平的,所有人都有平等的机会,但抢购软件犹如一把"杀手锏",使"黄牛"与一般消费者之间形成了不平等竞争,出现了明显有利于"黄牛"的结果。被告人提供的软件从形式上看是"剥夺了其他人的交易机会",实质上会使得他人参与公平竞争的可能性完全丧失。对此,法院的判决说得很准确:本案所涉及的黑米天猫软件为恶意程序,具有以非常规的方式构造网络请求并发送给淘宝网站服务器,实现模拟用户手动登录淘宝账号并进行批量下单的功能。同时,该程序还具有通过调用第三方打码平台发送非常规图形验证码绕过淘宝安全防护系统的人机识别验证机制的功能,还能通过重新拨号的方式更换IP地址以绕过淘宝安全防火墙对同一IP地址不能频繁发送网络请求的限制。类似行为对商品销售秩序、互联网管理秩序和公平竞争环境的破坏是毋庸置疑的。

(2)"黄牛"囤积抢购到的商品,再以高价出售,损害了普通消费者的利益。网络销售平台开展"秒杀"、低价抢购活动原本是惠及所有消费者的让利促销行为,由于此类超低价商品都是热卖品,为普通消费者所喜爱,其与市场零售价差距较大,数量又极少,抢购者为数众多,其机会和利益原本应该由参与竞争的所有消费者享有。一旦这种优惠活动被"黄牛"盯上,其采用抢购软件避开或突破购物网站计算机信息系统安全所设定的保护措施,挤占网络通道,实现机器自动登录、自动批量下单、自动付款,抢占其他正常用户的下单请求,抢购活动就偏离了促销轨道。软件使用者最终抢购到"秒杀"的低价商品,然后加价转卖并从中牟利,普通消费者的利益就会受损。同时,在参与抢购的普通消费者信心受损的情况下,商家通过抢购、"秒杀"所意欲达到的吸引消费者、聚拢人气、促销商品的广告宣传效果就会落空,可能被普通消费者指责为"虚假促销、骗局",商家的信誉度、名誉度都相应受损,最终导致其商业利益无法实现。

2. 本案判决有助于发挥刑罚的积极一般预防功能

积极的一般预防(die positive General prevention)论,是与特殊预防论、消极的一般预防论相对应的刑罚目的论上的概念。特殊预防试图通过对特定犯罪适用刑罚来阻止某些具体的、特别危险的个人犯罪;消极的一般预防,是指通过发挥刑罚的威慑功能来防止潜在的社会一般人犯罪。① 积极的一般预防论则强调规范上的引导,促使公众因尊重、认同法律而远离犯罪。这里的"积极",是指刑罚的效果不在于利用刑罚的恐吓,而在于引导公众形成规范意识和对法的认同;"一般",是指刑罚效果针对所有人;"预防",说明刑罚的目的不在于威慑、制止潜在的犯罪人日后犯罪,而是要恢复因犯罪行为而受破坏的秩序、信赖,通过罪责的确定及处罚的施加,使信赖法规范的正当性得到确认,使公众因为规范的有效性而产生安全感,将因犯罪而被破坏的规范效果再度巩固起来,稳定社会规范,维持社会规范的同一性,借以维持公众对规范的认同。"如果人们在'相对理论'含义上,把刑罚的本质视为所谓重新社会化或今天到处谈论的'积极的一般预防',那么,这关系到分配的正义和法律的正义之行为:义务的承担和履行,社会内部的法秩序和法忠诚(Rechtstreue)的稳定化,以达到社会的补偿,尤其是要将罪犯重新整合成社会中平等之一员。"② 刑罚的正当性就在于以这种积极的方式来确认行为规范有效,防止其他人今后实施抵触规范的行为,以维持规范的安定性。

在本案中,法院对"黑米天猫软件"的制作者、销售者定罪处罚,开启了对"黄牛"抢购软件的制作者、销售者判刑的先例。这不仅依法打击了破坏公平竞争、违背诚实守信要求的犯罪行为,而且能够有效维护市场公平竞争以及商家、消费者的利益。对于非法制作、售卖"黄牛"抢购软件的行为而言,法院的裁判不仅仅是将三名制作、销售"黄牛"抢购软件的犯罪

---

① 费尔巴哈指出,刑罚适用的最终目的是单纯用法律威慑公民。参见〔德〕安塞尔姆·里特尔·冯·费尔巴哈:《德国刑法教科书》,徐久生译,中国方正出版社2010年版,第29页。

② 〔德〕阿图尔·考夫曼、〔德〕温弗里德·哈斯默尔主编:《当代法哲学和法律理论导论》,郑永流译,法律出版社2002年版,第65页。

分子绳之以法,最重要的是对整个社会起到了警示作用,对互联网世界的黑色、灰色产业从业人员具有威慑力,令软件开发者和"黄牛党"感到震惊,为其敲响了警钟。"黄牛"抢购软件入刑既打击了扰乱计算机管理秩序的犯罪行为,更能够警示他人不得侵犯计算机管理秩序,从而引导公众在参与虚拟世界的活动时具有规范意识。因此,本案判决对遏制互联网行业黑色或灰色产业的发展,进而保护国家的网络信息安全,发挥刑罚的积极一般预防功能,具有标杆意义。

二、提供侵入、非法控制计算机信息系统程序、工具罪与其他犯罪的关系

在【案例18-1 抢购软件案】中,被告人制作并对外销售的所谓抢购软件实际上是外挂程序软件。对于制售外挂软件或抢购软件中的提供侵入、非法控制计算机信息系统程序、工具行为究竟应当如何定性,实务中的做法并不一致。

(一) 实务中常见的处理方案

1. 以非法经营罪定罪的情形

在【案例18-2 游戏外挂案(一)】中,法院认为,新闻出版总署2003年下发的《关于开展对"私服"、"外挂"专项治理的通知》明确将"外挂"违法行为认定为非法互联网出版活动,由新闻出版总署、原信息产业部共同发布的《互联网出版暂行规定》(2002年6月27日)第6条规定:"从事互联网出版活动,必须经过批准,任何单位或者个人不得开展互联网出版活动。"销售外挂行为既侵犯了著作权人、出版机构以及游戏消费者的合法权益,也严重扰乱了互联网游戏出版经营的正常秩序,阻碍了网游产业的发展,破坏了社会主义市场经济秩序,故该行为属于发行严重扰乱市场秩序的非法出版物行为。最高人民法院《关于审理非法出版物刑事案件具体应用法律若干问题的解释》(以下简称《非法出版物解释》)第11条规定,发行严重扰乱市场秩序的非法出版物行为,情节严重的,以非法经营罪定罪处罚。据此,李某甲违反法律规定,销售游戏外挂的行为依法被认定为非法经营犯罪。[①]

[①] 参见江苏省徐州市中级人民法院(2015)徐刑二终字第48号刑事裁定书。

2. 以侵犯著作权罪定罪的情形

对于【案例18-3　外挂刷币案】,公诉机关认为被告人肖某等人的行为均已构成破坏计算机信息系统罪。被告人肖某辩解,其行为既不会增加也不会删除原来的程序,更没有破坏原来的游戏程序,数据交换和《刑法》第286条规定的"修改、增加、删除"有本质区别,其行为不构成破坏计算机信息系统罪,应构成侵犯著作权罪;法院认为,被告人肖某、杨某、李某、郭某、黄某甲、黄某乙、黄某丙为了谋取非法利益,违反国家规定,在《新惊天动地》游戏客户端不具备自动进行游戏、自动创建游戏角色、自动执行任务、自动打怪、自动捡取物品、自动使用物品等功能的情况下,增加了以上自动实现的功能,该功能的实现必须复制互联网游戏程序的源代码,而被告人肖某所制作的网络游戏外挂程序与《新惊天动地》游戏程序具有高度的相似性。同时,被告人要想使其制作的外挂程序与《新惊天动地》游戏对接,势必要破译和擅自使用原网络游戏的通信协议,截取并修改游戏发送到游戏服务器的数据,修改客户端内存中的数据,以达到增强客户端各种自动功能的目的,因此,其行为符合"复制发行"的要求,已构成侵犯著作权罪。①

而在"余某销售新天龙八部如意系列外挂辅助程序激活码案"中,法院查明:自2013年9月起,被告人余某从他人处购买新天龙八部如意系列外挂辅助程序激活码,并对外销售,经营数额共计人民币80万余元。经鉴定,新天龙八部如意系列外挂辅助程序,是通过辅助程序调用游戏主程序启动游戏,获取游戏进程,并将外挂目录下的程序注入游戏进程内存空间中进行操作,该外挂辅助程序玩家只有购买激活码才能够有期限地使用。被告人在其销售激活码的淘宝页面均提供了该外挂程序的网盘地址供买家下载。法院据此认为,根据最高人民法院、最高人民检察院、公安部《关于办理侵犯知识产权刑事案件适用法律若干问题的意见》的规定,"发行",包括总发行、批发、零售、通过信息网络传播以及出租、展销等活动。非法出版、复制发行他人作品,侵犯著作权构成犯罪的,按照侵犯著作权罪定罪处罚,不认定为非法经营等其他犯罪。结合本案证据,被告人余某等人以营利为目的,未经著作权人许可,通过淘宝店铺销售的天龙八部游戏外挂程序激活码是天龙八部游戏外挂程序的重要组成部分,且

---

① 参见成都市武侯区人民法院(2015)武侯刑初字第55号刑事判决书。

具有唯一性。用户只有购买激活码才能启用游戏外挂程序,可以认为销售激活码相当于销售外挂程序,而游戏外挂程序通过破译并擅自使用原游戏的通信协议,修改客户端内存中的数据等方式,以达到实现或增强客户端各种功能的目的。同时,四被告人还在销售激活码的页面刊登可以供买家下载游戏外挂程序的网络链接,使用原游戏程序及外挂程序中的图片、文字等介绍外挂程序的功能,从而更好地为买家使用游戏外挂程序提供了帮助。因此,四被告人的行为均符合《刑法》第217条关于侵犯著作权罪中"复制发行"的规定,侵犯了北京畅游时代数码技术有限公司的著作权,符合侵犯著作权罪的构成要件。①

3. 提供侵入、非法控制计算机信息系统程序、工具罪

在【案例18-4 游戏外挂案(二)】中,经鉴定,被告人制作的该外挂程序避开了《奇迹世界》游戏的计算机信息系统安全保护措施,通过替换、篡改原有程序的方式,实现了干扰、控制《奇迹世界》游戏计算机系统运行过程中原有的节奏和进程的功能,属于破坏性程序。法院判决李伟犯提供侵入、非法控制计算机信息系统程序、工具罪。②

(二) 对实务处理思路的检讨

1. 对被告人的行为不宜定非法经营罪

在实践中,有不少案件如同【案例18-2 游戏外挂案(一)】一样,被以非法经营罪处理。例如,在"谈文明等制作、销售网络游戏外挂软件案"中,被告人谈文明等针对《恶魔的幻影》研发外挂软件并通过信息网络销售获利280余万元。对于本案,北京市海淀区人民检察院以侵犯著作权

---

① 参见北京市石景山区人民法院(2015)石刑初字第180号刑事判决书;类似的裁判文书,还有浙江省温州市中级人民法院(2017)浙03刑终790号刑事裁定书等。
② 参见江苏省常州经济开发区人民法院(2017)苏492刑初10号刑事判决书。当然,对类似案件,也有法院对被告人论以非法获取计算机信息系统数据、非法控制计算机信息系统罪。在"黄某制作外挂软件销售牟利案"中,法院查明:自2016年2月18日至2016年9月,被告人黄某制作了上海壮游信息科技有限公司运营的《奇迹MU》游戏外挂软件,销售获利6万余元。经鉴定,被告人制作的外挂程序具有多开、自动登录游戏、自动打怪、自动加幻影BUFF、加速移动、加速攻击、强化攻击和攻击距离加大等功能,这些功能的修改,增加了《奇迹MU》游戏的原有功能,避开《奇迹MU》游戏具有的计算机信息系统安全保护措施,未经授权,通过替换、篡改原有程序的方式,实现干扰、控制《奇迹MU》游戏计算机系统运行过程中原有的节奏和进程的功能。法院认定被告人构成非法获取计算机信息系统数据、非法控制计算机信息系统罪。参见江苏省常州市中级人民法院(2017)苏04刑终44号刑事裁定书。

罪起诉,但一、二审法院均以非法经营罪判决,其理由是:根据《非法出版物解释》第15条的规定,非法从事出版物的出版、印刷、复制、发行业务,严重扰乱市场秩序,情节特别严重,构成犯罪的,可以依照《刑法》第225条的规定,以非法经营罪定罪处罚。"依据我国现行有关法律法规规定,从事经营性互联网信息服务需要经过行政许可,从事互联网出版业务必须经过省级新闻出版行政部门审核同意后,报新闻出版总署审批。"被告人谈文明等人从事外挂软件的出版发行未经国家审批,其利用互联网站,使用合法网络游戏出版物《恶魔的幻影》的动画形象,制作并销售外挂软件,挂接运营《恶魔的幻影》,属于非法互联网出版活动。其在不具备出版单位资质的情况下出版发行的涉案网络游戏外挂软件,属于出版程序性违法的非法互联网出版物,应该以非法经营罪定罪处罚。① 纵观对类似行为以非法经营罪定罪的判决,不难发现,法院判决的依据大致都是:一方面,有新闻出版部门关于何种行为是非法出版的规定;另一方面,有最高人民法院对于非法从事出版业务构成非法经营罪的司法解释。

　　上述对制售外挂软件的行为以非法经营罪定罪的根据貌似充分,但是,问题的关键在于:①行为对保护法益的侵害方面。非法经营罪属于破坏社会主义市场经济秩序罪,而且这种秩序要体现为市场交易秩序。对他人开发的游戏网络设置外挂程序并销售,与《刑法》第225条所规定的非法经营专营、专卖物品,非法从事证券、期货、保险业务等经营行为并不具有同质性。制售外挂软件行为的危害性主要不是体现在对市场交易秩序的破坏方面,而是体现在对社会管理秩序有所妨害这方面。刑法分则将非法侵入他人计算机信息系统等大量网络犯罪规定在妨害社会管理秩序罪章中,就是充分考虑了相关行为对社会管理秩序的妨害这一点。②行为对国家规定的违反方面。众所周知,我国《刑法》第96条对违反国家规定的含义有特殊限定,即只有全国人大及其常委会以及国务院层面作出的立法、决定、规定等才属于国家规定。但是,关于不得制售外挂软件方面,并无这种法律位阶的国家规定。新闻出版总署2003年《关于开展对"私服"、"外挂"专项治理的通知》将"外挂"违法行为认定为非法互联网出版活动;由原新闻出版总署、信息产业部共同发布的《互联网出版暂行规定》(2002年6月27日)第6条规定"从事互联网出版活动,必须

---

① 参见北京市第一中级人民法院(2007)一中刑终字第1277号刑事判决书。

经过批准,任何单位或者个人不得开展互联网出版活动",上述规定的法律位阶较低,不属于国家规定。因此,将非法制售外挂软件行为认定为非法出版行为在国家立法层面的规范依据不足,这就决定了对类似案件再根据《非法出版物解释》第 15 条的规定,将非法制售外挂软件行为认定为非法从事出版物的复制、发行业务并以非法经营罪定罪处罚的前提不存在。③适用司法解释的逻辑。目前将类似行为定性为非法经营罪貌似有司法解释上的依据,但是实务上并未准确理解司法解释的逻辑:必须先依据国家规定,确定某种行为属于非法从事出版物的复制发行,才有进一步适用《非法出版物解释》第 15 条的可能性。如果没有前置法所认可的国家规定,就无法认定某种行为是非法经营,最高人民法院的司法解释自然也就没有适用空间。最高人民法院的司法解释自身不属于"国家规定",不属于非法经营罪的前置法。对于涉非法出版物方面的非法经营罪的认定,必须同时结合位阶性较高的前置法和《非法出版物解释》第 15 条的规定进行。

2. 提供侵入、非法控制计算机信息系统程序、工具罪和侵犯著作权罪之间可能成立想象竞合犯

如同【案例 18-1 抢购软件案】一样,在各种制售外挂软件案件中,被告人制作的外挂程序确实避开了对应合法程序的计算机信息系统安全保护措施,通过替换、篡改原对应程序的方式,实现了干扰、控制对应程序计算机系统运行过程中原有的节奏和进程的功能,对被告人的行为以提供侵入、非法控制计算机信息系统程序、工具罪定罪处罚完全是合适的。

但是,不可忽视的是,被告人的行为其实同时完全符合侵犯著作权罪的构成要件。大量案件表明,制售外挂软件的被告人如果想要使其制作的外挂程序与原程序对接,就必须破译和擅自使用原程序的通信协议,截取并修改发送到原程序服务器的数据,修改客户端内存中的数据,该行为符合复制发行的要求,属于发行他人作品。根据最高人民法院、最高人民检察院、公安部《关于办理侵犯知识产权刑事案件适用法律若干问题的意见》第 12 条的规定,"发行",包括总发行、批发、零售、通过信息网络传播以及出租、展销等活动。非法出版、复制发行他人作品,按照侵犯著作权罪定罪处罚。因此,被告人的行为系提供侵入、非法控制计算机信息系统程序、工具罪与侵犯著作权罪的想象竞合犯,应从一重罪处理,但被告人的行为不符合非法经营罪的构成要件,不宜认定为非法经营等其他犯罪。

三、延伸思考:规制外挂软件,法律还能够做什么?

刑法具有谦抑性,是社会治理的最后手段。只有在民商事、行政法律、法规对违法行为的治理捉襟见肘时,刑法才需要"登场"。就规制"黄牛"抢购软件以及其他各种外挂游戏软件而言,虽然法院的判决是完全正确的,但在一定意义上,也可以说是"案结事未了"。因为就规制类似行为而言,刑法的适用可能性原本是应该退居其后的。

1. 《侵权责任法》《反不正当竞争法》在应对类似行为时不能缺位

第一起抢购软件案是用定罪量刑的方式进行处理的。显而易见的是,《侵权责任法》《反不正当竞争法》在应对这一行为时,基本上是缺位的。其实,对卖家来说,这种提供、出售非法侵入计算机信息系统的软件、工具,进而非法侵入他人计算机信息系统的行为,是一种独立的网络侵权行为;对买家来讲,这种行为是一种不正当竞争行为。从《侵权责任法》的角度看,将抢购软件的侵权行为定性为非法侵入行为并无障碍。因此,合法的网络信息提供者、消费者等受害者随时都可以要求提供"黄牛"软件的人或非法侵入者承担相应的侵权责任。如果将《侵权责任法》《反不正当竞争法》顶在前面,由信息网络市场监管部门加大对不法分子的巡查、处罚力度,就能够及时制止侵权行为。仅仅在危害行为实施后适用《刑法》进行处理,不仅司法成本高,也往往为时太晚、于事无补。

2. 对个别购买软件并使用的"买家"可以考虑以非法控制计算机信息系统罪论处

所谓的抢购软件,也可以说成是外挂。在网络游戏中,经常会遇到的外挂软件,从本质上来讲就是在游戏的主程序或者软件上找到一个漏洞,进而在这个漏洞上外接一个类似于外挂的程序。抢购软件作为外挂程序,其使用一般来讲会侵入合法网络商家的计算机信息系统并对其加以控制。因此,在很多案件中,不仅要处罚提供侵入、非法控制计算机信息系统程序、工具的人,也要处罚购买这种侵入、非法控制他人计算机信息系统的"黄牛"软件并多次使用,且谋取巨大违法利益的人,对其以《刑法》第285条第2款所规定的非法控制计算机信息系统罪论处。其实,按照《危害计算机解释》第1条的规定,非法控制计算机信息系统违法所得5 000元以上或者造成经济损失1万元以上的,就达到了定罪起点。实践中,对非法控制计算机信息系统行为的人如果不定罪,就不能切断犯罪源头,会使提供侵入、非法控制计算机信息系统程序、工具的行为有利可图,其犯罪行为得以滋生的土壤始终存在。

3. 应当适时制定新的法律规范

近年来,互联网技术在我国取得突飞猛进的发展,相关法律规范明显具有滞后性。在我国目前的法律法规中,对恶意软件的开发、制作和提供缺乏基本的规制手段。尤其是在恶意软件的行业准入、制作者实名制、入市前的审查机制、违法者从业禁止等方面,相关法律制度还没有充分建立起来。对售卖恶意软件、传授犯罪方法的相关网站、群组的巡查和处罚力度还需要进一步加大。在本案中,提供、出售非法侵入计算机信息系统的软件、工具行为能够"做大做强",也与法律规范没有及时"补位"有关。因此,要防止在今后出现类似犯罪,就必须健全相关法律规范,填补法律漏洞,强化行政监管和巡查,加大宣传力度,使公众充分认识到类似行为的严重社会危害性,自觉抵制"黄牛"抢购软件的使用。只有形成多方协同打击的局面,才能够有效防止类似犯罪,公众也才有可能期待出现一个干干净净、清清爽爽的网络空间。

最后附带说一句:网络犯罪的新问题层出不穷,需要我们认真对待,今天的讲课只是开了一个头,更重的任务在后面,对此我们一定要有足够的思想准备。

参 考 文 献

一、著 作

(一) 中文著作

蔡墩铭主编:《刑法分则论文选辑》,五南图书出版公司1984年版。
蔡圣伟:《刑法案例解析方法论》,元照出版有限公司2014年版。
蔡圣伟:《刑法问题研究》(二),元照出版有限公司2013年版。
陈子平:《刑法总论》(第3版),元照出版有限公司2015年版。
陈子平:《刑法各论》(上)(第2版),元照出版有限公司2015年版。
陈忠林:《刑法散得集》,法律出版社2003年版。
陈瑞华:《刑事证据法学》,北京大学出版社2012年版。
陈家林:《外国刑法通论》,中国人民公安大学出版社2009年版。
陈璇:《刑法中社会相当性理论研究》,法律出版社2010年版。
程红:《中止犯基本问题研究》,中国人民公安大学出版社2007年版。
陈兴良:《正当防卫论》(第2版),中国人民大学出版社2006年版。
陈兴良主编:《刑法总论精释》(上)(第3版),人民法院出版社2016年版。
陈兴良主编:《刑法学》(第3版),复旦大学出版社2016年版。
陈兴良:《教义刑法学》,中国人民大学出版社2010年版。
陈兴良:《本体刑法学》,中国人民大学出版社2011年版。
陈兴良:《规范刑法学》,中国政法大学出版社2003年版。
甘添贵:《刑法之重要理念》,瑞兴图书股份有限公司1996年版。
高铭暄主编:《新中国刑法学研究综述(1949—1985)》,河南人民出版社1986年版。

高铭暄、马克昌主编:《刑法学》(第7版),北京大学出版社、高等教育出版社2016年版。

高铭暄、马克昌主编:《刑法学》(上编),中国法制出版社1999年版。

高铭暄、赵秉志主编:《新中国刑法立法文献资料总览》,中国人民公安大学出版社1998年版。

何庆仁:《义务犯研究》,中国人民大学出版社2010年版。

黄荣坚:《基础刑法学》(上),元照出版有限公司2012年版。

黄风编著:《罗马法词典》,法律出版社2002年版。

江溯:《犯罪参与体系研究:以单一正犯体系为视角》,中国人民公安大学出版社2010年版。

江平、米健:《罗马法基础》,中国政法大学出版社1991年版。

廖北海:《德国刑法学中的犯罪事实支配理论》,中国人民公安大学出版社2011年版。

林钰雄:《新刑法总则》,元照出版有限公司2014年版。

林钰雄:《刑法与刑诉的交错适用》,中国人民大学出版社2009年版。

林钰雄:《刑事诉讼法》(上册),中国人民大学出版社2005年版。

李海东:《刑法原理:犯罪论基础》,法律出版社1998年版。

梁根林、〔德〕希尔根多夫主编:《刑法体系与客观归责:中德刑法学者的对话(二)》,北京大学出版社2015年版。

刘俊文点校:《唐律疏议》(卷18·贼盗),中华书局1983年版。

郎胜主编:《中华人民共和国刑法释义》(第6版),法律出版社2015年版。

黎宏:《刑法学总论》(第2版),法律出版社2016年版。

黎宏:《刑法总论问题思考》(第2版),中国人民大学出版社2016年版。

黎宏:《日本刑法精义》,法律出版社2008年版。

林山田、许泽天:《刑总要论》(第2版),元照出版有限公司2009年版。

林山田:《刑法各罪论》(上),北京大学出版社2012年版。

刘明祥主编:《过失犯研究》,北京大学出版社2010年版。

刘明祥:《财产罪比较研究》,中国政法大学出版社2001年版。

林东茂:《刑法综览》(修订5版),中国人民大学出版社2009年版。

李圣杰、许恒达编:《犯罪实行理论》,元照出版有限公司2012年版。
马克昌:《比较刑法原理》,武汉大学出版社2006年版。
曲新久:《刑法学》,中国政法大学出版社2012年版。
阮齐林:《刑法学》(第3版),中国政法大学出版社2011年版。
时延安:《试论存疑有利于被告原则》,载《云南大学学报》(法学版)2003第1期。
许玉秀:《当代刑法思潮》,中国民主法制出版社2005年版。
许玉秀、陈志辉合编:《不移不惑献身法与正义——许乃曼教授刑事法论文选辑》,新学林出版股份有限公司2006年版。
王泽鉴:《民法学说与判例研究》(重排合订本),北京大学出版社2015年版。
王泽鉴:《民法物权》,三民书局2010年版。
王作富主编:《刑法》(第6版),中国人民大学出版社2016年版。
王作富主编:《刑法学》,中国人民大学出版社2011年版。
王作富:《中国刑法研究》,中国人民大学出版社1988年版。
王政勋:《正当行为论》,法律出版社2000年版。
杨兴培:《犯罪构成原论》,中国检察出版社2004年版。
周光权:《法治视野中的刑法客观主义》(第2版),法律出版社2013年版。
周光权:《犯罪论体系的改造》,中国法制出版社2009年版。
周光权:《刑法总论》(第3版),中国人民大学出版社2016年版。
周光权:《行为无价值论的中国展开》,法律出版社2015年版。
周光权:《刑法客观主义与方法论》,法律出版社2013年版。
张明楷:《刑法原理》,商务印书馆2011年版。
张明楷:《刑法的基本立场》,中国法制出版社2002年版。
张明楷:《刑法学》(第5版),法律出版社2016年版。
张明楷:《刑法格言的展开》,法律出版社1999年版。
张明楷:《未遂犯论》,法律出版社1997年版。
张明楷:《外国刑法纲要》,清华大学出版社2007年版。
张永红:《未遂犯研究》,法律出版社2008年版。
张鹏:《中止犯自动性研究》,法律出版社2013年版。
中国人民大学刑事法律科学研究中心编:《刑事法学的当代展开》

(上卷),中国检察出版社2008年版。

赵秉志主编:《侵犯财产罪》,中国人民公安大学出版社1999年版。

(二) 译著

〔德〕安塞尔姆·里特尔·冯·费尔巴哈:《德国刑法教科书》,徐久生译,中国方正出版社2010年版。

〔德〕埃里克·希尔根多夫:《德国刑法学:从传统到现代》,江溯、黄笑岩等译,北京大学出版社2015年版。

〔德〕阿图尔·考夫曼:《法律哲学》(第2版),刘幸义等译,法律出版社2011年版。

〔德〕阿图尔·考夫曼、〔德〕温弗里德·哈斯默尔主编:《当代法哲学和法律理论导论》,郑永流译,法律出版社2002年版。

〔德〕冯·萨维尼:《论占有》,朱虎、刘智慧译,法律出版社2007年版。

〔德〕冈特·施特拉腾韦特、〔德〕洛塔尔·库伦:《刑法总论Ⅰ》,杨萌译,法律出版社2006年版。

〔德〕汉斯·海因里希·耶赛克、〔德〕托马斯·魏根特:《德国刑法教科书》(总论),徐久生译,中国法制出版社2001年版。

〔德〕卡尔·恩吉施:《法律思维导论》,郑永流译,法律出版社2004年版。

〔德〕克劳斯·罗克辛:《德国刑法学总论》(第1卷),王世洲译,法律出版社2005年版。

〔德〕克劳斯·罗克辛:《德国刑法学总论》(第2卷),王世洲等译,法律出版社2013年版。

〔德〕克劳斯·罗克辛:《刑事政策与刑法体系》,蔡桂生译,中国人民大学出版社2011年版。

〔德〕李斯特:《德国刑法教科书》,徐久生译,法律出版社2006年版。

〔德〕乌尔斯·金德霍伊泽尔:《刑法总论教科书》,蔡桂生译,北京大学出版社2015年版。

〔德〕约翰内斯·韦塞尔斯:《德国刑法总论》,李昌珂译,法律出版社2008年版。

〔德〕英格博格·普珀:《法学思维小学堂》,蔡圣伟译,北京大学出版社2011年版。

〔韩〕李在祥:《韩国刑法总论》,〔韩〕韩相敦译,中国人民大学出版社2005年版。

〔韩〕金日秀等:《韩国刑法总论》,郑军男译,武汉大学出版社2008年版。

〔意〕杜里奥·帕多瓦尼:《意大利刑法学原理》(注评版),陈忠林译,中国人民大学出版社2004年版。

〔日〕大谷实:《刑法各论》(新版第2版),黎宏译,中国人民大学出版社2008年版。

〔日〕大塚仁:《刑法概说》(各论),冯军译,中国人民大学出版社2003年版。

〔日〕前田雅英:《刑法总论讲义》,曾文科译,北京大学出版社2017年版。

〔日〕松宫孝明:《刑法总论讲义》,钱叶六译,中国人民大学出版社2013年版。

〔日〕松原芳博:《刑法总论重要问题》,王昭武译,中国政法大学出版社2014年版。

〔日〕山口厚:《刑法总论》(第2版),付立庆译,中国人民大学出版社2011年版。

〔日〕山口厚:《刑法各论》,王昭武译,中国人民大学出版社2011年版。

〔日〕山口厚:《从新判例看刑法》,付立庆、刘隽译,中国人民大学出版社2009年版。

〔日〕西田典之:《日本刑法总论》(第2版),王昭武、刘明祥译,法律出版社2013年版。

〔日〕西田典之:《日本刑法各论》(第6版),王昭武、刘明祥译,法律出版社2013年版。

〔日〕佐伯仁志:《刑法总论的思之道·乐之道》,于佳佳译,中国政法大学出版社2017年版。

〔日〕佐伯仁志等:《刑法和民法的对话》,于改之、张小宁译,北京大学出版社2012年版。

〔美〕乔尔·范伯格:《对他人的损害》,方泉译,商务印书馆2013年版。

〔美〕乔治·P.弗莱彻:《刑法的基本概念》,蔡爱惠等译,中国政法大学出版社2004年版。

(三) 外文著作

〔日〕阿部纯二等编:《刑法基本講座》(第5卷),法学书院1993年版。

〔日〕川端博:《刑法各論概要》,成文堂2003年版。

〔日〕大塚仁:《刑法における新·舊両派の理論》,日本评论新社1957年版。

〔日〕大塚仁:《刑法概説》(總論),有斐阁2008年版。

〔日〕大谷实:《刑法講義総論》,成文堂2009年版。

〔日〕大谷实:《刑法講義各論》(新版第2版),成文堂2007年版。

〔日〕井田良:《講義刑法学·総論》,有斐阁2008年版。

〔日〕井田良:《刑法総論の理論構造》,成文堂2005年版。

〔日〕井田良:《変革の時代における理論刑法学》,庆应义塾大学出版会2007年版。

〔日〕井田良:《犯罪論の現在と目的的行為論》,成文堂1995年版。

〔日〕平野龙一:《刑法:総論Ⅰ》,有斐阁1972年版。

〔日〕平野龙一:《刑法:総論Ⅱ》,有斐阁1975年版。

〔日〕前田雅英:《刑法総論講義》(第6版),东京大学出版会2015年版。

〔日〕前田雅英:《刑法各論講義》(第6版),东京大学出版会2015年版。

〔日〕山中敬一:《刑法総論》(第3版),成文堂2015年版。

〔日〕山中敬一:《刑法各論》(第3版),成文堂2015年版。

〔日〕山中敬一:《刑法概説Ⅰ》,成文堂2008年版。

〔日〕藤木英雄:《刑法講義総論》,弘文堂1975年版。

〔日〕藤木英雄:《刑法講義各論》,弘文堂1976年版。

〔日〕团藤重光:《刑法綱要各論》(第3版),创文社1990年版。

〔日〕西田典之、〔日〕山口厚、〔日〕佐伯仁志编:《注釈刑法》(第1卷),有斐阁2010年版。

〔日〕曾根威彦:《刑法総論》(第4版),成文堂2008年版。

〔日〕曾根威彦:《刑法各論》(第4版),弘文堂2008年版。

〔日〕佐伯仁志、〔日〕道垣内弘人:《刑法と民法の対話》,有斐阁 2001 年版。

二、论　文

(一) 中文论文

白洁:《刑法中占有的认定》,载《政治与法律》2013 年第 12 期。

储槐植:《死刑司法控制:完整解读刑法第四十八条》,载《中外法学》2012 年第 5 期。

蔡圣伟:《论罪疑唯轻原则之本质及其适用》,载陈泽宪主编:《刑事法前沿》(第 2 卷),中国人民公安大学出版社 2005 年版。

陈兴良:《主客观相统一原则:价值论与方法论的双重清理》,载《法学研究》2007 年第 5 期。

陈兴良:《犯罪构成论:从四要件到三阶层》,载《中外法学》2010 年第 1 期。

陈兴良:《从归因到归责:客观归责理论研究》,载《法学研究》2006 年第 2 期。

陈兴良:《故意杀人罪的手段残忍及其死刑裁量——以刑事指导案例为对象的研究》,载《法学研究》2013 年第 4 期。

陈兴良:《刑法的明确性问题:以〈刑法〉第 225 条第 4 项为例的分析》,载《中国法学》2011 年第 4 期。

陈兴良:《非法买卖外汇行为的刑法评价——黄光裕案与刘汉案的对比分析》,载陈兴良主编:《刑事法判解》(总第 17 卷),人民法院出版社 2015 年版。

陈璇:《论过失犯中注意义务的规范保护目的》,载《清华法学》2014 年第 1 期。

车浩:《假定因果关系、结果避免可能性与客观归责》,载《法学研究》2009 年第 5 期。

车浩:《自我决定权与刑法家长主义》,载《中国法学》2012 年第 1 期。

窦秀英等:《"碰瓷"勒索他人却致同伙死亡的行为如何定性》,载《人民检察》2007 年第 11 期。

杜文俊、陈洪兵:《二元的行为无价值论不应是中国刑法的基本立场》,载《东方法学》2009年第4期。

郭泽强:《我国刑法中主观主义地位的界定》,载《法学》2005年第5期。

高铭暄:《论四要件犯罪构成理论的合理性暨对中国刑法学体系的坚持》,载《中国法学》2009年第2期。

高铭暄:《关于中国刑法学犯罪构成理论的思考》,载《法学》2010年第2期。

黑静洁:《论死者的占有》,载《时代法学》2012年第2期。

井厚亮:《第三人从死亡现场取财构成何罪》,载《中国政法大学学报》2012年第1期。

龙宗智:《被害人作为公诉案件诉讼当事人制度评析》,载《法学》2001年第4期。

劳东燕:《法益衡量原理的教义学检讨》,载《中外法学》2016年第2期。

劳东燕:《结果无价值逻辑的实务透视:以防卫过当为视角的展开》,载《政治与法律》2015年第1期。

刘如鸿:《关于大规模系统缓存设计的一些考虑》,载《程序员》2009年第7期。

黎宏:《论财产犯中的占有》,载《中国法学》2009年第1期。

毛玲玲:《传播淫秽物品罪中"传播"行为的性质认定》,载《东方法学》2016年第2期。

欧锦雄:《复杂疑难案件下犯罪构成理论的优劣对决——犯罪构成四要件说与德日犯罪三阶层论的对决》,载《中国刑事法杂志》2011年第3期。

刘艳红:《客观归责理论:质疑与反思》,载《中外法学》2011年第6期。

彭文华:《犯罪的价值判断与行为的归罪模式》,载《法学》2016年第8期。

彭文华、刘德法:《论非法倒卖、转让土地使用权罪》,载《法学家》2001年第5期。

孙运梁:《不作为犯中客观归责理论的适用》,载《清华法学》2016年第4期。

孙运梁:《过失犯的客观归责:以结果避免可能性为中心》,载《比较法研究》2017 年第 5 期。

孙谦:《援引法定刑的刑法解释——以马乐利用未公开信息从事交易抗诉案为例》,载《法学研究》2016 年第 1 期。

沈志民:《论刑法上的占有及其认定》,载《当代法学》2010 年第 3 期。

王皇玉:《窃盗被害人之赃物追回权与正当防卫》,载《月旦法学杂志》2004 年总第 107 期。

王勇、金圣春:《犯罪构成理论的当下图景与可能走向》,载《当代法学》2011 年第 5 期。

王昭武:《论中止犯的性质及其对成立要件的制约》,载《清华法学》2013 年第 5 期。

王华伟:《网络服务提供者的刑法责任比较研究》,载《环球法律评论》2016 年第 4 期。

王钢:《自杀行为违法性之否定》,载《清华法学》2013 年第 3 期。

叶良芳:《罪刑法定的司法实现——以刑法解释的正当性为中心》,载赵秉志主编:《刑法论丛》(第 32 卷),法律出版社 2013 年版。

叶良芳等:《论理解释对文理解释的校验功能:"两高"指导性案例马乐利用未公开信息交易案评释》,载《中国刑事法杂志》2018 年第 1 期。

赵秉志、王志祥:《中国犯罪构成理论的发展历程与未来走向》,载赵秉志主编:《刑法论丛》(第 19 卷),法律出版社 2009 年版。

赵秉志:《论犯罪构成要件的逻辑顺序》,载《政法论坛》2003 年第 6 期。

张明楷:《构建犯罪论体系的方法论》,载《中外法学》2010 年第 1 期。

张明楷:《也谈客观归责理论》,载《中外法学》2013 年第 2 期。

张明楷:《故意伤害罪司法现状的刑法学分析》,载《清华法学》2013 年第 1 期。

张明楷:《论偶然防卫》,载《清华法学》2012 年第 1 期。

张志愿:《论我国刑法的主客观相统一原则》,载《中国社会科学》1982 年第 6 期。

张冬霞:《过失犯注意义务的解读——赵达文交通肇事案》,载《判例与研究》2007 年第 1 期。

周光权:《刑法方法论与司法逻辑》,载《现代法学》2012 年第 5 期。

周光权:《犯罪构成要件理论的论争及其长远影响》,载《政治与法律》2017年第3期。

周光权:《客观归责理论的方法论意义》,载《中外法学》2012年第2期。

周光权:《行为无价值论与客观归责理论》,载《清华法学》2015年第1期。

周光权:《刑法解释方法位阶性的质疑》,载《法学研究》2014年第5期。

周光权:《协助抓捕同案犯型立功的认定》,载《国家检察官学院学报》2012年第4期。

周光权、李志强:《刑法上的财产占有概念》,载《法律科学》2003年第2期。

周光权:《侵占罪认定中的关键问题》,载姜伟主编:《刑事司法指南》(总第18集),法律出版社2004年版。

郑勇:《非法经营罪的扩张:原因及其对策》,载《中国刑事法杂志》2018年第1期。

邹清平:《非法转让倒卖土地使用权罪探析》,载《法学评论》2007年第4期。

(二) 译文

〔德〕沃尔夫冈·弗里希:《客观之结果归责——结果归责理论的发展、基本路线与未决之问题》,蔡圣伟译,载陈兴良主编:《刑事法评论》(第30卷),北京大学出版社2012年版。

〔德〕许乃曼:《所谓不纯正不作为犯或者以不作为实施之犯罪》,王莹译,载陈泽宪主编:《刑事法前沿》(第6卷),中国人民公安大学出版社2012年版。

〔德〕许乃曼:《德国不作为犯学理的现况》,陈志辉译,载陈兴良主编:《刑事法评论》(第13卷),中国政法大学出版社2003年版。

〔德〕英格博格·普珀:《论犯罪的构造》,陈毅坚译,载《清华法学》2011年第6期。

〔日〕桥爪隆:《过失犯的构造》,王昭武译,载《苏州大学学报》(法学版)2016年第1期。

〔日〕山口厚:《日本刑法学中的行为无价值论与结果无价值论》,金光旭译,载《中外法学》2008年第4期。

(三) 外文论文

〔日〕野村稔:《刑法における占有の意義》,载阿部纯二等编:《刑法基本講座》(第5卷),法学书院1993年版。

关键字索引

刑法方法论
　　客观判断优先　5
　　防止错案　8—9
　　刑法客观主义　6,10—12
　　刑法主观主义　9—12
　　法益侵害后果　14
　　法益侵害行为　14

阶层犯罪论
　　"四要件说"　20
　　体系(性)思考　22
　　不法和罪责的区分
　　共犯论　21,22
　　刑罚论　22,24
　　二阶层犯罪论　28—32,34
　　三阶层犯罪论　30—36,43,44
　　构成要件该当性　23,30,32—37,39,43,45—48
　　违法性　23,24,26,28—30,33—39,43,44,46—48,55
　　责任　30
　　假想防卫　30,31
　　罪刑法定原则　30,32,33
　　主客观相统一　40—42,47
　　犯罪客观要件　5,27,36,40,42,46—48,54
　　犯罪主观要件　20,25,26,36,38,40,46—48,54
　　犯罪排除要件　46—48

客观归责论
　　因果关系理论　51,53,57,63,67
　　条件说　51,54
　　相当因果关系说　51—54,57,63
　　事实判断　52,54,57,61,63
　　规范判断　51,53—57,63,65
　　正面检验规则　57,58
　　行为制造风险　57
　　实现风险　57
　　构成要件的效力范围　54,56—58
　　反面检验规则　58
　　允许的风险　58,61
　　降低风险　58
　　被害人自我答责　59,84
　　规范保护目的　60,65
　　涉财产犯罪　51,61,65
　　中立行为　63,64

正当防卫
　　持续侵害　70—75,77—80,84

特殊防卫权　24,71—76,83,109
"行凶"　72—74,91,114
非法拘禁　70,75,94
绑架　71,75
"其他严重危及人身安全的暴力犯罪"　75,76,108
利益衡量　72,76,77,84,91—93,101,103,118
程序启动功能　103,104
辅助性判断功能　104
提示功能　106
防卫相当性　71,72,77—80,84
防卫必要性　111—113,116—118
"明显超过必要限度"　71,72,77—79,83,84,90,92,104—107,116—117
事前的危险预测　113,114,119
被害人自我答责　59,84
司法异化　88
不法侵害　71—73,75—79,81—84,86,87,90,93—95,97,100,107—109,111,113—116,146,153
"互殴"　96—98,110
结果无价值　84,101,102,104,105,211
防止权利滥用原则　110
防卫结果　90—93,101—107,111,115,118

过失犯

故意犯　122—127,129,130,142
旧过失论　122—125
新过失论　125-126
修正的旧过失论　129—131
行为无价值（二元）论　125,130,131,142
预见可能性　122—130,132,133,141,142
结果避免义务　125,126,128—131,135,139,141—143
结果避免可能性　123,125—131,134,138—143
注意义务　122,124—126,128,134,135,140
风险升高理论　136—138

偶然防卫

偶然防卫犯罪既遂说　149
偶然防卫无罪说　150—152
修正的客观未遂论　153—155
危险的判断　155-158

犯罪中止

中止自动性　161,164—167,169—177,179—182
主观说　162,164,165,167,170,172,180
限定主观说　162,163,171,177
客观说　162,163
减免处罚根据　165—167,169—171,174,177
政策说　166,167
法律说　167
折中说　167
基于刑罚目的的责任减少说　167

规范主观说　161,166,170—174,176,178,180,182

支配犯与义务犯

作为犯　184,185,192,194,196,199—201,205

不作为犯　189,190,192—195,197—199

支配犯　184—186,200—202

义务犯　184,185,194—196,198,201—203,205,206

犯罪事实支配　185,191,192,195

犯罪支配性原理　192

缓存行为　185—189,191,192

拒不履行网络安全管理义务罪　202,204,206

传播淫秽物品牟利罪　188,191,199,200

毒品犯罪

死刑　207,210—214,218,220,221

"罪大恶极"　211

宽严相济刑事政策　212,213

"可以判处死刑"　213

自首　213,214,220

立功　214,216,220

限制死刑　210,214

从犯　216—220

毒品数量　213,214,220,221

援引法定刑

存疑时有利于被告原则　230—232

利用未公开信息交易犯罪　223,229

"情节特别严重"　223—225,228—231,257,258

内幕交易罪、泄露内幕信息罪　226

"情节严重"　224—226,257,341

金融管控

非法经营罪　233—235,237—240,242—248,250—252,347—349

"违反国家规定"　235—236,248

证明义务　236

"非法金融业务活动"　237

实质判断　241

非法买卖外汇　241,243,244

牟利目的　198,241—244

民间高利贷行为　238,239

套现行为　237,246—249,251

POS机　237,238,244—252

信用卡　245—251

借记卡　244—247,249—251

非法转让、倒卖土地使用权罪

违反土地管理法规　254

非法转让土地使用权　253—255,257,262,265,270

非法倒卖土地使用权　253,255,258,268—270

股权转让　258—260

法秩序统一性原理　108,260—262

合作建房　262,264,265

经营风险　263,265,266

刑法谦抑性 67,265,321—323
经国土资源管理部门认可 268,270
经法院生效民事判决认可 271
法定犯 272
违法性认识 271,272

死者的占有
侵占罪说 276
占有意思 276,279,283,290—294,296—300,303
侵占罪 275—277,281,287—289
死者占有否定说 276,277,282
盗窃罪说 279,281
死者占有说 279
死者的生前占有说 280
继承人占有说 280
死者"生前占有的有限延续说" 281
抢劫罪说 276,282

财产占有意思
占有意思 276,279,283,290—294,296—300,303
体素 277,291
心素 277,291
上下主从关系 296
封缄物 296,299,332
委托人占有说 296,297,332
受托人占有说 296,297,332
分别占有说 296,297,300,332
放弃占有 300
遗失物 278,288,294,302,304

遗忘物 275,282,285,288,301,304
"拒不交出" 305

托盘融资
合同诈骗罪 307,309,312—315,320—323
托盘融资业务 307,310—316,318—322
诈骗罪 320
刑法家长主义 316,317
自担风险 318—319
诈骗故意 320
非法占有目的 321

职务侵占罪
公司实际控制人 326
实际承担公司、企业管理职责的人 326,327
利用职务便利 329,330,332,334
侵占对象 333
股权 261,326,333—335

抢购软件
提供侵入、非法控制计算机信息系统程序、工具罪 339,340,342,347,349
"黄牛"软件 342,350
积极的一般预防 344
侵犯著作权罪 346,347,349
想象竞合犯 349
外挂软件 338,345,347—350
非法控制计算机信息系统罪 350